Femina Oeconomica: Arbeit, Konsum und Geschlecht in der Literatur

LITERATUR — KULTUR — ÖKONOMIE
LITERATURE — CULTURE — ECONOMY

Herausgegeben von
Christine Künzel, Axel Haunschild, Birger P. Priddat,
Thomas Rommel, Franziska Schößler und Yvette Sánchez

BAND 1

Zu Qualitätssicherung und Peer Review der vorliegenden Publikation

Die Qualität der in dieser Reihe erscheinenden Arbeiten wird vor der Publikation durch einen externen, von der Herausgeberschaft benannten Gutachter im Double Blind Verfahren geprüft. Dabei ist der Autor der Arbeit dem Gutachter während der Prüfung namentlich nicht bekannt; der Gutachter bleibt anonym.

Notes on the quality assurance and peer review of this publication

Prior to publication, the quality of the work published in this series is double blind reviewed by an external referee appointed by the editorship. The referee is not aware of the author's name when performing the review; the referee's name is not disclosed.

Franziska Schößler

Femina Oeconomica: Arbeit, Konsum und Geschlecht in der Literatur

Von Goethe bis Händler

PETER LANG
EDITION

Bibliografische Information der Deutschen Nationalbibliothek
Die Deutsche Nationalbibliothek verzeichnet diese Publikation
in der Deutschen Nationalbibliografie; detaillierte bibliografische
Daten sind im Internet über http://dnb.d-nb.de abrufbar.

Umschlagabbildung: Gerrit Kiefer

ISSN 2364-1304
ISBN 978-3-631-71663-2 (Print)
E-ISBN 978-3-631-72799-7 (E-Book)
E-ISBN 978-3-631-72800-0 (EPUB)
E-ISBN 978-3-631-72801-7 (MOBI)
DOI 10.3726/b11509

© Peter Lang GmbH
Internationaler Verlag der Wissenschaften
Frankfurt am Main 2017
Alle Rechte vorbehalten.
Peter Lang Edition ist ein Imprint der Peter Lang GmbH.

Peter Lang – Frankfurt am Main · Bern · Bruxelles ·
New York · Oxford · Warszawa · Wien

Diese Publikation wurde begutachtet.

www.peterlang.com

Ich danke der Gleichstellungsbeauftragten des Fachbereichs II der Universität Trier sowie dem „Forschungszentrum Europa. Strukturen langer Dauer und Gegenwartsprobleme" der Universität Trier für den großzügigen Druckkostenzuschuss, Andreas Grewenig, Katrin Krause, Claudia Kurz, Wolfgang Schmitt und Hannah Speicher für die Arbeit am Text, Franziska Bergmann, Bernd Blaschke, Klaus-Michael Bogdal, Axel Haunschild, Christine Künzel, Andrea Maurer und Ingeborg Villinger für ihre kritischen Lektüren und Anregungen.

Inhaltsverzeichnis

I. Diskursbegründungen: Unternehmertum, ‚innerer‘ Beruf und soziale Arbeit

II. Desemantisierungen: Physische Ressourcen und Konsum im 19. Jahrhundert

Einleitung

Auf die Frage, ob Frauen zum wissenschaftlichen Studium fähig seien, antwortet der Berliner Theologieprofessor Georg Runze um 1900, dass selbst die begabteste Frau „in allem Schöpferischen aber und so in der gesamten Wissenschaft [...] nur Mittelmäßiges leisten" könne, „wenn sie nicht an ihrem weiblichen Charakter Einbuße erleiden soll".[1] Seine Replik gibt einen ersten Hinweis darauf, dass Tätigkeiten, in diesem Falle das Studium als Voraussetzung für Professionen, eng mit Geschlechtlichkeit korreliert sind. Die Geschlechtszugehörigkeit entscheidet seit der ersten Arbeitsteilung in der bürgerlichen Moderne[2] auf spezifische Weise über den Zugang zu Tätigkeitsbereichen,[3] die ihrerseits die binäre Geschlechterordnung performativ reproduzieren und Ressourcen (wie Anerkennung und Geld) asymmetrisch

---

1   Zitiert nach Frevert, Ute: *Frauen-Geschichte. Zwischen Bürgerlicher Verbesserung und Neuer Weiblichkeit.* Suhrkamp: Frankfurt a.m. 1986, S. 121. Zwar reagieren die meisten Professoren, Mädchenschullehrer und Schriftsteller auf diese Anfrage positiv, sie formulieren jedoch eine Vielzahl an Bedingungen und Ausnahmen. Cf. zur späten Partizipation von Frauen an der Wissenschaft in Deutschland Bruns, Claudia et al. (Hrsg.): *Das Geschlecht der Wissenschaften. Zur Geschichte von Akademikerinnen im 19. und 20. Jahrhundert.* Campus: Frankfurt a.m. 2010; Soden, Kristine von: „Auf dem Weg in die Tempel der Wissenschaft. Zur Durchsetzung des Frauenstudiums im Wilhelminischen Deutschland". In: Gerhard, Ute (Hrsg.): *Frauen in der Geschichte des Rechts. Von der Frühen Neuzeit bis zur Gegenwart.* Beck: München 1997, S. 617–632.
2   Cf. Hausen, Karin: „Die Polarisierung der ‚Geschlechtscharaktere' – Eine Spiegelung der Dissoziation von Erwerbs- und Familienleben". In: Conze, Werner (Hrsg.): *Sozialgeschichte der Familie in der Neuzeit Europas.* Klett: Stuttgart 1978, S. 363–393; Gestrich, Andreas / Krause, Jens-Uwe / Mitterauer, Michael: *Geschichte der Familie.* Alfred Kröner: Stuttgart 2003, u.a. S. 531. Jenseits der Festlegung von Frauen auf die Privatsphäre wäre die Geschichte der „verschämten Heimarbeit" (Frevert 1986, S. 121) von bürgerlichen Frauen (u.a. Herstellung und Verkauf von Handarbeiten) zu erzählen. Die binäre Geschlechterordnung scheint sich gegenwärtig durch die komplexe Kooperation von Neoliberalismus und Queerness bzw. *diversity* zumindest in manchen Bereichen aufzulösen, so betont Engel, Antke: *Bilder von Sexualität und Ökonomie. Queere kulturelle Politiken im Neoliberalismus.* Transcript: Bielefeld 2009.
3   So unterstreicht auch Hausen, Karin: „Work in Gender, Gender in Work: The German Case in Comparative Perspective". In: Kocka, Jürgen (Hrsg.): *Work*

verteilen. Der Arbeitsdiskurs adressiert dabei in der Regel Gender als Sex, ist also an der Naturalisierung von Geschlecht beteiligt.[4] Die Lohnarbeit, die im 19. Jahrhundert ihren Siegeszug antritt und ganz wesentlich über gesellschaftliche Partizipation bzw. ökonomisches und symbolisches Kapital entscheidet, verstärkt die Asymmetrien in der Bewertung geschlechtlich codierter Tätigkeiten, die das bürgerliche Geschlechterprogramm im 18. Jahrhundert auf den Weg gebracht hatte. Nach Pierre Bourdieu verhindert die Ausdifferenzierung männlicher Lohnarbeit den Blick auf weibliche Arbeit;[5] Jürgen Kocka hält fest, dass mit der ‚Entbettung‘ von Lohnarbeit, das heißt mit ihrer Ausgrenzung aus anderen Lebensbereichen (um als distinkter Ort in Erscheinung zu treten), Arbeit jenseits der Erwerbstätigkeit kaum mehr wahrgenommen und honoriert werde. [6] Er spricht von einem

> semantic process of narrowing, some activities, which earlier had been regarded as work, ceased to be counted as work in the full sense of the word. Think of work in the house, especially women's work in the household and in the sphere of reproduction; think of unpaid work in the civic field; think of work one does for oneself.[7]

Insbesondere ‚reproduktive‘ Tätigkeiten, die für gewöhnlich Frauen zugeordnet werden, seien von dieser Desemantisierung betroffen. Aus soziologischer Perspektive gilt auch der Arbeitsmarkt selbst, der „soziale[...] Positionen, gesellschaftliche[n] Status und Lebenschancen" zuteilt, als „Maschine der Ungleichheitsproduktion".[8] Er nimmt gesellschaftliche Ein- und

---

    in a Modern Society. The German Historical Experience in Comparative Perspective. Berghahn Books: New York / Oxford 2010, S. 73–91, S. 73.

4 Cf. dazu Lorenz, Renate / Kuster, Brigitta: *Sexuell arbeiten. Eine queere Perspektive auf Arbeit und prekäres Leben.* b_books: Berlin 2007.

5 Bourdieu, Pierre: *Die männliche Herrschaft.* Übers. v. Bolder, Jürgen. Suhrkamp: Frankfurt a.M. 2005, S. 167.

6 Kocka, Jürgen: „Work as a Problem in European History". In: Id. (Hrsg.), S. 1–15, S. 8.

7 Ibid., S. 9.

8 Dressel, Kathrin / Wanger, Susanne: „Erwerbsarbeit: Zur Situation von Frauen auf dem Arbeitsmarkt". In: Becker, Ruth / Kortendiek, Beate (Hrsg.): *Handbuch Frauen- und Geschlechterforschung. Theorie, Methoden, Empirie.* 3., erweiterte und durchgesehene Auflage. VS Verlag für Sozialwissenschaften: Wiesbaden 2010, S. 489–498, S. 489.

Ausschlüsse vor, koppelt Gender, Race und Class[9] und lässt umfassende Tätigkeitsbereiche unsichtbar werden.

Wissenschaftliche Arbeitsteilung

Die bürgerlichen Geschlechterstereotypen assoziieren Weiblichkeit auf hartnäckige Weise mit Körperlichkeit und Geschlecht, Männlichkeit hingegen mit Geist bzw. Rationalität und bestimmen die männliche Position als geschlechtsneutral, als Repräsentation des Menschen an sich – so die Grundkoordinaten des komplexitätsreduzierenden Gender-Diskurses im 19. Jahrhundert. Er bringt nicht zuletzt mit sich, dass die Sphäre wirtschaftlicher Produktivität als geschlechtsneutral aufgefasst wird und die enge Kopplung von Arbeit und Geschlecht aus dem Blick rückt.

Die diskursiven Trennlinien der binären Geschlechterordnung werden in den Wissenschaften tendenziell reproduziert: „Die Wissensgeschichten zur subjektivierenden Macht der sexuellen und Geschlechternormen und zur Macht der Produktions- und Besitzverhältnisse verliefen weitgehend getrennt".[10] Auch die ‚disziplinäre' Grenze zwischen Gender und Men's Studies wiederholt in gewissem Sinne die Trennung von (weiblicher) ‚Nicht-Arbeit' und (männlicher) Lohnarbeit: Gender Studies konzentrieren sich in der Regel auf Weiblichkeit in kulturellen Kontexten jenseits ihrer ökonomischen Rahmungen und nehmen die gesellschaftliche Ressourcenverteilung nur vereinzelt in den Blick[11] – das Thema Geld beispielsweise habe

---

9 Organisationen werden deshalb mithilfe von Erkenntnissen aus der Minderheitenforschung analysiert; cf. Moss Kanter, Rosabeth: *Men and Women in the Cooperation*. Basic books: New York 1977.

10 Lorenz / Kuster, S. 20.

11 Die Queer Studies fokussieren Körperlichkeit und Sexualität – zentrale Medien der (Selbst-)Regulierung in der Arbeitswelt – in stärkerem Maße. Dass jedoch auch in diesem Bereich Studien über Gender und Arbeit nicht zahlreich sind, führt Volker Woltersdorff darauf zurück, dass die Queer Theory im Kontext von Kultur- und Kunstwissenschaften entstanden sei, sich zudem auf Karl Marx bezöge und Geschlechtlichkeit deshalb als Kulturphänomen des Überbaus von ihren materiellen Bedingungen abkopple; Woltersdorff, Volker: „Queer und Hartz IV? Arbeit, Ökonomie, Sexualität und Geschlecht im Neoliberalismus". In: Degele, Nina (Hrsg.): *Gender / Queer Studies. Eine Einführung*. Fink: Paderborn 2008, S. 181–193, S. 182.

in der feministischen Forschung bislang kaum eine Rolle gespielt, so monieren Birge Krondorfer und Carina Mostböck.[12] Komplementär zu den kulturwissenschaftlichen Schwerpunkten der Gender Studies interessieren sich Männerstudien für „masculinity" in den Feldern politischer und wirtschaftlicher Macht[13] und beschäftigen sich mit den Verteilungsregeln diverser Kapitalien.

Um diese akademische Arbeitsteilung zu durchkreuzen, könnten sich kultur- und literaturwissenschaftlich orientierte Gender Studies bei den Wirtschaftswissenschaften und der Soziologie informieren und deren Wissen in den eigenen Gegenstandsbereich übersetzen. Die feministische Ökonomik beispielsweise kritisiert seit den 1970er Jahren die androzentrische Ausrichtung von Wirtschaftstheorien und -analysen (unter anderem in der Industrieforschung) und betont die enge Kopplung von Männlichkeitskonzepten und dem traditionsreichen Modell des *homo oeconomicus*.[14] Der Forschungsansatz[15] wertet weiblich codierte ‚Reproduktionsarbeit'

---

12 Krondorfer, Birge / Mostböck, Carina (Hrsg.): *Frauen und Ökonomie, oder: Geld essen Kritik auf. Kritische Versuche feministischer Zumutungen*. Promedia: Wien 2000, Einführung (ohne Autor/innenangabe), S. 15. Cf. auch Ellmeier, Andrea: „‚...der Finanzminister in jedem Haushalt'. Ein Kommentar zur Geschichte von ‚Frauen und Geld'". In: Krondorfer / Mostböck (Hrsg.), S. 133–137.

13 Einschlägig in diesem Zusammenhang ist Connell, Robert W.: *Der gemachte Mann. Konstruktion und Krise von Männlichkeiten*. Hrsg. u. m. Geleitwort vers. v. Müller, Ursula. Übersetzt v. Stahl, Christian. Leske + Budrich: Opladen 1999, S. 203–266; cf. auch Connell, Robert W.: „Change among the Gatekeepers: Men, Masculinities, and Gender Equality in the Global Arena". In: *Signs. Journal of Women in Culture and Society* 30 (3), 2005, S. 1801–1825 (auch online verfügbar, retrieved 28.12.2016, from http://xyonline.net/sites/default/files/Connell,%20Change%20among.pdf).

14 Michalitsch, Gabriele: „Jenseits des homo oeconomicus? Geschlechtergrenzen der neoklassischen Ökonomik". In: Krondorfer / Mostböck (Hrsg.), S. 91–104. Der *homo oeconomicus* sei ein sozial nicht verorteter Typus, geschichts-, traditions-, körper- und kulturlos sowie allein auf Konkurrenz ausgerichtet, während das komplementäre Muttermodell auf Altruismus und die Sorge für andere festlege; ibid., S. 95.

15 Cf. die umfassende Bibliographie von Christina Süssenbach (Hrsg): *Frauen in der Ökonomie*. Institut für Weltwirtschaft: Kiel 1999. Cf. für einen Rückblick und aktuelle Fragestellungen Bauhardt, Christine / Çağlar, Gülay: „Gender and Economics. Feministische Kritik der politischen Ökonomie". In: Id. (Hrsg.): *Gender and Economics: Feministische Kritik der politischen Ökonomie*. VS

auf[16] und versucht deren Bedeutung für das Wirtschaftssystem durch alternative Begrifflichkeiten wie „Arbeitsensemble"[17] und „andere Ökonomie" zu erfassen. Untersucht werden neben den „durch Diskriminierung entstehende[n] Ineffizienzen"[18] die möglichen Konsequenzen eines innovativen Arbeitsbegriffs, dem „nicht länger die binäre Opposition zwischen *homo oeconomicus* und *domina privata* und die daraus folgende Trivialisierung der Versorgungstätigkeiten zugrunde"[19] liegt. Die (queer-)feministische Organisationssoziologie beschäftigt sich darüber hinaus mit den Beharrungskräften männlich dominierter Organisationen[20] und entwickelt Argumente, um die Gleichstellung von Frauen zu unterstützen.[21]

Verlag: Wiesbaden 2010, S. 7–17. Die Autorinnen betonen das strategische Schweigen, das der nicht-marktförmigen (Re-)Produktionsarbeit von Frauen entgegengebracht werde; ibid., S. 9.

16 Die Abwertung weiblicher ‚Reproduktionsarbeit' herrscht auch im Marxismus vor; cf. zu einer selbstkritischen Einschätzung des Verhältnisses von Marxismus und Frauenarbeitsforschung: PROKLA-Redaktion: „Frauen in der Ökonomie". In: *PROKLA. Zeitschrift für kritische Sozialwissenschaft* 23 (4), 1993, S. 522–528.

17 Becker-Schmidt, Regina: „Geschlechter- und Arbeitsverhältnisse in Bewegung". In: Aulenbacher, Brigitte et al. (Hrsg): *Arbeit und Geschlecht im Umbruch der modernen Gesellschaft.* VS Verlag für Sozialwissenschaften: Wiesbaden 2007, S. 250–268, S. 262–263.

18 Fabel, Oliver / Nischik, Reingard M.: „Einleitung". In: Id. (Hrsg.): *Femina Oeconomica. Frauen in der Ökonomie.* Hampp: München / Mering 2002, S. 5–16.

19 Ibid., S. 9. Die feministische Ökonomik untersucht zudem Männlichkeitskonzepte wie das des Unternehmers; Lemke, Meike et al. (Hrsg.): *Genus Oeconomicum. Ökonomie – Macht – Geschlechterverhältnisse.* UVK Verlagsgesellschaft: Konstanz 2006. Cf. auch Bandauer-Schöffmann, Irene: „Unternehmerisches Handeln als Projektionsfeld moderner Männlichkeit". In: Ibid. (Hrsg.), S. 63–76.

20 Hofmann, Roswitha: „Organisationen verändern Geschlechterverhältnisse?! Queer-theoretische Perspektiven für eine geschlechtergerechte Entwicklung von Organisationen". In: Funder, Maria (Hrsg.): *Gender Cage – Revisited. Handbuch zur Organisations- und Geschlechterforschung.* Nomos: Baden-Baden 2014, S. 387–410, u.a. S. 401.

21 Liebig, Brigitte: „Zum ‚Cultural Turn' in der feministischen Organisationsforschung. Geschlecht im Licht theoretischer Perspektiven der Organisationskulturforschung". In: Ibid., S. 271–293. Allerdings muss die Frauenarbeitsforschung um die Anerkennung in ihrem Fach kämpfen – so halten fest Aulenbacher,

Der gegenwärtige gesellschaftliche Wandel, den Schlagworte wie Entgrenzung und Subjektivierung der Arbeit zu beschreiben versuchen,[22] rückt den Zusammenhang von Geschlecht und (Lohn-)Arbeit noch deutlicher in den Blick soziologischer Forscher/innen. Das Konzept postfordistischer Arbeitskraftunternehmer/innen, das zum Ausgang der 1990er Jahre virulent wird und eine neue Form der Subjektivierung beschreibt,[23] durchkreuzt die (im Feminismus seit längerem in Frage gestellte) Grenzziehung zwischen Produktion und Reproduktion sowie die binären Kategorien „Männer"- und „Frauenarbeit",[24] weil im Dienstleistungssektor Hand-, Kopf- und Gefühlsarbeit integriert werden. Für Arbeitskraftunternehmer/innen, die sich selbst regulieren, vermarkten und ihre gesamte Persönlichkeit als Arbeitskraft begreifen,[25] sind zudem *soft skills* wie *networking* und Kommunikation von zentraler Bedeutung, Fähigkeiten also, die in der Geschichte gegenderter Arbeitsvermögen als weibliche Kompetenzen gelten. Werden Frauen deshalb zuweilen zu den Gewinnerinnen der neuen Subjektivierungsform erklärt,[26] so haben Günter Voß und Cornelia Weiß gezeigt, dass

---

Brigitte et al.: „Forschung im Dialog – Einleitung". In: Id. et al. (Hrsg.) 2007, S. 9–23.

22 Zu einer Kritik an diesen Begriffen, die die Prozesse zu vereinfachen drohen, cf. Aulenbacher, Brigitte: „What's New? Der Wandel der Arbeitsgesellschaft geschlechter- und arbeitssoziologisch begriffen". In: Frey, Michael et al. (Hrsg.): *Perspektiven auf Arbeit und Geschlecht: Transformationen, Reflexionen, Interventionen*. Hampp: München 2010, S. 75–102.

23 Cf. dazu auch Groß, Melanie / Winker, Gabriele (Hrsg.): *Queer-/Feministische Kritiken neoliberaler Verhältnisse*. Unrast Verlag: 2007.

24 Cf. zu diesen Kategorien Weeks, Kathie: „In der Arbeit gegen die Arbeit LEBEN. Affektive Arbeit, feministische Kritik und postfordistische Politik". Aus dem Amerikanischen v. Nahar, Renate. In: *grundrisse. zeitschrift für linke theorie und debatte* 37, 2011 (retrieved 28.12.2016, from http://www.grundrisse.net/grundrisse37/In_der_Arbeit_gegen_die_Arbeit.htm).

25 Cf. dazu Voß, Günter G. / Pongratz, Hans J.: „Der Arbeitskraftunternehmer. Eine neue Grundform der Ware Arbeitskraft?" In: *Kölner Zeitschrift für Soziologie und Sozialpsychologie* 50, 1998, S. 131–158; Weiskopf, Richard: „Gouvernementabilität: Die Produktion des regierbaren Menschen in post-disziplinären Regionen". In: *Zeitschrift für Personalforschung* 19, 2005, S. 289–311; Bröckling, Ulrich: *Das unternehmerische Selbst. Soziologie einer Subjektivierungsform*. Suhrkamp: Frankfurt a.M. 2007.

26 Parallel dazu besteht eine Tendenz zu *diversity* als Bedingung ökonomischen Erfolgs, die auch die Situation von *queer people* verändert. *Creative industries*

die jeweiligen Rahmenbedingungen darüber entscheiden, ob Beschäftigte erfolgreich sind; lediglich Frauen ohne Care-Verpflichtungen profitierten von den neuen Berufsprofilen.[27]

Eine kulturwissenschaftliche Studie über Arbeit und Geschlecht in der Literatur tut also gut daran, sich bei anderen Disziplinen zu informieren. Kategorien wie prekäre, ästhetische und emotionale Arbeit sind überaus hilfreich, um das Phänomen weiblicher Arbeit in literarischen Texten zu präzisieren. Im Folgenden werden deshalb soziologische Konzepte vorgestellt, die den Konnex von Arbeit und Geschlecht genauer entfalten und die sich für die Lektüre literarischer Arbeitstexte als anschlussfähig erwiesen haben.

Körper und Arbeit in der Soziologie

Um den konstitutiven Zusammenhang von Geschlecht und Arbeit zu unterstreichen, sprechen (queer-)feministische Arbeitssoziolog/innen von „sexueller Arbeit"; Arbeit adressiere das Geschlecht der Arbeitnehmer/innen permanent[28] und verlange eine Subjektivierung im Rahmen der normativen

---

profitieren maßgeblich von nicht-heterosexuellen Lebensformen, wie Richard Florida in seiner Studie *The Rise of the Creative Class* gezeigt hat, wobei die Norm der hierarchisierten Zweigeschlechtlichkeit grundsätzlich nicht aufgegeben wird. Volker Woltersdorff weist darauf hin, dass gegenwärtig eine widersprüchliche Gleichzeitigkeit von stabilisierenden und flexibilisierenden Konstruktionen der Geschlechter auszumachen sei, „mit der neoliberale Herrschaftsstrategien die Geschlechtssubjekte sowohl aktivieren als auch disziplinieren"; Woltersdorff, S. 184.

27 Voß, Günter G. / Weiß, Cornelia: „Ist der Arbeitskraftunternehmer weiblich?" In: Lohr, Karin / Nickel, Hildegard Maria (Hrsg.): *Subjektivierung von Arbeit. Riskante Chancen.* Westfälisches Dampfboot: Münster 2009, S. 65–91, S. 77–78.

28 Boudry, Pauline / Kuster, Brigitta / Lorenz, Renate: „I cook for sex – Einführung". In: Id. (Hrsg.): *Reproduktionskonten fälschen! Heterosexualität, Arbeit und Zuhause.* b_books: Berlin 1999, S. 6–35, S. 8. Die Geschlechtszugehörigkeit sei ein zentrales Strukturierungs- und Symbolisierungsprinzip der Berufsarbeit und habe geradezu Masterstatus; cf. dazu auch Teubner, Ulrike: „Beruf: Vom Frauenberuf zur Geschlechterkonstruktion im Berufssystem". In: Becker / Kortendiek (Hrsg.), S. 499–506, S. 500.

Zweigeschlechtlichkeit und Heterosexualität. Als „sexuelle Arbeit" bezeichnen Pauline Boudry, Brigitta Kuster und Renate Lorenz

> den Aufwand, der nötig ist, um sich in einem Arbeitsverhältnis als Subjekt mit einer kohärenten geschlechtlichen und sexuellen Identität zu entwerfen. Transgender und andere *queer people* haben in dieser Hinsicht einen höheren Aufwand an Vereindeutigungszumutungen (Genschel) zu bewältigen als andere Menschen.[29]

Das Konzept der sexuellen Arbeit richtet sich „gegen die Verbannung einer Diskussion über Sexualität und Geschlecht aus der Diskussion über Ökonomie, Bruttosozialprodukt und Lohnarbeit".[30] Die Selbstregulierungen, die am Arbeitsplatz eingefordert werden, betreffen dabei in hohem Maße den Körper als primären Ort sozialer Erfahrung. Seine Darstellung kontrollieren Firmen durch Vorschriften zu Körpergewicht, zulässiger Behaarung, Tattoos, Piercings sowie Kleidung, die zugleich sexuelle Identitäten und Begehren organisieren. Die Regeln des Arbeitgebers Disney Land beispielsweise zielen auf die Inszenierung heterosexueller Zweigeschlechtlichkeit ab, wenn es heißt: „Einzelne Ohrringe sind nicht erlaubt. Weibliche Teammitglieder können zwei Ohrringe tragen, Männer nicht."[31] Die vestimentären Vorschriften normalisieren die physische Erscheinung der Arbeitenden und versuchen, ein heterosexuelles Begehren in Szene zu setzen – Selbstdarstellungen sind dann effektiv und werden honoriert, wenn sie die Kohärenz von Geschlechtsidentität und sexueller Praxis, also *gender coherence*, suggerieren.[32] Insbesondere im Dienstleistungssektor werde „eine alltägliche Darstellung von ‚Weiblichkeit' und ‚Männlichkeit' und eine eindeutige Darstellung von Heterosexualität" eingefordert.[33] Die gegenwärtige Subjektivierung von Arbeit, die auf die Vernutzung sämtlicher individueller Ressourcen ziele, erhöhe die Anforderungen an geschlechtliche Inszenierungen noch, wie Günter Voß und Cornelia Weiß ausführen. „Das zuvor eher latent gebliebene individuelle Doing-Gender als Aneignung und

---

29 Woltersdorff, S. 184.
30 Lorenz / Kuster, S. 20.
31 McDowell, Linda: „Body Work. Die Darstellung von Geschlecht und Heterosexualität am Arbeitsplatz". In: Boudry / Kuster / Lorenz (Hrsg.), S. 178–207, S. 181.
32 Boudry / Kuster / Lorenz, S. 9–10.
33 Ibid., S. 8–9.

Ausgestaltung von Genderkodierungen in Arbeitszusammenhängen [...] wird im Zuge der Subjektivierung von Arbeit in systematisch erweiterter und nun mehr oder weniger expliziter Weise zu einer bedeutsamen beruflichen Anforderung."[34] Diese ‚Selbstgenderung‘, die Frauen wie Männer betreffe, sei selbst eine Form von Arbeit und werde zunehmend zur beruflichen Notwendigkeit.

Dass kulturelle Körperkonzepte, Geschlecht und Arbeitsvermögen eng miteinander verknüpft sind, bestätigt aus historischer Perspektive ein kurzer Blick auf Thorstein Veblens Studie *The Theory of The Leisure Class* (1899). Der amerikanische Prestige-Forscher beschreibt das Prinzip der demonstrativen Verschwendung und der repräsentativen Muße, das die ‚nicht-arbeitende‘ Frau der *leisure class* auf Fragilität und einen spezifischen Kleiderstil festlegt, also Weiblichkeitsbilder und ökonomische Situation koppelt. Veblen führt aus:

> Im Laufe der wirtschaftlichen Entwicklung hat sich das Schönheitsideal der westlichen Völker von der körperlich kräftigen Frau auf die Dame verschoben und ist nun im Begriff, wieder zur Frau zurückzukehren, wobei sich der gesamte Wandel in Übereinstimmung mit den wechselnden Bedingungen des finanziellen Wettbewerbs vollzogen hat. Diese verlangten einmal sinnliche Sklavinnen, ein andermal den demonstrativen Aufwand an stellvertretender Muße und an sichtbarer Arbeitsunfähigkeit.[35]

Die physische wie vestimentäre Ausstattung weisen die *femme fragile* und die Frau im Korsett als arbeitsunfähig aus; ihre Kleidung demonstriert, „daß sich ihre Träger für gewöhnlich keiner einzigen nützlichen Anstrengung hingeben"[36] und „daß ihr Träger in der Lage ist, relativ große Werte zu konsumieren, und auch, daß er konsumiert, ohne zu produzieren".[37] Körperlichkeit und Kleidung bürgerlicher Frauen als Ausdruck weiblicher

---

34 Voß, Günter G. / Weiß, Cornelia: „Selbstgenderung und Genderarbeit. Zur Subjektivierung von Geschlecht in Zeiten entgrenzter Arbeit". In: Frey et al. (Hrsg.), S. 135–164.

35 Veblen, Thorstein: *Theorie der feinen Leute. Eine ökonomische Untersuchung der Institutionen.* Kiepenheuer & Witsch: Köln 1958, S. 147.

36 Ibid., S. 167. Nach Veblen erfreut sich der Rock nur deshalb so großer Beliebtheit, weil er die Bewegungen der Trägerin behindere und „sie für alle nützliche Betätigung unfähig" mache; ibid., S. 168.

37 Ibid., S. 167.

‚Nicht-Arbeit' signalisieren nach Veblen zudem die Kreditwürdigkeit ihrer gut betuchten Ehemänner. Charlotte Perkins Gilman betont in ihrem utopischen Roman *Herland* (1915) über eine reine Frauengesellschaft umgekehrt die körperliche Leistungsfähigkeit der weiblichen Figuren; diese stehen ebenso aufrecht wie sicher in der Welt und bewegen sich „leichtfüßig wie ein Boxer".[38]

Das Arbeitsvermögen ist nicht nur mit Körperbildern und vestimentären Stilen, sondern auch mit Sexualität verbunden, wie Renate Lorenz und Brigitta Kuster in ihrer Untersuchung *Sexuell arbeiten. Eine queere Perspektive auf Arbeit und prekäres Leben* entwickeln. Die Soziologinnen beziehen sich in dieser Studie auf Michel Foucault, der Sexualität als zentrale Strategie der Macht und der Selbstregulierung auffasst, auf Teresa de Lauretis' Konzept der Phantasie, das Arbeit als phantasmagorische Szene beschreibbar macht, sowie auf das Modell der Anrufung von Louis Althusser, um es auf Arbeitskontexte zu übertragen. Arbeitskräfte müssten ihre Leistungsfähigkeit, so die Autorinnen, durch Kleidung, Schlaf und Nahrung aufrechterhalten – auf diese Ressourcen hatte bereits Karl Marx verwiesen; zudem müssten sie über ein *savoir-faire* verfügen, das heißt über ein Wissen, wie man sich benimmt, wie man spricht etc.[39] Mithilfe dieses *savoir-faire* werde das arbeitende Subjekt als erkennbare, sexualisierte Identität in die Ordnung der Macht eingewiesen. Sexualität gehört demnach zu den wesentlichen (erlernbaren) Kompetenzen von Arbeitskräften; der Arbeitsvollzug seinerseits reproduziert das *savoir-faire* des Subjekts.

Die Soziologinnen begreifen konkrete Arbeitspraxen als Szenen, die im Sinne von Teresa de Lauretis phantasmagorisch aufgeladen sind. In der Phantasie sei, so hält die Queer-Forscherin im Anschluss an die Psychoanalytiker Jean Laplanche und Jean-Bertrand Pontalis fest,[40] die simultane Besetzung von diversen, ja widersprüchlichen Rollen möglich, weil jene keine stabilen Positionen zuweise. Adressierungen in einem alltäglichen Setting – ein Dienstmädchen trägt das Essen auf oder wird von ihrer Herrin

---

38 Perkins Gilman, Charlotte: *Herland*. Übers. v. Wilhelm, Sabine. Rowohlt: Reinbek bei Hamburg 1980, S. 35.

39 Lorenz / Kuster, S. 34.

40 Lauretis, Teresa de: *Die andere Szene. Psychoanalyse und lesbische Sexualität*. Übers. v. Wördemann, Karin. Suhrkamp: Frankfurt a.M. 1996, S. 109–110.

ermahnt – lassen nach Lorenz und Kuster komplexe Szenen entstehen, die phantasmatisch besetzt sind und kontrastive soziale Positionen konfliktreich bündeln (Mann/Frau, eigen/fremd, Inländerin/Ausländerin, Arbeiterin/Bürgerliche).

Das soziologische Konzept der sexuellen Arbeit gewinnt aus historischer Perspektive und mit Blick auf weibliche Arbeitsvermögen deshalb eine spezifische Kontur bzw. eine buchstäbliche Bedeutung, weil Frauen über das 19. Jahrhundert hinaus selbst in der Lohnarbeit auf den notorischen Geschlechtscharakter[41] und damit auf wenige Eigenschaften wie Schönheit, Körperlichkeit und Sexualität festgelegt bleiben – diese ‚Qualitäten‘, Vermögen oder auch Kapitalien setzen literarische Texte mit großer Rekurrenz als die primären kommodifizierbaren Ressourcen von weiblichen Figuren in Szene. Literatur semantisiert weibliche Berufstätigkeit bis weit in das 20. Jahrhundert hinein mit Vorliebe als sexuelle Libertinage und greift damit einen zentralen Diskurs auf, der den Zugang zur Lohnarbeit reglementiert, indem er arbeitende Frauen zu moralisch fragwürdigen Subjekten abwertet. Überaus beliebt ist das spektakuläre Sujet der Prostitution, das die zählebige Kopplung von weiblichen Arbeitsvermögen und Sexualität bzw. Körperlichkeit auf genuine Weise zum Ausdruck bringt. Dabei ist zu berücksichtigen, dass der Begriff der Prostitution schnell bei der Hand ist, um freiere sexuelle Verhaltensweisen zu stigmatisieren. Konnten sich beispielsweise Schauspielerinnen sexuelle Freiheiten eher leisten als bürgerliche Frauen, so wurden jene in aller Regel der Prostitution bezichtigt, obwohl zwischen außerehelichen Kontakten und gewerblicher ‚Unzucht‘ ein gravierender Unterschied besteht.[42]

Auch heute noch ist die Fixierung von Weiblichkeit auf Sexualität so stark, dass beispielsweise in Organisationen[43] dann von Erotik die Rede

---

41 Cf. Frevert 1986, S. 22–25.

42 So betont Helleis, Anna: *Faszination Schauspielerin. Von der Antike bis Hollywood. Eine Sozialgeschichte.* Braumüller: Wien 2006, S. 26–27.

43 Joan Acker macht fünf Ebenen aus, auf denen die hartnäckigen Wiederholungen des Arbeits- und Geschlechterdiskurses stattfinden: die Arbeitsteilung, kulturelle Symbole, die Interaktionen am Arbeitsplatz, Individuen und die Logik von Organisationen. Gender-Kategorien gehen in Berufsbeschreibungen, Evaluationen, Gehaltsstufen und Arbeitsregeln ein, obgleich diese rational bzw. neutral erscheinen und die Relevanz von Gender dissimulieren; Acker, Joan:

ist, wenn Frauen ins Spiel kommen; ihre Präsenz sexualisiere den Arbeitsalltag, so Barbara Gutek.[44] Die hartnäckige Sexualisierung von Frauen sei eine Strategie zur Aufrechterhaltung von Geschlechterhierarchien, so Ursula Müller, und zwar auch dadurch, dass sie „nicht als systematisch in der Organisation hervorgebrachtes, sondern als *privates* und individuelles Verhalten" erscheine.[45] Über die Deutungsmacht, in welchen Fällen die Geschlechterdifferenz einen Unterschied mache, verfügten Frauen nur selten.[46]

Prekäre und professionalisierte Arbeit

Eine zweite Kategorie, die für die Beschreibung weiblicher Arbeit relevant ist und sich für literarische Texte als aufschlussreich erweist, ist die der prekären Arbeit[47] –„diskriminierende" Prekarität[48] bedroht heute selbst die gesellschaftliche Mitte. Prekarität wird dabei mit Blick auf das (sich

---

„Hierachies, Jobs, Bodies. A Theory of Gendered Organizations". In: *Gender & Society* 4 (2), 1990, S. 139–158 (retrieved 28.12.2016, from http://www.csun. edu/~snk1966/J.%20Acker%20Hierarchies,%20Jobs,%20Bodies%20--%20 A%20Theory%20of%20Gendered%20Organizations.pdf).

44 Gutek, Barbara: „Sexuality in the Workplace: Key Issues in Social Research and Organizational Practice". In: Hearn, Jeff et al. (Hrsg.): *The Sexuality of Organization.* Sage Publications: London 1989, S. 56–70. Gutek schreibt, „that when sex was visible, it was woman's sexual behaviour but not men's that was visible"; ibid., S. 67.

45 Müller, Ursula: „Zwischen Licht und Grauzone: Frauen in Führungspositionen". In: *Arbeit* 8 (2), 1999, S. 137–161, S. 141–142. Die Durchmischung von betrieblicher und Geschlechterhierarchie sei zugleich ein Kontrollinstrument für männliche Arbeiter, um deren Zusammenhalt zu steigern und Stress abzubauen; ibid., S. 144.

46 Ibid., S. 148.

47 Brinkmann, Ulrich et al.: *Prekäre Arbeit. Ursachen, Ausmaß, soziale Folgen und subjektive Verarbeitungsformen unsicherer Beschäftigungsverhältnisse.* Friedrich-Ebert-Stiftung: Bonn 2006 (retrieved 28.12.2016, from http://library. fes.de/pdf-files/asfo/03514.pdf).

48 Cf. dazu Dörre, Klaus: „Prekarität im Finanzmarkt-Kapitalismus". In: Castel, Robert / Id. (Hrsg.): *Prekarität, Abstieg, Ausgrenzung. Die soziale Frage am Beginn des 21. Jahrhunderts.* Campus: Frankfurt a.M. / New York 2009, S. 35–64. Allerdings wird diese Bedrohung zuweilen als Mentalitätsphänomen wahrgenommen; cf. Wollrad, Eske: „*White trash* – das rassifizierte ‚Prekariat' im postkolonialen Deutschland". In: Altenhain, Claudio et al. (Hrsg.): *Von „Neuer Unterschicht" und Prekariat. Gesellschaftliche Verhältnisse und Kategorien im*

gegenwärtig auflösende) männlich konzipierte Normarbeitsverhältnis definiert und ergibt sich aus geringer Bezahlung sowie ungesicherten Zukunftsaussichten, wie sie kurzfristige Verträge und Projektarbeit mit sich bringen. Frauen sind, seitdem sie sich auf dem Arbeitsmarkt verdingen – als Künstlerinnen, Dienstmädchen, Kellnerinnen oder Angestellte –, mit der Pauperisierung durch Arbeit konfrontiert, bilden also in gewissem Sinne die ‚Avantgarde der Prekären‘. Ihre Arbeitsvermögen galten bis in das 20. Jahrhundert hinein als anfälliger, ihre Tätigkeiten als weniger geistig und produktiv, weshalb sie häufig schlechter entlohnt wurden. Verantwortlich für die hartnäckige Abwertung weiblicher Arbeitsvermögen waren allem voran die Geschlechterstereotypen sowie normative Arbeitsbiographien.[49] So ging man davon aus, dass junge Frauen lediglich bis zur Ehe (als Ziel ihrer Existenz) arbeiteten, sie mithin lediglich über ein temporäres Arbeitsvermögen verfügten und an kontinuierlichen Arbeitsbiographien mit entsprechenden Aufstiegschancen nicht interessiert seien.[50]

Die enge Verknüpfung von weiblicher Lohnarbeit und Prekarität lässt nicht zuletzt kenntlich werden, dass die Beruflichkeit von Arbeitsteilung „als Produkt und gleichzeitig als Medium der Durchsetzung sozialer Interessen verstanden werden muß", wie Ulrich Beck und Michael Brater in ihrer Studie *Berufliche Arbeitsteilung und soziale Ungleichheit* von 1978 ausführen.[51] Soziale Ungleichheit sei nicht nur das Ergebnis beruflicher Differenzierungen, sondern schlage sich bereits in den Grenzziehungen und Kombinationen von Arbeitsvermögen in Berufen nieder. Die beruflichen

---

Umbruch. Kritische Perspektiven auf aktuelle Debatten. Transcript: Bielefeld 2008, S. 35–47, S. 45.

49 Diese werden in Organisationen reproduziert; cf. Ridgeway, Cecilia L.: „Interaktion und die Hartnäckigkeit der Geschlechter-Ungleichheit in der Arbeitswelt". In: Heintz, Bettina (Hrsg.): *Geschlechtersoziologie.* VS Verlag für Sozialwissenschaften: Wiesbaden 2001, S. 250–275. Cf. dazu auch Aulenbacher, Brigitte / Meuser, Michael / Riegraf, Birgit: *Soziologische Geschlechterforschung. Eine Einführung.* VS Verlag für Sozialwissenschaften: Wiesbaden 2010, S. 157–158.

50 Zur Schwierigkeit, Prekarität ästhetisch zu repräsentieren, cf. Elke Brüns (Hrsg.): *Ökonomien der Armut. Soziale Verhältnisse in der Literatur.* Fink: München 2008 (Einleitung S. 7–19), u.a. S. 12, S. 15.

51 Beck, Ulrich / Brater, Michael: *Berufliche Arbeitsteilung und soziale Ungleichheit. Eine historisch-gesellschaftliche Theorie der Berufe.* Campus: Frankfurt a.M. / New York 1978, S. 7.

Zuschnitte seien nicht durch Effizienz und Funktionalität zu erklären, sondern zielten auf die Reproduktion sozialer Ungleichheit ab; die Autoren postulieren deshalb eine „soziale[…] Interessenverwirklichungsstruktur" von Berufen,[52] die auch in dem systematischen Zusammenhang von weiblicher Lohnarbeit und Prekarität zum Ausdruck kommt. Klaus Dörre führt diese Kopplung entsprechend auf die ungebrochene Wirksamkeit symbolischer Formen männlicher Herrschaft zurück, „deren sozialisierende Kraft geschlechtsspezifische Einmündungen in prekäre Verhältnisse begünstigt".[53] Die gegenwärtige Erosion männlicher Normarbeit, die hegemoniale Männlichkeiten deutlich von marginalisierten abtrennt, intensiviere die Geschlechterstereotypen noch, denn der Arbeitnehmer befürchte eine „Verweiblichung", weil er mit Frauen konkurrieren müsse und seine Rolle als *bread winner* nicht mehr zu erfüllen vermöge, die Arbeitnehmerin hingegen fürchte eine „Entweiblichung", die ihre Rolle als Mutter und Sorgende bedrohe[54] – beide agierten sie als Kompliz/innen sexualisierter Deutungen.[55]

Ein Gegenmodell zu prekärer Arbeit bildet bis zum Ende des 20. Jahrhunderts die Profession, die durch die Verknappung von Zugängen ökonomisches und symbolisches Kapital zu generieren vermag, gegenwärtig allerdings durch die zunehmende Projektförmigkeit von Arbeit keine gesicherten Verhältnisse mehr garantiert. Professionen wie die von Ärzt/innen, Wissenschaftler/innen und Geistlichen gelten grundsätzlich als identifikatorische Arbeit in einem emphatischen Sinne und schließen in gewisser Weise an das Konzept des ‚inneren Berufs' an, das sich um 1800 als Signum des (romantischen) Künstlers etabliert und im 19. Jahrhundert nobilitierend auf den Kaufmann, Unternehmer, Manager und Wissenschaftler übertragen wird. Für professionalisierte Berufe spielen Gender-Kategorien und -stereotypen, die nach Lutz Ohlendieck die „wirkliche Konkurrenz" zwischen

---

52 Ibid., S. 141.
53 Dörre, Klaus: „Prekarisierung und Geschlecht. Ein Versuch über unsichere Beschäftigung und männliche Herrschaft in nachfordistischen Arbeitsgesellschaften". In: Aulenbacher et al. (Hrsg.), S. 285–301, S. 294.
54 Ibid., S. 296. „Unstete, gering qualifizierte, schlecht bezahlte und wenig anerkannte Arbeit gilt Leiharbeitern wie Einzelhändlerinnen als ‚feminin'"; ibid., S. 297.
55 Ibid. Prekarisierung bringt also das Gegenteil von Emanzipation mit sich; ibid., S. 298.

Männern und Frauen verhindern, ebenfalls eine wichtige Rolle.[56] Die Forschung diskutiert insbesondere das Problem der ‚gläsernen Decke' bzw.
des ‚Glashauses'; diese Metapher beschreibt die Praxis, weibliche Arbeitskräfte an der Peripherie von Unternehmen (wie im Personalmanagement)
einzusetzen.

Emotionale und ästhetische Arbeit

Für die Analyse weiblicher Arbeit (in der Literatur) sind zum Dritten die
Kategorien der emotionalen und ästhetischen Arbeit von besonderer Bedeutung. Berufsprofile benennen diese Vermögen meist nicht explizit, so dass
sie unsichtbar bleiben und nicht honoriert werden – im Bereich weiblicher
Arbeit auch deshalb, weil sie dem Geschlechtscharakter der Frau als genuin
gelten. Nach Ute Frevert fasste man Emotionen im 19. Jahrhundert deshalb nicht als Arbeit auf, weil sie mit (weiblich codierter) Spontaneität
und Körperlichkeit assoziiert waren und damit als schwer zu regulierende
Kräfte galten. Erst die Psychoanalyse habe Emotion mit Arbeit verbunden und so den Weg für Untersuchungen bereitet, die der Funktion von
Gefühlen in Arbeitskontexten genauer nachgehen.[57] In den 1980er Jahren
entsteht beispielsweise die stark rezipierte Studie über Stewardessen und
Inkasso-Vertreter von Arlie Russell Hochschild, *Das gekaufte Herz. Zur
Kommerzialisierung der Gefühle*. Die Soziologin beschreibt eine Art von
Gefühlsarbeit, die Emotionen nicht auf der Oberfläche produziert, sondern
als *deep acting* internalisiert. Diese Emotionsarbeit nutzt das individuelle
Gefühlsgedächtnis und kann durch ein Bühnensetting samt Requisiten (im
Sinne Erving Goffmans) unterstützt werden.[58] Institutionen und Vorgesetzte
versuchten über Gefühlsnormen bestimmte Illusionen bei den Angestellten
zu verankern, wobei insbesondere den beschäftigten Frauen die Evokation
von (positiven) Emotionen übertragen werde. Auf diese Weise schreibe die
Arbeitswelt ein Austauschverhältnis fest, das die Unterwerfungsgeschichte

---

56 Ohlendieck, Lutz: „Die Anatomie des Glashauses: Ein Beitrag zum Verständnis
   des Glass-Ceiling-Phänomens". In: Pasero, Ursula (Hrsg.): *Gender – from Costs
   to Benefits*. Westdeutscher Verlag: Wiesbaden 2003, S. 183–193, S. 184.
57 Frevert, Ute: „Trust as Work". In: Kocka (Hrsg.), S. 93–108, S. 95.
58 Hochschild, Arlie Russell: *Das gekaufte Herz. Zur Kommerzialisierung der
   Gefühle*. Campus: Frankfurt a.M. / New York 1990, S. 62.

der Geschlechter prinzipiell kennzeichne: Frauen gälten *per se* als Gefühls-
arbeiterinnen und böten Männern mangels eigener ökonomischer Ressourcen ihre Gefühle zum Tausch gegen materielle Mittel an.[59] Ganz ähnlich
argumentiert die US-amerikanische Frauenrechtlerin Charlotte Perkins Gilman um 1900 in ihrer Studie *Frauen und Arbeit*.[60] Der häufige Ausschluss
aus dem Erwerbsleben bzw. ein geringer Verdienst habe, so Hochschild, zur
Festlegung von Frauen auf emotionale Arbeit geführt, die aufgrund einer
scheinbaren Begabung bzw. Bestimmung dafür kaum honoriert werde – ein
zirkulärer Prozess.[61] Kritisiert wird an Hochschilds Ausführungen allerdings, dass die Soziologin von der Utopie einer unentfremdeten, ursprüng-
lichen Gefühlswelt ausgeht. Die Forschung zur Emotionsarbeit hat seitdem
versucht, die Folgen von *deep* und *surface acting* in diversen Berufsfeldern
genauer auszuloten, und profiliert auch die positiven Effekte von Gefühlsarbeit wie Selbstwirksamkeit, Commitment und Wohlbefinden;[62] sie löst
sich mithin von der ‚Opfergeschichte' ab, die Hochschild erzählt. Daniela
Rastetter, die die neueren Forschungstendenzen zusammenfasst, betont zudem, dass emotionale Arbeit auch von männlichen Berufstätigen verlangt
würde; neuere Ergebnisse bestätigten gleichwohl, dass weiterhin eine enge
Verbindung zwischen weiblichen Tätigkeiten und Gefühlsarbeit besteht.[63]

Im Dienstleistungssektor spielen darüber hinaus Formen ästhetischer Arbeit eine zentrale Rolle, wie sie vornehmlich englische Forscher/innen untersuchen. Für Berufsprofile mit starker Kundenorientierung gelten Forderungen
wie „well spoken and of smart appearance" oder schlichter „good looking".
Der/die Angestellte muss über verkörperte Eigenschaften verfügen, die dann
im Beschäftigungsverhältnis, beispielsweise in der Gastronomie, mobilisiert

---

59 Ibid., S. 132.
60 Perkins Gilman, Charlotte: *Frauen und Arbeit*. Übers. v. Altschuh-Riederer,
    Petra. Ein-Fach-Verlag: Aachen 2005, u.a. S. 54.
61 Hochschild, S. 13–14.
62 Cf. zur Kritik an Hochschild Rastetter, Daniela: *Zum Lächeln verpflichtet. Emo-
    tionsarbeit im Dienstleistungsbereich*. Campus: Frankurt a.M. / New York 2008,
    S. 21–23; zu den neueren Forschungsansätzen ibid., S. 23–60; zu den positiven
    Effekten ibid., S. 33.
63 Ibid., S. 42–46.

und organisiert werden.[64] Chris Warhurst und Dennis Nickson halten fest, dass ästhetische Arbeit eng mit sexuellen Phantasien verbunden sei und den Körper der Beschäftigten adressiere – den männlichen, bevorzugt jedoch den weiblichen, den der Geschlechterdiskurs als sexuellen und attraktiven definiere. Literarische Texte, die weibliche Tätigkeiten schildern, lassen diverse Formen emotionaler und ästhetischer Arbeit samt ihrer Konsequenzen für das arbeitende Subjekt plastisch werden.

Auch im Haushalt als personenbezogene Dienstleistung wird emotionale und ästhetische Arbeit verrichtet; sie bleibt in der Regel unbezahlt, macht jedoch einen immensen Anteil am materiellen Wohlstand eines Landes aus.[65] Feministische Untersuchungen betonten die Abhängigkeit des Kapitalismus von den Tätigkeiten in der Privatsphäre,[66] wobei Hausarbeit als unsichtbare Ressource einer anderen ökonomischen Logik folgt als sie das Modell des *homo oeconomicus* vorgibt und deshalb alternative Analysekategorien verlangt. Vergleicht man in den Debatten der 1970er Jahre die häuslichen Tätigkeiten mit industriell-fordistischen Verhältnissen, um den proletarischen Charakter von Hausarbeit zu betonen, so konzentrieren sich aktuelle soziologische Untersuchungen auf den identifikatorischen, subjektbildenden und affektiven Anteil von Hausarbeit.[67] Diese sei Sorge für die Familienmitglieder und Ausdruck einer „anderen Ökonomie" bzw. einer Lebensweltökonomie, der es nicht um die Ökonomisierung des Sozialen gehe.[68] Seit einigen Jahren

---

64 Warhurst, Chris / Nickson, Dennis: „Employee Experience of Aesthetic Labour in Retail and Hospitality". In: *Work, Employment & Society* 21, 2007, S. 103–120; cf. id.: „‚Who's Got the Look?' Emotional, Aesthetic and Sexualized Labour in Interactive Services". In: *Gender, Work and Organization* 16 (3), 2009, S. 385–404.

65 Cf. für die Schweiz Madörin, Mascha: „Care Ökonomie – eine Herausforderung für die Wirtschaftswissenschaften". In: Bauhardt / Çağlar (Hrsg.), S. 81–104.

66 Biesecker, Adelheid / Hofmeister, Sabine: „Im Fokus: Das (Re)Produktive. Die Neubestimmung des Ökonomischen mithilfe der Kategorie (Re)Produktivität". In: Bauhardt / Çağlar (Hrsg.), S. 51–80.

67 Becker-Schmidt 2007, S. 256. Hausarbeit verlangt in gewissem Sinne einen Habitus, wie ihn der identifikatorische Arbeitskraftunternehmer an den Tag legt; Weeks 2011.

68 Cf. Donath, Susan: „The Other Economy. A Suggestion for a Distinctively Feminist Economics". In: *Feminist Economics* 6 (1), 2000, S. 115–125; Madörin, S. 84.

verstärkt sich der Transfer haushälterischer Tätigkeiten auf Migrantinnen, was zu einem gravierenden Verlust sozialer Arbeit im Herkunftsland („care drain") führt.[69]

Die bislang vorgestellten Kategorien der sexuellen, prekären, emotionalen und ästhetischen Arbeit werden in der vorliegenden Studie wiederholt aufgegriffen, um die in literarischen Texten beschriebenen Tätigkeiten zu präzisieren.

Literatur und weibliche Arbeit

Literatur verknüpft Arbeitsprozesse diverser historischer Kontexte mit (fiktionalen) Lebensentwürfen, so dass Ensembles und Mischformen in Erscheinung treten und die Konsequenzen von Arbeitssituationen für die Befindlichkeiten von Subjekten ausgelotet werden. Vermag Literatur als Interdiskurs (spezialisierte) Semantiken zu koppeln und zu popularisieren, so assoziiert sie in diesem Falle erzählte Berufsbilder bzw. informalisierte Arbeiten mit Geschlechterrepräsentationen, nicht zuletzt deshalb, weil für literarische Figuren die Geschlechtszugehörigkeit eine gewichtige Rolle spielt. Zwar bleibt weibliche Arbeit insbesondere in der kanonischen Literatur der bürgerlichen Moderne bis in das 20. Jahrhundert hinein häufig ein Randphänomen, weil die Grenzziehungen des binären Gender-Programms fortgeschrieben und der Ausschluss von Frauen aus der Lohnarbeit reproduziert werden. Nicht zuletzt dadurch aber geben literarische Texte Aufschluss über die Vergeschlechtlichung von Tätigkeiten sowie die Asymmetrien in der Verteilung von Kapital und Anerkennung, die sich mit der Ideologie der bürgerlichen Geschlechterordnung und dem Siegeszug der Lohnarbeit im 19. Jahrhundert einstellen.

Meine Studie interessiert sich allem voran für die Kopplung von Arbeit mit dem sich im 19. Jahrhundert durchsetzenden relationalen System von

---

69 Cf. Palenga-Möllenbeck, Ewa: „Globale Versorgungsketten: Geschlecht, Migration und Care-Arbeit". In: Aulenbacher, Brigitte / Dammayr, Maria (Hrsg.): *Für sich und andere sorgen. Krise und Zukunft von Care in der modernen Gesellschaft*. Beltz Juventa: Weinheim 2014, S. 138–148; ebenso Hochschild, Arlie Russell: „Globale Betreuungsketten und emotionaler Mehrwert". In: Hutton, Will / Giddens, Anthony (Hrsg.): *Die Zukunft des globalen Kapitalismus*. Campus: Frankfurt a.M. / New York 2001, S. 157–176.

(essentialisierter) Männlichkeit und Weiblichkeit, das Akteur/innen auf wenige Eigenschaften festlegt, also eine deutliche Komplexitätsreduktion vornimmt. Es geht mithin um Normalisierungs- und Domestizierungsprozesse, um die Durchsetzung binärer Geschlechterstrukturen und deren performative Reproduktion. Meine Untersuchung erzählt nicht primär von Transgressionen und queeren Praktiken, sondern von „weiblicher" und „männlicher" Arbeit; die IAB-Arbeitsmarktforscherinnen Corinna Kleinert und Ann-Christin Hausmann schlagen vor, bei einem Anteil von über 70% eines Geschlechts in einem Beruf von Männer- oder Frauenberufen zu sprechen.[70] Ist im Folgenden von männlicher und weiblicher Arbeit (ohne Anführungszeichen) die Rede, so ist diese Definition gemeint, nicht aber ein essentialisierendes Konzept vergeschlechtlichter Arbeit.

Die exemplarischen Lektüren beginnen, um der von den Gender Studies betonten Relationalität von Geschlechterkonstruktionen Rechnung zu tragen,[71] mit Männlichkeitsentwürfen in kanonischen Texten – Kanonliteratur ist deshalb von Belang, weil ihr (implizites) Wissen, ihre Normen und ihre (vielfach nahezu beiläufigen) Konzeptionen von Arbeit/Gender in das kulturelle Gedächtnis eingehen. Die beiden ersten Kapitel stellen diskursbegründende männliche Berufsmodelle in Texten der sogenannten Sattelzeit vor, die zugleich die Funktionen und Räume weiblicher Arbeit ausmessen.

---

70 Kleinert, Corinna / Hausmann, Ann-Christin: „Männer- und Frauendomänen kaum verändert. Berufliche Segregation auf dem Arbeitsmarkt". In: *IAB-Kurzbericht. Aktuelle Analysen aus dem Institut für Arbeitsmarkt- und Berufsforschung 9*, 2014 (retrieved 28.12.2016, from http://doku.iab.de/kurzber/2014/kb0914.pdf). Cf. dazu auch Feldhoff, Kerstin: „Soziale Arbeit als Frauenberuf – Folgen für sozialen Status und Bezahlung?!" In: Zander, Margherita / Hartwig, Luise / Jansen, Irmgard (Hrsg.): *Geschlecht Nebensache? Zur Aktualität einer Gender-Perspektive in der Sozialen Arbeit*. VS Verlag für Sozialwissenschaften: Wiesbaden 2006, S. 33–55, S. 38. Sie beschreibt u.a. den problematischen Zusammenhang zwischen einer scheinbar ‚natürlichen Begabung' der Frau und schlechter tariflicher Eingruppierung (ibid., S. 50), ebenso die Schwierigkeit, soziale Arbeit aufgrund der Komplexität des Tätigkeitsfeldes zu standarisieren, zu verberuflichen und als institutionelles Handeln auszuweisen.

71 Diese Relationalität verändert u.a. die Darstellung von Geschichte; cf. Frevert, Ute: *„Mann und Weib, und Weib und Mann". Geschlechter-Differenzen in der Moderne*. Beck: München 1995, S. 9–10; Kessel, Martina / Conrad, Christoph (Hrsg.): *Kultur & Geschichte. Neue Einblicke in eine alte Beziehung*. Reclam: Stuttgart 1998.

Begonnen wird mit Johann Wolfgang von Goethes Bildungsroman *Wilhelm Meisters Lehrjahre*, der eine erfolgsversprechende wirtschaftliche Allianz von Kleinadligen und Bürgerlichen konzipiert. Der Roman nimmt die sich spezialisierende Gesellschaft des 19. Jahrhunderts vorweg und entwirft denjenigen asketischen Unternehmertypus, den Max Weber ausarbeiten wird. Goethe stellt diesem eine Frau an die Seite, die sich gleichfalls durch eine methodologische Lebensführung auszeichnet und auf den (bis heute weiblich codierten) Tätigkeitsbereich sozialer Arbeit festgelegt wird. Diese Zuordnung von Frauen (aus höheren Klassen) zu sozialer Arbeit wird in frühsozialistischen Romanen fortgeschrieben und bis in das 20. Jahrhundert hinein Schule machen.

Romantische Kunstmärchen wie Ludwig Tiecks *Der Runenberg* und E.T.A. Hoffmanns *Die Bergwerke zu Falun* greifen die Frage nach männlichen Arbeitsvermögen auf und bringen eine schillernde Ressource ins Spiel: die Phantasie als Grundlage eines identifikatorischen Berufsprogramms – Arbeitsfähigkeiten müssen grundsätzlich so bestimmt sein, „daß sie ein Minimum an persönlichen Motivationen und Identifikationen zulassen", also zumindest „minimale innere Bereitschaft, Verantwortlichkeit, Sorgfalt, Engagiertheit etc. [...], die sich gar nicht oder nur sehr begrenzt durch äußere Kontrollen erzwingen lassen".[72] Die hier untersuchten romantischen Erzählungen entwerfen ein emphatisches Berufsethos, das Passion, Hingabe und Identifikation verlangt. Der am Künstler geschulte ‚innere Beruf' wird im Verlauf des 19. Jahrhunderts auf den Unternehmer, Kaufmann und Wissenschaftler übertragen, um diese Professionen zu nobilitieren. Weiblichkeit hat für den engagiert-innerlichen Künstler(-Arbeiter) in Tiecks und E.T.A. Hoffmanns Novellen primär die Funktion einer symbolischen Ressource; sie initiiert seine Träume, Sehnsüchte, Passionen und Identifikationen, tritt aber kaum selbst als Tätige in den Blick. Der erste Abschnitt dieser Studie, der mit *Diskursbegründungen: Unternehmertum, ‚innerer' Beruf und soziale Arbeit* überschrieben ist, misst mithin die Marginalisierungen und Irrealisierungen arbeitender Weiblichkeit in kanonischen Texten aus, die traditionsbildende Typen wie den asketischen Unternehmer und den identifiziert-engagierten (Künstler-)Arbeiter als paradigmatische Männlichkeitsimagines entwerfen.

---

72 Beck / Brater, S. 31.

An dieser diskursbegründenden Kartierung vergeschlechtlichter Berufsentwürfe, die insbesondere für höhere Klassen Geltung besitzt, werden sich literarische Texte bis in das 20. Jahrhundert hinein abarbeiten. Die hier untersuchten romantischen Novellen entwerfen darüber hinaus (zumindest skizzenhaft) das Psychogramm eines modernen Konsumenten, für den die Phantasie ebenfalls zentral ist.

Der zweite Abschnitt der vorliegenden Studie, der mit *Desemantisierungen: Physische Ressourcen und Konsum im 19. Jahrhundert* überschrieben ist, verfolgt denjenigen dominanten Diskursstrang in der Literatur, der arbeitende Frauenfiguren auf persistente Weise mit Körperlichkeit und Sexualität assoziiert und Typen wie die sexualisierte Proletarierin, die Prostituierte und die Kurtisane umkreist. Scheint *sex work* aus arbeitssoziologischer Sicht eher einen Randbereich darzustellen, so treibt sie die literarische Phantasie förmlich um. Der Körper und die Schönheit von Frauenfiguren gelten in Romanen des 19. Jahrhunderts häufig als die einzigen wirtschaftlichen Ressourcen, die ihnen den Zugang zum Arbeitsmarkt ermöglichen, wobei vor allem Frauen aus niederen Klassen (nicht nur im literarischen Diskurs) sexualisiert werden. Für bürgerliche und adelige Frauen hingegen, die sich nicht auf dem Arbeitsmarkt behaupten müssen, ist ein Programm der Entsexualisierung vorgesehen, das Triebe und Begehren durch Mildtätigkeit bzw. soziale Arbeit sublimiert. Der Diskurs der Sexualität (und das heißt der Moral) bleibt dabei nicht auf *body work* im engeren Sinne beschränkt, sondern dominiert auch die literarischen Beschreibungen von Lohnarbeit, bevorzugt in Dienstleistungsberufen. Die hier untersuchten Romane führen die Sexualisierung weiblicher Tätigkeiten zuweilen auf das hohe Maß an emotionaler und ästhetischer Arbeit zurück, die die Protagonistinnen verrichten, zuweilen auf ihren geringen Verdienst – sozial engagierte Texte weisen mit Nachdruck auf die vielfach unzureichende Entlohnung von Frauen (zum Beispiel von Angestellten) hin und leiten aus der Pauperisierung durch Arbeit die Notwendigkeit ab, sich zu prostituieren.

Die notorische Sexualisierung weiblicher prekärer Arbeit wird zunächst anhand der frühsozialistischen Romane *Weisse Sclaven* von Ernst Willkomm und *Schloß und Fabrik* von Louise Otto-Peters entfaltet, die neben der schweren Arbeit in Textilfabriken den Dienst sowie die Prostitution zum Gegenstand machen, zudem das Projekt weiblicher sozialer Arbeit als Strategie der Triebsublimation fortschreiben. Der Abschnitt behandelt darüber hinaus die beliebte Figur der Kurtisane, die in *Roxana* von Daniel Defoe, *Glanz und Elend der Kurtisanen* von Honoré de Balzac und *Nana* von Émile Zola zur Protagonistin wird. Anhand dieses Typus kann zugleich eine signifikante Diskursverschiebung illustriert werden: Konzipiert Defoe eine prosperierende *self made woman*, die aus ihrer Schönheit Kapital schlägt und ihren Verdienst mit buchhalterischer Präzision und unternehmerischer Finesse verwaltet, so firmiert die phantasmatisch hoch besetzte Figur der Kurtisane in den französischen Romanen des 19. Jahrhunderts als luxurierende Konsumentin, die bei Balzac zwar die industrielle Produktion und damit das nationale Einkommen zu steigern vermag, bei Zola jedoch als reines Dekadenzphänomen die gesellschaftliche Ordnung erodieren lässt. Anhand der Figur der Kurtisane lässt sich also die Exklusion bestimmter Tätigkeiten aus der Sphäre der Arbeit und die Kopplung von Weiblichkeit und Konsum verfolgen. Konsumption als Luxuskonsum, aber auch als industrielles Massenphänomen wird im 19. und 20. Jahrhundert nahezu ausschließlich als weibliche, hedonistisch-egoistische Praxis aufgefasst. Zugleich gerät der strukturelle Zusammenhang von Produktion und Konsumption, wie ihn der junge Karl Marx noch profiliert hatte,[73] aus dem Blick, ebenso der Umstand, dass Konsum Arbeit sein kann, dass er ökonomisches Kalkül, Zeit, die Antizipation von Bedürfnissen und Fachwissen verlangt. Diese Kompetenzen profilieren vornehmlich nicht-literarische Texte, zum Beispiel die der Kampagne „Lohn für Hausarbeit" aus den 1970er Jahren.[74] Literarische Texte hingegen bevorzugen den Typus der hysterischen Käuferin, die sich den verlockenden Waren (zumal im großen Kaufhaus) willenlos hingibt und der günstigen Gelegenheit nicht mit rationalen Entscheidungen zu begegnen vermag. So unterschiedliche ‚Konsumtexte' wie Gustave Flauberts *Madame Bovary*, Erich Köhrers *Warenhaus Berlin* und Theodore Dreisers *Sister Carrie*, die hier in einem Kapitel zusammengefasst

---

73 Vgl. dazu und zu den Tendenzen der wirtschaftswissenschaftlichen Theorie, die Produktionsaspekte zu betonen, König, Wolfgang: *Geschichte der Konsumgesellschaft*. Franz Steiner: Stuttgart 2000, S. 15–32.

74 Nach Mary Douglas verlangt „Einkaufen unbegrenzte Aufmerksamkeit. Durch die feindlichen Kräfte stark unter Druck gebracht, fordert es konstante Wachheit, Spitzfindigkeit und Ressourcen"; zitiert nach Voglmayr, Irmtraud: „Frauen in der Freizeit- und Erlebnisgesellschaft". In: Krondorfer / Mostböck (Hrsg.), S. 193–203, S. 197.

sind, statten die weibliche Konsumentin mit Irrationalität, der Unfähigkeit zum Kalkül sowie mit einem unersättlichen Begehren aus und verknüpfen den Konsum- mit dem Liebesdiskurs, einem literarischen Meisternarrativ. Dreisers Roman *Sister Carrie* entwickelt gleichwohl ein emanzipatorisches Konzept weiblichen Konsums, wenn der Einkauf die Soziabilität, die Empathie und das Wohlbefinden der Individuen befördert. Das Themenfeld „Weiblichkeit und Arbeit" umfasst also notwendigerweise auch den Konsum, der als Arbeit begriffen werden kann, als solche jedoch (nicht nur) im literarischen Diskurs verschwindet.

Der letzte Abschnitt der Studie, *Spezialisierungen: Die Ausdifferenzierung weiblicher Berufsbilder und ihre Topoi,* widmet sich diversen Berufsdarstellungen seit der Zwischenkriegszeit und verfolgt zunächst die Kopplung von Sexualität und Frauenarbeit weiter. Arthur Schnitzlers später Roman *Therese. Chronik eines Frauenlebens* gibt Einblicke in das Berufsprofil eines Dienstmädchens, genauer: einer Gouvernante; Irmgard Keuns *Gilgi – eine von uns* und Christa Anita Brücks *Schicksale hinter Schreibmaschinen* entwerfen ‚Arbeitsbiographien' eines beliebten Angestelltentypus der Zwischenkriegszeit, der Sekretärin. Alle drei Romane erzählen von sexualisierter weiblicher Lohnarbeit, jedoch auf unterschiedliche Weise: Schnitzlers Text beschreibt die ausbeuterische emotionale Arbeit seiner Gouvernante (mit Sinn für sozialgeschichtliche Details) als Opfergeschichte; die intertextuellen Bezüge der *Chronik* zu Johann Jakob Bachofens Matriarchatskonzept konnotieren die weibliche (Berufs-)Autonomie der Protagonistin jedoch als sexuelle Anarchie. Die Sekretärinnen-Romane, die die emotionale wie ästhetische Arbeit ihrer weiblichen Figuren profilieren, weisen das Begehren hingegen den männlichen Chefs zu und beschreiben List sowie Maskerade als probate Maßnahmen gegen die auf der Tagesordnung stehenden sexuellen Übergriffe. In allen drei Texten haben Frauen ausschließlich Zugang zu Tätigkeiten im Niedriglohnsektor, die durch mangelnde Aufstiegschancen, Monotonie, Unsicherheit und schlechte Bezahlung gekennzeichnet sind.

Für die Zeit der 1970er Jahre wurden zwei Texte ausgewählt, die Weiblichkeits-/Arbeitskonzepte in der BRD und DDR sowie ‚unspezialisierte' Arbeit (im Haushalt) und Profession entgegensetzen. Gisela Elsners Roman mit dem aussagekräftigen Titel *Abseits* stellt mit der Hausfrau einen Typus ins Zentrum, der in den 1970er Jahren gesellschaftlich zur prekären Figur wird. Galt im 19. Jahrhundert die für Lohn arbeitende Frau (zumal wenn sie verheiratet war) als Ärgernis, so seit den 1970er Jahren die ‚Nur-Hausfrau‘, die Elsner, dem Diskurs der Zeit entsprechend, als Proletarierin chiffriert und als isolierte, soziophobe Figur zu Tabletten greifen lässt. Professionen, die ihre Zugangsbedingungen reglementieren und damit ökonomische sowie gesellschaftliche Distinktionsgewinne versprechen, werden am Beispiel von Brigitte Reimanns Architekturroman *Franziska Linkerhand* behandelt. Das opulente Fragment der DDR-Autorin wertet die Profession der Architektur durch Hochwertnarrative (wie den Pygmalion-Mythos) auf und beschwört sie als schöpferische Selbstverwirklichung. Der Roman führt die binäre Vergeschlechtlichung dieser Form identifizierter, passionierter Arbeit sowie das entsprechende Männlichkeitsparadigma vor Augen und lässt damit die Barrieren kenntlich werden, die weiblicher professioneller Arbeit entgegenstehen. Auf welche Weise nobilitierte Professionen weiblichen Figuren zugänglich gemacht werden können, zeigt Brigitte Reimanns Text ebenso wie Ernst-Wilhelm Händlers *Wenn wir sterben*, der erfolgreiche Unternehmerinnen schildert – dieser Roman von 2002, der sich wie ein Gegenstück zu Goethes Bildungsroman *Wilhelm Meisters Lehrjahre* liest, schließt die Studie ab. *Wenn wir sterben* differenziert die Führungsstile an der Firmenspitze aus und löst sie vom Geschlecht ab, macht allerdings (buchstäbliche) Mutterschaft als geschlechtlich gebundene Produktivitätsphantasie zur Bedingung eines evolutiven, ‚guten‘ Wirtschaftens im Sinne Joseph Schumpeters, so dass sich traditionsreiche Weiblichkeitsimagines und emanzipatorische Impulse auch in diesem Text durchkreuzen. Die beiden letzten Romane der Studie greifen mithin das emphatische Berufsethos der Identifikation und Passion wieder auf, das für die Sattelzeit entwickelt wurde, und loten das Verhältnis von Weiblichkeit und Profession aus.

Gelesen werden im Folgenden bevorzugt Romane, also die „Leitgattung" kulturwissenschaftlicher Untersuchungen, die durch ihre Referentialität und ‚epische Breite‘ kontextualisierenden Bemühungen entgegenkommt.[75]

---

75 Cf. dazu Martus, Steffen: „Philo-Logik. Zur kulturwissenschaftlichen Begründung von Literaturwissenschaft". In: Wirth, Uwe (Hrsg.): *Logiken und Praktiken der Kulturforschung*. Kadmos: Berlin 2008, S. 125–147. Kriterium für die Auswahl sei die „Signifikanz für einen nicht-literarischen Kontext" (ebd., S. 141), so dass es in den Kulturwissenschaften, wie in der Literaturwissenschaft, zu einer Limitierung, zu einer „Praxis der Verminderung" komme (ebd.), wie kritisch anzumerken ist.

Auf methodischer Ebene geht es um eine kulturwissenschaftliche Kontextualisierung literarischer Texte durch zeitgenössische Debatten, sozialgeschichtliches Wissen und historisch informierte Theoriemodelle, die zuweilen ihrerseits im Sinne der ‚Verhandlungen' Stephen Greenblatts von literarischen Texten inspiriert sind. Einen zentralen Kontext bildet das arbeitssoziologische Wissen, so dass der vorliegenden Studie eine interdisziplinäre Leseanordnung zugrunde liegt; ihr primäres Ziel ist gleichwohl, literarische Texte auch in ihrer ästhetischen Eigenlogik zum Sprechen zu bringen. Die exemplarischen Lektüren fokussieren insbesondere die Schnittstellen von Geschlechterstereotypen und Arbeit, das heißt die Körperarbeit schöner Frauen, die die Vergeschlechtlichung von Arbeit besonders plastisch werden lässt und die die libidinösen Potentiale von literarischen Texten zu steigern vermag, zudem Konsum und Liebe sowie Professionen als geniehafte Schöpfung. Ist davon auszugehen, dass Literatur das Themenfeld Arbeit gemäß ihrer Meisternarrative und -poetologien perspektiviert, so ist nicht verwunderlich, dass das Phantasma der schönen, begehrten Frau, das literarische Texte (nicht zuletzt als Allegorie für die Schönheit der Kunst und des eigenen Textes) umkreisen, auch den literarischen Arbeitsdiskurs beeinflusst.

Die vorliegende Studie versteht sich eher als Anregung und Ausgangspunkt. Einzelnen Berufsprofilen wäre aus synchroner Perspektive sowie in vertiefenden Studien genauer nachzugehen, ähnlich wie es Eva Eßlinger für die Figur des Dienstmädchens unternommen hat;[76] zudem wären weitere Berufsbilder zu berücksichtigen. Ausgespart bleiben in meiner Studie, bis auf wenige Ausnahmen, die Schnittstelle von Gender, Race und Arbeit,[77] die lebhafte Debatte um Mutterschaft als ‚vornehmsten Beruf der Frau'[78] sowie die Felder der Wissenschaft und der Kunst bzw. Theaterarbeit und

---

76 Eßlinger, Eva: *Das Dienstmädchen, die Familie und der Sex. Zur Geschichte einer irregulären Beziehung in der europäischen Literatur.* Fink: München 2013.

77 Cf. zu aktuellen Bildlogiken, die Neoliberalismus, Race und Queerness dynamisch aufeinander beziehen, ohne per se affirmativ oder subversiv zu sein, Engel, S. 169–197.

78 Cf. Frevert 1986, S. 124, S. 142. Zum Begriff der „geistigen" oder „erweiterten" Mutterschaft, der die beruflichen Tätigkeiten von Frauen in dieses Modell integriert, ibid., S. 123. Cf. zum Mutterideologem insgesamt Vinken, Barbara: *Die deutsche Mutter. Der lange Schatten eines Mythos.* Piper: München 2001.

Autorschaft – beides Bereiche, die aufgrund niedriger Zugangsschwellen weibliche Partizipation in besonderem Maße ermöglicht haben; für diese Felder liegen, auch aufgrund der Nähe zum künstlerischen Medium und der Eignung für poetologische Reflexionen, Spezialstudien vor.[79] Mir liegt nicht an einer umfassenden Darstellung sämtlicher Arbeitsfelder, in denen Frauen tätig waren, sondern an der Verknüpfung von Berufsprofilen mit Geschlechterstereotypen, an der diskursiven Entkopplung von Produktion und Konsumption (als weiblich semantisierte hedonistische Praxis) sowie an dem Spezialisierungs- und Professionalisierungsprozess, der seit der Zwischenkriegszeit in der Literatur fassbar wird. Konstruiert wird im Folgenden, um mit Hayden White zu sprechen, eine (Literatur-)Geschichte weiblicher Arbeit als Trauerspiel mit komödiantischen Einlagen, in der ästhetische Brillanz nicht selten mit der Reduktion weiblicher Spielräume Hand in Hand geht.

---

79 Geitner, Ursula (Hrsg.): *Schauspielerinnen. Der theatralische Eintritt der Frau in die Moderne*. Haux: Bielefeld 1988; Möhrmann, Renate (Hrsg.): *Die Schauspielerin. Zur Kulturgeschichte der weiblichen Bühnenkunst*. Insel: Frankfurt a.M. 1989; Davis, Tracy: *Actresses as Working Women. Their Social Identity in Victorian Culture*. Routledge: London / New York 1991; Kord, Susanne: *Ein Blick hinter die Kulissen. Deutschsprachige Dramatikerinnen im 18. und 19. Jahrhundert*. Metzler: Stuttgart 1992; Emde, Ruth B.: *Schauspielerinnen im Europa des 18. Jahrhunderts. Ihr Leben, ihre Schriften und ihr Publikum*. Rodopi: Amsterdam / Atlanta 1997; Dupree, Mary Helen: *The Mask and the Quill. Actress Writers in Germany from Enlightenment to Romanticism*. Bucknell University Press: Lewisburg 2011; Schößler, Franziska / Haunschild, Axel: „Genderspezifische Arbeitsbedingungen am deutschen Repertoiretheater. Eine empirische Studie". In: Gaby Pailer / Franziska Schößler (Hrsg.): *GeschlechterSpielRäume. Dramatik, Theater, Performance und Gender*. Rodopi: Amsterdam / New York 2011, S. 255–269. Zu bedenken ist, dass man das Schauspiel der Frau bzw. ihre ‚Verstellungskunst' in der Regel als naturhafte Begabung verstand, so dass der professionelle Aspekt dissimuliert wurde; cf. Künzel, Christine: „‚Die Kunst der Schauspielerin ist sublimierte Geschlechtlichkeit': Anmerkungen zum Geschlecht der Schauspielkunst". In: Pailer / Schößler (Hrsg.), S. 241–254. Anna Helleis (S. 25) betont die Freiräume, die Schauspielerinnen im Vergleich zu anderen weiblichen Berufsprofilen zur Verfügung standen. Zu Literatinnen cf. Sonja Dehning: *Tanz der Feder: Künstlerische Produktivität in Romanen von Autorinnen um 1900*. Königshausen & Neumann: Würzburg 2000.

I. Diskursbegründungen: Unternehmertum, ‚innerer' Beruf und soziale Arbeit

1. Der Unternehmer und die Sozialarbeiterin bei Johann Wolfgang von Goethe

Goethes Romane *Wilhelm Meisters Lehrjahre* und die *Wanderjahre* behandeln eine Vielzahl an Berufsfeldern[1]: die Theaterarbeit sowie die sich professionalisierende Medizin, die Protoindustrie der Weber und Spinner bei Zürich sowie landwirtschaftliches Unternehmertum – der Landbau, den Adam Smith in seinem einflussreichen Werk *Der Wohlstand der Nationen* als Quelle nationalen Reichtums ausweist, bildet in Goethes Texten den Nucleus einer gesellschaftlich-ökonomischen Modernisierung. Die geschilderten Wirtschaftsprojekte, die von bürgerlichen und aristokratischen Unternehmern angeleitet werden – realpolitisch die Gewinner der preußischen Bodenreformen[2] –, scheinen die gefürchtete Revolution überflüssig zu machen und stellen traditionsreiche Standesgrenzen, den aristokratischen Grundbesitz sowie den Gestus der Repräsentation in Frage, um ökonomischen Prinzipien zu folgen.

Goethe geht es weniger um konkrete Arbeitsprozesse, wie sie beispielsweise frühsozialistische Romane schildern, als vielmehr um die psychischen und mentalen Dispositionen, die die neue Wirtschaftsordnung zu ihrer Voraussetzung hat. Seinen Protagonisten, den männlichen wie weiblichen, werden räumliche und emotionale Flexibilität, Verzicht und Opfer bzw. Selbstdisziplinierung und Askese abverlangt, eine Haltung also, die in mancherlei Hinsicht dem puritanisch-calvinistischen ‚Geist' aus Max Webers späterer Kapitalismus-Analyse entspricht. Weber seinerseits weist auf Goethes Konzept der Entsagung (in seiner engen Korrelation mit Arbeitsteiligkeit) hin:

---

1 Der verpflichtende Tätigkeitsbegriff bilde sich seit der zweiten Hälfte des 18. Jahrhunderts zu einem integrierenden Prinzip der Ökonomie aus, so betont Saller, Reinhard: *Schöne Ökonomie. Die poetische Reflexion der Ökonomie in frühromantischer Literatur*. Königshausen & Neumann: Würzburg 2007.
2 Reidegeld, Eckart: *Staatliche Sozialpolitik in Deutschland. Historische Entwicklung und theoretische Analyse von den Ursprüngen bis 1918*. VS Verlag für Sozialwissenschaften: Opladen 1996, S. 32.

Daß die Beschränkung auf Facharbeit, mit dem Verzicht auf die faustische Allseitigkeit des Menschentums, welchen sie bedingt, in der heutigen Welt Voraussetzung wertvollen Handelns überhaupt ist, daß also ‚Tat‘ und ‚Entsagung‘ einander heute unabwendbar bedingen: dies asketische Grundmotiv des bürgerlichen Lebensstils – wenn er eben Stil und nicht Stillosigkeit sein will – hat auf der Höhe seiner Lebensweisheit, in den *Wanderjahren* und in dem Lebensabschluß, den er seinem *Faust* gab, auch Goethe uns lehren wollen.[3]

Goethe verabschiedet das ‚faustische‘ Subjekt, das die Entfaltung sämtlicher Kräfte einfordert, bereits in seinem Roman *Wilhelm Meisters Lehrjahre*, in dem er die Konturen einer arbeitsteiligen, opferbereiten Gemeinschaft entwirft und jene Säkularisierung von Arbeit weiterführt, die sich in Daniel Defoes *Robinson Crusoe* abzuzeichnen beginnt. Die *Lehrjahre* sowie einzelne Novellen aus dem Zyklus *Unterhaltungen deutscher Ausgewanderten* entwickeln einen asketischen Unternehmertypus, der das Konzept religiös motivierter Arbeit verabschiedet, seine methodologische Lebensführung zum Selbstzweck erklärt und ein prototypisches Modell bürgerlicher Männlichkeit abgibt.

Das Programm der Entsagung, das die Männlichkeitsentwürfe der *Lehrjahre* maßgeblich prägt, besitzt auch für die weiblichen Figuren Geltung und legt diese mit weitreichenden Folgen auf einen bestimmten Wirkungsbereich fest: auf soziale Arbeit. Das Soziale hatte seine Inkubationszeit entsprechend während der ‚Sattelzeit‘, also zwischen 1750 und 1850;[4] der Ausdruck „soziale Arbeit" entsteht allerdings erst um 1890[5] – Goethes Text arbeitet mithin an der Formation des Berufsprofils in seiner vordisziplinären Ära. Soziale Arbeit hat grundsätzlich das Ziel, die Lebensverhältnisse eines Gemeinwesens für die ihm angehörigen Menschen zu verbessern, genauer: „eine herrschende Wirtschaftsweise abzuwandeln, ihre Wirkungen zu kompensieren, zu verbessern oder zu überwinden".[6] Sie nimmt ihren

---

3 Weber, Max: *Die protestantische Ethik und der Geist des Kapitalismus*. Vollständige Ausgabe. Hrsg. u. eingel. v. Kaesler, Dirk. Beck: München 2004, S. 200.
4 Wendt, Wolf Rainer: *Geschichte der Sozialen Arbeit*. Bd. 1: *Die Gesellschaft vor der sozialen Frage*. 5. Aufl. Lucius & Lucius: Stuttgart 2008, S. 1.
5 Ibid., S. 3.
6 Ibid., S. 5. Zentrale Tätigkeitsfelder waren das weibliche Diakonat, der Lehrerinnenberuf und die Arbeit als Betreuerin in einer Kleinkinderanstalt bzw. im Kindergarten, den Friedrich Fröbel ins Leben ruft; die Frau wird zur „Erzieherin der Menschheit" erklärt und auf diese weibliche ‚Berufung‘ festgelegt (ibid.,

Ausgang von einer Mangelerfahrung (wie sie im ersten Jahrzehnt des 19. Jahrhunderts besonders spürbar ist) und stabilisiert sich im Verlauf des Jahrhunderts im Kontext religiöser Vereine sowie zivilgesellschaftlicher und staatlicher Wohlfahrtspflege, um sich gegen 1900 weiter zu professionalisieren; unbeschäftigten Frauen aus höheren Klassen wird auf diese Weise die Berufsarbeit ermöglicht.[7] Soziale Arbeit umfasst dabei so unterschiedliche Tätigkeiten wie „pädagogische (Bildungs-)Arbeit, Theoriearbeit, Arbeit an und in ökonomischen Projekten, Angstarbeit (nach der Französischen Revolution), politische Arbeit, (christliche) Liebesarbeit, Friedensarbeit (zur Überbrückung von Klassengegensätzen) [sowie] weibliche Kulturarbeit".[8] Sie ist im 19. Jahrhundert weder fachlich noch dienstlich gegliedert und gilt bis heute als weiblicher Beruf.[9]

Dem Unternehmer aus höheren Schichten stellt Goethe also eine sozial tätige Frau an die Seite, die die ‚Wunden' der Modernisierung, in Marx' Worten: die Blessuren der Ausbeutung zu heilen versucht und dem Ideologem des weiblichen Geschlechtscharakters entspricht, wenn sie ihren erotischen Trieb zu Agape sublimiert.[10] Dieses ‚Paar' der Entsagenden bevölkert in unterschiedlichen Ausprägungen die Unternehmerromane

---

S. 471). Erziehung gilt dabei auch nach 1848 als Alternative zu revolutionären Umwälzungen; ibid., S. 473.

7 Cf. dazu Althans, Birgit: *Das maskierte Begehren. Frauen zwischen Sozialarbeit und Management.* Campus: New York et al. 2007.

8 Wendt, S. 9.

9 Die Entwicklung sozialer Arbeit als weiblichem Berufsfeld (unabhängig von der staatlichen Sozialpolitik) ist eng mit der Frauenbewegung verbunden; ibid., S. 467–468. Cf. zum Verhältnis von sozialer Arbeit und Frauenbewegung Hering, Sabine / Waaldijk, Berteke (Hrsg.): *Die Geschichte der Sozialen Arbeit in Europa (1900–1960). Wichtige Poinierinnen und ihr Einfluss auf die Entwicklung internationaler Organisationen.* Leske + Budrich: Opladen 2002. Soziale Arbeit stellt in Teilen auch ein männliches Betätigungsfeld dar, wie z.B. die *friendly societies* von Handwerkern und Arbeitern in England verdeutlichen; Wendt, S. 78–79.

10 Thomas Laqueur führt aus, dass das sich im 19. Jahrhundert durchsetzende Zwei-Geschlechter-Modell die Frau auf Reinheit und Passivität festlege bzw. Lust von Fortpflanzung abtrenne. Hatten zuvor Passion, Leidenschaft und Hitze als Bedingung der Reproduktion gegolten, so geht die Biologie des 19. Jahrhunderts von einer lustfreien Empfängnis aus, die dem bürgerlichen Frauenbild korrespondiert; Laqueur, Thomas: *Auf den Leib geschrieben. Die Inszenierung*

des 19. Jahrhunderts. Goethes weibliches *role model* wird darüber hinaus für emanzipatorische Frauenprojekte bis in das 20. Jahrhundert hinein einflussreich sein.

Arbeitsteilung und Entsagung: *Wilhelm Meisters Lehrjahre*

Dass Arbeitsteilung unmittelbar mit asketischer Lebensführung korreliert ist, führt Max Weber am Beispiel des Pfarrers und Schriftstellers Richard Baxter aus, der einen milden Calvinismus propagiert – Baxter ist, ähnlich wie Adam Smith, der Auffassung, dass allein Spezialisierung, also die Aufopferung von bestimmten Kräften, eine qualitative wie quantitative Steigerung der Arbeitsleistung und damit Berufspflicht ermögliche.[11]

Eine ähnliche Verknüpfung von ‚Berufspflicht' bzw. Askese mit der Ausdifferenzierung von Arbeitsaufgaben gehört maßgeblich zum Programm der Turm-Gesellschaft Goethes aus den *Lehrjahren*. Jarno erklärt Wilhelm, dass es auf einer höheren Stufe der gesellschaftlichen Entwicklung für den Einzelnen durchaus von Vorteil sei, in der „Masse" zu verschwinden und zu lernen, „um anderer willen zu leben, und seiner selbst in einer pflichtmäßigen Tätigkeit zu vergessen" (Lj, 494).[12] Dass diese Aussage als Plädoyer für die Parzialisierung der Arbeitskraft – ihrerseits Bedingung eines beruflichen Pflichtethos – verstanden werden kann, bestätigt folgendes Zitat aus Wilhelms Lehrbrief: „Nur alle Menschen machen die Menschheit aus, nur alle Kräfte zusammengenommen die Welt" (Lj, 553). Es heißt weiter:

Alle Tätigkeiten, die niedersten wie höchsten, alles das und weit mehr liegt im Menschen, und muß ausgebildet werden; aber nicht in Einem, sondern in vielen. Jede Anlage ist wichtig, und sie muß entwickelt werden. Wenn einer nur das

---

der Geschlechter von der Antike bis Freud. Übers. v. Bussmann, H. Jochen. Campus: Frankfurt a.M. / New York 1992, S. 221–235.

11 Weber, S. 186.

12 Die Angaben in Klammern mit der Sigle Lj beziehen sich auf folgende Ausgabe: Goethe, Johann Wolfgang von: „Wilhelm Meisters Lehrjahre. Ein Roman". In: Id.: *Sämtliche Werke nach Epochen seines Schaffens.* Münchner Ausgabe. Bd. 5: *Wilhelm Meisters Lehrjahre.* Hrsg. v. Schings, Hans-Jürgen. Hanser: München / Wien 1988.

Schöne, der andere nur das Nützliche befördert, so machen beide zusammen erst einen Menschen aus (Lj, 553).

Diese Aussage ähnelt in gewissem Sinne der Position von Adam Smith,[13] der die Arbeitsteiligkeit emphatisch als ‚naturgemäßes‘ Mittel der Perfektionierung von Produktionsprozessen und des Wohlstands begrüßt. Horst Claus Recktenwald fasst in seiner Einleitung zu *The Wealth of Nations* von Adam Smith zusammen:

> Wie das Streben nach wirtschaftlichem und sozialem Aufstieg, so entspringt auch die Arbeitsteilung der Natur des Menschen, in diesem Falle seiner angeborenen Neigung, zu handeln und zu tauschen. Diese Spezialisierung, die er [Adam Smith; F.S.] am berühmten Stecknadelbeispiel einsichtig erläutert, fördert die Geschicklichkeit bei der Arbeit, indem einfache Verrichtungen unbegrenzt wiederholt werden können. Sie führt ferner zu Ersparnis an Zeit.[14]

Karl Philipp Moritz, dessen Person und Schriften in den *Lehrjahren* vielfältige Spuren hinterlassen haben, setzt sich in seinem kurzen Text „Einheit – Mehrheit – Menschliche Kraft" ebenfalls mit den Möglichkeiten, Grenzen und Kosten der Spezialisierung auseinander. Moritz geht von der Prämisse aus, dass „der einzelne Mensch zu häufig *bloß* Hand und Fuß seyn muß, da er doch auch der Bestimmung der Natur gemäß zugleich Kopf seyn, und über sich und die Verhältnisse in der Welt zu *denken* Freiheit und Gelegenheit haben sollte".[15] Um ein gemeinsames Werk zu schaffen, müssten beispielsweise beim Hausbau die Zuträger der Materialien

---

13 Cf. zu Smith und Goethe Lottmann, André: *Arbeitsverhältnisse. Der arbeitende Mensch in Goethes Wilhelm Meister-Romanen und in der Geschichte der Politischen Ökonomie.* Königshausen & Neumann: Würzburg 2011, S. 129–130. Lottmann rekonstruiert das Verhältnis von Goethe zu Adam Smith nach 1806. Goethe beschäftigt sich darüber hinaus seit dem letzten Drittel des 18. Jahrhunderts mit weiteren einschlägigen wirtschaftspolitischen Schriften; cf. Hüttl, Adolf: *Goethes wirtschafts- und finanzpolitische Tätigkeit. Ein wenig bekannter Teil seines Lebens.* 2. Aufl., Dr. Kovač: Hamburg 1998.

14 Smith, Adam: *Der Wohlstand der Nationen. Eine Untersuchung seiner Natur und seiner Ursachen.* Übers., hrsg. u. eingel. v. Recktenwald, Horst Claus. 6. Aufl. Deutscher Taschenbuch Verlag: München 1974, Einleitung, S. LI–LII.

15 Moritz, Karl Philipp: „Einheit – Mehrheit – Menschliche Kraft". In: Id.: *Schriften zur Ästhetik und Poetik. Kritische Ausgabe.* Hrsg. v. Schrimpf, Hans Joachim. Max Niemeyer: Tübingen 1962, S. 28–31, S. 28.

so lange bis das Gebäude fertig ist, auf jeden andern freiwilligen Gebrauch ihrer thätigen Kraft *Verzicht* thun – Dieß *Verzicht* thun ist vorzüglich zur Vereinigung mehrerer menschlichen Kräfte nothwendig – und es würde ohne dasselbe nichts von den großen menschlichen Werken zu Stande gekommen seyn.[16]

Moritz verbindet Spezialisierung ausdrücklich mit Verzicht und problematisiert die Tatsache, dass „der einzelne Mensch seine freie Selbstthätigkeit so *aufgiebt*";[17] der Grund hierfür ist folgender:

Der listigere und verschlagnere Theil der Menschen hat nehmlich Mittel gefunden, dem ehrlichern und gutmüthigern, seine nothwendigen Bedürfnisse auf gewisse Weise zu entreissen und abzuschneiden, um sie ihm nur unter der Bedingung wieder zufließen zu lassen, daß er eine Zeitlang auf die natürliche Verbindung seiner Geistes- und Körperkräfte *Verzicht* thut – und wie eine bloße Maschine durch die Gedanken eines andern seinen Arm ausstrecken, und seinen Fuß emporheben läßt, wie der Soldat auf das Kommando thun muß.[18]

Die ‚Entfremdung', die sich einzustellen droht, weil das produktive Zusammenspiel von Intellekt und Körper unterbrochen wird – die Tätigen verzichten auf den ganzheitlichen Gebrauch ihrer Kräfte –, kann nach Moritz jedoch durch die freie Wahl eines Vorstehers kompensiert werden, also durch ‚freiheitliche' Unterwerfung.

Die beiden letzten Bücher der *Lehrjahre* sowie einige Novellen aus den *Unterhaltungen deutscher Ausgewanderten* verknüpfen das Programm der Spezialisierung auf ganz ähnliche Weise mit Verzicht und Triebdomestikation – in diese Haltung wird der Protagonist des Bildungsromans systematisch eingeübt. Im achten Buch der *Lehrjahre* erklärt Wilhelm, als das Ehehindernis zwischen Therese und Lothario beseitigt ist, er sich also fragen muss, ob er weiterhin Ansprüche auf seine Braut Therese erheben dürfe – diese war zuvor mit Lothario verlobt:

Dieser Mann [Lothario; F.S.] verdient jede Art von Neigung und Freundschaft, und ohne Aufopferung läßt sich keine Freundschaft denken. Um seinetwillen war es mir leicht ein unglückliches Mädchen zu betören, um seinetwillen soll mir möglich werden der würdigsten Braut zu entsagen (Lj, 536).

---

16 Ibid., S. 29.
17 Ibid.
18 Ibid., S. 30.

Als Jarno aus dem Lehrbrief vorliest, fordert der resignierte Wilhelm auf: „Sagen Sie mir lieber, mit Ihrer grausamen Bestimmtheit, was Sie von mir erwarten, und wie und auf welche Weise Sie mich aufopfern wollen" (Lj, 554). Etwas später wiederholt er: „Lothario und seine Freunde können jede Art von Entsagung von mir fordern, ich lege Ihnen hiermit alle meine Ansprüche an Theresen in die Hand" (Lj, 563). Diese Aufopferung autonomer Ansprüche stellt eine Form innerweltlicher Askese dar, die den Verzicht (auf Güter, Geld und eigene Wünsche) mit Tätigkeit im Sinne einer säkularisierten Werktreue verbindet. Lothario grenzt sein Programm ausdrücklich vom religiösen Opferdiskurs ab, hebt also die transzendente Legitimation von Opfer und Arbeit auf und erklärt diese zum Selbstzweck. Der Aristokrat fordert einen rationalen Verzicht im Rahmen genau kalkulierter Pläne und Aktivitäten, wenn er über seinen melancholischen Schwager ausführt – dieser schließt sich den Herrnhutern an[19]:

> [S]o gibt mein Schwager sein Vermögen, in so fern er es veräußern kann, der Brüdergemeinde, und glaubt seiner Seele Heil dadurch zu befördern; hätte er einen geringen Teil seiner Einkünfte aufgeopfert, so hätte er viel glückliche Menschen machen, und sich und ihnen einen Himmel auf Erden schaffen können. Selten sind unsere Aufopferungen tätig, wir tun gleich Verzicht auf das, was wir weggeben. Nicht entschlossen, sondern verzweifelt entsagen wir dem, was wir besitzen. Dieser Tage, ich gesteh es, schwebt mir der Graf immer vor Augen, und ich bin fest entschlossen, das aus Überzeugung zu tun, wozu ihn ein ängstlicher Wahn treibt (Lj, 434).

An die Stelle ‚ungeregelter' Gefühle wie Verzweiflung und Melancholie soll der rationalisierte Verzicht bzw. eine methodologische Form der Entsagung als Bedingung zielgerichteter Tätigkeit treten.

Dass dieses Arbeits- und Lebensprogramm das religiöse Opferkonzept verabschiedet, bestätigt das sechste Buch, in dem der Oheim die Aufopferung der schönen Seele mit den Bedingungen des Warenverkehrs vergleicht:

> Was es auch sei, [...] der Verstand oder die Empfindung, das uns eins für das andere hingeben, eins vor dem andern wählen heißt, so ist Entschiedenheit und Folge, nach meiner Meinung, das verehrungswürdigste am Menschen. Man kann

---

19 Hatte Zinzendorf Missionsreisen nach Nordindien und Nordamerika unternommen, so wagt der fiktive Graf der *Lehrjahre* „eine Reise nach Amerika, um ja seinem Vorgänger recht ähnlich zu werden" (Lj, 530).

die Ware und das Geld nicht zugleich haben! und der ist eben so übel daran, dem es immer nach der Ware gelüstet, ohne daß er das Herz hat das Geld hinzugeben, als der, den der Kauf reut, wenn er die Ware in Händen hat (Lj, 408).

Allein der konsequente Verzicht ermögliche ein soziales ‚Opfer' sowie den Warenverkehr. Goethe entwirft damit *en passant* eine ähnliche Theorie des Tauschs wie Georg Simmel in seiner *Philosophie des Geldes*. Nach Simmel ist das Opfer nicht nur die Bedingung einzelner Werte, „sondern, innerhalb des Wirtschaftlichen, das uns hier angeht, die Bedingung des Wertes überhaupt; nicht nur der Preis, der für einzelne, bereits festgestellte Werte zu zahlen ist, sondern der, durch den allein es zu Werten kommen kann".[20] Der Wert eines Dinges entstehe dabei, so Simmel, durch die Hindernisse, die zu seinem Besitz überwunden werden müssten:

> Erst die Repulsionen, die wir von dem Objekt erfahren, die Schwierigkeiten seiner Erlangung, die Warte- und Arbeitszeit, die sich zwischen Wunsch und Erfüllung schieben, treiben das Ich und das Objekt auseinander, die in dem unmittelbaren Beieinander von Bedürfnis und Befriedigung unentwickelt und ohne gesonderte Betonung ruhen.[21]

Das Opfer bezieht sich nach Simmel also auf die Erfahrung, dass das Begehren nicht umsonst und unmittelbar gestillt werden kann;[22] der Handel mit dem Objekt fixiere „das Opfer, das er [der Gegenstand; F.S.] darstellt".[23] Für den Oheim aus den *Lehrjahren* ist dabei selbst ein Begehren nach Geld (als universalem Platzhalter) denkbar, nicht nur nach Waren – Werner, der Freund und Antipode Wilhelms, verschreibt sich ganz dem ‚reinen Leveller' Geld (Marx). Das Opfer, das die letzten beiden Bücher der *Lehrjahre* diskutieren, wird mithin als säkulare asketische Geste bestimmt, die eine Gesellschaft des Tauschs, der Zirkulation und der Arbeitsteilung jenseits transzendenter Horizonte begründet.

Das Tausch- und Substitutionsprinzip dominiert selbst die intim-persönliche Sphäre, wie die Ähnlichkeiten und Stellvertretungen der Figuren signalisieren. Nahezu alle emotionalen Bindungen stehen im Zeichen der

---

20 Simmel, Georg: *Philosophie des Geldes*. In: Id.: *Gesamtausgabe*. Bd. 6. Hrsg. v. Frisby, David P. / Köhnke, Klaus Christian. Suhrkamp: Frankfurt a.M. 1989, S. 7–718, S. 65.
21 Ibid., S. 43.
22 Ibid., S. 52.
23 Ibid., S. 56.

Ersetzbarkeit; nahezu jede/r kann für jede/n zum Platzhalter werden. Vater Wilhelm und Sohn Felix beispielsweise gelten Mignon „gleichviel" (Lj, 529f.). An anderer Stelle fordert Wilhelm seinen Sohn auf, ihm die Geliebten bzw. gleich drei Mütter zu ersetzen: „Komm, lieber Knabe! [...] sei und bleibe Du mir alles! Du warst mir zum Ersatz Deiner geliebten Mutter gegeben, Du solltest mir die zweite Mutter ersetzen, die ich Dir bestimmt hatte, und nun hast Du noch die größere Lücke auszufüllen" (Lj, 570). Auch das Verhältnis zwischen Natalie und Wilhelm basiert auf Ersatz, denn jene entschließt sich erst dann zur Ehe, als Felix zu sterben droht (Lj, 609). Rolf-Peter Janz unterstreicht die Austauschbarkeit der Figuren,[24] die dem wirtschaftlichen Tauschprinzip entspricht. Stefan Blessin führt in ähnlichem Sinne aus:

> „Der notwendige Kreislauf" – die „große Zirkulation" der „natürlichen und künstlichen Produkte", die uns „wechselweise zur Notdurft geworden sind" [er zitiert Werners Rede aus dem ersten Buch; F.S.], – das ist die Welt der *Lehrjahre*. [...] In dem Glück, das er [Wilhelm; F.S.] schließlich in Natalie findet und das er, wenn es nur nach ihm ginge, mit nichts in der Welt wieder vertauschen möchte, ist der Austausch zu einem das ganze Leben durchdringenden Prinzip geworden.[25]

Blessin erklärt weiter:

> Die Eheschließung Wilhelms gelingt entsprechend erst, als ein Tausch zustande kommt, ein Tausch, in dem die Personen als Eigentümer von etwas auftreten, das sie sich wechselseitig übereignen. Es ist nicht nur Werner, der der Meinung deutlich Ausdruck gibt, Heiraten sei ein Geschäft, auch die Hauptfiguren belegen

---

24 Wilhelm mache bereits in der Theatergesellschaft die Erfahrung der Ersetzbarkeit; Janz, Rolf-Peter: „Zum sozialen Gehalt der *Lehrjahre*". In: Arntzen, Helmut et al. (Hrsg.): *Literaturwissenschaft und Geschichtsphilosophie*. Festschrift für Wilhelm Emrich. De Gruyter: Berlin / New York 1975, S. 320–340, S. 331.

25 Blessin, Stefan: *Goethes Romane. Aufbruch in die Moderne*. Schöningh: Paderborn 1996, S. 258. An anderer Stelle hält Blessin fest: „Man muß tauschen können, wenn man besitzen will. Im Tauschvorgang muß ich aber, um meinen Vorteil zu bewirken, mich meines Eigentums entäußern und damit einem anderen nützen. [...] Freilich reflektiert er [Wilhelm; F.S.] die Erfahrung, daß er über das Erwünschte und damit auch über sich selbst keine Gewalt hat, seinem falschen Selbstverständnis entsprechend als Entsagung, Resignation und Aufopferung"; ibid., S. 38–39.

ihre Beziehungen zu den Geliebten mit den ökonomischen Kategorien des Besitzes und Tausches.[26]

Allerdings wehren sich die Figuren (vergeblich) gegen das emotionale Tauschgeschäft; die verlassene Therese beispielsweise klagt: „Achtet man mich so wenig, daß man glaubt, es sei so was leichtes diesen mit jenem aus dem Stegreife wieder umzutauschen" (Lj, 539). Das universale Tauschprinzip verlangt den Verzicht auf Objekte und Personen, also emotionale Flexibilität. Entsagung wird in den *Lehrjahren* damit „weder ‚allgemeinmenschlich' noch religiös, noch philosophisch her[ge]leitet. Die völlige Verarmung des Subjektiven resultiert [...] aus einem Programm schrankenloser ökonomischer Expansion", so Thomas Degering.[27] Wer einer funktionalen Arbeitsgemeinschaft wie der um Lothario zugehören will, muss auf die vollständige Entfaltung der Kräfte verzichten und seine ‚ungeregelten' Affekte kontrollieren; die „Vernichtung der Unbefangenheit des triebhaften Lebensgenusses" ist seine „dringendste Aufgabe",[28] wie mit Max Weber formuliert werden könnte.

Dieses Programm, das für beide Geschlechter gilt, jedoch vornehmlich an männlichen Figuren demonstriert wird, bildet die psychische wie mentale Voraussetzung der Reformpläne Lotharios, der den adeligen Grundbesitz in wirtschaftlich rentable Landgüter umzugestalten gedenkt und deshalb eine Versicherung des Bodenbesitzes gegen revolutionäre Übergriffe anstrebt; einer der findigen Unternehmer der Turm-Gesellschaft erklärt:

> Es ist gegenwärtig nichts weniger als rätlich, nur an Einem Ort zu besitzen, nur Einem Platze sein Geld anzuvertrauen, und es ist wieder schwer an vielen Orten Aufsicht darüber zu führen; wir haben uns deswegen etwas anders ausgedacht, aus unserm alten Turm soll eine Sozietät ausgehen, die sich in alle Teile der Welt ausbreiten, in die man aus jedem Teile der Welt eintreten kann. Wir assekurieren uns unter einander unsere Existenz, auf den einzigen Fall, daß eine Staatsrevolution den einen oder den andern von seinen Besitztümern völlig vertriebe (Lj, 564).

---

26 Ibid., S. 38.
27 Degering, Thomas: *Das Elend der Entsagung. Goethes „Wilhelm Meisters Wanderjahre"*. Bouvier: Bonn 1982, S. 2.
28 Weber, S. 156.

Es sollen Vorkehrungen gegen die Annexion von Land getroffen werden – in revolutionären Zeiten eine reale Gefahr. Die Versicherungsgesellschaft Lotharios antizipiert damit zukünftige Entwicklungen: Zwar setzen sich in der Versicherungspraxis der zweiten Hälfte des 18. Jahrhunderts Neuerungen durch;[29] eine „Kapitalversicherung auf Gegenseitigkeit für den Fall von Revolutionsschäden" wird jedoch erst in den 1820er Jahren von Ernst Wilhelm Arnoldi eingeführt.[30] Die ‚innere' Voraussetzung dieser landwirtschaftlichen Unternehmen bzw. des ökonomischen Modernisierungsprojekts der adelig-bürgerlichen ‚Führungskräfte' Goethes bildet eine asketische Lebensführung auch als Grundlage von Arbeitsteiligkeit.

Der Unternehmer und sein pädagogisches Konzept: *Unterhaltungen deutscher Ausgewanderten*

Der Novellenzyklus *Unterhaltungen deutscher Ausgewanderten* verortet das Ethos rationaler Entsagung weitaus deutlicher als Goethes Bildungsroman im historischen Kontext der Französischen Revolution.[31] Sehnsuchtshorizont der ‚gestuften' Erzählungen, die von Gespenster- über moralische Geschichten bis zum Märchen führen, ist die „reine Tugend irgend eines Menschen […], der wirklich für andere zu leben, für andere sich aufzuopfern getrieben

---

29 Der Versicherungsgedanke kann erst an Einfluss gewinnen, als die metaphysischen Legitimationen menschlichen Schicksals ihre Geltung verlieren; cf. Schöpfer, Gerald: *Sozialer Schutz im 16.–18. Jahrhundert. Ein Beitrag zur Geschichte der Personenversicherung und der landwirtschaftlichen Versicherung.* Leykam: Graz 1976, S. 77–79. Auch der Aberglaube stellt ein Hindernis für den Versicherungsgedanken dar; ibid., S. 84–86.

30 Radbruch, Gustav: „Goethe: Wilhelm Meisters sozialistische Sendung". In: Id.: *Gestalten und Gedanken. Zehn Studien.* Koehler: Stuttgart 1954, S. 84–111, S. 94.

31 Cf. dazu Brandt, Helmut: „Entsagung und Französische Revolution. Goethes Prokurator- und Ferdinand-Novelle in weiterführender Betrachtung". In: Chiarini, Paolo / Dietze, Walter (Hrsg.): *Deutsche Klassik und Revolution.* Edizioni dell'Ateneo: Rom 1981, S. 195–227, S. 199. Brandt weist darauf hin, dass Goethe im April 1795 zwischen der Niederschrift von Prokurator- und Ferdinand-Novelle fünf Maximen zur Französischen Revolution über das Verhältnis von Freiheit und Gleichheit notiert habe; Goethes Meinung nach sei beides nicht zugleich umzusetzen; ibid., S. 210.

wird".[32] Die Baronesse stellt resigniert fest, von dem Verlust einer engen Freundin nach einem Streit schmerzlich getroffen: „Ich wüßte auch keinen, der auch nur der geringsten Entsagung fähig wäre".[33] Im abschließenden Märchen ermöglicht der omnipräsente Gestus der Selbstaufopferung die harmonische Verknüpfung sämtlicher Einzelkräfte, so dass eine neue Zeit jenseits revolutionärer Verwerfungen eingeläutet werden kann. Dem finalen Märchen vorangestellt ist eine ‚prosaische' Erzählung über Unternehmertum und Triebdomestikation. Ein junger, ungestümer Mann wird zum Diebstahl verleitet – durch eine verschwenderische Geliebte, die Unachtsamkeit seines Vaters und ein aufspringendes Schloss am väterlichen Schreibtisch, aus dem er nach und nach größere Summen ‚entlehnt'. Ferdinand gibt also seinem Begehren, einer sich plötzlich bietenden Gelegenheit sowie der menschlichen ‚Aneignungsmimesis' (René Girard) nach – er will so luxuriös wie sein Vater leben – und legt damit Haltungen an den Tag, die einer methodologischen Lebensführung widersprechen.

Was Ferdinand zur Räson bringt, ist zunächst seine Isolation oder eine Form von Einsamkeit, die dem (ökonomischen) Individualismus Robinson Crusoes bzw. dem Habitus des *„isolierte[n] Wirtschaftsmensch[en]"*,[34] des „allein mit sich beschäftigten" Subjekts entspricht, das Max Weber mit Blick auf John Bunyans Erbauungsbuch *Pilgrim's Progress* beschreibt.[35] Bei Goethe heißt es: Ferdinand „war oft allein und die gute Seele schien die Oberhand zu gewinnen"[36] – ein ‚insularer' Zustand, der ähnlich wie bei Defoe mit männlicher Selbstschöpfung und Selbstdisziplinierung einhergeht. Ferdinand „ermannt[…]" sich[37] und verstellt sich eigenhändig den Weg zu seiner sprudelnden Geldquelle. Als therapeutische Maßnahme fungiert darüber hinaus die Vision rastloser Tätigkeit, die der protestantischen

---

32 Goethe, Johann Wolfgang von: „Unterhaltungen deutscher Ausgewanderten". In: Id.: *Sämtliche Werke nach Epochen seines Schaffens*. Münchner Ausgabe. Bd. 4.1: *Wirkungen der Französischen Revolution*. Hrsg. v. Wild, Reiner. Hanser: München / Wien 1988, S. 436–518, S. 447.
33 Ibid.
34 Weber, S. 197.
35 Ibid., S. 147.
36 Goethe, Unterhaltungen, S. 504.
37 Ibid., S. 504.

Ethik nach auch sexuelle Anfechtungen zu unterdrücken vermag[38] –
die ökonomische ‚Ausschweifung' des jungen Mannes ist eng mit dem
Begehren nach einer schönen Städterin verknüpft. Auf seiner heilsamen
Reise entwirft Ferdinand den unternehmerischen Plan, einen maroden
Handwerksbetrieb mit Hilfe von Krediten zur Manufaktur umzugestalten. Er ist der Überzeugung, „daß man mit einem gewissen Kapital, mit
Vorschüssen, Einkauf des ersten Materials im großen, mit Anlegung von
Maschinen durch die Hülfe tüchtiger Werkmeister eine große und solide
Einrichtung würde machen können".[39] Dieser unternehmerische Plan ist
bezeichnenderweise mit der Vorstellung von Eigentum verknüpft, ähnlich
wie Robinson Crusoe (in Anlehnung an John Locke) das Besitzrecht auf
seine Kolonie durch die systematische Bearbeitung des Bodens zu erwirken
scheint. In Goethes Novelle heißt es: „Er sah alles mit größter Aufmerksamkeit, weil er alles schon als das seinige ansah."[40] Die wirtschaftlich-
unternehmerische Tätigkeit bringt den jungen Mann auf den ‚rechten' Weg
(jenseits seines sprunghaften Begehrens) und heilt seine ‚Liebeswunde', ein
für Goethe zentraler Topos.[41] Die Eheschließung steht entsprechend im
Zeichen der Tätigkeit, nicht aber des erotischen Verlangens; die Gattin
in spe ist, ähnlich wie Therese aus den *Lehrjahren,* „rasch und tätig".[42]
Ferdinand entsagt seiner erkalteten, leichtsinnigen Städterin und wählt die
tätige Haushälterin vom Lande, um sein Unternehmen erfolgreich auf die
Beine stellen zu können.

Der in der Novelle geschilderte Akt der Entsagung findet also, anders als
im *Märchen,* im Rahmen einer individualistischen Erwerbswelt statt,[43] die
einen eigentümlichen Pakt mit der religiösen Sphäre eingeht. Das Gebet, das
Ferdinand auf dem Höhepunkt seiner Verzweiflung spricht, nimmt den Chor
aus *Faust II* vorweg, der sentenzenhaft formuliert: „‚Wer immer strebend
sich bemüht / Den können wir erlösen'. Und hat an ihm die Liebe gar / von
oben Theil genommen, / Begegnet ihm die selige Schaar / Mit herzlichem

---

38 Weber, S. 184.
39 Goethe, Unterhaltungen, S. 506.
40 Ibid.
41 Cf. dazu Schößler, Franziska: Goethes „Lehr"- und „Wanderjahre". Eine Kulturgeschichte der Moderne. Francke: Tübingen 2002, u.a. S. 111–114.
42 Goethe, Unterhaltungen, S. 507.
43 Brandt, S. 207.

Willkommen".[44] Theodor W. Adorno hat diesen Satz als „Maxime inner-weltlicher Askese" bezeichnet,[45] die calvinistischen Überzeugungen nahe stehe;[46] der Beitrag aus dem Jenseits sei denkbar gering, wie das „gar", das „lehrhaft [...] den Zeigefinger in die Höhe" halte,[47] signalisiere. Das paraphrasierte Gebet Ferdinands lautet ganz ähnlich:

> [D]er Mensch, der sich selbst vom Laster wieder erhebt, habe Anspruch auf eine unmittelbare Hülfe; derjenige, der keine seiner Kräfte ungebraucht lasse, könne sich da, wo sie eben ausgehen, wo sie nicht hinreichen, auf den Beistand des Vaters im Himmel berufen.[48]

Die göttliche Instanz scheint durch ein tätiges Leben kalkulierbar gemacht werden zu können, oder anders formuliert: Die menschliche (Wirtschafts-) Autonomie geht mit der Transzendenz einen Pakt ein, der jene honoriert, und zwar auch dadurch, dass das göttliche Wirken berechenbar wird. Die rationalistische Berufstätigkeit bannt die ‚Geißel‘ Gottes.

Die Novelle ergänzt die skizzierte methodologische Lebensführung des Unternehmers durch eine Erziehungsdoktrin, die gleichfalls auf die Domestikation von Genuss und Begehren ausgerichtet ist – Klaus Berg-hahn und Wolfgang Müller haben festgehalten, dass die Neubewertung

---

44 Goethe, Johann Wolfgang von: „Faust. Der Tragödie zweiter Theil. In fünf Acten". In: Id.: *Sämtliche Werke nach Epochen seines Schaffens*. Münchner Ausgabe. Bd. 18.1: *Letzte Jahre 1827–1832*. Hrsg. v. Henckmann, Gisela / Hölscher-Lohmeyer, Dorothea. Hanser: München 1997, S. 103–351, S. 346.

45 Adorno, Theodor W.: „Zur Schluß-Szene des *Faust*". In: Keller, Werner (Hrsg.): *Aufsätze zu Goethes „Faust II"*. Wissenschaftliche Buchgesellschaft: Darmstadt 1991, S. 375–383, S. 380.

46 Cf. dazu auch Borchmeyer, Dieter: *Höfische Gesellschaft und französische Revolution bei Goethe. Adliges und bürgerliches Wertsystem im Urteil der Weimarer Klassik*. Athenäum: Kronberg/Ts. 1977, S. 21–22. Gerhard Kaiser hält fest: „An Faust zeigt sich [...] eine pathologische Verzerrung der Gesinnung, die später Max Weber als ‚innerweltliche Askese‘ bezeichnet und zum gewichtigen Faktor der Entwicklung der kapitalistischen Gesellschaft erklärt hat"; Kaiser, Gerhard: *Ist der Mensch zu retten? Vision und Kritik der Moderne in Goethes „Faust"*. Rombach: Freiburg i. Brsg. 1994, S. 41.

47 Adorno, S. 380.

48 Goethe, Unterhaltungen, S. 512.

der Arbeit durch den Protestantismus zum Ausgang des 18. Jahrhunderts in der Erziehung vorbereitet werde.[49] In Ferdinands Familie, die sich bald schon kinderreich um ihn schart, verlangt der ‚Hausvater‘ von sich und anderen willkürliche Opfer „aus dem Stegreife", also unvermutet und grundlos:

> Selbst als Mann und Hausvater pflegte er sich manchmal etwas das ihm Freude würde gemacht haben, zu versagen, um nur nicht aus der Übung einer so schönen Tugend zu kommen, und seine ganze Erziehung bestand gewissermaßen darin, daß seine Kinder sich gleichsam aus dem Stegreife etwas mußten versagen können.[50]

Auch in den *Lehrjahren* wird aus dem „Stegreif" (Lj, 539) verzichtet, und zwar auf Liebespartner. Ferdinands Erziehungsprogramm gipfelt in einem ‚Pünktlichkeitsspiel‘, das an Benjamin Franklins berühmte Formel erinnert, dass Zeit Geld sei:

> Der Hausvater schien über alles gleichgültig zu sein und ließ ihnen eine fast unbändige Freiheit; nur fiel es ihm die Woche einmal ein, daß alles auf die Minute geschehen mußte, alsdann wurden des Morgens gleich die Uhren reguliert, ein jeder erhielt seine Ordre für den Tag, Geschäfte und Vergnügungen wurden gehäuft und niemand durfte eine Sekunde fehlen.[51]

Die willkürliche Proklamation eines unumgänglichen Gesetzes, das weder transzendent verankert noch rational begründet ist, verstärkt die ‚innerweltliche‘ Entsagungsleistung und erhöht die emotionale Disziplin, die sich nicht durch Gewohnheiten zu stabilisieren vermag, sondern auf kontingente Veränderungen bzw. dezisionistische Setzungen reagieren muss. Die Kinder werden auf diese Weise in emotionale Flexibilität, in den spontanen Verzicht auf Liebgewonnenes, auf begehrte Objekte sowie auf Gewohnheiten, eingeübt; zudem werden sie auf einen rationalen Umgang mit Zeit vorbereitet –

---

49 Berghahn, Klaus L. / Müller, Wolfgang: „Tätig sein, ohne zu arbeiten? Die Arbeit und das Menschenbild der Klassik". In: Grimm, Reinhold / Hermand, Jost (Hrsg.): *Arbeit als Thema in der deutschen Literatur vom Mittelalter bis zur Gegenwart.* Athenäum: Königstein/Ts. 1979, S. 51–73, S. 52. Das Phänomen der Arbeitsteilung wird in dieser Zeit ausgiebig diskutiert, prominent in Schillers *Ästhetischen Briefen*; ibid., S. 54–55.
50 Goethe, Unterhaltungen, S. 516.
51 Ibid.

nicht indem ein rigides Zeitschema erlassen würde, sondern indem sie sich auf arbiträre Vorgaben einzustellen haben. Das Erziehungskonzept der Novelle zielt, ähnlich wie die Turm-Gesellschaft der *Lehrjahre*, auf emotionale Mobilität und Flexibilität, um jenseits konventionalisierter Praktiken auf Eventualitäten reagieren zu können.

Goethe entwirft also in den *Lehrjahren* wie in seiner Novelle das (pädagogisch ausgearbeitete) Profil eines Unternehmers, der sich durch säkularisierte Selbstdisziplin und emotionale, zeitliche sowie räumliche Flexibilität auszeichnet.[52] Dieser Figur, zugleich die Blaupause eines bürgerlich-nobilitierten Männlichkeitstypus, gesellt Goethe eine ,Hausmutter' zu, die in einem weiteren gesellschaftlichen Rahmen soziale Arbeit leistet und auf denselben disziplinatorischen Habitus festgelegt wird.

Weibliche Entsagung und soziale Arbeit: Methodologische Lebensführung, Mildtätigkeit und Erziehung

Während sich die ältere Forschung zu den *Lehrjahren* auf die ,mäeutische' Funktion der Frauenfiguren für den Protagonisten konzentriert hat, profilieren neuere Beiträge deren Autonomie und rekonstruieren die individualisierten Bildungsgeschichten der weiblichen Gestalten (zum Teil aus psychoanalytischer Sicht), auch um die Unterdrückungszusammenhänge einer patriarchalen Gesellschaft kenntlich zu machen.[53] Dabei wird verschiedentlich betont, dass Goethe das Ideologem weiblicher

---

52 Niekerk hebt hervor: „Ferdinands Erziehungsmethode verbindet auf eigentümliche Weise produktive und repressive Mittel, kulminierend in der freiwilligen Unterdrückung des Begehrens, mit anderen Worten: in der prinzipiellen Fähigkeit zur Entsagung"; Niekerk, Carl: *Bildungskrisen. Die Frage nach dem Subjekt in Goethes „Unterhaltungen deutscher Ausgewanderten"*. Stauffenburg: Tübingen 1995, S. 107.

53 Petra Willim macht affirmative und subversive Aspekte in der Frauendarstellung Goethes aus; so werde die Sehnsucht nach einer am Mann orientierten Weiblichkeit deutlich und es ergehe zugleich die Warnung vor ihrer Domestikation; Willim, Petra: *So frei geboren wie ein Mann? Frauengestalten im Werk Goethes*. Ulrike Helmer: Königstein/Ts. 1997, S. 245. Nach Oliver Jahraus ist auffällig, dass die Bildungsgeschichten der Protagonistinnen weibliche Sexualität tendenziell aufkündigten, was die Festlegung von Weiblichkeit auf Sexualität *ex negativo* bestätige; Jahraus, Oliver: „Held(innen) der deutschen Klassik". In: Selbmann, Rolf (Hrsg.): *Deutsche Klassik. Epoche*

Häuslichkeit, das Friedrich Schiller traditionsbildend vertritt, nicht aufgreife,[54] ebenso wenig das sentimentale Frauenbild der beliebten bürgerlichen Familiendramen. Ingrid Ladendorf führt die Haltung Thereses und Nataliens vielmehr auf das frühaufklärerische Programm eines rationalistischen Verhaltens zurück, das Goethe für sein sozialreformerisches Projekt funktionalisiere.[55] Emanzipatorisch sei Goethes Bildungsroman zudem deshalb, so Ladendorf, weil er auf systematische Weise Weiblichkeit mit Beruf verbinde[56] – Aurelie, Philine und Mariane beispielsweise arbeiten als Schauspielerinnen. Zu präzisieren wäre allerdings, dass Goethes Text im Rahmen seines asketischen Entsagungsprogramms eine diskursbegründende Zuordnung von Weiblichkeit und sozialer Arbeit vornimmt, während die Künstlerinnen einer früheren Epoche zugehören und marginalisiert werden bzw. sterben. Die *Lehrjahre* setzen eine rationalistisch-habitualisierte Form sozialer Arbeit als weibliches Tätigkeitsprogramm entsprechend an die Stelle von ‚wankelmütiger‘ Liebe und Verlangen. Philine, Inbegriff des ‚anökonomischen‘ Prinzips der Liebe (im Namen Spinozas), weicht Natalie,[57] die ausdrücklich nicht liebt und *die* prototypische Tätigkeit bürgerlicher und adeliger Frauen im 19. Jahrhundert verrichtet: soziale Arbeit,[58] genauer:

– *Autoren – Werke*. Wissenschaftliche Buchgesellschaft: Darmstadt 2005, S. 208–230.

54 Dornheim, Nicolás Jorge: „Wilhelm Meisters Schwestern: weibliche Lehrjahre im Bildungsroman". In: *Jura Soyfer. Internationale Zeitschrift für Kulturwissenschaften* 7 (3), 1998, S. 22–26, S. 25.

55 Ladendorf, Ingrid: *Tradition und Revolution. Die Frauengestalten in „Wilhelm Meisters Lehrjahren" und ihr Verhältnis zu Originalromanen des 18. Jahrhunderts*. Lang: Frankfurt a.M. et al. 1989, S. 125.

56 Ibid., S. 138.

57 John Blair betont die Opposition zwischen den beiden Figuren ebenfalls und weist auf die Relativierungen hin, die auch das ‚Idol‘ Natalie betreffen; Blair, John: *Tracing Subversive Currents in Goethe's Wilhelm Meister's Apprenticeship*. Camden House: Columbia, SC 1997, S. 140.

58 Therese repräsentiert das rationalistische Modell von Tätigkeit im Kontext der Haushaltsführung; ihre ‚Tugenden‘, die eine zweckmäßige Lebensgestaltung ermöglichen, bestehen in Einsicht, Ordnung, Zucht, Aktivität und Klarheit; cf. Falk, Geneviève: „Ein Mann, viele Frauen. Zur funktionalen Konzeption des Figurenensembles in J. W. von Goethes *Wilhelm Meisters Lehrjahre*". In: Delabar, Walter / Meise, Helga (Hrsg.): *Liebe als Metapher. Studie in elf Teilen*. Lang: Frankfurt a.M. et al. 2013, S. 175–194. Therese entspricht dem Typus

Erziehung als „noch undifferenzierte, gewissermaßen verpuppte soziale Arbeit".[59]

Die Verdrängung des Eros (verkörpert von Philine) durch eine karitative Haltung (wie sie Natalie repräsentiert) führt eine zentrale Szene der *Lehrjahre* vor Augen, die bezeichnenderweise die gewaltvolle Französische Revolution aufruft – die napoleonischen Kriege initiierten eine große Zahl weiblicher Wohltätigkeitsprojekte und ließen in Deutschland patriotische Frauenvereine entstehen, die in der späteren Phase der christlich-konservativen Revolution durch Hilfsvereine und Genossenschaften verstärkt wurden.[60] Als Wilhelm im fünften Buch der *Lehrjahre* im Wald schwer verletzt wird – er hatte sich zusammen mit seiner Schauspielertruppe zu einem neuen Engagement aufgemacht –, kümmern sich Philine und Natalie um den Blessierten; sie werden deshalb beide, allerdings kontrastiv, auf die biblische Figur des Samariters bezogen. Natalie, ein neuer Sankt Martin, spendet ,ihren' Mantel, als Wilhelm entblößt vor ihr liegt: „Sie zog sogleich den Überrock aus, und ihre Absicht, ihn dem Verwundeten und Unbekleideten hinzugeben, war nicht zu verkennen" (Lj, 226). Versieht sie Wilhelm zudem mit Geld und lässt ihn in eine Herberge bringen, so gemahnen ihre mildtätigen Gesten an die Samariter-Erzählung aus dem Lukas-Evangelium. Der vorüberziehende Samariter, so heißt es dort,

> ging zu ihm [dem Opfer; F.S.], verband ihm seine Wunden und goß darein Öl und Wein und hob ihn auf sein Tier und führte ihn in die Herberge und pflegte sein. Des andern Tages reiste er und zog heraus zwei Groschen und gab sie dem Wirte und sprach zu ihm: Pflege sein.[61]

---

der ländlichen Haushälterin, den die Ferdinand-Novelle aus den *Unterhaltungen deutscher Ausgewanderten* skizziert. Alle weiblichen Figuren, die Begehren und unkalkulierbare Triebe kennen wie Philine, Sperata, Mignon und Aurelie, werden in den *Lehrjahren* eliminiert oder domestiziert; cf. dazu die psychoanalytische Lesart von Kowalik, Jill Anne: „Die Formation weiblicher Identität in *Wilhelm Meisters Lehrjahren*". In: Kniesche, Thomas / Rickels, Laurence (Hrsg.): *Die Kindheit überleben*. Festschrift zu Ehren von Ursula Mahlendorf. Königshausen & Neumann: Würzburg 2004, S. 92–108, S. 101. Weiblichkeit wird im Verlauf des Romans systematisch desexualisiert.

59 Wendt, S. 6.
60 Ibid., S. 470.
61 Lukas 10.34–35.

Philine berichtet, dass der Jäger Nataliens „ihr einen Beutel mit zwanzig Louisd'oren zurück gelassen, daß er dem Geistlichen ein Douceur für die Wohnung gegeben, und die Kurkosten für den Chirurgus bei ihm niedergelegt habe" (Lj, 232). Natalie wandelt also auf den Spuren des barmherzigen Samariters, doch sie kümmert sich nicht persönlich um Wilhelms weitere Genesung. Philine hingegen wird explizit als „leichtfertige[…] Samariterin" (Lj, 224) bezeichnet und übernimmt die Pflege im Pfarrhaus – eine persönliche Liebesgeste. Beide Frauen agieren also mildtätig, doch ihre Art der Zuwendung wird kontrastiert: Philine, der jegliche Berechnung zuwider ist, steht für die nicht kalkulierbare Gabe. Sie verkörpert nicht nur die sinnliche Liebe, sondern auch das unberechenbare Glück und firmiert damit als Antagonistin der bürgerlichen Welt mit ihrer ‚doppelten Buchführung‘. Natalie hingegen teilt Wilhelm mit, dass sie nie oder immer geliebt habe – eine Haltung, die dem sprunghaft-unberechenbaren Begehren Philines diametral entgegengesetzt ist und sich durch eine merkwürdige Konstanz des Gefühls bzw. Nicht-Gefühls auszeichnet. Ihre barmherzigen Taten verrichtet Natalie ausdrücklich ohne Liebe; Liebe sei auch dann nicht im Spiel, so erklärt die schöne Seele, wenn die junge Aristokratin „Bürgermädchen an ihrem Brauttage" schmücke:

> denn zu Ausstattung solcher Kinder und ehrbarer armer Mädchen hatte Natalie eine besondere Neigung, ob sie gleich, wie ich hier bemerken muß, selbst keine Art von Liebe, und wenn ich so sagen darf, kein Bedürfnis einer Anhänglichkeit an ein sichtbares oder unsichtbares Wesen […] merken ließ (Lj, 420).

Diese explizite Aufkündigung von Liebe lässt Nataliens Mildtätigkeit, die zwischen Arm und Reich einen Ausgleich zu schaffen versucht, als habitualisierte Form der Fürsorge erscheinen, die nicht von ‚irregulär-vitalistischen‘ Emotionen abhängig ist. Geschehen ihre guten Taten ausdrücklich ohne Liebe,[62] so wird selbst die christliche Caritas-Vorstellung suspendiert,[63] wie

---

62 Blessin attestiert ihr „eine feudalistische Art, Mangel zu beseitigen, weil sie, ohne wirklich Veränderungen zu begünstigen, den Bedürftigen in die ‚Verlegenheit‘ eines untätigen Almosenempfängers setzt"; Blessin, S. 31.

63 Kowalik bezeichnet Natalie als Verkörperung der Caritas; Kowalik, S. 105. Sie hält fest, dass die Funktionen von Therese und Natalie „zusammengenommen […] die einer idealen Mutter" sind; ibid., S. 105. Auch Falk spricht von der „häuslich-mütterlichen" Ausrichtung Nataliens; Falk, S. 193. Beide Figuren verfügen tatsächlich über haushälterische und erzieherische Kompetenzen; ihre

sie beispielsweise der erste Korinther-Brief formuliert – diesen zitiert Wilhelm in seinen Klagen über verlorene Liebe und Freundschaft mehrfach.[64] In dem bekannten Paulus-Brief heißt es: „Und wenn ich alle meine Habe den Armen gäbe und ließe meinen Leib brennen, und hätte der Liebe nicht, so wäre mir's nichts nütze."[65] Die Mildtätigkeit Nataliens entspricht diesem christlichen Programm barmherziger Taten aus dem Geist der Nächstenliebe nicht mehr.[66] Soziale Arbeit (als weibliche Tätigkeit) wird in Goethes Roman von der Fixierung auf die „Kreatur" und die (irreguläre) Emotion bzw. von der „Vitalität triebmäßigen Handelns"[67] abgelöst und so zum Fundament eines weiblichen asketischen Berufsethos. Goethe entwirft auf diese Weise eine spezifische Form emotionaler Arbeit (ohne eruptive Emotion). Die schöne Seele berichtet: Natalie „war keinen Augenblick ihres Lebens unbeschäftigt […]. Alles schien ihr gleich, wenn sie nur das verrichten konnte, was in der Zeit und am Platz war […]. Diese Tätigkeit ohne Bedürfnis einer Beschäftigung habe ich in meinem Leben nicht wieder gesehen" (Lj, 419). John Blair hält ebenfalls fest, dass sich Nataliens Philanthropie durch die Abwesenheit von Passion auszeichne und ‚konservativer' Natur sei, weil sie die paternalistische Ordnung legitimiere und das gemeinsame Projekt stabilisiere, Grundbesitz zu sichern, indem soziale Bedürfnisse befriedigt würden.[68]

---

methodologisch-rationalistische Lebenshaltung führt jedoch über das emotionalisierte bürgerliche Familienmodell hinaus und ist nicht primär auf die triadische Kleinfamilie ausgerichtet.

64 Schößler 2002, S. 180.

65 1. Korinther-Brief 13.3.

66 Ihre Haltung steht mit einem sozialgeschichtlichen Umbruch in Zusammenhang, den Goethe wiederholt thematisiert: mit der Ablösung eines religiös regulierten Mitleids durch eine anonymisierte Form der Fürsorge. In den *Wahlverwandtschaften* denkt Eduard über eine Institution für Bettler nach, um mit den heruntergekommenen Personen nicht in persönlichen Kontakt treten zu müssen. In den *Wanderjahren* erteilt der Oheim Mildtätigkeit eine dezidierte Absage; in seinem Landwirtschaftsunternehmen gibt es für Almosen keinen Platz, sondern lediglich Hilfe zur Selbsthilfe; Schößler 2002, S. 220–230.

67 Weber, S. 162.

68 Blair, S. 137. In gewissem Sinne stellt das pazifizierende Programm Goethes selbst eine Form sozialer Arbeit dar, nämlich „Angstarbeit", die ein Gemeinwesen zu befrieden strebt; Wendt, S. 9.

Weiblichkeit als Caritas und Agape – dieses Projekt deutet sich in der Novellensammlung *Unterhaltungen deutscher Ausgewanderten* ebenfalls an. Die Prokurator-Novelle, die der Geschichte über den Unternehmer Ferdinand unmittelbar vorausgeht und eine niedrigere Stufe der Entsagung repräsentiert, erzählt von der Erziehung einer luxurierenden Ehefrau zu sozialer Arbeit und Mildtätigkeit, allgemeiner gesprochen: zu ,rationalisierter Emotionsarbeit'. Angeleitet von einem potenziellen Liebhaber eignet sich die junge Frau eines reichen, reiselustigen Kaufmanns nach und nach eine ebenso diätetische wie karitative Lebensführung an, die sie nicht zuletzt von ihrem ehebrecherischen Liebeswunsch absehen lässt. Ihrem ,Retter' erklärt sie nach diversen Kasteiungen: „Sie haben mich fühlen lassen, daß außer der Neigung noch etwas in uns ist, das ihr das Gleichgewicht halten kann, daß wir fähig sind, jedem gewohnten Gut zu entsagen und selbst unsre heißesten Wünsche von uns zu entfernen".[69] Der Weg zu dieser Einsicht führt über das Gelübde, gemeinsam zu fasten und mildtätig zu sein: „Des anderen Tages war sie beschäftigt, Hemden zuzuschneiden und zu nähen, deren sie eine bestimmte Zahl für ein Armen- und Krankenhaus fertig zu machen versprochen hatte."[70] Der „ungestörte Genuß" bzw. das Begehren nach dem Freund wird durch die „wohltätige Arbeit"[71] aufgeschoben und schließlich gänzlich sublimiert. Eine Krankheit, die die junge Frau isoliert und eine eingehendere Selbstbeobachtung ermöglicht – Voraussetzung auch für Ferdinands Wandlung –, lässt ihren Verzicht habituell bzw. zur rationalen Lebensform werden.

Sieht also Goethes Modernisierungs- und Pazifizierungsprogramm für den jungen Mann ein asketisches Unternehmertum vor, so verordnet es der jungen Frau aus besseren Kreisen soziale Arbeit als ,rationalisierte Emotion'; Ziel ist die Substitution von Eros durch Agape, genauer: durch eine institutionalisierte Form der Mildtätigkeit, die ohne Mitleid und Liebe auskommt. Die Berufspflicht der Calvinisten versteht sich entsprechend als Arbeit zu Ehren Gottes, nicht aber als Nächstenliebe:

---

69 Goethe, Unterhaltungen, S. 494.
70 Ibid., S. 492.
71 Ibid., S. 493.

Die ‚Nächstenliebe' äußert sich – da sie ja nur Dienst am Ruhme *Gottes*, nicht: der *Kreatur*, sein darf – in *erster* Linie in Erfüllung der durch die lex naturae gegebenen *Beruf*saufgaben, und sie nimmt dabei einen eigentümlich sachlich-*un*persönlichen Charakter an: den eines Dienstes an der rationalen Gestaltung des uns umgebenden gesellschaftlichen Kosmos.[72]

Goethes Berufskonzeption und ihre Folgen: Sozialreformerinnen im 19. und 20. Jahrhundert

Die Figurenkonstellation aus Goethes *Lehrjahren* – dem Unternehmer steht eine mildtätige, sozial engagierte Ehefrau zur Seite – greifen Romane der 1830er und 1840er Jahre wiederholt auf.[73] Karl Immermann beispielsweise entwirft in *Die Epigonen* in Anlehnung an die *Lehrjahre* und Benjamin Franklin[74] einen frühkapitalistischen bürgerlichen Unternehmer, der auf Repräsentation verzichtet und sich durch seine asketische Lebensführung auszeichnet[75] – ein positiv konnotiertes Bild, das Firmenschriften des 19. und 20. Jahrhunderts fortführen werden.[76] Immermanns Roman profiliert die Werkgerechtigkeit des Unternehmers, „für den die wirtschaftliche Leistung als Ausweis für rechtes Tun dient und das Arbeitsethos als Glaubensersatz fungiert",[77] spart allerdings die Folgen der neuen Produktionsmethoden für Arbeiter/innen aus. Die stark wertenden frühsozialistischen Romane

---

72 Weber, S. 148.

73 Cf. Rarisch, Ilsedore: *Das Unternehmerbild in der deutschen Erzählliteratur der ersten Hälfte des 19. Jahrhunderts. Ein Beitrag zur Rezeption der frühen Industrialisierung in der belletristischen Literatur.* Colloquium: Berlin 1977, u.a. S. 33.

74 Ibid., S. 61–62.

75 Ibid., S. 37–38.

76 Linder, Joachim: „„Nur der Erwerb ist lustbetont, nicht der Besitz'. Die Arbeitswelt der Unternehmer und Unternehmerinnen in Firmenschriften des 19. und frühen 20. Jahrhunderts". In: Segeberg, Harro (Hrsg.): *Vom Wert der Arbeit. Zur literarischen Konstitution des Wertkomplexes ‚Arbeit' in der deutschen Literatur (1770–1930).* Niemeyer: Tübingen 1991, S. 233–282.

77 Rarisch, S. 42. Spezialisierung allerdings spielt bei Immermann keine Rolle (ibid., S. 45). Dem erfolgreichen Unternehmer Johann Gottlieb Nathusius folgend, kombiniert der Protagonist Immermanns diverse Aktivitäten, die realiter jedoch kein funktionales Unternehmen ergäben; ibid., S. 53–54, S. 57.

streichen in der Regel die verwerfliche Verschwendungssucht des protzenden Unternehmers heraus und kritisieren das Almosenwesen als dubioses Prestigeobjekt, legen die weiblichen Figuren, Töchter wie Mütter, jedoch gleichfalls auf die Rolle der mildtätigen, die sozialen Kontraste ausgleichenden Helferin fest.[78]

Goethes Programm weiblicher sozialer Arbeit hatte darüber hinaus großen Einfluss auf die Sozialreformerinnen. Bürgerliche Frauen, die sich wie Louise Otto-Peters seit etwa Mitte des 19. Jahrhunderts verstärkt in der freien Wohlfahrtspflege engagieren, beziehen sich mit Nachdruck auf Goethe, um ihr Projekt zu legitimieren.[79] Birgit Althans bezeichnet Therese und Natalie aus Goethes Bildungsroman geradezu als Prototypen „der Protagonistinnen der Sozialreform"[80] – die eine leidenschaftliche Wirtschafterin, die andere mit einem „zwanghaften Trieb zur Philanthropie"[81] oder anders: einem methodologischen Altruismus ausgestattet, wie er in einem Verbund von Erzieherinnen seinen genuinen Ort findet. Die englische Sozialreformerin Beatrice Webb, Begründerin der London School of Economics, bewundert Goethe und schreibt 1926 ihre eigenen *Lehrjahre;*[82] Alice Salomon, die 1908 die erste soziale Frauenschule eröffnet – eine Institution, die sich nach dem Ersten Weltkrieg großer Beliebtheit erfreut –, entnimmt den *Lehrjahren* ihr Lebensmotto: „Nicht wo ich ein bequemes Leben habe, da wo ich nützlich bin, da ist mein Vaterland."[83] Gertrud Bäumer erklärt Natalie in ihrer Studie *Die Frau in Volkswirtschaft und Staatsleben der Gegenwart* (1914) als vorbildlich für „den einfachsten, ursprünglichsten Antrieb weiblichen Helferdrangs in der Gesellschaft";

---

78 Cf. Schößler, Franziska: „Frühsozialistische Kapitalismuskritik und die (literarische) Ausbeutung von Weiblichkeit. Zu Ernst Willkomm und Louise Otto". In: *Forum Vormärz Forschung. Jahrbuch* 19, 2013, S. 57–75.

79 Cf. dazu Hering, Sabine: „Differenz oder Vielfalt? Frauen und Männer in der Geschichte der Sozialen Arbeit". In: Zander, Margherita / Hartwig, Luise / Jansen, Irmgard (Hrsg.): *Geschlecht Nebensache? Zur Aktualität einer Gender-Perspektive in der Sozialen Arbeit.* VS Verlag für Sozialwissenschaften: Wiesbaden 2006, S. 18–32.

80 Althans, S. 98.

81 Ibid.

82 Ibid., S. 97.

83 Salomon, Alice: *Charakter ist Schicksal. Lebenserinnerungen.* Beltz: Weinheim / Basel 1983, S. 45.

Goethes Figur verkörpere einen „Typus des reinen Frauentums", dem ein „ursprünglicher, unreflektierter Helferdrang" wesensmäßig sei.[84] Das soziale Engagement, das in Bäumers Studie zwischen christlicher Caritas und sozialem Idealismus angelegt ist, wird zur Natur der Frau und ihrem Ideal verklärt.

Goethes Roman *Wilhelm Meisters Lehrjahre* entwirft also die Blaupause eines weiblichen Berufsbildes, das den methodologischen Altruismus mit einem entsexualisierten bürgerlichen Weiblichkeitskonzept verknüpft und das dem modernen Unternehmertypus kompensatorisch zugeordnet ist. Die Mildtätige heilt, was der Landwirt (und Fabrikant) an Missständen produziert – so sieht Goethes Arbeitsteilung der Geschlechter im gehobenen Bürgertum und einer sich modernisierenden Aristokratie aus. Diese ‚Spezialisierung' ist mit der Entsexualisierung von Weiblichkeit und ihrer Festlegung auf soziale Arbeit (in der Erziehung oder Pflege) eng verbunden.

Romantische Texte, wie sie das nächste Kapitel zum Gegenstand macht, erweitern Goethes Entwurf des asketischen Unternehmers um die polyvalente Größe der Phantasie. Dieses Vermögen erlaubt eine identifikatorische Besetzung von Tätigkeiten und kann damit zur Bedingung professionalisierter Berufsprofile bzw. eines ‚inneren Berufs' werden, den man mit Passion, Hingabe und Konzentration ausübt. Das Konzept des ‚inneren Berufs' verknüpft berufliche Aktivitäten entsprechend in einem emphatischen Sinne mit Selbstwerdung bzw. dem biographischen Narrativ. Im Verlauf des 19. Jahrhunderts avanciert dieses Modell, das ursprünglich vom Künstlertypus romantischer Provenienz verkörpert wird, zum Vorbild für den Kaufmann, den Wissenschaftler sowie den Unternehmer, nobilitiert also ‚profane' (männliche) Professionen.

Die Phantasie bildet darüber hinaus das Herzstück derjenigen Tätigkeit, die das Gegenstück zu produktiver Arbeit zu sein scheint: der Konsumption. Ludwig Tiecks Kunstmärchen *Der Runenberg* beispielsweise skizziert in verschlüsselten, protoindustriellen Szenarien die Kontur eines

---

84 Zitiert nach Hering, Sabine: „Gertrud Bäumer (1873–1954)". In: Eggemann, Maike / Hering, Sabine (Hrsg.): *Wegbereiterinnen der modernen Sozialarbeit. Texte und Biographien zur Entwicklung der Wohlfahrtspflege.* Beltz: Weinheim / Basel 1999, S. 183–203, S. 190.

phantasierenden Konsumenten, der sich seinen Tagträumen und Sehnsüchten hingibt. In diesen romantischen Berufs- und Konsumentwürfen verschwindet die Frau als Akteurin; sie fungiert vornehmlich als symbolische Ressource, die den Künstler-Arbeiter zu nicht ganz ungefährlichen Träumereien inspiriert. Das folgende Kapitel handelt also in gewissem Sinne vom Unsichtbarwerden weiblicher Arbeit in der literarischen Darstellung.

2. ‚Innerer Beruf' und die Kreativitätsressource Weiblichkeit im romantischen Kunstmärchen

Romantische Erzählungen sprechen trotz ihrer Ästhetisierung und Irrealisierung von Wirklichkeit auf vielfältige Weise von Ökonomie. Nach Reinhard Saller verhandeln sie kameralistische, physiokratische sowie liberale Positionen und experimentieren mit der Temporalisierung von Wert sowie Varianten der Gelddeckung.[1] Bei Novalis und Goethe seien darüber hinaus Residuen alteuropäischer Konzepte auszumachen, zum Beispiel die Idee der „Oeconomie", des ganzen Hauses. Novalis entwerfe dabei prinzipiell, so Herbert Uerlings, ein positives Bild des Handelsgeistes, weil dieser Menschen und Orte vernetze, also Kultur schaffe; Novalis binde diesen Geist jedoch, anders als Goethes Modernisierungsroman *Wilhelm Meisters Lehrjahre*, an die Vervollkommnung des Menschen,[2] lehne zudem die naturrechtliche Verbindung von Ich und Eigentum ab; Grund der Freiheit sei für ihn die Liebe als Korrektiv des Fichte'schen Solipsismus.[3] Friedrich Schlegels *Lucinde* – ein weiteres prominentes Beispiel – verbindet Muße mit Müßiggang als Bedingung freier Entfaltung; abgelehnt werde, so Saller, die ‚nordische Unart' permanenter Beschäftigung und die Massenproduktion von Gütern,[4] die Goethe ebenfalls kritisiert.

Setzen sich romantische Texte also auch mit Arbeit auseinander, so konzipieren sie Berufe bevorzugt als ‚inneren Trieb' und korrelieren ihn mit

---

1 Saller, Reinhard: *Schöne Ökonomie. Die poetische Reflexion der Ökonomie in frühromantischer Literatur.* Königshausen & Neumann: Würzburg 2007, u.a. S. 52.
2 Uerlings, Herbert: „Novalis in Freiberg: Die Romantisierung des Bergbaus – Mit einem Blick auf Tiecks *Runenberg* und E.T.A. Hoffmanns *Bergwerke zu Falun*". In: *Aurora* 56, 1996, S. 57–77, S. 71. Auch Helmut Gold betont das Interesse von Novalis am (belebenden) Waren- und Geldverkehr; Gold, Helmut: *Erkenntnisse unter Tage. Bergbaumotive in der Literatur der Romantik.* VS Verlag für Sozialwissenschaften: Opladen 1990, S. 83.
3 Uerlings 1996, S. 73.
4 Saller, S. 191.

dem Medium romantischer Welt- und Kunsterfahrung: mit Phantasie. Diese Ressource ermöglicht die nachhaltige Identifikation mit Tätigkeiten, mithin ein identifikatorisch-geistiges Arbeitskonzept, das durch die Warnung vor den 'Todsünden' Gier und Habsucht zusätzlich abgesichert wird – Kunstmärchen stigmatisieren im Sinne des puritanischen Leistungsethos (als Heldengeschichte des Bürgers) eine berufliche Haltung, der allein am Gewinn gelegen ist. Das Vermögen der Phantasie als Grundlage eines 'innerlichen' Arbeitsbegriffes ist jedoch grundsätzlich janusköpfig angelegt[5]: Ständiger Begleiter des identifikatorisch-schöpferisch Arbeitenden (jenseits der Einfalt und Routiniertheit des 'Philisters') ist der Bohemien, der asoziale 'erotische Wanderer', der sich gesellschaftlichen Konventionen verweigert – Helmut Kreuzer hat den konstitutiven Zusammenhang von Bürger und Bohemien betont.[6]

Die Phantasie (als Medium beruflicher Identifikation) stellt darüber hinaus ein Vermögen dar, das die Konsumption befördert, wie Colin Campbell in seiner Studie zu Max Weber, *The Romantic Ethic and the Spirit of Modern Consumerism*, entwickelt: Die Romantik erfinde die von Sehnsüchten und Tagträumen umgetriebene Psyche des Käufers, dessen phantasmatische Aktivitäten einerseits kultiviert, andererseits jedoch domestiziert werden müssten, um das anarchische Potenzial des Begehrens im Zaum zu halten. Campbell geht über Max Webers Kapitalismustheorie und die Figur des asketisch-protestantisch Arbeitenden deutlich hinaus, wenn er festhält, dass um 1800 ein sich selbst regulierendes Subjekt entstehe, das seine Bedürfnisse und Wünsche zu organisieren vermöge und sinnliche

---

5 Die grundsätzliche Ambiguität der Romantik in ihrem Verhältnis zu ökonomischen Modernisierungsprozessen unterstreicht Josef Vogl: „Romantische Oekonomie. Regierung und Regulation um 1800". In: François, Etienne et al. (Hrsg.): *Marianne – Germania. Deutsch-französischer Kulturtransfer im europäischen Kontext 1789–1914*. Leipziger Universitätsverlag: Leipzig 1998, S. 471–488; cf. auch id.: „Geschichte, Wissen, Oekonomie". In: Neumann, Gerhart (Hrsg.): *Poststrukturalismus. Herausforderungen an die Literaturwissenschaft*. Metzler: Stuttgart / Weimar 1997, S. 462–480.

6 Kreuzer, Helmut: *Die Boheme. Analyse und Dokumentation der intellektuellen Subkultur vom 19. Jahrhundert bis zur Gegenwart*. Metzler: Stuttgart 1968, u.a. S. 141–154, S. 253–269.

Sensationen durch Emotionen ersetze; die neue Konsumkultur gehe mit dem Paradigma romantischer Liebe Hand in Hand:

> The key to the development of modern hedonism lies in the shift of primary concern from sensations to emotions, for it is only through the medium of the later that powerful and prolonged stimulation can be combined with any significant degree of autonomous control, something which arises directly from the fact that an emotion links mental images whith physical stimuli.[7]

Nach Campbell vermag das moderne Subjekt als Konsument die Natur und Stärke seiner Gefühle zu regulieren; es entwickle durch symbolische Ressourcen und distanzierende Manipulationen „self-regulative control".[8] Norbert Mecklenburg betont mit Blick auf Ludwig Tiecks Erzählung *Der Runenberg* analog, dass romantische Texte Phantasien zugleich mobilisierten und disziplinierten.[9] Auch deshalb bevorzugen Kunstmärchen Plots und Motive, die den Aufschub von Begehren umschreiben. Die Aporie der blauen Blume als romantische Makrochiffre bestehe darin, „daß ihre Erfüllung gleichzeitig gegeben und nicht gegeben ist, daß sie zwar angestrebt, aber doch nicht erreicht werden darf, weil sonst das Leben zu Ende wäre".[10]

Die wirtschaftlichen Implikationen romantischer Texte sind nicht zuletzt deshalb schwer zu entziffern, weil sie die ambige Ressource Phantasie zu ihrem Gegenstand haben, Produktion mit Konsumption verknüpfen und ihre Entwürfe in protoindustriellen bzw. naturalen Metaphern chiffrieren, um dem Programm einer ästhetisierten Ökonomie zu entsprechen. Weiblichkeit kommt in dieser Konstellation zwar eine zentrale Rolle zu, nicht jedoch primär als Akteurin, sondern als Initiatorin phantasmatischer Aktivitäten bzw. als symbolische Ressource. Die betörenden Waldfrauen, irritierenden

---

7   Campbell, Colin: *The Romantic Ethic and the Spirit of Modern Consumerism.* Blackwell: Oxford / New York 1987, S. 69.
8   Ibid., S. 71.
9   Mecklenburg, Norbert: „‚Die Gesellschaft der verwilderten Steine'. Interpretationsprobleme von Ludwig Tiecks Erzählung *Der Runenberg*". In: *Der Deutschunterricht* 34 (6), 1982, S. 62–76, S. 68.
10 Böning, Thomas: „Von Odysseus zu Abraham. Eine ethische Lektüre von Novalis' blauer Blume und Kafkas *Schloß*". In: Liebrand, Claudia / Schößler, Franziska (Hrsg.): *Textverkehr. Kafka und die Tradition.* Königshausen & Neumann: Würzburg 2004, S. 101–128, S. 110.

Hexen und verführerischen Königinnen regen die träumerischen männlichen Seelen zu ihrer unendlichen Phantasiearbeit an; sie personifizieren die Verheißung von Schönheit und setzen dasjenige unersättliche Begehren in Gang, das Goethe in *Faust II* ebenfalls als Bedingung moderner Konsumption ausmacht.[11] Als Arbeitende verschwindet die Frau jedoch aus den Texten (wobei das Konsummodell geschlechtlich noch nicht ausdifferenziert ist) – deshalb steht in diesem Kapitel ein männlich codiertes Berufsbild im Vordergrund.

Sehnsucht, Arbeit und Konsum: Ludwig Tiecks *Der Runenberg*

Ähnlich wie das Gros der romantischen Protagonisten, beispielsweise der Taugenichts Eichendorffs und Elis aus E.T.A. Hoffmanns *Bergwerke zu Falun*, ist Christian, der Held aus dem *Runenberg*, ein Stellungssuchender.[12] Auch diese Novelle inszeniert Aufbrüche und Wanderschaften – Ausdruck einer ungesicherten Generationenfolge, die die Berufswahl (wie in Goethes Roman *Wilhelm Meisters Wanderjahre*[13]) zur Disposition stellt.

---

11 Im ersten Akt des Altersdramas werden Liebe und Ökonomie analogisiert, weil in beiden Bereichen ein unendliches Begehren herrscht, das sich mit dem, was es besitzt, nicht zufrieden zu geben vermag, also von einer unstillbaren Sehnsucht nach ‚wahrer Erfüllung' umgetrieben wird; Goethe, Johann Wolfgang von: „Faust. Der Tragödie zweiter Theil. In fünf Acten". In: Id.: *Sämtliche Werke nach Epochen seines Schaffens*. Münchner Ausgabe. Bd. 18.1: *Letzte Jahre 1827–1832*. Hrsg. v. Henckmann, Gisela / Hölscher-Lohmeyer, Dorothea. Hanser: München 1997, S. 103–351, S. 128.

12 Romantische Kunstmärchen assoziieren die Suche nach einem anderen Beruf als dem des Vaters häufig mit traumatischen Adoleszenz- und Familienerlebnissen. Die Erfahrung von Entwurzelung wendet Tiecks Novelle *Runenberg* zudem buchstäblich; cf. Tatar, Maria M.: „Deracination and Alienation in Ludwig Tieck's *Der Runenberg*". In: *German Quarterly* 51 (3), 1978, S. 285–304, S. 285.

13 Wilhelms Entscheidung, Arzt zu werden, wird durch ein traumatisches Urerlebnis als ‚säkulare' Berufung beglaubigt – ein Konzept, das bis in das 20. Jahrhundert hinein seine religiöse Konnotation nicht ganz überwinden wird und bei Goethe für die Kohärenz des biographischen Narrativs sorgt: Wird Wilhelm Arzt, so findet ein Trauma seine Heilung bzw. eine Verheißung der Jugendzeit ihre Erfüllung. Sein Brief an Natalie, der unterschiedliche Modelle bemüht, verdeutlicht, wie labil diese neue Form der Berufswahl ist; cf. Schößler, Franziska:

Der ständisch legitimierte Beruf wird durch ein identifikatorisches Modell ersetzt, das eine souverän gewählte Tätigkeit mit dem biographischen Narrativ bzw. der Entfaltung des Selbst verknüpft. Damit rückt der Begriff des Triebes bzw. die Bewegung der Internalisierung ins Zentrum, die den romantischen Liebes-, Kunst- und Arbeitsdiskurs durchzieht. Arbeit wird mit Begehren und Emotion verklammert, wie die beliebte Überblendung von Bergwelt, Schoß und Weiblichkeit besonders anschaulich werden lässt.[14] Die Entdeckung der Innenwelt stellt dabei zugleich eine wesentliche Bedingung von Konsumption dar. *Der Runenberg* entfaltet sehr viel deutlicher als das identifikatorische Arbeitskonzept die psychische Disposition eines Konsumierenden, der von seinen Wunschwelten umgetrieben wird – beide Aspekte, Arbeit und Konsum, sind eng miteinander verwoben und koinzidieren im Diskurs des Inneren.

Christian sucht – damit beginnt *Der Runenberg* – nach einem passenden Beruf; Gärtner will er nicht werden, die begonnenen Laufbahnen als Fischer und Handelsmann bricht er ab. Die Erzählung des Vaters lockt ihn in die Berge, desgleichen ein Buch, in dem der Protagonist „Nachrichten vom nächsten großen Gebirge" sowie „Abbildungen einiger Gegenden" findet.[15] Diese Medien generieren einen inneren Trieb als legitimatorische Instanz: „[Und] plötzlich erwachte in mir der bestimmteste Trieb, das Gefühl, daß ich nun die für mich bestimmte Lebensweise gefunden habe."[16] Diesen Trieb befeuert seine Einbildungskraft,[17] die die Tätigkeiten phantasmatisch

---

Goethes „Lehr"- und „Wanderjahre". Eine Kulturgeschichte der Moderne. Francke: Tübingen 2002, S. 306–310.

14 Novalis' *Heinrich von Ofterdingen* nimmt diese Kopplung allerdings nicht vor, wie Herbert Uerlings gezeigt hat: „Die Bedeutung des Bergbaus für den *Heinrich von Ofterdingen*". In: Sent, Eleonore (Hrsg.): *Bergbau und Dichtung – Friedrich von Hadenberg (Novalis) zum 200. Todestag*. Hain: Weimar / Jena 2003, S. 25–55; Uerlings betont den Verlust philosophischer Grundierungen, der sich bei Tieck und E.T.A. Hoffmann zeige; Uerlings 1996, S. 66.

15 Tieck, Ludwig: „Der Runenberg". In: Id.: *Schriften in zwölf Bänden. Bd. 6: Phantasus.* Hrsg. v. Frank, Manfred. Deutscher Klassiker Verlag: Frankfurt a.M. 1985, S. 184–209, S. 188. Romantische Texte veranschaulichen die Schwierigkeiten und Überlastungen, die sich aus dem Zerbrechen beruflicher Generationszusammenhänge ergeben.

16 Ibid., S. 187.

17 Ibid., S. 188.

besetzt und damit Identifikation ermöglicht. Die Kontingenz der Berufswahl jenseits genealogischer Sicherungen wird auf diese Weise kompensiert und auf fundamentale Weise mit Verlangen verknüpft.

Christians Suche nach einem Beruf kulminiert in einem *rite de passage*, einer Initiationsszene, die die Geste der Verinnerlichung intensiviert und sowohl für Berufs- wie Konsumptionsmodelle anschlussfähig ist. Tieck erzählt von einer betörenden ‚Waldfrau‘, die auf den Spuren der Tannhäusererzählung[18] und des Venus-Mythos einen Ausnahmezustand bzw. (verbotene) Genüsse verspricht und erotische mit transzendenten Verheißungen verknüpft.[19] Die weibliche Figur auf dem Runenberg, die dem jungen Voyeur einen „Striptease mit Niveau" präsentiert,[20] ruft das Begehren des Protagonisten wach[21] und verschafft ihm eine intensive ästhetische Erfahrung. Er sieht Licht und diesem folgend

> entdeckte [er], daß er in einen alten geräumigen Saal blicken konnte, der wunderlich verziert von mancherlei Gesteinen und Kristallen in vielfältigen Schimmern funkelte, die sich geheimnisvoll von dem wandelnden Licht durcheinander bewegten, welches eine große weibliche Gestalt trug.[22]

Die sich entkleidende Frau, die ihren Leib als Inkarnation der Schönheit ausstellt, präsentiert eine Tafel aus einem goldenen Schrein, „die von vielen eingelegten Steinen, Rubinen, Diamanten und allen Juwelen

---

18 Tatar, S. 291.
19 Die Forschung betont die Ambiguität aller Figuren und Metaphern; cf. dazu insbesondere Lillyman, William J.: „Ludwig Tieck's *Der Runenberg*: The Dimensions of Reality". In: *Monatshefte* 62 (3), 1970, S. 231–244. Er dementiert jedoch das sinnliche Element der religiös konnotierten Szene; ibid., S. 236. Auch Ralph W. Ewton Jr. streicht die Widersprüche der Erzählung heraus, u.a. das Nebeneinander von erotischen und sakralen Allusionen; Ewton, Ralph W. Jr.: „Life and Death of the Body in Tieck's *Der Runenberg*". In: *Germanic Review* 50 (1), 1975, S. 19–33, S. 28.
20 Mecklenburg, S. 72.
21 Cf. dazu auch Gille, Klaus F.: „Der Berg und die Seele. Überlegungen zu Tiecks *Runenberg*". In: *Neophilologus* 77 (1), 1993, S. 611–623, S. 615. Er hebt das Nebeneinander von Reflexion (als Distanzierung) und Erfahrung „anarchischer Wildheit" als Signum der Moderne hervor; ibid., S. 616. Die Tafel fungiert dabei als *black box*, als Projektionsfläche für Wünsche; ibid.
22 Tieck, Der Runenberg, S. 191.

glänzte".[23] Die schönen Dinge, die in dem ‚Schaufenster' der Ruine zu besichtigen sind, fungieren unübersehbar als Fetische[24] und weisen auf die anthropomorphisierten Waren voraus, von denen Karl Marx spricht. Die opulente Beschreibung Tiecks ist entsprechend vom Leitbegriff des Goldes durchzogen, das an späterer Stelle als ‚sinnliches' Geld ästhetische mit monetären Qualitäten vereint.[25] Das Szenario zwischen Eucharistie und Striptease lässt eine Intensität entstehen, die Hans Ulrich Gumbrecht als Bedingung ästhetischer Erfahrung beschreibt[26] – ähnliche Eindrücke versuchen die urbanen Luxuslandschaften späterer Warenhäuser zu evozieren. Norbert Mecklenburg stellt entsprechend einen Zusammenhang zwischen den anorganisch-ästhetischen Phantasien des *Runenberg* und den städtischen Paradies-Träumen Baudelaires her.[27]

Die Funktion der schönen Tafel, die in einem quasi-sakralen Ambiente präsentiert wird, sowie die Ästhetisierung des Geldes in Tiecks Erzählung lassen sich über Hartmut Böhmes Theorie eines transzendent-ökonomischen Fetischismus präzisieren. Böhme geht davon aus, dass die zentrale Bedingung der Warenzirkulation die Unveräußerlichkeit bestimmter Dinge sei, die als Fetische erster Ordnung fungierten und damit Reliquiencharakter besäßen. Diese Dinge sind „schön, sie sind ergreifend, sie haben einen unsagbaren, unschätzbaren Wert. Sie haben ein Geheimnis, das in nichts anderem besteht als der Resistenz, mit der sie sich der Zirkulation

---

23 Ibid., S. 192.

24 Cf. zum Zusammenhang von Fetisch und Ware Böhme, Hartmut: „Das Fetischismuskonzept von Marx und sein Kontext". In: Hohendahl, Peter U. / Steinlein, Rüdiger (Hrsg.): *Kulturwissenschaften – Cultural Studies. Beiträge zur Erprobung eines umstrittenen literaturwissenschaftlichen Paradigmas.* Weidler: Berlin 2001, S. 133–184; Kohl, Karl-Heinz: *Die Macht der Dinge. Geschichte und Theorie sakraler Objekte.* Beck: München 2003; Weder, Christine: *Erschriebene Dinge. Fetisch, Amulett, Talisman um 1800.* Rombach: Freiburg i. Brsg. 2007; Bischoff, Doerte: Poetischer Fetischismus. Die Macht der Dinge im 19. Jahrhundert. Fink: München 2013.

25 Auch Gille verweist auf den Zusammenhang von Geld und Gold; Gille, S. 619.

26 Gumbrecht, Hans Ulrich: „Epiphanien". In: Küpper, Joachim / Menke, Christoph (Hrsg.): *Dimensionen ästhetischer Erfahrung.* Suhrkamp: Frankfurt a.M. 2003, S. 203–222, S. 203.

27 Mecklenburg, S. 72.

entziehen".[28] Diese exterritorialisierten Dinge werden gemeinhin in Tempeln, Kirchen, Museen oder Archiven als Jenseits des Tausches aufbewahrt, sind jedoch mit der Sphäre der Zirkulation eng verbunden.[29] Denn käufliche Waren enthalten „einen Abglanz des Fetischismus erster Ordnung", „weil nur so die Waren das Versprechen zu erfüllen vermögen, ‚Personen-Dinge' zu sein",[30] das heißt Dinge, die das Ich adressieren, seinen Mangel evozieren und zu kompensieren versprechen. Böhme hält fest, dass „auch im Kapitalismus Sphären der Substanz, des Heiligen, der Aura gebildet werden müssen, auf dass das Warenprinzip und damit die Entsubstanzialisierung, die Profanierung, die Entauratisierung jene Zügellosigkeit erhalten, wie sie für die Moderne kennzeichnend ist".[31] Die Ware ist demnach ein „sinnlich übersinnliches Ding", „voll metaphysischer Spitzfindigkeit und theologischen Mucken", wie Karl Marx formuliert.[32]

Die von Böhme entwickelte Doppelstruktur findet sich in Tiecks *Runenberg* wieder und deutet sich in *Der blonde Eckbert* an: Die Protagonistin Bertha aus dieser Erzählung macht, von ihren Phantasien getrieben, die Edelsteine, die zuvor (ähnlich wie Richard Wagners Rheingold) Inbegriff funktionsloser Schönheit waren, zu Wertgegenständen, überführt sie also in die Sphäre der Zirkulation, die mit Verbrechen und Schuld assoziiert ist.[33] Die glitzernde Tafel aus dem *Runenberg*, deren Glanz sowohl auf zeitenthobene Reliquien als auch auf Geld verweist, fungiert (wie zunächst die Edelsteine Berthas) als Fetisch erster Ordnung in einem Ambiente des Heiligen und Auratischen. Sie ist ein unveräußerbares, heiliges Ding, das die Wunschwelt des Betrachters eröffnet und ein unstillbares Begehren auslöst. Die Doppelstruktur (in-)kommodifizierbarer Dinge erklärt zudem die Ambiguität der Initiationsszene zwischen Eros bzw. Sinnlichkeit und Transzendenz,

---

28 Böhme, Hartmut: *Fetischismus und Kultur. Eine andere Theorie der Moderne.* 2. Aufl. Rowohlt: Reinbek bei Hamburg 2006, S. 302.

29 Ibid., S. 304.

30 Ibid., S. 305.

31 Ibid., S. 300.

32 Marx, Karl: „Das Kapital. Kritik der politischen Ökonomie". Bd. 1. In: *Marx-Engels-Werke (MEW)*. Bd. 23. Dietz: Berlin 1973, S. 85.

33 Tieck, Ludwig: „Der blonde Eckbert". In: Id.: *Schriften in zwölf Bänden.* Bd. 6: *Phantasus.* Hrsg. v. Frank, Manfred. Deutscher Klassiker Verlag: Frankfurt a.M. 1985, S. 126–148, S. 140.

Aspekte, die die Forschung in der Regel gegeneinander ausspielt, die jedoch auf die doppelte Fetischstruktur der Dinge/Waren zurückgeführt werden können. Fetische entspringen nach Böhme unmittelbar den Bedürfnissen, ermöglichen ihre Erfüllung und binden deshalb affektive Energien,[34] die in Tiecks Novelle die Metaphern der Innerlichkeit umschreiben: Christian betrachtet Frau und Tafel mit seinen Blicken verschlingend, und zugleich tief in sich selbst versunken"[35] – Innen- und Außenwelt vereinen sich (ohne gänzlich ineinander aufzugehen); die Dingwelt wird einverleibt und mit Wünschen als Ausdruck des Selbst gekoppelt.

Das Geld/Gold, das den Protagonisten an späterer Stelle erneut in die Bergwelt lockt, erscheint entsprechend als transzendent-sinnliches Medium, das auf die Reliquie der Tafel zurückverweist und von dieser seine suggestive Kraft bezieht.[36] Es fungiert nicht primär als Zahlungsmittel, sondern wird ästhetisiert und sexualisiert, weil es den Besitz der schönen Tafel bzw. des schönen Körpers antizipiert (und an diese erinnert). Christian erklärt:

> [S]eht, wie es mich jetzt wieder anblickt, daß mir der rote Glanz tief in mein Herz hinein geht! Horcht, wie es klingt, dies güldene Blut! das ruft mich, wenn ich schlafe, ich höre es, wenn Musik tönt, wenn der Wind bläst, wenn Leute auf der Gasse sprechen; scheint die Sonne, so sehe ich nur diese gelben Augen, wie es mir zublinzelt, und mir heimlich ein Liebeswort ins Ohr sagen will.[37]

---

34 Böhme 2006, S. 315.

35 Tieck, Der Runenberg, S. 192.

36 Der Wirtschaftstheorie von Johann Georg Büsch nach muss Geld Mittel zum Zweck sein, um sich Waren zu verschaffen, darf nicht aber gehortet werden; bei Tieck hingegen werde das Geld gegenständlich bzw. zum Besitz und bringe deshalb Unheil – so führt aus Bergengruen, Maximilian: „Der Schrei des Warenhaften. Zur Genealogie des Geldes in Novalis' *Ofterdingen* und Tiecks *Runenberg*". In: Graevenitz, Gerhart von et al. (Hrsg.): *Romantik kontrovers. Ein Debattenparcours zum zwanzigjährigen Jubiläum der Stiftung für Romantikforschung.* Königshausen & Neumann: Würzburg 2015, S. 35–47, S. 45. Christian verstößt gegen das Gesetz der Zirkulation, das allerdings bei Tieck als „Unruhe" der Moderne ebenfalls Probleme aufwirft; cf. dazu Baecker, Dirk: „Die Unruhe des Geldes, der Einbruch der Frist". In: Schelkle, Waltraud / Nitsch, Manfred (Hrsg.): *Rätsel Geld. Annäherungen aus ökonomischer, soziologischer und historischer Sicht.* Metropolis: Marburg 1998, S. 107–124.

37 Tieck, Der Runenberg, S. 200.

Als er das Geld berührt, wird es „vor Freude immer röter und herrlicher" „in seinem Liebesdrang".[38] Der Super-Fetisch Geld (Marx) bezieht seine verführerische Kraft aus dem Bezug zu nicht kommodifizierbaren Dingen, hier der mit Diamanten besetzten, unveräußerbaren Tafel, die nicht zufällig eine schöne Frau präsentiert. Das Geld wird, dem romantischen Programm einer ästhetisierten Ökonomie entsprechend, als ästhetisches Medium und Verheißung schöner, inkommodifizierbarer Dinge aufgefasst, nicht aber als amaterielles Tauschmedium und Kapital; vor dieser prosaischen Form des Geldes wird in romantischen Kunstmärchen, zuweilen im Rückgriff auf ältere Quellen wie Seneca und Plinius, gewarnt.[39] Mecklenburg führt die Erotisierung des Geldes in der Romantik darauf zurück, dass es als Stellvertreter begehrenswerter Dingen gilt. „Das Geld zieht als *Substitut* verdrängter, nicht domestizierbarer Triebziele deren Lustversprechen auf sich."[40] An die Funktionsstelle von Geld kann damit auch Weiblichkeit treten, die dem projektiven Geschlechterdiskurs gemäß ebenfalls Genuss, Intensität und Erotik verheißt. In Tiecks Initiationsszene stehen die wertvolle Tafel und die schöne, nackte Frau in einem Verhältnis der Kontiguität, so dass das eine metonymisch auf das andere verweist. Weiblichkeit kann mithin ebenfalls als primärer Fetisch fungieren, der den Warenverkehr auratisiert und in Gang hält.

Tiecks Erzählung markiert im Rahmen dieser innerlich-phantasmagorischen Konsumptions- und Produktionsideen – der innere Trieb bildet zugleich die Grundlage des (Waren-)Begehrens *und* der identifikatorischen Arbeit – bestimmte ökonomische Verfahren wie das Kreditwesen und das physiokratische Konzept als untauglich. Die Waldfrau überlässt Christian das verlockend schöne Geld als Kredit, der „in Ländereien und auf andere Weise angelegt" wird.[41] Die sich einstellende Prosperität ist jedoch nicht von langer Dauer und weicht bald schon Armut und Misswirtschaft. Avancierte Praktiken wie die Aufnahme von Geldern – Kredite werden im frühen 19. Jahrhundert zum Motor der Modernisierung – erscheinen

---

38 Ibid.
39 Cf. Ziolkowski, Theodore: *German Romanticism and Its Institutions*. Princeton University Press: Princeton 1990, S. 38.
40 Mecklenburg, S. 70.
41 Tieck, Der Runenberg, S. 200.

mithin als prekär. Gegen diese problematische Form der Wertschöpfung setzt der Text den (ebenfalls labilen) inneren Trieb bzw. die Phantasie als Bedingung beruflicher Tätigkeit und des (Konsumptions-)Begehrens; erstere wird in Tiecks *Runenberg* allerdings kaum zum Gegenstand bzw. von zweitem durchkreuzt. Tiecks Kunstmärchen führt, anders als spätere Texte des Realismus, das gefährliche, anarchisch-asoziale Moment der Phantasie vor Augen; Christian endet als erotischer Wanderer, ‚asozialer‘ Künstler oder auch als Wahnsinniger.

Tiecks *Runenberg* erzählt also von Konsumption, ohne Kaufakte zu konkretisieren. Die Novelle entwickelt den doppelten Fetischismus von Waren – diese beziehen ihr transzendentes Versprechen aus unveräußerbaren Reliquien – und entfaltet die Disposition eines Konsumenten, der von Sehnsüchten und Wünschen getrieben wird und sich auf diese Weise komplexe Innenlandschaften erschließt, die eng an die Welt der schönen Dinge angeschlossen sind; eines besteht nicht ohne das andere. Im *Runenberg* heißt es: „In seinem Innern hatte sich ein Abgrund von Gestalten und Wohllaut, von Sehnsucht und Wollust aufgetan".[42] Die ästhetisch-erotischen Erfahrungen, die maßgeblich von betörenden Frauen an der Schwelle zu imaginären Sphären initiiert werden, lassen Innenwelten entstehen, die den Protagonisten gleichermaßen zum Konsumenten und Künstler-Arbeiter begaben. Im Folgenden wird das romantische Modell männlicher Berufstätigkeit genauer entfaltet.

Liebe und Arbeit: E.T.A. Hoffmanns *Die Bergwerke zu Falun*

In E.T.A. Hoffmanns Erzählung stellt die Berufswahl des männlichen Protagonisten ebenfalls einen Akt der Individualisierung bzw. eine Entdeckung der ‚Seele‘ dar. Die beliebte romantische Chiffre des Bergbaus,[43]

---

42 Tieck, Der Runenberg, S. 192.

43 Zur Tradition, die Seele als Höhle aufzufassen, die unter anderem auf Jakob Böhme und die Gedächtnistopographie zurückgeht, cf. Lange, Carsten: *Architekturen der Psyche. Raumdarstellung in der Literatur der Romantik.* Königshausen & Neumann: Würzburg 2007, S. 194; zum Einfluss Böhmes cf. Lüer, Edwin: *Aurum und Aurora: Ludwig Tiecks „Runenberg" und Jakob Böhme.* Winter: Heidelberg 1997; Ziolkowski beschreibt das Bergwerk ebenfalls als

die in diesem Text im Vordergrund steht, verknüpft Arbeit in suggestiver Bildlichkeit mit psychischen Prozessen und ermöglicht sowohl eine fachterminologische Beschreibung von Tätigkeiten als auch die Evokation von Unbewusstem und sinnlichen Ausnahmezuständen, für die Weiblichkeit eine zentrale Rolle spielt. In E.T.A. Hoffmanns Erzählung werden Innerlichkeit und Beruf im Sinne einer Selbstregulierung verquickt, die ebenfalls auf Verheißung, Sehnsucht und Aufschub basiert. Der Abgrund des Bergwerks erscheint, ähnlich wie ,das Schaufenster' im *Runenberg*, als Paradies, als Inbegriff aller Wünsche:

> Der Boden war so klar, das [sic!] Elis die Wurzeln der Pflanzen deutlich erkennen konnte, aber bald immer tiefer mit dem Blick eindringend, erblickte er ganz unten – unzählige holde jungfräuliche Gestalten, die sich mit weißen glänzenden Armen umschlungen hielten, und aus ihren Herzen sproßten jene Wurzeln, jene Blumen und Pflanzen empor, und wenn die Jungfrauen lächelten, ging ein süßer Wohllaut durch das weite Gewölbe, und hoher und freudiger schossen die wunderbaren Metallblüten empor. Ein unbeschreibliches Gefühl von Schmerz und Wollust ergriff den Jüngling, eine Welt von Liebe, Sehnsucht, brünstigem Verlangen ging auf in seinem Innern.[44]

Der Abgrund verheißt Erotik, synästhetische Erfahrungen sowie Prosperität. Er nimmt diejenigen artifiziellen Paradiese vorweg, die die Dekadenz- und Kaufhausromane des 19. Jahrhunderts entwerfen – besonders einschlägig ist in diesem Zusammenhang Émile Zolas Roman *Au Bonheur des Dames*, der die opulenten Waren des *grand magasin* zur (zweiten) Natur und zum

---

Bild der menschlichen Seele; Ziolkowski, S. 28. Cf. dazu auch Hnilica, Irmtraud: *Im Zauberkreis der großen Waage. Die Romantisierung des bürgerlichen Kaufmanns in Gustav Freytags „Soll und Haben".* Synchron: Heidelberg 2012, S. 108. Die romantischen Texte stellen damit zugleich Symbolwelten des Unbewussten bereit, wie die zahlreichen (tiefen-)psychologischen Lektüren belegen; cf. beispielsweise Vredeveld, Harry: „Ludwig Tieck's *Der Runenberg*. An Archetypal Interpretation". In: *Germanic Review* 49 (3), 1974, S. 200–214; Münz, Walter: „Ludwig Tieck: *Der blonde Eckbert / Der Runenberg*". In: *Interpretationen. Erzählungen und Novellen des 19. Jahrhunderts.* Bd. 1. Reclam: Stuttgart 1988, S. 9–60.

44 Hoffmann, E.T.A.: „Die Bergwerke zu Falun". In: Id.: *Die Serapions-Brüder. Text und Kommentar.* Hrsg. v. Segebrecht, Wulf. Deutscher Klassiker Verlag: Frankfurt a.M. 2015, S. 208–241, S. 217–218.

Medium narzisstischer Identitätsbildung stilisiert.[45] Das initiatorische Erlebnis in Hoffmanns Novelle, für das Weiblichkeit im Anschluss an den Topos der Mutter Erde eine Schlüsselfunktion besitzt, motiviert als verinnerlichte Sehnsuchtsfigur die engagierte Berufstätigkeit des Protagonisten, so dass Eros bzw. Liebe und Arbeit eng miteinander verknüpft werden; *tertium comparationis* ist das Innere. Die Tätigkeit als Bergmann verlangt allem voran Identifikation und Konzentration, wird mithin als ‚innerer Beruf‘ definiert, über den einer der Bergleute ausführt: Die mächtigen Elemente vernichten den Bergmann,

> strengt er nicht sein ganzes Wesen an, die Herrschaft über sie zu behaupten, gibt er noch andern Gedanken Raum, die die Kraft schwächen, welche er ungeteilt der Arbeit in Erd’ und Feuer zuwenden soll. Habt Ihr aber Euern innern Beruf genugsam geprüft und ihn bewährt gefunden, so seid Ihr zur guten Stunde gekommen.[46]

Mit diesen Worten umreißt der Vater der künftigen Ehefrau das Ideal der Berufung bzw. eines ‚inneren Berufs‘, das auf die calvinistische Theologie zurückgeht,[47] hier jedoch in einen ästhetischen Code übersetzt und als Haltung des Künstler-Arbeiters bestimmt wird. Bezeichnenderweise definiert sich auch der ‚romantische Augenblick‘ emphatischer Liebe über Innerlichkeit: „So wie Elis Fröbom die Jungfrau erblickte, war es ihm, als schlüge ein Blitz durch sein Innres und entflammte alle Himmelslust, allen Liebesschmerz – alle Inbrunst die in ihm verschlossen.“[48] Liebe und Arbeit sind gleichermaßen innerliche Vorgänge; der Geliebten kann damit die Funktion einer symbolischen Ressource für die rastlosen Aktivitäten des Mannes zukommen: „Elis gedachte der holden Ulla, wie ein leuchtender Engel sah er

---

45 Beschrieben werden in Zolas Roman beispielsweise diverse Sorten von Samt, „die mit ihren schillernden Flecken einen reglosen See bildeten, darin die Spiegelungen von Himmel und Landschaft zu schwanken schienen. Bleich vor Begierde beugten sich Frauen vor, als wollten sie auch ihr Bild darin erblicken.“ Zola, Émile: *Das Paradies der Damen [Au Bonheur des Dames].* Aus dem Französischen von Westphal, Hilda. Mit einem Nachwort v. Lehnert, Gertrud. 2. Aufl. Edition Ebersbach: Berlin 2002, S. 135–136.

46 Hoffmann, Die Bergwerke zu Falun, S. 225.

47 Weber, Max: *Die protestantische Ethik und der Geist des Kapitalismus.* Vollständige Ausgabe. Hrsg. u. eingel. v. Kaesler, Dirk. Beck: München 2004, S. 143.

48 Hoffmann, Die Bergwerke zu Falun, S. 223.

ihre Gestalt über sich schweben und vergaß alle Schrecken des Abgrundes, alle Beschwerden der mühseligen Arbeit".[49] Liebe und Phantasie lassen den Arbeiter(-Künstler) zum passionierten Tätigen werden, der keinerlei Mühsal scheut und deshalb *nolens volens* Erfolg hat bzw. Reichtum ansammelt. Elis wird prophezeit, dass er bei „seinem Fleiß, bei seiner Sparsamkeit [...] künftig zum Besitztum eines Berghemmans"[50] kommen könne, ohne der Gier nach Geld zum Opfer zu fallen – auch Hoffmanns Text warnt vor zerstörerischer Habgier. Der Bergmann solle, so heißt es in einer rhetorischen Frage, hinab „in die schauerliche Höllentiefe und dem Maulwurf gleich wühlen und wühlen nach Erzen und Metallen, schnöden Gewinns halber?"[51] Gier als mögliche Motivation wird durch den Hinweis auf die Wissenschaftlichkeit der Arbeit, den Fleiß, die Hingabe, die Identifikation und die seherischen Qualitäten des Bergmanns zurückgewiesen. Ein alter, erfahrener Arbeiter warnt entsprechend vor einem Unglück, „sobald nicht wahre Liebe zum wunderbaren Gestein und Metall den Bergmann zur Arbeit antreibe".[52] Als die Bergleute den Grundsatz vorbehaltloser (Arbeits-) Liebe zu missachten beginnen und die Gruben unverhältnismäßig ausbeuten, lösen sie einen Bergsturz aus.

Das ominöse Bergweib aus E.T.A. Hoffmanns Erzählung verstärkt die Synthese von Liebe (in ihrer erotischen Variante) und Berufung in einem Maße, dass die asozialen Tendenzen dieses janusgesichtigen Berufskonzepts und der Absolutheitsanspruch des Künstlers zu Tage treten. Auch diese Novelle lässt, ähnlich wie Tiecks *Runenberg*, das isolatorische Moment vorbehaltloser Identifikation sichtbar werden, das bis zur Selbstauslöschung und zur Destruktion des Sozialen bzw. Familiären führen kann; dieses steht dem Künstler-Arbeiter durch die drohende Zersplitterung seiner Kräfte entgegen. Das romantische Berufskonzept entwirft mithin die Imago einer autonom tätigen Männlichkeit, die sich ihrem Beruf mit Haut und Haaren hingibt und soziale Forderungen ignorieren kann. Dass die identifikatorische Berufsidee jedoch auch zum Fundament eines gelingenden Arbeits- und

---

49 Ibid., S. 226–227.
50 Ibid., S. 227.
51 Ibid., S. 214.
52 Ibid., S. 230.

Familienlebens taugt, zeigt sich nach 1848 in Gustav Freytags romantisch inspiriertem Roman *Soll und Haben*.

Bringen romantische Texte die Phantasie als Arbeitsvermögen ins Spiel, so weichen sie deutlich von dem asketischen Unternehmertypus Goethes ab. Diese Figur wird in einer späten Erzählung Ludwig Tiecks einer harschen Kritik unterzogen, die die Allianz von Arbeit und Liebe *ex negativo* bestätigt und vor Augen führt, dass Arbeit als säkularisierter Selbstzweck zu Melancholie und Menschenhass führen kann.

Kritik am asketischen Unternehmer: Ludwig Tiecks *Der Alte vom Berge*

Tiecks Novelle *Der Alte vom Berge* greift die binäre Topographie des *Runenberg*, das Chisma von Ebene und Gebirge, auf und verteilt die komplementären Kräfte Sinnlichkeit und Vernunft auf die oppositorischen Räume.[53] Der Berg ist Einflussbereich des ‚Alten‘, eines Unternehmers, der einen asketischen Lebensstil pflegt und im Sinne patriarchaler Fürsorge mildtätig zu sein scheint. Über seinen altruistischen Führungsstil erklärt er:

> So verwalte ich denn den meinigen [Reichtum], indem ich der Landschaft aufhelfe, den Armen Arbeit gebe, die Kranken versorge, und durch immer vermehrte Thätigkeit es dahin zu bringen suche, daß recht viele ohne Thränen und Reue ihr Brod essen, sich an ihren Kindern und ihres Geschäfts freuen und, so weit mein Auge und Arm reicht, nicht so viel die Schöpfung verflucht wird, als in anderen Dörfern und Städten.[54]

---

53 Friedrich Schiller diagnostiziert in seinen geschichtsphilosophischen Überlegungen aus den *Ästhetischen Briefen* die Abtrennung von Sinnlichkeit/Natur und Geist/Vernunft ebenfalls und bezeichnet diese als Konsequenz der sich spezialisierenden Gesellschaft; Berghahn, Klaus L. / Müller, Wolfgang: „Tätig sein, ohne zu arbeiten? Die Arbeit und das Menschenbild der Klassik". In: Grimm, Reinhold / Hermand, Jost (Hrsg.): *Arbeit als Thema in der deutschen Literatur vom Mittelalter bis zur Gegenwart*. Athenäum: Königstein/Ts. 1979, S. 51–73, S. 56.

54 Tieck, Ludwig: „Der Alte vom Berge". In: Id.: *Ludwig Tieck's gesammelte Novellen*. Bd. 8. Georg Reimer: Berlin 1853. ND Walter de Gruyter: Berlin 1966, S. 145–262, S. 176–177.

Diesem Ethos liegt Goethes Entsagungsprogramm zugrunde: Tiecks Unternehmer hat in jungen Jahren auf seine große Liebe verzichtet und sich in Selbstdisziplin geübt. Die Novelle demontiert dieses unternehmerische Ideal jedoch systematisch, indem sie nach und nach die Verzweiflung eines pessimistischen Individualismus und die Menschenfeindlichkeit des Almosenwesens kenntlich macht, mithin die protestantisch inspirierte Formel untergräbt, dass Reichtum und wirtschaftlicher Erfolg Ausweis eines gottgefälligen Lebens seien.[55] Der Unternehmer ist, so gibt er selbst an späterer Stelle preis, vom dekadenten Zustand der Welt, der Überflüssigkeit allen Tuns und der grundlegenden Abwesenheit von Liebe überzeugt. Liebe gilt ihm geradezu als Wahnsinn und „dunkle, trübselige Erbärmlichkeit": „Und alles, alles, was man achten, für vernünftig halten möchte, geht in diesem Strudel unter, der mit Gräuel, Tollheit, wildem Gefühl, thierischer Begier und Abgeschmacktheit zusammenfluthet!"[56] Kehrseite seiner Askese ist die Schreckensvision einer monströsen Liebe, die zu infernalischer Sinnlichkeit verkommen ist. Bildet diese abgründige Weltsicht das Fundament des asketischen Lebensstils, so zeigt sich der Pessimismus des individualistischen Leistungsethos, von dem Max Weber spricht. In seiner Lebensbeichte erklärt der Alte: „Das Dasein ist ein Gespenst, vor dem ich, so oft ich mich besinne, schaudernd stehe, und das ich nur durch Arbeit, Thätigkeit, Kraftanspannung erdulden und verachten kann."[57]

Die Überzeugung, dass Reichtum den Armen nütze, weil er auszugleichen vermöge, wird darüber hinaus durch einen merkwürdigen Masochismus pervertiert. Der Alte will, seiner Lehre des Ausgleichs folgend, ausgerechnet den suspekten Eliesar zum Haupterben und Schwiegersohn machen:

> Dieser ist mir so körperlich widerwärtig, und weckt meinen Ingrimm immerdar so sehr, so peinigend, daß ich noch niemals einem andern geschaffenen Wesen gegenüber diese Qual erlebte, und eben deswegen, weil ich so viel an ihm gut zu

---

55 Er formuliert zudem eine Einsicht, die frühsozialistischen Romanen entstammen könnte, nämlich dass der Reichtum der Wenigen die Armut der Vielen produziere (ibid., S. 176) – ein Zusammenhang, den die Armutsforschung für das 19. Jahrhundert unterstreicht; Dietz, Berthold: *Soziologie der Armut. Eine Einführung.* Campus: Frankfurt a.M. / New York 1997, S. 42.
56 Tieck, Der Alte vom Berge, S. 207.
57 Ibid., S. 208.

machen habe, weil ihn Himmel und Natur selber so sehr vernachlässigten, muß er mein Haupt-Erbe, mein Sohn werden.[58]

Der Unternehmer glaubt dem Benachteiligten einen „Ersatz" schuldig zu sein[59] und zwingt deshalb seine Tochter zu einer Heirat ohne Liebe. Das Goethe'sche Motiv der Entsagung degeneriert in Tiecks später Erzählung zum Signum von Wahnsinn, Askese zum Ausdruck eines misslungenen Lebens:

> Daß mein Leben kein freudiges ist, daß ich auf alle jene Erholungen und Genüsse, um derentwillen die meisten Menschen eigentlich nur leben, längst verzichtet habe, müssen Sie schon seit langem bemerkt haben.[60]

Lässt das religiös inspirierte Arbeitsideal Melancholie entstehen und ist es das Resultat tiefgreifender Menschenverachtung, so umspielt Tieck auf eigensinnige Weise die ökonomisch-ethische Formel, dass das ‚Böse' das ‚Gute' schaffe. Dieses Paradoxon, das einen egoistischen Konsum zum Movens volkswirtschaftlichen Wachstums erklärt, besitzt eine lange Tradition: 1564 verfasst Leonhard Fronsberger die Rechtfertigungsschrift *Von dem Lob deß Eigen Nutzen*, die egoistisches Wirtschaftshandeln zur Bedingung eines prosperierenden Gemeinwesens erhebt. Eine ähnliche Argumentationsfigur entwickelt Bernard Mandeville in seinem berühmten Text *The Fable of Bees* (1714), der das private Laster dann rechtfertigt, wenn es den Konsum und damit die Produktion bzw. den allgemeinen Wohlstand eines Landes fördert. Dem ‚Bösen' kommt in diesem Modell eine gewichtige Funktion bei der Entstehung des ‚Guten' zu, „private vice" hat „public benefit" zur Folge. Auch in Adam Smiths Wirtschaftskonzept gilt das Eigeninteresse (im Unterschied zu dubiosen altruistischen Haltungen) als mögliche Voraussetzung des Gemeinwohls,[61] ohne dass die Leitlinien einer praktischen Vernunft aufgegeben würden. Tieck greift diese Argumentationsfigur im

---

58 Ibid., S. 209–210.
59 Ibid., S. 226.
60 Ibid., S. 168. Der Unternehmer ist dazu übergegangen, „die ganze Welt nur wie eine Strafanstalt anzusehen"; ibid.
61 Es heißt in *Der Wohlstand der Nationen*: „ja, gerade dadurch, daß er das eigene Interesse verfolgt, fördert er häufig das der Gesellschaft nachhaltiger, als wenn er wirklich beabsichtigt es zu tun. Alle, die jemals vorgaben, ihre Geschäfte dienten dem Wohl der Allgemeinheit, haben meines Wissens niemals etwas Gutes getan." Smith, Adam: *Der Wohlstand der Nationen. Eine Untersuchung seiner*

Kontext eines zerrütteten Lebens auf, um die paradoxe Formel zu invertieren. Als der Schwiegersohn *in spe*, der sich als Dieb entpuppt, stirbt, äußert der Unternehmer, die paradoxe Wirtschaftsformel modifizierend: „[D]as Gute nur ist das wahre Böse."[62] Da umgekehrt das ‚Böse' gut sein kann, verlangt die Tochter des Unternehmers von ihrem Ehemann, dass dieser „nicht immer so freundlich, sondern manchmal böse und grob" sein möge;[63] allein auf diese Weise sei Respekt möglich und könnten die fatalen Folgen ‚guten' Handelns verhindert werden.

Tiecks späte Novelle führt die fundamentale Zerrüttung von Moral- und Wirtschaftsprinzipien bezeichnenderweise auf eine misslungene Liebesgeschichte zurück, so dass die romantische Liebe *ex negativo* als Bedingung eines gelingenden (Berufs-)Lebens bestätigt wird. Allein die labile und damit komplexitätssteigernde Allianz von Arbeit und Liebe (als Berufsliebe und Liebe zur symbolischen Ressource Weiblichkeit) ermöglicht die Identifikation mit einem ‚inneren' Beruf. Diese Synthese scheint zum wenig überzeugenden Schluss der Tieck'schen Novelle *Der Alte vom Berge* zu gelingen, als der gute Verwalter und die Unternehmerstochter heiraten, abstrakter gesprochen: als sich Sinnlichkeit – im Tal herrscht ein hypertropher Genuss, der kulinarischen Exzessen frönt – und Askese/Vernunft aus dem Geist der Liebe verbinden, die menschlichen Vermögen also auf maßvolle Weise vereint werden, was zugleich eine Aufteilung des materiellen Vermögens erlaubt:

> Das Vermögen wurde getheilt, Eduard blieb der Führer der wichtigsten Geschäfte, und eine frohe, glückliche Familie bewohnte und belebte das alte Haus, das den finstern Charakter verlor, und oft Musik, Gesang und Tanz zur Freude aller Bewohner des Städtchens laut ertönen ließ.[64]

Der schöne Schluss beendet die fatale wirtschaftliche Praxis, die Ausdruck heillos separierter Kräfte war, und führt einen moderaten sinnlichen Lebenswandel mit einem gemäßigten asketischen Unternehmertum zusammen. Was die früheren Novellen als Berufsprogramm mit destaströsen Folgen in

---

Natur und seiner Ursachen. Übers., hrsg. u. eingel. v. Recktenwald, Horst Claus. 6. Aufl. Deutscher Taschenbuch Verlag: München 1993, S. 371.

62 Tieck, Der Alte vom Berge, S. 248.

63 Ibid., S. 250.

64 Ibid., S. 262.

Szene gesetzt haben, die Allianz von Arbeit und Liebe, gelingt hier, allerdings um den Preis der ästhetischen Plausibilität.

Das romantische Berufsethos popularisiert sich im Verlauf des 19. Jahrhunderts zu einem Diskurs, der bürgerliche Berufe nobilitiert, diese mit den Weihen des Ästhetischen versieht und die Ambiguitäten der radikalen romantischen Texte mehr oder weniger zum Verschwinden bringt. Eine wichtige Etappe auf diesem Weg markiert die ‚Bibel' des liberalistischen Bürgertums, Gustav Freytags viel gelesener Kaufmannsroman *Soll und Haben*, der, wie Irmtraud Hnilica auf überzeugende Weise nachgewiesen hat, die blaue Blume „als Symbol für die Sehnsucht des zum Künstler stilisierten Kaufmanns" einsetzt.[65] Den Exzess und das Asoziale des Bohemiens moderiert Freytags Roman durch die Sublimation der Triebenergien zu einem wohltemperierten (Künstler-)Ideal, das zum Vorbild des Händlers und Unternehmers wird. Dieses Ideal wird je nachdem stärker mit bürgerlichen Haltungen wie Friedfertigkeit, Ehrlichkeit und Genauigkeit[66] oder aber mit anarchischen Anteilen wie Phantasie, Inspiration, Rausch und Exzess als Voraussetzung ‚genialischer' Professionen ausgestattet.

Identifikation und Passion: Der ‚innere Beruf' bei Max Weber

Dass der romantische Künstlertypus, seiner hypertrophen Eigenschaften entkleidet, zur Leitfigur professionalisierter Berufsbilder werden kann, zeigt sich prototypisch in Max Webers Vortrag *Wissenschaft als Beruf*. Weber spricht von dem *„inneren* Berufe zur Wissenschaft",[67] der mit dem Wunsch verbunden sei, etwas Dauerhaftes bzw. Singuläres zu schaffen (ähnlich wie der Künstler), und mit „Rausch" und „Leidenschaften" assoziiert sei,[68] also

---

65 Hnilica, S. 69.

66 Linder, Joachim: „„Nur der Erwerb ist lustbetont, nicht der Besitz'. Die Arbeitswelt der Unternehmer und Unternehmerinnen in Firmenschriften des 19. und frühen 20. Jahrhunderts". In: Segeberg, Harro (Hrsg.): *Vom Wert der Arbeit. Zur literarischen Konstitution des Wertkomplexes ‚Arbeit' in der deutschen Literatur (1770–1930)*. Niemeyer: Tübingen 1991, S. 233–286, S. 259.

67 Weber, Max: „Wissenschaft als Beruf". In: Id.: *Gesamtausgabe*. Abteilung 1: *Schriften und Reden*. Bd. 17: *Wissenschaft als Beruf, 1917/1919. Politik als Beruf, 1919*. Hrsg. v. Mommsen, Wolfgang J. / Schluchter, Wolfgang. J. C. B. Mohr: Tübingen 1992, S. 71–111, S. 80.

68 Ibid., S. 81.

mit Obsessionen romantischer Provenienz. Für das Berufskonzept Webers spielt entsprechend die Eingebung, der ‚Geistesblitz' eine zentrale Rolle, also jene seherisch-kreative Haltung, die in den untersuchten romantischen Erzählungen Liebe, Arbeit und Kunst dominiert. Eine Eingebung, so Weber, fordere ‚die ganze Seele' und sei nicht fabrikmäßig herzustellen, könne also nicht durch mechanische Arbeit ersetzt werden.[69] Der Soziologe weitet den Habitus des Wissenschaftlers zudem auf die Professionen des Unternehmers, Händlers und Managers aus:

> Nur ist es ein schwerer Irrtum zu glauben, das sei nur bei der Wissenschaft so, und z.B. in einem Kontor gehe es etwas anders zu wie in einem Laboratorium. Ein Kaufmann oder Großindustrieller ohne ‚kaufmännische Phantasie', d.h. ohne Einfälle, geniale Einfälle, der ist ein Leben lang nur ein Mann, der am besten Kommis oder technischer Beamter bliebe: nie wird er organisatorische Neuschöpfungen gestalten. Die Eingebung spielt auf dem Gebiete der Wissenschaft ganz und gar nicht – wie sich der Gelehrtendünkel einbildet – eine größere Rolle als auf dem Gebiet der Bewältigung von Problemen des praktischen Lebens durch einen modernen Unternehmer. Und sie spielt anderseits – wie auch oft verkannt wird – keine geringere Rolle als auf dem Gebiet der Kunst.[70]

Selbst die mathematische Phantasie bedürfe der „Eingebung" und des „Rausches" im Sinne von Platons *mania*.[71] Zu diesem Berufskonzept, das nicht zwischen künstlerischen und unternehmerischen Berufen unterscheidet – Joseph Alois Schumpeters Konzept der schöpferischen Zerstörung und die Ausführungen Werner Sombarts zum Unternehmer gehen in eine ähnliche Richtung[72] –, gehört ganz wesentlich die Fixierung auf das Sachliche, der ‚Dienst' an der Sache;[73] Firmenschriften des 19. und frühen 20. Jahrhunderts unterstreichen die emotionale Bindung des Unternehmers an sein ‚Werk' ebenfalls.[74] Kehrseite des Weber'schen Ideals, das den Tätigen als

---

69 Die Jugend glaube fälschlicherweise, „die Wissenschaft sei ein Rechenexempel geworden, das in Laboratorien oder statistischen Karthotheken mit dem kühlen Verstand allein und nicht mit der ganzen ‚Seele' fabriziert werde, so wie ‚in einer Fabrik'"; ibid., S. 81.
70 Ibid., S. 83.
71 Ibid.
72 Cf. dazu die Ausführungen im letzten Kapitel dieser Studie über Unternehmerinnen in Ernst-Wilhelm Händlers Roman *Wenn wir sterben*.
73 Weber 1992, S. 84.
74 Linder, S. 235.

heroischen Einzelgänger entwirft, sind die isolatorisch-asozialen Züge, die dem Berufs- und Männlichkeitsbild inkorporiert sind.[75] Weiblichkeit bleibt innerhalb dieses nobilitierten Berufspanoramas unsichtbar und ist nicht gemeint; sie initiiert vielmehr, so führen romantische Kunstmärchen vor Augen, die Phantasietätigkeit des Arbeitenden, der auf diese Weise Passion und Hingabe zu entwickeln vermag, und zwar in einem Maße, dass Frauen (und Soziales) in Vergessenheit geraten.

Die hier untersuchten romantischen Erzählungen entwerfen also ein männlich codiertes Berufskonzept, das nicht mehr auf Genealogie, sondern auf Internalisierung und Identifikation basiert, noch grundlegender: auf Phantasie als Inspiration und schöpferisches Medium bzw. Kreativitätsressource. Die Phantasie als zentrales Vermögen ermöglicht eine nobilitierende Fusion von Künstlertum und ‚prosaischen‘ Berufen – der romantische Künstler-Arbeiter bildet die Blaupause für kreative (professionalisierte) Berufe und zugleich das *role model* für bürgerliche Männlichkeit. Die Phantasie bringt zudem Konsument/innen hervor, deren fabulöse Wunschwelten im 19. Jahrhundert Bedingung und Folge einer industriellen Massenkonsumption sein werden. (Imaginierte) Weiblichkeiten spielen in diesen frühen Entwürfen vornehmlich als symbolische Ressource für phantasmatische Besetzungen eine Rolle.

Was die Imagination und Sehnsucht der männlichen Figuren in besonderem Maße weckt, ist weibliche Schönheit. Diese Eigenschaft bewerten die im nächsten Kapitel behandelten frühsozialistischen Romane als zentrale Ressource, die Frauen in den Wirtschaftskreiskauf eintreten lässt, also kommodifizierbar ist. Die engagierte Literatur, die weibliche Figuren, anders als romantische Texte, tendenziell aus ihrer phantasmagorischen Funktion entlässt (jedenfalls vordergründig), behandelt Schönheit bevorzugt als erotisches Kapital und lässt sie marktförmig werden.

---

75 Mecklenburg bezeichnet den Protagonisten aus *Der Runenberg* als Stadtmenschen, den Berliner Autor Tieck als Bohemien, als Unbehausten, der die „künstlichen Paradiese einer neuen, labyrinthischen Wirklichkeit" aufsuche; Mecklenburg, S. 67.

II. Desemantisierungen: Physische Ressourcen und Konsum im 19. Jahrhundert

1. ‚Sexuelle Arbeit', Prekarität und die Ressource Schönheit im Frühsozialismus und in der sozialistischen Autobiographie

Frühsozialistische Texte, die sich für Ausbeutungsverhältnisse in einer Phase massiver Pauperisierung interessieren, schildern weibliche Figuren in meist prekären Lohnarbeitsverhältnissen wie *sex work* oder Dienst. Die Romane behandeln in der Regel diverse Arbeitsfelder, die sie gemäß der moralisch besetzten Opposition von Kapital und Arbeit anordnen; sie erzählen von der ‚Versklavung' der Fabrikarbeiter, den Mechanismen ihrer Verarmung sowie moralisch depravierten Unternehmern samt ihrer mildtätigen Gattinnen. Eine wichtige Figur, die das Kapitel gleichwohl zum Gegenstand machen will, spart dieses Panorama häufig aus – die Fabrikarbeiterin, die im politischen wie akademischen Diskurs ebenfalls lange Zeit eine Leerstelle geblieben ist. Die Politisierung durch den Sozialismus habe eine deutliche Maskulinisierung des Engagements sowie den Ausschluss von Frauen aus der politischen Arbeit zur Folge gehabt.[1] Fabrikarbeit von Frauen führe nicht nur in der Arbeiterbewegung, sondern auch in der Forschung und in literarischen Texten ein Schattendasein.[2] Insbesondere die Industriegeschichte vernachlässige den Geschlechteraspekt,[3] obgleich weibliche Fabrikarbeit und der Gender-Konflikt für die politische Formation der britischen Arbeiterklasse im 19. Jahrhundert zentral gewesen sei.[4] Aufgrund der dominanten Ideologie

---

1 Johnson, Patricia E.: *Hidden Hands. Working-Class Women and Victorian Social-Problem Fiction*. Ohio University Press: Athens 2001, S. 2–3.

2 Amireh, Amal: *The Factory Girl and the Seamstress. Imagining Gender and Class in Nineteenth Century American Fiction*. Garland: New York / London 2000, S. XIII. Sie fasst die Fabrikarbeiterin auf als „ideological sign through which the culture mediated issues of gender, class and labour"; ibid., S. XVI.

3 Bluma, Lars / Uhl, Karsten: „Arbeit – Körper – Rationalisierung. Neue Perspektiven auf den historischen Wandel industrieller Arbeitsplätze". In: Id. (Hrsg.): *Kontrollierte Arbeit – Disziplinierte Körper? Zur Sozial- und Kulturgeschichte der Industriearbeit im 19. und 20. Jahrhundert*. Transcript: Bielefeld 2012, S. 9–34, S. 11.

4 Clark, Anne: *The Struggle for the Breeches: Gender and the Making of the British Working Class*. University of California Press: Berkeley 1995.

der Häuslichkeit sind Arbeiterinnen seit den 1850er Jahren zunehmend weniger adressierbar und verschwinden aus dem politischen wie literarischen Diskurs.[5] In Charles Dickens Roman *Hard Times* (1850) beispielsweise richtet sich der Blick auf einen privaten, von der politischen und wirtschaftlichen Sphäre abgetrennten Arbeiter-Haushalt.[6] Die Fabrikarbeiterin entzieht sich möglicherweise auch deshalb der (bürgerlichen) Literatur, weil ihr Beruf in vielen Fällen nicht, wie beispielsweise der von Lehrerinnen, als Variation häuslicher Tätigkeiten beschrieben werden konnte. Das Argument, Frauen agierten ihrem Geschlechtscharakter bzw. ihrer Berufung gemäß, wenn sie pflegende Tätigkeiten, also emotionale und soziale Arbeit, verrichteten, war für die Fabrikarbeit nicht zu bemühen. Gleichwohl kann auch in diesem Bereich eine Kollaboration mit Geschlechtscharakteren ausgemacht werden, wenn Frauen mit Vorliebe im Textilsektor eingesetzt wurden.

Im Folgenden stehen Ernst Willkomms *Weisse Sclaven* und Louise Otto-Peters' *Schloß und Fabrik* im Zentrum, die die massive Pauperisierung großer Bevölkerungskreise[7] während des Übergangs vom zünftischen Handwerk zur freien Lohnarbeit ohne soziale Sicherungssysteme schildern – Proletarier/innen des frühen 19. Jahrhunderts können deshalb als „Angstarbeiter/innen" bezeichnet werden.[8] Gewinner der neuen Organisation von Arbeit sind die bürgerlich-adeligen Grundbesitzer und Unternehmer (wie die Turm-Gesellschaft aus Goethes *Lehrjahren* und der Oheim aus den

---

5 In Émile Zolas utopischem Roman *Arbeit* wird eine junge Fabrikarbeiterin, die „das Bild der schlecht eingerichteten, entehrten, zum Fluche gewordenen Arbeit" verkörpert (Zola, Émile: *Arbeit* [*Travail*]. Übers. v. Rosenzweig, Leopold. Verlag von Th. Knaur Nachf.: Berlin o.J., S. 42), dem bürgerlichen Geschlechterprogramm gemäß zur ,Sozialarbeiterin' aufgewertet und so vom Proletariat erlöst.

6 Johnson, S. 14. Eine Folge dieses Prozesses ist, dass Industriegeschichte in der Regel als männliche erzählt wird; ibid., S. 11.

7 Reidegeld, Eckart: *Staatliche Sozialpolitik in Deutschland. Historische Entwicklung und theoretische Analyse von den Ursprüngen bis 1918*. Westdeutscher Verlag: Opladen 1996, S. 32.

8 Zu diesem Begriff cf. Wendt, Wolf Rainer: *Geschichte der Sozialen Arbeit*. Bd. 1: *Die Gesellschaft vor der sozialen Frage*. 5. Aufl. Lucius & Lucius: Stuttgart 2008, S. 114.

Wanderjahren)[9] – frühsozialistische Texte positionieren diese ‚Übeltäter‘ deshalb am untersten Rand der „Berufsbewertungsskala".[10] Willkomm und Otto-Peters kennen die frühindustrielle Produktion mit ihren fatalen Folgen aus eigener Anschauung, schreiben jedoch für ein bürgerliches Publikum, dem sie selbst entstammen, und für einen entsprechenden Markt.[11] Das Sujet der Arbeit wird deshalb auf spezifische Weise narrativiert und durch melodramatische Plots, Personalisierungen und schauerromantische Elemente zum süffigen Leseabenteuer stilisiert. Darüber hinaus vertreten beide Romanciers die bürgerliche Geschlechtertypologie[12] – allein Schönheit sowie Sexualität ermöglichen (armen) Frauen die Teilnahme am Marktgeschehen.[13]

Die proletarische Arbeit von Frauen, die in der englischen und amerikanischen Literatur des frühen und mittleren 19. Jahrhunderts ebenfalls tendenziell eine Leerstelle bleibt, tritt gegen Ende des Jahrhunderts deutlicher in den Fokus der öffentlichen Aufmerksamkeit. In den USA führen Statistiken, Beiträge in Magazinen und fotojournalistische Essays wie Jacob Riis' *The Working Girls of New York* zu einer regelrechten Informationsexplosion.

---

9 Die Agrarreform schonte die alte Eigentums- und Herrschaftsordnung; Reidegeld, S. 32. Die agrarischen Umstrukturierungen und die Etablierung eines freien Marktes dienten der Sicherung des preußischen Staates (u.a. durch Steuern); ibid., S. 31.

10 So hält fest Rarisch, Ilsedore: *Das Unternehmerbild in der deutschen Erzählliteratur der ersten Hälfte des 19. Jahrhunderts. Ein Beitrag zur Rezeption der frühen Industrialisierung in der belletristischen Literatur.* Colloquium: Berlin 1977, S. 70.

11 Cf. zu unterschiedlichen Darstellungsstrategien und Wirkabsichten im Vormärz Fischer, Gerhard: „Totenhemd und Leichentuch. Metaphorik zum Thema Arbeit in Gedichten des Vormärz (Chamisso, Hood/Freiligrath, Heine)". In: *Limbus* 2, 2009, S. 51–70.

12 Das Geschlecht des Unternehmers bleibt entsprechend auch im frühsozialistischen Roman „ausschließlich männlich"; Rarisch, S. 73.

13 Robert Prutz' sozialer Roman *Das Engelchen* erklärt Sozialarbeit ebenfalls zur wesensmäßigen Bestimmung der Frau; sie sei die ‚geborene Almosiere‘. Georg Weerth und Hermann Theodor Oelckers hingegen lehnen Wohltätigkeit ab, da sie die Misere nur punktuell verbessere, nicht aber das System der Ausbeutung verändere; ibid., S. 130–131.

Man entdeckt Armut als attraktives Sujet,[14] das literarische Texte sowohl in quasi-soziologischer Form behandeln als auch romantisieren bzw. sentimentalisieren.[15] Gegen Ende des 19. Jahrhunderts legen darüber hinaus Arbeiterinnen vermehrt autobiographische Texte vor, um ihren Werdegang zu schildern, häufig als Erweckung zum sozialistischen Engagement. Prototypisch für dieses Genre sind die Erinnerungen von Adelheid Popp, einer leitenden Persönlichkeit der sozialistischen Bewegung Österreichs. Ihre ‚Memoiren' bilden den Abschluss dieses Kapitels, um die prekäre Position von Arbeiterinnen zwischen bürgerlichen Geschlechterbildern und männlich-proletarischem Domestikationsdiskurs zu konturieren.

Prekäre Arbeit aus bürgerlicher Perspektive: Ernst Willkomms *Weisse Sclaven*

Willkomms Roman nimmt zwei historische Schnitte vor: Während die Binnenerzählung von der Befreiung der wendischen Leibeigenen vor 1800 handelt – durch eine Revolte, die die Heide spektakulär in Brand setzt –, malt die Rahmenerzählung die ausbeuterischen Verhältnisse in einer Textilfabrik um 1830 aus; diese unterscheiden sich deutlich von Goethes idyllischen protoindustriellen Verhältnissen der Weber und Spinner aus den *Wanderjahren*[16] und signalisieren grundlegende Veränderungen in der Textilindustrie: Wird die Herstellung von Gewebe und das Spinnen zunehmend in mechanisierte Arbeitsschritte zerlegt, also spezialisiert, so verändern sich die ehemals handwerklichen Berufe, die über einen großen Spielraum bei der Organisation des eigenen Arbeitsprozesses verfügt hatten.[17] „Ein eigenständiger Beruf mit breitem Tätigkeitsspektrum fällt [...] den Erfordernissen

---

14 Hapke, Laura: *Tales of the Working Girl: Wage-Earning Women in American Literature, 1890–1925.* Twayne Publishers: New York et al. 1992, S. 3. Hapke unterscheidet in Bezug auf die literarischen Darstellungen von Arbeiterinnen das Melodram der 1890er vom Streikroman der 1910er Jahre und vom ökonomischen Aufstiegsnarrativ der 1920er Jahre; ibid., S. XV.

15 Johnson, S. 3. Diese doppelte Strategie finde sich in der US-amerikanischen Literatur bereits seit den 1820er Jahren; cf. Amireh, S. X.

16 Cf. Schößler, Franziska: *Goethes „Lehr"- und „Wanderjahre". Eine Kulturgeschichte der Moderne.* Francke: Tübingen 2002, S. 274–291.

17 Schröder, Wilhelm Heinz: *Arbeitergeschichte und Arbeiterbewegung.* Campus: Frankfurt a.M. / New York 1978, S. 79.

der Arbeitsteilung zum Opfer".[18] Frauen und Kinder konnten damit als ungelernte Arbeiter/innen in die maschinelle Produktion integriert werden. Das handwerkliche Berufsmodell blieb jedoch weiterhin Maßstab für die Bewertung von Fabrikarbeit, so dass es zur Unterscheidung zwischen gelernten und ungelernten Arbeiter/innen kam; letztere verrichteten ihre (schlecht bezahlte) „Arbeit", ohne einen „Beruf" zu haben.[19]

Willkomm macht in seinem Roman die Aufhebung der Erbuntertänigkeit der Hofhörigen und Hintersassen sowie die Beseitigung der ständischen Vorrechte, Güter zu erwerben und Gewerbe auszuüben, zur Voraussetzung für die industrielle Arbeit. Beide Produktionsformen, Leibeigenschaft und Lohnarbeit, führt er jedoch als gewaltförmig vor: Der Lohnarbeiter, der dem Fabrikbesitzer auf Gedeih und Verderb ausgeliefert ist, lebt und arbeitet in zumindest ebenso problematischen Verhältnissen wie der Leibeigene, der immerhin auf rechtliche Fürsorgepflichten der ‚Besitzer' zählen konnte.[20] Der Roman *Weisse Sclaven* zeigt in drastischen Bildern, was es zu der damaligen Zeit heißt, zum gewerblichen Proletariat zu gehören, das zwar juristisch und persönlich als frei gilt, „frei aber auch von Produktionsmitteln" ist, das heißt „wirtschaftlich und damit sozial abhängig vom profitsuchenden Kapital als bewegender Kraft": „fremdbestimmt und herrschaftsunterworfen, was die Arbeitsprodukte, die Arbeitsart, die Arbeitsintensität, die Arbeitsmethode, die Arbeitszeitdauer, den Arbeitsort und die Arbeitsstelle anbetrifft".[21]

Willkomm schildert miserable Bedingungen, Unfälle und Krankheiten, die zu früher Sterblichkeit von Arbeiter/innen, vor allem von Kindern, führen;[22] Jürgen Kuczynski greift in seiner *Geschichte der Lage der Arbeiter in*

---

18 Kratz, Karl-Heinz: „Ernst Willkomms *Weisse Sclaven*. Ein sozialer Roman zwischen Jungem Deutschland und Frühnaturalismus". In: *Colloquia Germanica* 16, 1983, S. 177–200, S. 193.
19 Schröder, S. 23.
20 So betont Kratz, S. 186.
21 Schröder, S. 34.
22 Ein gemeinsames Bewusstsein der Arbeiter/innen und funktionierende Organisationsstrukturen des Widerstandes wie Gewerkschaften etablierten sich nur zögerlich; zunächst engagierten sich kleinere Intellektuellengruppen. Erst im Umfeld der Revolution von 1848 wurden auf konsequentere Weise Streiks organisiert; cf. Reidegeld, S. 49.

Deutschland nicht von ungefähr Willkomms literarische Beschreibung einer Textilfabrik auf, um die schlechten, zuweilen letalen Arbeitskonditionen in Fabriken des frühen 19. Jahrhunderts zu illustrieren – er erwähnt die fehlende Belüftung, atemraubende Dämpfe und fliegende, die Lunge reizende Wollfäden.[23] *Weisse Sclaven* beschreibt sehr genau, zuweilen mithilfe von statistischem Material wie Georg Büchners bekanntes Flugblatt,[24] welche Mechanismen zur ,Versklavung' der Fabrikarbeiter führen. An erster Stelle steht die kalkulierte Verschuldung der Beschäftigten – keine Rolle hingegen spielt in Willkomms Roman das Trucksystem, das Arbeiter zwang, sich durch (schlechte) Waren bezahlen zu lassen.[25] Der Unternehmer gewöhnt die kreditnehmenden Arbeiter zunächst an ein ,luxuriöseres' Leben (WS, 3/350),[26] indem er beispielsweise Gelder für ein Häuschen zur Verfügung stellt, nimmt dann jedoch drastische Lohnkürzungen vor, um die Rückerstattung der Kredite zu verhindern und die Arbeiter von sich abhängig zu machen, die zusätzlich durch zahlreiche Steuern belastet werden (WS, 3/255). Einer der Schuldner erklärt:

> Wir sind immer im Vorschuß, wir leben immer von der Zukunft und verlieren so allen Boden unter unsern Füßen! Das ist entsetzlich, wenn es einzelne Familien trifft, es ist aber der Anfang einer Weltempörung, wenn Millionen von diesem Gespenst Tag und Nacht geängstigt werden (WS, 3/255).

In der Landwirtschaft – einige enttäuschte Arbeiter versuchen sich als Bauern – ist es die Parzellierung des Bodens, die zu Verschuldung und ,Versklavung' der Tätigen führt (WS, 3/204). Die Leibeigenschaft, die die Binnenhandlung aufruft,[27] ist also abgeschafft; die planmäßige Verschuldung

---

23 Kuczynski, Jürgen: *Geschichte der Lage der Arbeiter in Deutschland von 1789 bis 1849*. Akademie: Berlin 1961, S. 282.

24 Cf. Kratz, S. 182.

25 Kuczynski, S. 269–270.

26 Die Angaben in Klammern mit der Sigle WS beziehen sich auf folgende Ausgabe: Willkomm, Ernst: *Weisse Sclaven oder die Leiden des Volkes*. Verlag von Ch. E. Kollmann: Leipzig 1845.

27 Cf. zu dem historischen Vorgang, der zu Beginn des 19. Jahrhunderts zur Abschaffung der Frondienste und Leibherrschaft führte und den Begriff der Freiheit eng mit dem des Eigentums koppelte, Blickle, Peter: *Von der Leibeigenschaft zu den Menschenrechten. Eine Geschichte der Freiheit in Deutschland*. Beck: München 2003, S. 155–156. Die Leibeigenschaft wurde seit Mitte des 18. Jahrhunderts zunehmend als unproduktiv und menschenunwürdig be-

der Fabrikarbeiter wie der Bauern (WS, 3/349) führt jedoch zu ähnlichen Abhängigkeitsverhältnissen.

Um die Konflikte zu lösen, propagiert der neue Unternehmer zum guten Schluss nicht etwa die Destruktion von Maschinen, sondern unterstreicht die Erleichterungen, die die Technisierung mit sich bringt. Er schlägt, ähnlich wie der Oheim aus Goethes *Wanderjahren*, eine Gewinnbeteiligung der Arbeiter vor – sein Vorbild ist der Musterbetrieb New Lanark von Robert Owen[28] – sowie, anders als Goethe, diverse Schutzmaßnahmen. Der Roman *Weisse Sclaven* entwickelt keine politische Lösung für die geschilderten Probleme, sondern setzt auf die private Initiative des neuen Fabrikbesitzers – ein Hinweis auf die bürgerliche Perspektive des Autors. Zudem verdeckt die Erzählstrategie der Personalisierung den proletarischen Widerstand – wiederholt bricht die kolportagehafte Familiengeschichte in die Darstellung der zermürbenden Arbeitsverhältnisse und der Streiks ein. Willkomm schildert beispielsweise keine Massenszenen streikender Arbeiter, sondern lenkt den Erzählfokus unmittelbar vor den neuralgischen Ereignissen eines kollektiven Aufbegehrens auf den Familienplot zurück.[29] Auch die spektakulären Szenen, in denen die ausbeuterischen Verhältnisse kulminieren, personalisieren die Gewalt. Der illegitime Sohn Martell rächt sich beispielsweise an seinem Bruder, einem skrupellosen Fabrikbesitzer, indem er den Antagonisten in einem spukhaften schauerromantischen Szenario mit dem Rhythmus der unbarmherzigen Maschinen konfrontiert und den bösen Kapitalisten in Wahnsinn und Tod treibt. Willkomm theatralisiert die Fabrik auch dann zur Bühne, wenn der drakonische Ausbeuter Kinderleichen[30] kunstvoll im Maschinenraum drapiert. Erzählte Arbeit wird auf diese Weise in das Genre des Schauerromans überführt.

---

wertet (ibid., S. 162), nicht zuletzt, weil Menschen in Leibeigenschaft als *res* galten; ibid., S. 168.
28 Kratz, S. 183. Cf. zu den Projekten von Robert Owen: Wendt, S. 153–154.
29 Kratz, S. 190.
30 Willkomm behandelt das zentrale Thema der Kinderarbeit in Anlehnung an Friedrich Engels Studie *Die Lage der arbeitenden Klasse in England*.

Weibliche Schönheit als Marktfaktor: Kommodifizierte Körper

Der Roman Willkomms konfrontiert im Rahmen eines moralischen Binarismus Arbeiter mit Adeligen und kapitalistischen Unternehmern, die beide ausschließlich verwerflich agieren und an der „Vertierung" ihrer „Maschinenmenschen" interessiert sind (WS, 3/354). Die Fragwürdigkeit sowohl des Adels als auch des kapitalistischen Systems zeigt sich dabei bevorzugt am Umgang mit Frauen. Beide Gruppen beuten deren Schönheit und Sexualität systematisch aus, so dass der weibliche Körper als diejenige Ressource erscheint, die Frauen zu Markte tragen (können) – sei es als Bedienstete, sei es als Prostituierte. Arbeiterinnen hingegen werden kaum geschildert; wenn sie in Erscheinung treten, dann als klagende Mütter oder Töchter, nicht jedoch als Arbeitskräfte, so dass das bürgerliche Familiennarrativ ebenso in Kraft bleibt wie die Geschlechtscharaktere.

Willkomms Panorama der Ausbeutung setzt sich auch mit dem urbanen Phänomen der Prostitution auseinander und schildert folgende sadomasochistische Szene: Ein junges, ‚bildschönes' Mädchen weigert sich, an eine Bordellbesitzerin, eine wahre *vetula*, verkauft zu werden. Ihr Vater bringt das Gesetz der Verdinglichung durch den ‚Leveller' Geld auf den Punkt, wenn er erklärt: „Was da, Herr Kapitän, Handel ist Handel, und ob alte Lumpen oder frische junge Mädels, das ist all eins" (WS, 3/100). Frauen werden *in toto* kommodifiziert und zu Tauschobjekten. Ihr Marktwert bemisst sich an ihrem physischen Kapital, wie die diversen Arbeitsbiographien des Romans bestätigen: Einer der Seitenstränge handelt von den Versuchen junger Frauen vom Lande, sich als Dienstmädchen in der Stadt zu verdingen – in einem familiennahen, meist informalisierten Arbeitsverhältnis also, das auch bei Willkomm nahezu selbstverständlich den Abstieg in die Prostitution einläutet. Im Dienst wie in der Prostitution würden „glatte Püppchen wie frischgebackene Pfannekuchen" feilgeboten (WS, 3/140). Der Dienst, den Veza Canettis Erzählung *Die gelbe Straße* und Arthur Schnitzlers Roman *Therese. Chronik eines Frauenlebens* später als geradezu letales Beschäftigungsverhältnis in Szene setzen, liefert unverheiratete Frauen systematisch dem Begehren von Männern höherer Klassen aus. Die *Geschichte der Familie* von Andreas Gestrich, Jens-Uwe Krause und Michael Mitterauer belegt, dass sexuelle Übergriffe im Alltag auf der Tagesordnung standen: In französischen Städten des 18. Jahrhunderts beispielsweise wurden zwischen 12 und 16 Prozent der illegitimen schwangeren Mädchen von ihren Meistern ‚verführt‘, weitere 20 Prozent von anderen Oberschichtmännern.[31] Willkomm schildert in Anlehnung an Eugène Sue den ‚Fall‘ einer jungen Dienstmagd, die ein Verhältnis zu einem Aristokraten pflegt, wobei der schöne Körper nach ihrem Selbstmord ein weiteres Mal von Ärzten und Anatomen ausgebeutet wird.[32] Weil es sich um eine schöne und arme Frau handelt, übergibt man ihre ‚schöne Leiche‘ (Bronfen) dem anatomischen Institut. Der Roman unterstreicht die krude Lüsternheit der Wissenschaftler, wenn sich diese wie folgt äußern:

> Donnerwetter, das ist ein Bissen für uns! Eine von den drei Grazien ohne Widerrede! Wo das die Theologen spitz kriegen, muß der Protektor das Auditorium schließen lassen, sonst erdrücken uns die Jünger des heiligen Geistes, um den Genuß zu haben, ein junges schönes Mädchen im Naturzustande, so lange es ihnen beliebt, mit lüsternen Blicken betrachten zu können (WS, 3/150).

Die empörte Schwester muss erfahren, dass nur arme (und schöne) Frauen diesem Gesetz ausgeliefert sind:

> Schönes Kind, sagte man zu mir, es thut uns leid, Deine Bitte nicht erfüllen zu können. Deine Schwester ist Mörderin und Selbstmörderin zugleich und überdies als liederliche Dirne aus der Welt gegangen. Solche Personen sind unrettbar dem Messer des Anatomen verfallen. Wäre Therese häßlich, nun, dann könnten wir allenfalls ein Auge zudrücken, so aber ist die Entleibte ein Meisterwerk der Schöpfung, und je seltener so tadellose Cadaver zu bekommen sind, desto mehr müssen wir danach angeln (WS, 3/151).

Die schöne Frau ist in Willkomms Roman selbst als tote (ähnlich wie in Ödön von Horváths Volksstück *Glaube, Liebe, Hoffnung*) ein verwertbares Objekt der Wissenschaften, wobei die Lust der Anatomen durch den exzessiven Opferstatus der Frauen und ihre niedere soziale Herkunft gesteigert wird. Willkomms Roman führt denjenigen Zusammenhang von Ökonomie, Macht und Eros vor Augen, den Michel Foucault in *Sexualität und Wahrheit* beschreibt: Das „Machtverhältnis ist immer schon da, wo das Begehren ist: es in einer nachträglich wirkenden Repression zu suchen ist

---

31 Gestrich, Andreas / Krause, Jens-Uwe / Mitterauer, Michael: *Geschichte der Familie*. Alfred Kröner: Stuttgart 2003, S. 604.
32 Kratz, S. 181.

daher ebenso illusionär wie die Suche nach einem Begehren außerhalb der Macht".[33] *Weisse Sclaven* steigert die sexuelle Attraktivität der weiblichen Figuren über steile Hierarchien und Machtkonstellationen, die das ökonomische Spiel zuweilen mit einem sadomasochistischen Eros verknüpfen. Erklärt der Vater über seine Tochter: „[I]ch kann sie lebendig schinden, wenn es mir gefällt, und Niemand hat ein Wort drein zu reden" (WS, 3/47), so demonstriert der erotische Blick der männlichen Figuren eine ganz ähnliche Verfügungsgewalt, wenn es beispielsweise heißt:

> In glücklichem Staunen hatte Aurel mit feurigen Blicken die wahrhaft reizende Gestalt Elwirens verschlungen, die noch immer ganz erschöpft mit blutendem Rücken am Boden saß und ihren schönen Kopf mit den aufgelösten langen glänzenden Haarflechten an Gilbert's Brust lehnte (WS, 3/47).

Dabei sind es vielfach die erotisierenden Beschreibungen des Erzählers selbst, die den Tauschwert der weiblichen Figuren (und damit die Attraktivität des eigenen Textes) erhöhen. Während einer Vergewaltigung beispielsweise insistiert der Erzähler auf der (nackten) Schönheit des Opfers: „Im ersten Schreck hatte Herta nicht bemerkt, daß ihr Nachtkleid von den runden Schultern gefallen war und sie wie eine blendende Marmorbüste in reizender Formenschönheit dem Grafen gegenüber saß." (WS, 2/156) Der Roman unterläuft auf diese Weise seine vordergründige Botschaft sowie die Empörung über patriarchal-kapitalistische und aristokratische Ausbeutungsverhältnisse. Die Beschreibungen des Erzählers potenzieren das physische Kapital der weiblichen Figuren, sexualisieren und erotisieren sie als Ausdruck ihrer Marktfähigkeit und -förmigkeit. Die weiblichen Figuren

---

33 Foucault, Michel: *Sexualität und Wahrheit*. Bd. 1: *Der Wille zum Wissen*. Übers. v. Raulff, Ulrich / Seitter, Walter. Suhrkamp: Frankfurt a.M. 1977, S. 101. Die weiblichen Körper konkretisieren bei Willkomm darüber hinaus die Abstraktion des Geldes, ein Prozess, über den Christina von Braun festhält: „Der weibliche Körper stellt eine Inkarnation des Geldes dar, und die Einrichtung der Prostitution ist die paradigmatische Umsetzung dieser Geschlechterordnung." Braun, Christina von: *Der Preis des Geldes. Eine Kulturgeschichte*. Aufbau: Berlin 2013, S. 386; cf. auch ibid., S. 370, S. 385. Geldtheorien wie die von Georg Simmel setzen den Geldverkehr deshalb zuweilen mit Prostitution in Beziehung. Cf. das Kapitel „Das Geldäquivalent personaler Werte" aus Simmel, Georg: „Philosophie des Geldes". In: Id.: *Gesamtausgabe*. Bd. 6: *Philosophie des Geldes*. Hrsg. v. Frisby, David P. / Köhnke, Klaus Christian. Suhrkamp: Frankfurt a.M. 1989, S. 7–718, S. 482–590.

werden trotz des kritisch-engagierten Impetus von der Erzählfunktion auf den bürgerlichen Geschlechtscharakter, auf Körperlichkeit und Sexualität, festgeschrieben, die in diesem Roman über Ausbeutung marktförmig werden und als diejenigen Ressourcen erscheinen, die Frauen am Markt partizipieren lassen und ihre genuinen Arbeitsvermögen ausmachen.

Willkomms Darstellungsverfahren, weibliche Opfer des Kapitalismus, also prekäre weibliche Arbeit zu sexualisieren, ist prototypisch für engagierte Texte aus bürgerlicher Feder und wird über den Naturalismus hinaus Schule machen, wie Klaus-Michael Bogdal betont.[34] Gerhart Hauptmanns soziales Drama *Die Weber* beispielsweise stilisiert die ausgemergelten Arbeiterinnen zu Objekten des Begehrens und ästhetisiert ihr Elend. In der ausführlichen Prosaskizze des eröffnenden Nebentextes heißt es: „Die jungen Mädchen sind mitunter nicht ohne Reiz; wächserne Blässe, zarte Formen, große, hervorstehende, melancholische Augen sind ihnen dann eigen."[35] Der einleitende Nebentext des zweiten Aktes entwirft folgendes Genrebild:

> Durch zwei kleine, zum Teil mit Papier verklebte und mit Stroh verstopfte Fensterlöcher der linken Wand dringt schwaches, rosafarbenes Licht des Abends. Es fällt auf das weißblonde, offene Haar der Mädchen, auf ihre unbekleideten, magern Schultern und dünnen, wächsernen Nacken, auf die Falten des groben Hemdes im Rücken, das, nebst einem kurzen Röckchen aus härtester Leinewand, ihre einzige Bekleidung ist.[36]

Hauptmanns Drama überträgt die topische Gleichsetzung von Weiblichkeit und Schönheit auf die arbeitende Frau in hoch prekären Verhältnissen und folgt damit der Diskursregel, die Proletarierin zu sexualisieren;[37]

---

34 Bogdal, Klaus-Michael: *Schaurige Bilder. Der Arbeiter im Blick des Bürgers am Beispiel des Naturalismus.* Syndikat: Frankfurt a.M. 1978, u.a. S. 107.

35 Hauptmann, Gerhart: „Die Weber. Schauspiel aus den vierziger Jahren". In: Id.: *Das gesammelte Werk.* Ausgabe letzter Hand. Erste Abteilung. Bd. 2. Fischer: Berlin 1942, S. 1–102, S. 6.

36 Ibid., S. 21.

37 Bogdal 1978, S. 101. In einer Vielzahl von Texten werde das „,freie' Sexualverhalten von Frauen aus der Unterschicht als Bedrohung des Geistigen und Schöpferischen, als Verschleierung der ,Superiorität des Mannes' dargestellt", beispielsweise in Karl Bleibtreus Schlüsselroman *Größenwahn*; ibid., S. 107. Im ausgehenden 19. Jahrhundert nehmen an der Peripherie der sozialdemokratischen Arbeiterbewegung gleichwohl die sozialpolitischen Aktivitäten zu, die

andersgeartete Arbeitsvermögen kommen nicht in den Blick. Das Kapital der (sozial niedrig stehenden) Frau, mit dem sie – nicht nur in Willkomms Roman – in den Wirtschaftsprozess eintritt, ist ihr Körper bzw. ihre Schönheit. Ihre Präsenz erotisiert Hierarchien, symbolisiert Macht, stiftet Begehrlichkeiten, die den Tausch dynamisieren, und steigert die libidinösen Energien eines literarischen Textes, der sich auf dem Markt behaupten muss.[38]

Männliche Intellektuelle und Arbeiter: Louise Otto-Peters' *Schloß und Fabrik*

Etwas anders sieht die Repräsentation arbeitender Frauen in dem Roman *Schloß und Fabrik* von Louise Otto-Peters aus, einer der bedeutendsten Frauenrechtlerinnen des 19. Jahrhunderts und Vorsitzende des Frauenbundes.[39] Die Autorin verzichtet auf die Sexualisierung der weiblichen Figuren, spart jedoch die Darstellung von Fabrikarbeiterinnen ebenfalls weitgehend aus. Für Frauen höherer Klassen sieht sie, ähnlich wie Goethe, Mildtätigkeit bzw. soziale Arbeit vor – Otto-Peters ist an den Möglichkeiten einer weiblichen Kritik interessiert und schreibt auch (bürgerlichen) Frauen die Verantwortung für schlechte Arbeitsverhältnisse zu.[40] Sie propagiert, ähn-

---

die schlechten Arbeitsverhältnisse von Heimarbeiterinnen, Kellnerinnen und Prostituierten zu verbessern streben; ibid.

38 Ich gehe davon aus, dass auch Leserinnen den erotisierenden Blick von Männern auf Frauen und die Konstruktion begehrenswerter Weiblichkeit goutieren, nicht zuletzt weil in der Phantasie multiple Rollen besetzt werden können.

39 Cf. zur Frauenbewegung um 1848, dem Engagement bürgerlicher Frauen für Arbeiterinnen, dem Ethos der Familie und der Position von Louise Otto-Peters Frevert, Ute: *Frauen-Geschichte. Zwischen Bürgerlicher Verbesserung und Neuer Weiblichkeit*. Suhrkamp: Frankfurt a.M. 1986, S. 73–80.

40 Die Forschung betont die Nähe ihres Romans zu Bettina von Arnims Text *Dies Buch gehört dem König*; Hundt, Irina: „,Sich mit warmem Herzen an der Zeit und ihren Interessen betheiligen'. Bettina von Arnim, der Fall Schlöffel und der Roman *Schloß und Fabrik* von Louise Otto". In: *Louise-Otto-Peters-Jahrbuch* 1, 2004, S. 163–170, S. 170. Zu Otto-Peters' Konzept der weiblichen Verantwortung cf. Morris-Keitel, Helen G.: „Not ,until Earth Is Paradise': Louise Otto's Refracted Feminine Ideal". In: *Women in German Yearbook* 12, 1996, S. 87–99, S. 89.

lich wie Willkomm und sehr zum Ärger Clara Zetkins,[41] bürgerliche Familienwerte, auch beispielsweise in ihrer Streitschrift *Das Recht der Frauen auf Erwerb*. Otto-Peters' Roman *Schloß und Fabrik* zitiert zwar, zum Teil im Wortlaut, zeitgenössische kommunistische Positionen – diese Abschnitte sind der Zensur zum Opfer gefallen[42] –, vertraut jedoch vornehmlich auf das Engagement höher gestellter (männlicher) Intellektueller und mildtätiger Frauen, um der Misere in der Textilindustrie zu begegnen.

Schloß und Fabrik geht von einem Rivalitätsverhältnis zwischen aristokratischem Grundbesitzer und Unternehmer aus. Der Fabrikbesitzer, dessen nachlässiger Kleidungsstil adelige Repräsentation aufkündigt – Vorbild könnte Werner aus Goethes *Wilhelm Meisters Lehrjahre* sein –, eignet sich das adelige Grundstück nach und nach durch Schuldverschreibungen an (SF, 14),[43] betreibt also ein moderates Güterschlachten, dem das schlechte Wirtschaften der Aristokraten wie in Gustav Freytags Roman *Soll und Haben* Tür und Tor öffnet. Anders als in Willkomms Roman werden zudem Sklaven und Arbeiter unterschieden: Als der Arbeiterverein verboten werden soll, der die Teufelsspirale aus Alkohol, Spiel und Schulden zu durchbrechen versucht – eine der Klauseln lautet: „Sich von dem Fabrikherrn niemals Arbeitslohn vorausbezahlen zu lassen" (SF, 86) –, heißt es unter den Betroffenen: „Das leiden wir nicht! Wir sind freie Arbeiter! Wir sind keine Sklaven, keine Bedienten! Man darf uns keine solchen Vorschriften machen! Wir wollen doch sehen, wer dazu ein Recht hat!" (SF, 243)[44]

Der zensurierte Roman Otto-Peters', dessen ursprüngliche Gestalt wieder hergestellt werden konnte – er gibt damit Einblick in die zeitgenössische

---

41 Cf. zu Zetkins Abgrenzung von bürgerlichen Frauenverbänden Wendt, S. 479; Frevert 1986, S. 138.

42 Cf. Ludwig, Johanna: „„Ich martere mich selbst mit diesen Problemen…': Die Zensurgeschichte und zeitgenössische Bewertung des Romans *Schloß und Fabrik*". In: Schöck-Quinteros, Eva et al. (Hrsg.): *Bürgerliche Gesellschaft – Idee und Wirklichkeit*. Festschrift für Manfred Hahn. Trafo: Berlin 2004, S. 179–200.

43 Die Angaben in Klammern mit der Sigle SF beziehen sich auf folgende Ausgabe: Otto-Peters, Louise: *Schloß und Fabrik*. Erste vollständige Ausgabe des 1846 zensierten Romans. Leipziger Kommissions- und Großbuchhandelsgesellschaft: Leipzig 1996.

44 Allerdings wird dieses selbstbewusste Wort von der Meinung, dass Arbeiter/innen „Sklaven der Reichen" seien, konterkariert (SF, 243).

Zensurpraxis[45] –, tendiert aufgrund seiner dichotomen Raum- und Erzähl-struktur zu zwei Genres: Derjenige Strang, der sich um eine gutbetuchte bürgerliche und eine adelige junge Frau rankt, gleicht einem Liebes- und Eheroman. Der andere Strang lässt sich einem frühsozialistischen Erzählen in engerem Sinne zurechnen, denn er handelt von Ausbeutung, Armut und Kindersterben, von diversen Formen des Aufbegehrens und der beginnenden Organisation der Arbeiter. Das kommunistische Programm, das auf Um-sturz, Maschinensturm (SF, 297) und gewaltvolle Revolution setzt, wird jedoch aus bürgerlicher Perspektive in Frage gestellt.[46] Der Arbeiter Franz, in gewissem Sinne Sprachrohr der Autorin, führt die (bürgerliche) Freiheit ins Feld und kritisiert den Angriff auf die Familie; das kommunistische Konzept „nimmt ihm die Familie und würdigt die Liebe der Gatten herab zu einem gemeinen sinnlichen Triebe" (SF, 251). Der Widerstand, den der ‚intellektuelle Arbeiter' Franz propagiert – er antizipiert das Konzept schrei-bender Proletarier/innen –, basiert auf Reformen, die von eingreifenden Intellektuellen aus höheren Schichten angeleitet werden sollen; die Berichte der Arbeiter sollen das Material liefern, um die Verhältnisse von oben zu verändern. Franz erklärt seinem Antagonisten und Freund, der anders als er selbst für den bewaffneten Widerstand eintritt:

Ich weiß, daß meine Bücher allein mit ihren Bitten und ihren Anklagen nichts ändern können, aber sie helfen dazu beitragen, daß man unsere Sache prüfen lernt, daß hochherzigen Menschen, welche bis jetzt mit edler Begeisterung ihren Pflichten, ein Volk zu vertreten oder für die Freiheit und den Fortschritt in geist-reichen Schriften zu kämpfen, zu genügen glaubten, wenn sie die Sache der Bürger führten, daß diesen die Augen aufgehen werden, daß es noch unter der Klasse der Bürger eine noch tiefer gestellte gibt, welche auch einen großen Teil des Volkes ausmacht, und die sie bisher übersehen konnten – dann werden sie auch unsre

---

45 Cf. dazu Ludwig, Johanna / Rothenburg, Hannelore (Hrsg.): „Mit den Muth'gen will ich's halten". Zur 150jährigen aufregenden Geschichte des Romans „Schloß und Fabrik" von Louise Otto-Peters. Mit der 1994 wiederaufgefundenen voll-ständigen Zensurakte. Sax: Beucha 1996.
46 In einer von der Zensur erzwungenen Anmerkung hält Otto-Peters fest, dass die kommunistische Position lediglich entwickelt werde, um sie zu widerlegen (SF, 162). Diese Infragestellung sei jedoch zu schwach ausgefallen, so moniert der Zensor.

Sache führen, und so wird es auf dem Wege friedlicher Fortentwicklung auch für uns besser werden (SF, 216–217).[47]

Der schreibende Arbeiter fordert ein Verbot der Kinderarbeit und Ausbildungsangebote (ähnlich wie Adam Smith), um der „Stumpfheit" der Fabrikarbeit zu begegnen (SF, 157) – Bildung spielt in Otto-Peters' Schrift *Das Recht der Frauen auf Erwerb*[48] sowie in den Programmen der sozialdemokratischen Frauenbewegung insgesamt eine zentrale Rolle. Der Roman *Schloß und Fabrik* betraut also den (männlichen) Intellektuellen aus höheren Schichten mit der Aufgabe, die schlechten Arbeitsbedingungen zu reformieren und die Gefahr gewalttätiger Streiks zu bannen; der Text ist, ähnlich wie Goethes *Lehrjahre*, an Lösungen interessiert, die Revolten verhindern.

Die zentrale Liebesgeschichte in Otto-Peters' Roman, eine an sich fortschrittliche Mesalliance zwischen Fabrikantentochter und Arbeiter, nimmt die kritische Perspektive ebenfalls zurück. Der Schluss des Textes bemüht den beliebten Topos des Liebestodes, als das Paar von dem anrückenden Militär, das den Aufstand der Arbeiter blutig niederschlägt, erschossen wird. Diese Schlussformel verschiebt den Fokus auf die individuelle Ebene und ermöglicht ein ebenso emotionales wie pathosreiches Finale. Das Paar vereinigt sich, von Kugeln getroffen, im Tode: „Und sie drückten sich fest aneinander und ließen ihr Blut zusammenströmen, und im heißen Kuß der Liebe flohen die Seelen nach kurzem Erdenkampf aus den jugendlichen Körpern" (SF, 318). Diese emphatische Schlussformel mildert die kontingente Gewalt des Todes, weckt Mitleid jenseits des agitatorischen Potenzials des Textes und steigert den Lesegenuss. Die systemkritische Position des Romans reibt sich mithin an dem romantisch-bürgerlichen Liebesdiskurs, der durch opulente Naturbilder beglaubigt wird (SF, 234).

---

47 Dass Arbeiter/innen nicht die Adressat/innen dieser Bücher sind, wird ebenfalls überdacht (SF, 226). Auch die Zensur ging davon aus, dass Bücher über 20 Bögen – der Text von Otto-Peters sollte ursprünglich in zwei Büchern mit diesem Volumen gedruckt werden – nicht von Proletarier/innen gelesen wurden.
48 Otto-Peters, Louise: *Das Recht der Frauen auf Erwerb. Blicke auf das Frauenleben der Gegenwart.* Hrsg. im Auftrag der Louise-Otto-Peters-Gesellschaft e.V. von Transke, Astrid / Notz, Gisela. Universitätsverlag: Leipzig 1997, u.a. S. 43.

Weibliche Mildtätigkeit als soziale Arbeit: Pazifizierter Kapitalismus

Der Roman *Schloß und Fabrik* sieht für Frauen aus höheren Klassen, seinem pazifizierenden Programm entsprechend, Mildtätigkeit als genuine weibliche Haltung und personalisierte Konfliktlösung der Arbeitsmisere vor. Das erste Kapitel schwört die beiden Protagonistinnen darauf ein, prekäre Verhältnisse in ihren jeweiligen Lebenskreisen zu verbessern und sich (gegen erwartbaren Widerstand) für Arme einzusetzen. Die Hauptfiguren statuieren gleich zu Beginn des Romans ein Exempel, als sie sich für einen verarmten Lehrer und ein Arbeiterkind engagieren – diese gute Tat begründet ihre Freundschaft (SF, 57). Paulines Bekenntnis lautet:

> Siehst du, wen Liebe unglücklich macht, den muß man es schon sein lassen, aber wer durch Armut unglücklich ist, dem kann man helfen, darum freue ich mich darauf, wenn ich in das Vaterhaus komme, ich werde dort wohl den Armen, denen mein Vater Arbeit und Brod gibt, noch manche Wohltat erzeigen können (SF, 58).

In die väterliche Fabrik zurückgekehrt, setzt sie sich als „guter Engel" (SF, 115) für die Verbesserung der Arbeitsverhältnisse und wohlfahrtliche Maßnahmen ein. Ihr Argument lautet, dass eine menschenfreundlichere Behandlung der Arbeiter, beispielsweise ihre medizinische Versorgung, sowie ein höherer Lohn die Anerkennung des Fabrikbesitzers zur Folge haben, die (ungleichen) Verhältnisse also stablisieren und die Produktivität steigern – ein zentrales Problem im frühen 19. Jahrhundert war der unproduktive, langsame Arbeitsrhythmus, der nicht zuletzt als Geste des Widerstands genutzt werden konnte.[49] Der Vater Paulines hingegen bringt das entgegengesetzte Argument vor, das Ernst Willkomms aristokratische Ausbeuter ebenfalls bemühen, dass nämlich Hunger und Armut die physischen wie psychischen Kräfte der Arbeiter schwächen und damit die Revolutionsgefahr bannen – Kraft und Gesundheit können als grundlegende Ressourcen von Arbeitern gelten, wie in Upton Sinclairs sozialkritischem Roman *The Jungle* (1906) ebenfalls deutlich wird. Als in Otto-Peters' Roman die Eisenbahner streiken, führen die Unternehmer die Revolte auf ‚Wohlleben' zurück:

---

49 Kuczynski, S. 288–289.

Die Leute verdienen viel bei leichter, gesunder Arbeit in freier Luft, da wird's ihnen zu wohl, sie werden übermütig, so ist es denn auch hier kommen. Hätten sie schlechtern Lohn und wären sie abhängig und auf lange Zeit gebunden, so wäre es ihnen nicht eingefallen zu revoltieren (SF, 224).

Schloß und Fabrik von Otto-Peters legt also die weiblichen, gesellschaftlich höher stehenden Figuren auf die Geste der fürsorglichen Mildtätigkeit fest als genuine Strategie,[50] das prekäre Leben von Arbeitern zu verbessern. Der Roman plädiert für eine individuelle, nicht-staatliche Form der Unterstützung, für weibliche Sozialarbeit, und schreibt damit dasjenige bürgerliche Weiblichkeits- und Arbeitsbild fest, das Goethe in seinem einflussreichen Roman *Wilhelm Meisters Lehrjahre* entwickelt hatte. Arbeiterinnen treten auch bei Otto-Peters kaum in den Blick, obgleich die Realitäten anders aussahen.[51]

Der Roman *Schloß und Fabrik* versucht seine konfligierenden Genres – das romantische Liebesnarrativ und das Sujet der Fabrikarbeit – durch die interdiskursive Chiffre der Liebe zu verknüpfen, die das Herzstück sowohl der agitatorischen Programme als auch des bürgerlichen Liebescodes bildet. Die Zitate aus den verbotenen *Rheinischen Jahrbüchern* von Hermann Püttmann – in diesen veröffentlichte auch Ernst Willkomm[52] –, die die Kapitalakkumulation auf Raubmord, Kannibalismus und Sklaverei zurückführen (SF, 162), münden in eine Liebeseloge: „Wir können uns auf der Stufe der Entwicklung, wohin wir gelangt sind, nur mehr gegenseitig ausbeuten und aufzehren, wenn wir uns nicht in Liebe miteinander vereinigen" (SF, 165). Diese Vereinigung heiße Kommunismus; die Liebe knüpfe ein Band, das keinen „Unterschied mehr von reich und arm, hoch und niedrig, frei und gebunden" kenne (SF, 168) – und in Louise Otto-Peters' Roman keinen

---

50 Der Roman von Otto-Peters führt zugleich vor, dass das Nichtstun aristokratische Damen krank machen kann, ähnlich wie Charlotte Perkins Gilmans wegweisender Text *The yellow wallpaper*. Soziale Arbeit, die um 1900 verstärkt zu einem weiblichen Berufsprofil wird, verspricht Abhilfe; cf. dazu Diethe, Carol: „England und Louise Otto-Peters *Schloß und Fabrik*: Ähnlichkeiten und Kontraste". In: *Louise-Otto-Peters-Jahrbuch* 1, 2004, S. 171–178, S. 178.

51 Cf. Notz, Gisela: „*Schloß und Fabrik*. Zur Sicht der jungen Louise Otto auf die Probleme ihrer Zeit". In: *Louise-Otto-Peters-Jahrbuch* 1, 2004, S. 152–162, S. 157.

52 Kratz, S. 179.

Unterschied zwischen melodramatischem und frühsozialistischem Genre. Die Synthese von politischem Eingreifen und Liebe gelingt in *Schloß und Fabrik* jedoch allein dem aristokratischen Paar.

Ernst Willkomm führt also Weiblichkeit und Markt unter dem Vorzeichen sexualisierter Körperlichkeit zusammen; Louise Otto-Peters behandelt den weiblichen Körper (sozial niedrig stehender Frauen) zwar nicht als Ressource, insistiert jedoch (für Frauen aus höheren Klassen) auf ,weiblicher' Emotionalität bzw. Fürsorge in einer christlichen Tradition, die dem kommunistischen Programm struktureller Veränderungen entgegengesetzt wird und dem bürgerlich-romantischen Liebes- bzw. Geschlechterdiskurs entspricht. Arbeiterinnen kommen in beiden Romanen kaum in den Blick.

Die Fabrikarbeit von Frauen eignet sich dabei in besonderem Maße, um diskursive Kopplungen und Durchkreuzungen von Gender und Klasse zu beschreiben.[53] Die Festlegung von Frauen auf Mutterschaft, Keuschheit, Moral und Häuslichkeit betrifft im 19. Jahrhundert auch die proletarische Frau[54] und wird im Falle allgemeinen Arbeitsplatzmangels gerne von männlichen Arbeitern ins Spiel gebracht, um Frauen aus der Lohnarbeit zu verdrängen. Darüber hinaus gilt das weibliche Einkommen auch in der Arbeiterklasse bis in das 20. Jahrhundert hinein als Ergänzung zum Gehalt des *bread winner*. Gleichwohl sind Arbeiterinnen häufiger finanziell unabhängig, was massive Ängste im bürgerlichen wie proletarischen Milieu schürt und notorische Phantasien einer hypertrophen sexuellen Aktivität auf den Plan ruft. Arbeiterinnen werden also sowohl durch die bürgerliche Geschlechterideologie als auch durch die patriarchale Struktur der Arbeiterklasse (insbesondere im Kampf um Beschäftigung) reguliert.[55] Fraglich ist, wie sich Arbeiterinnen in diesem komplexen und damit flexiblen Diskurs positionieren, sobald sie mit eigener Stimme sprechen.

---

53 So betont Amireh, S. XIV.
54 Hapke, S. 8.
55 Cf. dazu aus soziologisch-historischer Perspektive Weyrather, Irmgard: *Die Frau am Fließband. Das Bild der Fabrikarbeiterin in der Sozialforschung 1870–1985.* Campus: Frankfurt a.M. / New York 2003.

Working Girls und Autobiographie: Die Erinnerungen von Adelheid Popp

Im ausgehenden 19. Jahrhundert drängt in Deutschland, Österreich, England und den USA eine große Zahl von Arbeiterinnen in die Industrie,[56] was seit etwa 1890 zu einer Verschiebung der Rederechte und zu autobiographischen Texten führt; zunehmend melden sich Arbeiterinnen zu Wort, um von ihrem Werdegang zu berichten.[57] Klaus-Michael Bogdal hat den prekären Status dieser weitgehend vergessenen Arbeiterliteratur beschrieben: den Versuch, einen wirksamen Code der Ich-Rede zu etablieren, meist im Rahmen von Organisationen, den Anspruch auf „gesellschaftliche Hegemonie der neuen Klasse",[58] ihre Nicht-Regionalität sowie die Affinität zu einer kleinen Literatur (im Sinne von Deleuze/Guattari).[59] Hervorzuheben seien als zentrale Sujets das Ringen um Lesen und Schreiben, die in der Arbeiterkultur „singuläre, funktionelle Akte" blieben,[60] sowie die Schwerpunkte Lebenslauf und Produktionsverhältnisse.[61] Diese Aspekte spielen auch in den Erinnerungen von Adelheid Popp, einer leitenden Persönlichkeit der österreichischen sozialistischen Arbeiterbewegung, eine gewichtige Rolle. Ihre ‚Memoiren' reagieren zudem auf die topische Sexualisierung von Arbeiterinnen und setzen sich mit dem Topos der Mildtätigkeit auseinander, greifen also *nolens volens* den dominanten bürgerlichen Gender-/Arbeitsdiskurs auf.

---

56 Cf. für die USA Hapke, S. XV; es handelt sich dabei nahezu ausschließlich um weiße Frauen.

57 Ibid., S. 19.

58 Bogdal, Klaus-Michael: *Zwischen Alltag und Utopie. Arbeiterliteratur als Diskurs des 19. Jahrhunderts.* Westdeutscher Verlag: Opladen 1991, S. 21.

59 Ibid., S. 27.

60 Ibid., S. 13.

61 Ibid., S. 19. Cf. zum proletarischen Arbeitsethos, das mit Willenstugenden wie Professionalität, Sorgfalt, Vollendungswillen und Stolz assoziiert ist, Unger, Thorsten: „Arbeit, Arbeitslosigkeit und Arbeitsverweigerung in der proletarischen Literatur der Weimarer Republik am Beispiel von Rudolf Braunes *Der Kampf auf der Kille* und ausgewählter Arbeiterlyrik". In: Kraft, Dagmar (Hrsg.): *Arbeit – Kultur – Identität. Zur Transformation von Arbeitslandschaften in der Literatur.* Klartext: Essen 2007, S. 37–54, S. 41.

Popps Rückblick dokumentiert zunächst, dass Frauen auf sozialistischen Versammlungen an sich nicht mit Rederechten ausgestattet waren: Rednerinnen werden entweder für verkleidete Männer oder für die Töchter von adeligen Potentaten gehalten.[62] Als höchstes Lob gilt: „Das Mädel spricht wie ein Mann".[63] Popps Text *Jugend einer Arbeiterin* gibt darüber hinaus Einblick in die Lebensstile und Wünsche von Arbeiterinnen sowie in den Diskurs der Mehrheitsgesellschaft, der das Bild vom *working girl* maßgeblich prägt und Arbeiterinnen mit Vorliebe sexualisiert. Die Überzeugung, Proletarierinnen seien in besonderem Maße sexuell aktiv, ergibt sich nicht nur aus ihrer finanziellen Unabhängigkeit, sondern auch aus dem Umstand, dass sie mit männlichen Beschäftigten in Kontakt treten, sich in Fabriken also an gemischten Arbeitsplätzen bewegen. Die Fabrik gilt als Ort, an dem Arbeiterinnen frei über ihre Sexualität zu sprechen vermögen; sie wird deshalb in hohem Maße überwacht und das Gespräch während der Arbeit zum Gegenstand zahlreicher Verbote. In den Fabriken, von denen Adelheid Popp erzählt, ist Plaudern bei Geldstrafe untersagt. Sie kommentiert:

> Was die Leute, die nie einen ganzen langen Tag arbeiten mußten, von den ethischen Gefühlen reden, die durch die Arbeit hervorgerufen werden, ist unter den heutigen Verhältnissen nur Geschwätz. Man muß es selbst erlebt haben, um beurteilen zu können, was es bedeutet, zehn bis elf Stunden am Tag unausgesetzt bewacht zu werden. Jedes Bewegen der Lippen, jede Gebärde wird mit brüsker Zurechtweisung geahndet. Nur die Pausen sind es, die Gelegenheit bieten, daß sich die Arbeiterinnen kennen lernen und ihre Gedanken austauschen.[64]

Auch Popp nimmt die Fabrik zunächst als verworfenen Ort wahr – Reflex des bürgerlichen Diskurses, aber auch der gesundheitsgefährdenden Arbeitsbedingungen: „Alles mißfiel mir. Die schmutzige klebrige Arbeit, der unangenehme Glasstaub, die vielen Menschen, der ordinäre Ton und die ganze Art, wie sich die Mädchen und auch die verheirateten Frauen

---

62 Popp, Adelheid: „Erinnerungen. Aus meinen Kinder- und Mädchenjahren". In: Id.: *Jugend einer Arbeiterin*. Hrsg. und eingel. v. Schütz, Hans J. 2. Aufl. Dietz: Berlin / Bonn-Bad Godesberg 1978, S. 97–187, S. 136.

63 Popp, Adelheid: „Die Jugendgeschichte einer Arbeiterin". In: Id.: *Jugend einer Arbeiterin*. Hrsg. und eingel. v. Schütz, Hans J. 2. Aufl. Dietz: Berlin / Bonn-Bad Godesberg 1978, S. 17–96, S. 70.

64 Popp, Erinnerungen, S. 123.

benahmen."[65] Im bürgerlichen Diskurs firmiert die ‚liederliche' Fabrikarbeiterin als Allegorie einer monströsen, sexualisierten Arbeiterklasse
und des befürchteten sozialen Chaos'.[66] Sie bewegt sich immer schon in be-
drohlicher Nähe zur Prostituierten, die auch in Popps Darstellung eine Rolle
spielt. Die Sozialistin erzählt von geheimer und öffentlicher Prostitution,
die sich sowohl aus dem Kampf um gute Stellen als auch aus den prekären
Arbeitsverhältnissen ergibt.[67] Popp distanziert sich jedoch zunehmend von
der allgemeinen Auffassung, „die Fabrikmädchen seien schlecht, liederlich
und verdorben",[68] und rechtfertigt deren Interesse an Unterhaltung, Tanz,
Liebesverhältnissen, Ausflügen und Theater.[69]

Dass die Darstellungen weiblicher Fabrikarbeit häufig zwischen mora-
lischer Verurteilung und sozialer Perspektive lavieren, bestätigt der Bericht
der bürgerlichen Frauenrechtlerin Minna Wettstein-Adelt, *3 ½ Monate Fabrik-Arbeiterin* (1893), das Pendant zu Paul Göhres Feldstudie *3 Monate
Fabrikarbeiter und Handwerksbursche*.[70] Wettstein-Adelt stellt teilnehmen-
de Beobachtungen in diversen Fabriken an, während sich ihr Ehemann in
der Nähe aufhält, um bei Irritationen aktiv werden zu können. In ihrer Dokumentation geht Wettstein-Adelt zunächst mit denjenigen ‚verkommenen'
Dienstmädchen und Fabrikarbeiterinnen harsch ins Gericht, die sich in
schmutzigen Lokalen mit Soldaten herumtreiben – Hygiene gilt der Autorin
als Bedingung eines guten Lebens; ihr Fehlen ist Anlass für einen radikalen
Ausschluss aus dem Humanum: „Die Frauenzimmer, die dort verkehren,
sind überhaupt keine Menschen mehr, es sind Reptilien, Pestbeulen des
öffentlichen Lebens."[71] Gleichwohl berücksichtigt sie die problematischen
sozial-ökonomischen Verhältnisse, wenn sie erklärt: „Die Prostitution ist ja

---

65 Popp, Die Jugendgeschichte einer Arbeiterin, S. 49.
66 Johnson, S. 3.
67 Popp, Die Jugendgeschichte einer Arbeiterin, S. 59.
68 Ibid., S. 56.
69 Ibid., S. 58. In den USA verbringen Arbeiterinnen ihre Freizeit mit Vorliebe in
    dance-halls; Hapke, S. 10–11.
70 Cf. Weyrather, S. 31–46.
71 Wettstein-Adelt, Minna: *3 ½ Monate Fabrik-Arbeiterin*. J. Leiser: Berlin 1893,
    S. 82.

immer noch das einzige Ableitungsrohr, um der Arbeitsnot und dem Mangel an weiblichen Berufsarten abzuhelfen und einzulenken in andere Wege."[72]

Jenseits des dominanten Sexualdiskurses, der in nahezu keinem literarischen Text und in keiner Feldstudie fehlt, bringen Adelheid Popps Erinnerungen ein selbstreferentielles Sujet ins Spiel: das eigene Schreiben – Orthographie und Stil müssen trainiert werden; die Genealogie des Analphabetismus ist zu durchbrechen. Weil die Mutter nicht schreiben kann, versäumt sie es, einen Meldezettel auszufüllen mit der Konsequenz, dass die Tochter der Schulpflicht zu entgehen droht.[73] Gegenstand der Autobiographie ist zudem die eigene Lesesozialisation, die mit beliebten Groschenromanen beginnt; dieses Genre spielt auch in Clara Viebigs Dienstmädchenroman *Das tägliche Brot* eine zentrale Rolle, weil es Fluchten in andere Welten ermöglicht. Adelheid Popp liest „ununterbrochen"[74] und „wahllos" „Indianergeschichten, Kolportageromane, Familienblätter";[75] neben „Räuberromanen, die mich besonders fesselten, interessierte ich mich lebhaft für die Geschicke unglücklicher Königinnen"[76] – ähnlich wie eine alte Arbeiterin aus ihrer Umgebung, die hartnäckig glaubt, eine Königin zu sein. Zu Popps eskapistischem Lektüreprogramm gehören darüber hinaus Geschichten über glückende Ehen zwischen armen Arbeiterinnen und Fabrikanten,[77] die klischierte Sehnsuchtsbilder von Männlichkeit und Ehe entwerfen und die Arbeitsmisere vergessen machen.[78] Popp gibt Einblicke in die Lesepraxis einer proletarischen Kultur bzw. in einen klassenspezifischen, jedoch keineswegs monolithischen Lebens-/Lesestil[79] – die Forschung betont den Eigensinn von Arbeiter/innen, der sich in Arbeitspausen und der Arbeitsgestaltung ebenso Bahn breche wie im Freizeitverhalten. Das *scientific management,* das Arbeiter/innen als *human resource*

---

72 Ibid., S. 83.
73 Popp, Die Jugendgeschichte einer Arbeiterin, S. 34.
74 Ibid., S. 38.
75 Ibid., S. 37.
76 Ibid.
77 Ibid.
78 Popp, Erinnerungen, S. 132.
79 So betont Roberts, Elizabeth: *A Woman's Place. An Oral History of Working-Class Women 1890–1940.* Blackwell: Oxford et al. 1984, S. 5.

auffasst, nicht mehr als Tagelöhner/innen, tendiert entsprechend dazu, diese Freiräume im Einklang mit Produktionsinteressen zu organisieren.[80] In Popps Erinnerungen führt das populärkulturelle Leseprogramm nach und nach zu kanonischer Literatur. Als die junge Frau das anstrengende Arbeitsleben mit seinen ungeregelten Kurzzeitbeschäftigungen nicht mehr erträgt, weder physisch noch psychisch, und sie nach Angst- und Ohnmachtsanfällen in eine psychiatrische Klinik eingewiesen wird, liest sie dort Friedrich Schiller und Alfons Daudet.[81] Das saubere, geregelte Ambiente der ‚totalen' Institution scheint einen Schutzraum zu bieten, in dem auch Hochkultur ihren Platz findet.[82]

Popp macht darüber hinaus zum Thema, was bürgerliche Literatur mit Vorliebe als weibliches Betätigungsfeld ausweist: soziale Arbeit, die die Blessuren der Industrialisierung zu heilen verspricht. Popp kritisiert Mildtätigkeit als kontingente (Macht-)Geste und beschreibt die demütigenden Erfahrungen kindlicher Bettelgänge,[83] zu denen auch die Inszenierungen am Weihnachtsabend gehören:

> Als ich schon in die Schule ging, wurde von einem reichen Mann, der eine große Fabrik besaß, in der viele Hunderte Männer und Frauen arbeiteten, für die armen Schulkinder eine Weihnachtsbescherung veranstaltet. Auch ich gehörte zu den Glücklichen, die mit Naschwerk und wollenen Kleidungsstücken beschenkt wurden. Die große, mächtige Tanne gab mehr Licht, als ich je gesehen hatte, und der Festschmaus, der uns gegeben wurde, brachte uns alle in glückselige Stimmung. Wie dankbar war ich dem guten, reichen Mann, der ein so mildtätiges Herz für die Armen hatte. Als später meine verwitwete Mutter in seiner Fabrik für drei Gulden Wochenlohn täglich 12 Stunden arbeiten mußte, konnte ich noch nicht beurteilen, daß darin die Quelle für seine ‚Großmut' gelegen war.[84]

Statt Mitleid und Almosen, die die Arbeiter/innen identifikatorisch an die Unternehmer binden, fordert die Sozialistin Popp eine rechtlich sanktionierte Verbesserung der Arbeitsverhältnisse. Wohltätigkeitsveranstaltungen, die

---

80 Bluma / Uhl, S. 16.

81 In der Hochliteratur produziert weibliche Fabrikarbeit zuweilen das Papier für die künstlerischen Entwürfe, so dass zwischen Autor und Arbeiterin reflexive Allianzen entstehen wie in Herman Melvilles *The Tartarus of Maids*; Amireh, S. XVIII.

82 Popp, Erinnerungen, S. 42.

83 Ibid., S. 26, S. 30, S. 47.

84 Popp, Die Jugendgeschichte einer Arbeiterin, S. 26–27.

der „Vorführung der Erwerbstätigkeit der Frau" gewidmet sind, kritisiert sie als Farce und demütigende Zurschaustellung der Frau als Sklavin „in der doppelten Eigenschaft als Marktware", „als Lustobjekt und Ausbeutungsobjekt".[85] Über eine dieser Veranstaltungen berichtet sie:

> Die Erwerbstätigkeit des Weibes wurde vorgeführt; da sah man wohl die schmutzigen herabgekommenen Ziegelschlägerinnen, bewundert von den Verwaltungsräten der Aktiengesellschaft; oder die Spitzenklöpplerinnen mit ihrem Taglohn von 30 Kreuzern für 16stündige Arbeitszeit, bekomplimentiert von ihren Ausbeutern, den ‚Protektoren' der Spitzenindustrie; oder die Sklavinnen der Spinnereien und Webereien und die Herren Ausbeuter machten wohl eben den Versuch, ihnen die Vorteile der Nachtarbeit klar zu machen.[86]

Die Festlegung der bürgerlichen Frau auf Mildtätigkeit wird durch den Hinweis auf die schwere Arbeit von Proletarierinnen in Frage gestellt und der theatrale Charakter von Wohltätigkeit als konsolatorisch-narzisstische Inszenierung der höheren Klassen ausgestellt.

In Popps Erinnerungen zeigt sich also, wie dominant das bürgerliche Moral- und Sexualitätsdispositiv ist. Selbst Texte von Arbeiterinnen, die den Fokus auf die soziale Misere ihrer Berufsgenossinnen legen, müssen sich *nolens volens* zu der Zuschreibung sexueller Aktivität und dem Prostitutionsvorwurf verhalten. Dieser Diskurs entsteht unter anderem dadurch, dass die Arbeiterin den ‚öffentlichen' Raum wirtschaftlicher Produktion betritt, in dem beide Geschlechter aufeinandertreffen und der weitaus weniger kontrollierbar ist als der Privatraum, der die Äußerungen und Aktivitäten isolierter Frauen unwirksam machen kann. Darüber hinaus verfügt die Arbeiterin über ein eigenes Einkommen, also über ökonomische Autonomie, die die Erfüllung von Wünschen und eine spezifische Freizeitkultur ermöglicht. Die Arbeiterin erweist sich deshalb als irritierender Typus, weil ihre Tätigkeiten nicht auf die ‚genuin' weibliche Rolle, auf Erziehung und Mutterschaft, zurückgeführt werden können, also nicht familiennah sind. Auf diese ‚Störungen' des Weiblichkeitsbildes reagiert der bürgerliche Geschlechter-/Arbeitsdiskurs mit Reglementierungen, Exklusionen und Leerstellen. Innerhalb des proletarischen Fabrikdiskurses wird das weibliche Arbeitsvermögen als minderwertig angesehen und auf diese

---

85 Ibid., S. 72.
86 Ibid.

Weise eine schlechtere Bezahlung legitimiert, was Frauen zugleich als Beschäftigte attraktiv werden lässt und die Rivalität mit männlichen Arbeitskräften steigert. Die doppelte Reglementierung der Arbeiterin durch den bürgerlichen Diskurs, der sie auf Ehre, Tugend, Familie und Mutterschaft festlegt, sowie durch einen proletarischen, der sie als Konkurrenz definiert, ermöglicht es, Arbeiterinnen als ‚flexible Reservearmee' einzusetzen. Ute Frevert hat in ihrer *Frauen-Geschichte* gezeigt, mit welchen Argumenten Frauen je nach Bedarf aus den Fabriken gedrängt und (zum Beispiel in Kriegszeiten) wieder mobilisiert werden.[87]

‚Sexuelle Arbeit' als *sex* oder *body work* wird im folgenden Kapitel, das sich der Kurtisane widmet, noch ausdrücklicher zum Gegenstand. Diese beliebte literarische Figur lässt neben der Bedeutung von Sexualität für die Repräsentation weiblicher Arbeit ein weiteres Dispositiv des 19. Jahrhunderts fassbar werden: die Zuordnung von Weiblichkeit und Konsumption, die zunehmend aus dem Produktivitäts- bzw. Arbeitsdiskurs ausgeschlossen wird. Die Kurtisane, die Daniel Defoe noch als kalkulierende Buchhalterin konzipiert, wird im Verlauf des 19. Jahrhunderts zum Inbegriff eines dekadenten Luxuskonsums, der keinerlei volkswirtschaftliche Relevanz mehr zu besitzen scheint und die gesellschaftliche Ordnung bedroht.

---

87 Frevert 1986, u.a. S. 146.

2. Die Kurtisane bei Daniel Defoe, Honoré de Balzac und Émile Zola

Literarische Texte, die an Arbeitsverhältnissen interessiert sind, verknüpfen die kommodifizierbare Eigenschaft weiblicher Schönheit nicht selten mit *body work*, wie sich in Ernst Willkomms Roman *Weisse Sclaven* abzeichnet. Die kulturelle Größe Schönheit,[1] die in der bürgerlichen Moderne vornehmlich als weibliche Qualität gilt[2] und in der zweiten Hälfte des 19. Jahrhunderts die Aufstiegsmöglichkeiten von Frauen erhöht,[3] ist entsprechend ein herausragendes Merkmal erfolgreicher Kurtisanen. Diese Figur, die eine Vielzahl französischer Romane des 19. Jahrhunderts umkreist,[4] verbindet Schönheit mit Sexualität zu einem erotischen Kapital, das große Reichtümer zu akkumulieren vermag. Der phantasmatisch hoch aufgeladene Typus sagt wenig über reale Ausbeutungsverhältnisse und weibliche Erfahrungen aus[5] (zumal es kaum weibliche Stimmen gibt), mehr hingegen über die Ängste und Selbstverständnisse von Autoren, so Charles

---

1 Psychologische und sozialwissenschaftliche Studien zu Schönheit betonen u.a. den Zusammenhang von Schönheit und Macht; der Schönheit sei die Ohnmacht zu handeln einbeschrieben; cf. Freedman, Rita: *Die Opfer der Venus. Vom Zwang schön zu sein.* Kreuz: Zürich 1989, S. 105.

2 In den Jahrhunderten zuvor seien Vorstellungen eines Charismas dominant gewesen, das männliche Schönheit mit Macht verbunden habe; cf. Degele, Nina: *Sich schön machen. Zur Soziologie von Geschlecht und Schönheitshandeln.* VS Verlag für Sozialwissenschaften: Wiesbaden 2004, S. 25.

3 Penz, Otto: *Schönheit als Praxis. Über klassen- und geschlechtsspezifische Körperlichkeit.* Campus: Frankfurt a.M. / New York 2010, S. 14.

4 Jann Matlock verweist auf die zahlreichen französischen Romane, die das Phänomen der Prostitution ,ausbeuten', unter anderem George Sands *Lélia*, Eugène Sues *Mystères* und Alexandre Dumas Fils' *Dame aux camélias*; Matlock, Jann: *Scenes of Seduction. Prostitution, Hysteria, and Reading Difference in Ninetheenth-Century France.* Columbia University Press: New York 1994, S. 164.

5 Cf. zu den historischen Gegebenheiten und der geschichtswissenschaftlichen Forschung Corbin, Alain: *Women for Hire. Prostitution and Sexuality in France after 1850.* Harvard University Press: Cambridge, Massachusetts / London 1990, S. IX–XV.

Bernheimer.[6] Dass Kurtisanen jedoch „tools" für „temporary fortune" von Händlern, Kupplerinnen und Zuhältern waren, die ein ausgefeiltes Schuldensystem entwickelten, gerät in literarischen Texten durchaus in den Blick.[7]

Die literarische Figur der Kurtisane verfügt über eine ganz eigene Tradition: Spätere Romane nehmen auf frühere Bezug, zitieren und modifizieren sie. Von *Manon Lescaut* (Prévost) zu *Nana* (Zola) beispielsweise findet eine deutliche Entromantisierung statt: Der Topos der sich aufopfernden, ‚heiligen' Kurtisane, die die gesellschaftliche Ordnung durch ihren Tod restituiert, wird nachhaltig torpediert. Häufig lesen fiktionale Prostituierte Texte über ihre Vorgängerinnen – ebenfalls ein Hinweis auf die Signifikanz der innerliterarischen Tradition.[8] Prostitution eignet sich darüber hinaus als Metapher für das literarische Schreiben, für poetologische Selbstbeobachtungen einer kommodifizierten Kunst.[9]

Aus historischer Perspektive gilt die Kurtisane als Zentrum intellektueller sowie künstlerischer Netzwerke[10] und als Vorreiterin einer Emanzipation, die die ökonomische Gleichberechtigung der Geschlechter „nicht länger Fiktion sein ließ".[11] Prostitution mit Ökonomie zu verknüpfen, ist dabei

---

6 Bernheimer, Charles: *Figures of Ill Repute. Representing Prostitution in Nineteenth-Century France.* Harvard University Press: Cambridge, Massachusetts / London 1989, u.a. S. 3.

7 Cf. zu dieser Praxis Corbin, S. 134.

8 Schmolke-Hasselmann, Beate: „Manon – Marguerite – Nana, oder: Was liest die literarische Kurtisane? Zur Gattungs- und Rezeptionsgeschichte des Kurtisanenromans". In: *Romanistische Zeitschrift für Literaturgeschichte. Cahiers d'Histoire des Litteratures Romanes* 8 (1–4), 1984, S. 533–546.

9 Cf. Heathcote, Owen: „Negative Equity? The Representation of Prostitution and the Prostitution of Representation in Balzac". In: *Forum of Modern Language Studies* 11 (3), 2004, S. 279–290; Helduser, Urte: „Autorschaft und Prostitution in der Moderne". In: Brüns, Elke (Hrsg.): *Ökonomien der Armut. Soziale Verhältnisse in der Literatur.* Fink: München 2008, S. 157–171.

10 Feldman, Martha / Gordon, Bonnie: „Introduction". In: Id.: *The Courtesan's Arts. Cross-Cultural Perspectives.* Oxford University Press: Oxford 2006, S. 3–28, S. 5–6. Kurtisanen verkehren zwar in der *leisure class*, stellen jedoch im Grunde eine mobile Elite dar, die Klassengrenzen überschreitet.

11 Griffin, Susan: *Die Tugenden der Kurtisanen. Mächtige Frauen mit eigener Moral. Von Madame de Pompadour bis Lola Montez.* Hugendubel: Kreuzlingen / München 2002, S. 27.

keineswegs selbstverständlich: Englische Texte des 17. Jahrhunderts statten ihre Kurtisanen und Mätressen zwar mit unersättlichen Begierden, mit einem unstillbaren Hunger nach Sex und Geld aus, jedoch ohne diese Haltung ökonomisch zu codieren. Das 18. Jahrhundert hingegen verortet die Prostituierte in einem wirtschaftlichen Rahmen und entwirft sie als neuen Typus, der sich über Selbstkontrolle, -optimierung und Aufopferung definiert.[12] Nach Laura J. Rosenthal stehen Kurtisanen, deren ‚queere' gesellschaftliche Position der bedrohlichen Volatilität des Marktes entspreche, im Zentrum einer ökonomischen Modernisierung.[13] Sie seien nomadische Subjekte, zeichneten sich also durch Mobilität aus und veranschaulichten wirtschaftliche Internationalisierungs- und Transnationalisierungsprozesse.[14] Darüber hinaus modifizierten sie als „das Andere", das die geschlechtliche Norm bestimmt, den Gender-Diskurs.[15] Die Alterität der Figur wird nach Rosenthal dadurch verstärkt, dass sie in der Regel exotischen Genüssen frönt[16] und damit eine neuralgische Bedingung des Kapitalismus freilegt, den Umstand nämlich, dass (Luxus-)Güter vielfach durch Sklavenarbeit, koloniale Ausbeutung und asymmetrische Netzwerke globalen Handelns entstehen.[17] Der Luxuskonsum literarischer Kurtisanen erinnert damit an die verdrängten Voraussetzungen kapitalistischer Prosperität und verknüpft Konsumption mit Produktion. „Unlike the rest of the commodity culture that conspired to produce the ‚highly specialized rhetoric of forgetting,' then, prostitute figures inevitably, disturbingly, and

---

12 Rosenthal, Laura J.: *Infamous Commerce. Prostitution in Eighteenth-Century British Literature and Culture.* Cornell University Press: Ithaca / London 2006, S. 2.

13 Rosenthal hält fest, dass drei Entwicklungen zu einer Neudefinition der Prostitution geführt hätten: die zunehmende Bedeutung von Verträgen, die urbane Kultur und die Neukonzeption von Gender bzw. weiblicher Körperlichkeit, die von Passion und Erregung abgelöst wird; ibid., S. 8.

14 Ibid., S. 7. Transnationalität steht nach Alison Conway mit dem europäischen Potenzial des Protestantismus in engem Zusammenhang; Conway, Alison: *The Protestant Whore. Courtesan Narrative and Religious Controversy in England, 1680–1750.* University of Toronto Press: Toronto et al. 2010, S. 115.

15 Rosenthal, S. 6.

16 Ibid., S. 123. Sie analysiert Portraits, die große Kurtisanen mit schwarzen Bediensteten zeigen.

17 Rosenthal, S. 11.

intimately linked consumption to production."[18] In *Roxana* von Daniel Defoe ist das Aufsehen erregende türkische Kleid,[19] in dem die Kurtisane einen europäisierten ‚orientalischen' Tanz zum Besten gibt, ein Produkt der unsichtbaren Arbeit von Sklavinnen.[20]

Autor/innen des 18. Jahrhunderts behandeln Kurtisanen und Mätressen häufig mit ambivalentem Tenor – Kurtisanen verdienten in der Regel viel Geld und wurden selten für einzelne Dienstleistungen bezahlt, während Mätressen in eheähnlichen Verhältnissen lebten und meist knapp gehalten wurden.[21] Die Texte dieser Zeit führen weibliche Prostitution[22] meist auf Armut zurück, schildern die verzweifelte Suche nach ehrbaren Tätigkeiten und erzählen Geschichten zwischen Ohnmacht und Selbstermächtigung, die *sex work* zuweilen sehr erfolgreich sein lassen. Sie bevorzugen materielle Aufstiegsgeschichten und marginalisieren die moralische Bewertung;[23] der

---

18 Ibid., S. 12.

19 Kleider sind zu dieser Zeit Wertobjekte, wie in Samuel Richardsons Roman *Clarissa* ebenfalls deutlich wird; cf. Scheuermann, Mona: *Her Bread to Earn. Women, Money, and Society from Defoe to Austen.* The University Press of Kentucky: Kentucky 1993, S. 41.

20 Conway, S. 125.

21 Cf. zu der schwierigen Unterscheidung Griffin, S. 11.

22 Umstritten ist, in welchem Maße männliche Prostitution wahrgenommen wurde; der Roman *Tom Jones* beispielsweise signalisiert, dass diese Praxis durchaus Thema war; ibid., S. 10. Um 1900 gilt männliche *sex work* strafrechtlich als verbotener homosexueller Akt; cf. Schmidt, Dietmar: *Geschlecht unter Kontrolle. Prostitution und moderne Literatur.* Rombach: Freiburg i. Brsg. 1998, S. 15. In den Debatten der Zwischenkriegszeit vertritt die Mehrzahl der Autor/innen eine ähnliche Position; cf. Kernjak, Katja: *Der Prostitutionsdiskurs in Österreichischer Prosa der 1920er Jahre.* Alpen-Adria-Universität Klagenfurt 2010 (Diplomarbeit), S. 8.

23 Rosenthal, S. 7. Die ökonomische Rahmung der Figur führt zu einer Nähe von Prostituierter und der topischen Figur des Juden; Rosenthal weist die Parallelen in Defoes Roman minutiös nach; ibid., S. 72–73. Im 19. Jahrhundert wird diese Nähe primär über das Phantasma des ansteckenden Körpers hergestellt; Gilman, Sander: *The Jew's Body.* Routledge: London 1991, S. 108. Auch der Roman Defoes schreibt antijüdische Topoi fort; die Gewalt gegen den jüdischen Händler beispielsweise bringt Roxana lediglich zum Lachen; cf. Defoe, Daniel: *Die glückliche Mätresse oder Die Geschichte des Lebens und des wechselhaften Glücks der Mademoiselle de Beleau später in Deutschland Gräfin Wintselsheim genannt die zur Zeit König Karls II. bekannt war unter dem Namen ROXANA.*

Begriff „to whore" bezeichnet im ausgehenden 18. Jahrhundert in einem allgemeinen Sinne anstrengende, körperliche Arbeiten.[24] Im 19. Jahrhundert, in dem man die Prostitution zunehmend polizeilich erfasst,[25] wird die Figur sentimentalisiert und harsch von Konzepten ‚normaler' Weiblichkeit abgegrenzt.[26] Literarische Texte dieser Phase gestalten die Kurtisane bevorzugt als Inbegriff luxurierender Konsumption,[27] die allerdings für die industrielle Produktion von Bedeutung sein kann. Damit wird an dieser literarischen Figur ablesbar, was für die Repräsentation von Weiblichkeit über das 19. Jahrhundert hinaus gilt: ihre Fixierung auf Konsum, der allem voran als egoistischer Hedonismus aufgefasst wird, nicht aber als Arbeit oder (Selbst-)Sorge.[28] Um diese Diskursverschiebung von der produktiven zur konsumptiven Sphäre zu illustrieren, werden im Folgenden Kurtisanen aus drei Romanen fokussiert: aus Daniel Defoes *Roxana*, Honoré de Balzacs *Glanz und Elend der Kurtisanen*[29] und Émile Zolas *Nana*.[30]

Daniel Defoes ökonomischer Individualismus bzw. sein liberales Wirtschaftsethos ist gleichermaßen an männlichen wie weiblichen Ressourcen interessiert und bewertet *sex work* als probates Mittel, um Kapital zu akkumulieren – ein Leben als Kurtisane kann es Frauen ermöglichen, als

---

Übers. v. Krüger, Lore, mit e. Nachw. v. Klotz, Günther. Aufbau: Berlin / Weimar 1966, S. 151, S. 157–158. Im Folgenden mit der Sigle (R) zitiert.

24 Die Zuschreibung „whore" galt darüber hinaus für eine Vielzahl an exkludierten Positionen wie die des Verräters, des Katholiken (in England) etc.; cf. dazu Conway, S. 114.

25 Die Medizinisierung und Registrierung von Prostituierten setzt in den 1850er Jahren ein; cf. Kernjak, S. 10.

26 Rosenthal, S. 4.

27 Cf. zur Debatte über die Kurtisane (in Abgrenzung von der Ehe- und Hausfrau) im französischen Diskurs, genauer: bei Proudhon, Comte und Michelet, Mey, Dorothea: *Die Liebe und das Geld. Zum Mythos und zur Lebenswirklichkeit von Hausfrauen und Kurtisanen in der Mitte des 19. Jahrhunderts in Frankreich*. Beltz: Weinheim / Basel 1987, S. 17–53.

28 Cf. dazu Rogers, Katherine: „The Feminism of Daniel Defoe". In: Fritz, Paul / Morton, Richard (Hrsg.): *Women in the 18th Century and Other Essays*. Samuel Stevens Hakkert: Toronto / Sarasota 1976, S. 3–24.

29 Balzac, Honoré de: *Glanz und Elend der Kurtisanen*. Übers. v. Greve, Felix Paul. Insel: Frankfurt a.M. 2003. Im Folgenden mit der Sigle (G) zitiert.

30 Zola, Émile: *Nana*. Übers. u. m. e. Nachw. v. Marx, Erich. Insel: Frankfurt a.M. 2004. Im Folgenden mit der Sigle (N) zitiert.

self-made woman reich zu werden.[31] Luxus bzw. Konsum hingegen spielt in *Roxana* kaum eine Rolle; der durch *body work* erwirtschaftete Reichtum wird vielmehr, dem puritanischen Ethos gemäß, mit asketischer Sparsamkeit und ökonomischem Fachwissen verwaltet. Roxana, die sich selbst als „protestant Whore" bezeichnet, firmiert als Exemplum eines „protestantischen Kapitalismus". Für Defoe stellen nicht etwa *sex work* oder Diebstahl Verbrechen dar – „it was virtually a law of nature that ‚Men rob for Bread' while ‚Women whore for Bread'"[32] –, sondern unkontrollierte Leidenschaften und Disziplinlosigkeit, die am Markt (zumal an einem hoch volatilen wie nach dem Platzen der South See Bubble 1720) fatale Folgen haben können. Nach David Marshall bearbeitet Defoe in der „veiled autobiography" *Roxana* seine eigenen wirtschaftlichen Erfahrungen während dieser unsicheren Phase[33] – der Roman signalisiere eine fundamentale Verunsicherung im Umgang mit Kapital.[34] Eine Konsequenz der fehlgeleiteten Spekulationen sei das Auseinandertreten von wirtschaftlichen Fakten und Fiktion, wie Sandra Sherman unterstreicht,[35] eine andere der spürbare Konservativismus, der, von Argwohn und Überwachung begleitet, soziale Differenzen verstärkt und zu Feindseligkeiten führt.[36] In *Roxana* greift die Protagonistin zu Spionage und Überwachung, um ihren Reichtum und ihre Autonomie abzusichern.

Die hier untersuchten französischen Romane des 19. Jahrhunderts hingegen platzieren die Kurtisane, die Defoe als erfolgreiche Geschäftsfrau

---

31 So betont Scheuermann, S. 12.

32 Dijkstra, Bram: *Defoe and Economics. The Fortunes of Roxana in the History of Interpretation.* Palgrave Macmillan: Basingstoke 1987, S. 19.

33 Marshall, David: *The Figure of Theatre. Shaftesbury, Defoe, Adam Smith, and George Eliot.* Columbia University Press: New York 1986. Cf. zum ökonomischen Kontext auch Sherman, Sandra: „Lady Credit No Lady; or, The Case of Defoe's ‚Coy Mistress', Truly Stat'd". In: *Texas Studies in Literature and Language* 37 (2), 1995, S. 185–214.

34 So hält ebenfalls fest Healey, Christina L.: „‚A Perfect Retreat indeed': Speculation, Surveillance, and Space in Defoe's *Roxana*". In: *Eighteenth-Century Fiction* 21 (4), 2009, S. 493–512, S. 494.

35 Sherman, Sandra: *Finance and Fictionality in the Early Eighteenth Century. Accounting for Defoe.* Cambridge University Press: Cambridge 1996, S. 3.

36 So betonen Carswell, John: *The South Sea Bubble.* Literary Licensing: Dover 1993, S. 242–243 und Healey, S. 501.

schildert, in der ebenso bedrohlichen wie faszinierenden Sphäre des Luxuskonsums. Die sich prostituierenden Protagonistinnen verkörpern die gesellschaftliche Sucht nach Luxus und die scheinbar destruktiven Aspekte der
sich neu herausbildenden Konsumgesellschaft. Ist Honoré de Balzac noch
der Auffassung, dass der aufwändige Luxus der Kurtisane die volkswirtschaftliche Produktivität zu steigern vermöge, so firmiert er bei Zola ausschließlich als dekadentes Symptom.

Body work und Buchhaltung: Daniel Defoes *Roxana*

Der findige ‚Projektemacher' Daniel Defoe, der als Journalist, politischer Be-
rater und Doppelagent tätig war und eine Vorliebe für Rollenspiele besaß,[37]
entwickelt in seinen literarischen Texten und Essays zahlreiche Ideen, wie
das bürgerlich-liberalistische Ethos des (kaufmännischen) Erfolgs umzusetzen sei, und zwar auch von Frauen. In seinem *Essay upon Projects* macht er
Vorschläge zur Verbesserung der weiblichen Ausbildung;[38] in *Moll Flanders*
entwickelt er detaillierte Pläne für eine Hebammenschule.[39] In seinen Romanen, die mit Frauennamen betitelt sind, erzählt Defoe von erfolgreichen
weiblichen Erwerbsbiographien, die allerdings meist auf *sex work* oder
Kriminalität basieren. Obgleich Vorworte und merkwürdig isoliert wirken-
de Einschübe des Erzählers die Vergehen seiner Protagonistinnen beklagen,
entmoralisieren die Texte ihre Tätigkeiten[40] und nähern sie aufgrund des
pragmatischen Verhaltens und der beabsichtigten Gewinnmaximierung dem
Kaufmännischen an. Der Diebstahl und die betrügerischen Ehegeschäfte

---

37 Petzold, Dieter: *Daniel Defoe: „Robinson Crusoe".* Fink: München 1982,
   S. 23; Armstrong, Katherine A.: *Defoe: Writer as Agent.* University of Victoria
   Press: Victoria 1996.
38 Defoe, Daniel: *An Essay upon Projects.* Hg. v. Kennedy, Joyce D. / Seidel,
   Michael / Novak, Maximillian E. AMS Press: New York 1999, S. 27.
39 Defoe, Daniel: *The Fortunes and Misfortunes of the famous Moll Flanders.*
   Penguin: London 1994, S. 140.
40 Pache fasst zusammen: „Die Beobachtung, daß man Molls Moralisieren
   nicht für bare Münze nehmen kann, da zwischen Erzählung und Auswertung
   des Erzählten eine Kluft besteht, ist oft gemacht worden"; Pache, Walter: *Profit
   and Delight. Didaktik und Fiktion als Problem des Erzählens. Dargestellt am
   Beispiel des Romanwerks von Daniel Defoe.* Winter: Heidelberg 1980, S. 150.

Moll Flanders[41] sowie die Prostitution Roxanas folgen in vielerlei Hinsicht denselben Prinzipien, die ein Kaufmann an den Tag legt und die sich in einer Grauzone zwischen Wahrheit und Lüge bewegen. In seinem Handbuch *The complete English Tradesman: In Familiar Letters: Directing him in all the several Parts and Progressions of Trade* führt Defoe aus, dass ein Kaufmann während seiner Verkaufsverhandlungen unablässig Scheingründe angeben müsse, um zu erklären, warum er die Ware zunächst nicht, dann jedoch billiger verkaufe; trotzdem sei er kein Lügner.[42] An anderer Stelle formuliert er unverblümt: „Trade is almost universally founded upon Crime", allerdings nicht ohne den menschlichen Fortschritt zu garantieren.[43]

Die Protagonistinnen aus Defoes Romanen üben also keine anerkannten Berufe aus, verfügen jedoch über taugliche Ressourcen, um sich an der Akkumulation von Kapital zu beteiligen und handlungs- bzw. geschäftsfähig zu sein – ein provokantes, deutlich gegen die Tendenzen seiner Zeit gerichtetes Weiblichkeitsbild. Während sich Autoren wie Henry Fielding und Samuel Richardson auf die Tugendhaftigkeit und Moral ihres weiblichen Personals konzentrieren, begreift Defoe die Ehe vornehmlich als ökonomische Institution, prangert die gesetzlich sanktionierte Ausbeutung von Frauen an, verlangt von ihnen Eigenständigkeit, sollten sie den Ehemann verlieren, und schreibt ihnen vielfältige Eigenschaften zu, beispielsweise ein vitales Interesse an Anerkennung und den Wunsch nach Prosperität.[44] In seinen Texten *Conjugal Lewdness* und *The Complete English Tradesman* führt Defoe aus, dass nicht allein Frauen für die eheliche Harmonie zuständig seien, dass ihre scheinbar ruinöse Extravaganz – ein virulentes Thema der

---

41 Zur Attraktivität der „criminal biography" zum Ausgang des 17. Jahrhunderts cf. Faller, Lincoln B.: *Crime and Defoe. A New Kind of Writing.* Cambridge University Press: Cambridge 1993, S. XIII.

42 Defoe, Daniel: *The complete English Tradesman: In Familiar Letters: Directing Him in all the Several Parts and Progressions of Trade.* Printed for Charles Rivington: London 1732, S. 228. Defoes Kaufmannsschrift lässt sich als Handbuch für die diskursiven Regeln seiner Romanpraxis betrachten; cf. Schüttpelz, Erhard: „,fast ein Handbuch zu finden'. Zum ,double bind' der Hermeneutik Heinrich Bosses und Friedrich Kittlers um 1980". In: Schönert, Jörg (Hrsg.): *Literaturwissenschaft und Wissenschaftsforschung.* Metzler: Stuttgart / Weimar 2001, S. 101–119.

43 Zitiert nach Dijkstra, S. 25.

44 Rogers, S. 16–17.

Zeit – mit dem schlechten Wirtschaften von Männern zusammenhänge[45] und dass eine Ehe auf der Partnerschaft von Gleichberechtigten und Gleichbegabten basiere. Defoe billigt Frauen dieselbe Intelligenz wie Männern zu, während seine Zeitgenossen die intellektuellen Fähigkeiten von Frauen meist auf das Vermögen beschränken, die eigene Unterlegenheit anzuerkennen. Defoe opponiert zudem gegen die gängige Sentimentalisierung der Ehe, also das Konzept der romantischen Liebe, und die Domestikation von Frauen durch eine sakrosankte Moral.[46] Der Roman *Roxana* handelt entsprechend nicht nur von sexuellen Begegnungen, sondern auch von wirtschaftlichen Erfolgen und Finanztransaktionen über Ländergrenzen hinweg.

Defoes *Roxana* erzählt von einer findigen Geschäftsfrau und Migrantin, deren Herkunft weitgehend im Unklaren bleibt. Die zahlreichen Ortswechsel auf ihrem Lebensweg[47] – Roxana bewegt sich zwischen London, Paris und Amsterdam, also denjenigen Städten, die (in unterschiedlichen Phasen) stark von den Folgen der Spekulation betroffen waren – signalisieren zum einen den konstitutiven Zusammenhang von Ökonomie und Transnationalität, erschweren zum anderen die Besitzstandswahrung bzw. erfordern geschickte Finanzstrategien und Vertrauensnetzwerke.[48] Nach der ‚wilden Ehe‘ mit einem Juwelier, der ihr ein reichgefülltes Schmuckkästchen hinterlässt, beginnt Roxana eine Affäre mit einem deutschen Prinzen, den sie auf eine Reise nach Italien begleiten möchte. Dieses Vorhaben wirft die Frage auf, wie mit ihrem inzwischen beträchtlichen Reichtum umzugehen sei:

> Ich war reich, wie ich bereits erwähnte, sehr reich, und wußte nicht, was ich mit meinem Reichtum tun, noch wem ich ihn anvertrauen sollte. Auf der ganzen Welt hatte ich nur Amy [ihre Dienerin; F.S.], und ohne sie zu reisen war höchst unbequem. Alles, was ich überhaupt besaß, bei ihr zu lassen und, wenn sie vielleicht verunglückte, mit einem Schlage zugrunde gerichtet zu sein, war auch ein

45 Ibid., S. 6.
46 Ibid., S. 20.
47 Diese streicht heraus Crane, Julie: „Defoe's *Roxana*: The Making and Unmaking of a Heroine". In: *The Modern Language Review* 102 (1), 2007, S. 11–25, S. 12.
48 Cf. Dickson, P. M.: *The Financial Revolution in England. A Study in the Development of Public Credit* Macmillan: London 1967, S. 154.

beängstigender Gedanke, denn Amy konnte ja sterben, und in wessen Hände die Sachen dann fielen, war mir unbekannt (R, 114).[49]

Der Roman liest sich als Anleitung, wie Kapital zu vermehren, aufzubewahren und zu verschicken sei, wobei konsequenterweise Geld an die Stelle von wertvollen Objekten tritt. Roxana macht ihre Edelsteine nach und nach zu Geld, weil sich dieses Medium nicht zurückverfolgen lässt, anonym ist und besser zirkuliert.[50] Der Verkauf ihrer Juwelen ist auch vor dem Hintergrund der zeitgenössischen Debatte über weibliches Eigentum und das so genannte „pin money" aussagekräftig: Dieses bildete in der Regel den einzig zulässigen Besitz von verheirateten Frauen. Es wurde durch zahlreiche Gesetze eingeschränkt und konnte nahezu ausschließlich, so legten Ehekontrakte fest, für Paraphernalia, also Kleidung und Juwelen, ausgegeben werden.[51] Tauscht Roxana ihre Juwelen gegen Geld, so verstößt sie gegen diese Vorschriften.

Der Roman bewertet die ökonomischen Transaktionen der erfolgreichen Kurtisane bezeichnenderweise als ihre eigentliche Arbeit; Roxana erzählt: „Jetzt war ich aus einer Dame des Vergnügens zu einer Geschäftsfrau geworden, und zwar ging es dabei um große Geschäfte, dessen versichere ich euch" (R, 148). Es heißt weiter:

> Diese ganze Arbeit beschäftigte mich fast ein halbes Jahr, und da ich meine Geschäfte selbst führte und mit großen Summen umging, wurde ich darin so erfahren wie nur irgendeine Kaufmannsfrau. Ich hatte bei der Bank ein Guthaben von einem größeren Betrag sowie Wechsel und Schuldscheine über einen noch größeren (R, 149).

---

49 Die Dienerin nimmt in der Lebensgeschichte Roxanas eine zentrale Stellung ein; der Roman lässt sich als Darstellung eines Herr-Knecht-Verhältnisses lesen; cf. dazu Straub, Kristina: *Domestic Affairs. Intimacy, Eroticism, and Violence between Servants and Masters in Eighteenth-Century Britain*. The Johns Hopkins University Press: Baltimore 2009. Cf. zu einer psychoanalytischen Lesart des Verhältnisses von Roxana und Amy Castle, Terry: *The Female Thermometer. Eighteenth-Century Culture and the Invention of the Uncanny*. Oxford University Press: New York / Oxford 1995, S. 44–55.

50 Healey, S. 505.

51 Staves, Susan: *Married Women's Separate Property in England, 1660–1833*. Havard University Press: Cambridge, Mass. London 1990, S. 148.

Die Konfessionen Roxanas sind entsprechend von Rechnungen durchsetzt und führen regelrecht Buch; es heißt beispielsweise:

> Ich hatte alle Wechsel eingelöst, zu denen mir der Kaufmann in Paris verholfen hatte, und zusammen mit dem mitgebrachten Geld machte das weitere 13 900 Pistolen, so daß ich neben den Juwelen in barem Geld und auf meinem Bankkonto in Amsterdam über 21 000 Pistolen besaß (R, 184).

Defoe amalgamiert Geschäftsbericht und Roman bzw. führt, abstrakter gesprochen, Wirtschaft und Einbildungskraft zusammen.[52] Umgekehrt bezeichnet er die ‚Manufaktur' des Schreibens als Unterabteilung der englischen Wirtschaft:

> Writing [...] is become a very considerable Branch of the English Commerce. The Booksellers are the Master Manufacturers or Employers. The several Writers, Authors, Copyers, Sub-writers, and all other Operators with Pen and Ink are the workmen employed by the said Master Manufacturers.[53]

Der Autor kompiliert in seinen Texten entsprechend unterschiedlichste Genres, in seinem Essay *The complete English Tradesman* zum Beispiel dramatisierte Dialoge, mythische Erzählungen und Anekdoten, die die spröden Anweisungen veranschaulichen.[54] Auch der Roman *Roxana* ist „[a] meld of commercial and moral concerns",[55] ähnlich wie die Memoiren

---

52 Cf. dazu auch Brantlinger, Patrick: *Fictions of State. Culture and Credit in Britain 1694–1994*. Cornell University Press: New York 1996, S. 1. David Macaree streicht heraus, dass Defoe in seinen politischen Schriften literarische Strategien entwickelt habe: *Daniel Defoe's Political Writings and Literary Devices*. The Edwin Mellen Press: Toronto 1991, S. III.

53 Zitiert nach Watt, Ian: *The Rise of the Novel. Studies in Defoe, Richardson and Fielding*. Penguin Books: London 1974, S. 53.

54 Defoe, The complete English Tradesman, S. 87–88; cf. dazu auch Sherman 1996, S. 110. Die Lehrzeit beispielsweise wird mit Jakobs Aufenthalt bei Laban verglichen; Defoe, The complete English Tradesman, S. 13. Der Roman *Moll Flanders* ist umgekehrt gemäß der topisch-thematischen Struktur von Sachtexten angelegt; cf. Piper, William B.: „*Moll Flanders* as a Structure of Topics". In: *SEL* 9 (3), 1996, S. 489–502.

55 Boardman, Michael M.: *Narrative Innovation and Incoherence. Ideology in Defoe, Goldsmith, Austen, Eliot, and Hemingway*. Duke University Press: Durham / London 1992, S. 23.

der berühmten französischen Mätresse Cora Pearl, die Rechnungen enthalten und von erfolgreichen Geschäftsbeziehungen erzählen.[56]

Zu Roxanas Habitus als Geschäftsfrau und Unternehmerin gehört, dass sie sich nach und nach ein Vertrauensnetzwerk aufbaut und über eine Vielzahl an Kontakten verfügt:

> Die geschäftlichen Verbindungen, die ich jetzt beim Erhalt so großer Summen und beim Verkauf so wertvoller Juwelen mit vielen Leuten geknüpft hatte, gaben mir Gelegenheit, einige der größten Kaufleute der Stadt kennenzulernen und mit ihnen zu sprechen, so daß ich diesmal keine Anleitung brauchte, wie ich mein Geld nach England überweisen könne (R, 184).

Sie agiert vorausschauend, verteilt ihr Geld auf eine Vielzahl an Kaufleuten und vermehrt ihr Kapital durch Verzinsung. Dabei behilflich ist ihr der Finanzier Sir Robert Clayton (R, 185), eine bekannte historische Persönlichkeit, die aus kleinen Verhältnissen stammt und dasselbe Ethos der Mittelklasse vertritt, das Daniel Defoes Roman *Robinson Crusoe* einleitet. Defoes Clayton setzt Sparsamkeit und Zukunftsorientierung als Haltungen des prosperierenden Bürgers gegen die notorische Verschuldung der Aristokratie und moniert, dass die vornehmen Herren „ihr gesamtes Einkommen und mehr als das für ihre Lebensweise [...] verbrauchen, fast alle verschuldet und in einer schwierigen Lage sind" (R, 189). Defoe macht den Leser/innen an dieser Stelle ganz augenscheinlich Vorschläge zur eigenen Vermögensbildung; Roxana fungiert als sein Sprachrohr.[57]

Repräsentativer Konsum und Ehekritik: Wirtschaftliche Autonomie der Frau

Auch Roxanas luxuriöses Leben, die Einrichtung ihrer Häuser, ihre Feste und Kleidung werden nahezu ausschließlich monetär taxiert und als repräsentativer Konsum bewertet. Ihr Luxus dient nicht primär dem sinnlichen

---

56 Cf. Mey, S. 182. Cora Perls Memoiren verstoßen deutlich gegen die Erwartungen der Leser/innen, die Kurtisanen mit Vorliebe sentimentalisieren und ihnen Tugenden wie Empathie und Opferbereitschaft zuschreiben; ibid., S. 192. Diese Imagines werden zum Beispiel in dem beliebten Roman *Die Kameliendame* von Alexandre Dumas greifbar, in dem sich die Kurtisane vorbehaltlos aufopfert und stirbt.

57 Scheuermann, S. 51.

Genuss, sondern dem beruflichen Erfolg bzw. der Selbstwerbung, lässt sich mithin als „conspicuous consumption" bezeichnen,[58] die in diesem Falle – anders als in Thorstein Veblens Theorie über die *leisure class* – die Kreditfähigkeit einer Unternehmerin zur Schau stellt und ihre Verführungskraft als Einkommensquelle steigert. Über ihre „sehr schöne und kostbar möblierte Wohnung" führt sie aus:

> Ich hielt mir zu ihrer Säuberung und Pflege eigene Dienerschaft und besorgte mir meine eigene Kücheneinrichtung und meine Feuerung. Mein Haushalt war hübsch ausgestattet. […] Ich zog mich streng nach der neusten Mode an und trieb viel Aufwand mit meinen Kleidern; aber was Juwelen betraf, so wollte ich keine haben. Ich steckte meine Diener in eine sehr gute Livree, die mit Silbertressen verziert war und so prächtig aussah, wie sie nur irgend jemand, der nicht von Adel war, aufzuweisen hatte: so trat ich in Erscheinung (R, 187).

Die Auffassung, dass Kurtisanen den allgemeinen Geschmack bildeten, wie sie Wirtschaftshistoriker und Romane des 19. Jahrhunderts vertreten, findet sich bei Defoe kaum, wohl aber der Gestus des repräsentativen Konsums, für den beispielsweise Diener maßgeblich sind und den hier eine Frau finanziert, die mit Argusaugen über ihre ökonomische Autonomie wacht.

Eine Institution, die ihre Unabhängigkeit in Frage zu stellen droht, ist die Ehe, die der Roman einer harschen Kritik unterzieht,[59] weil sie die Umverteilung weiblichen Vermögens zum Nachteil der Frau zum Ziel hat; Roxana erklärt:

> Eine Gattin muß alles, was sie hat, aufgeben, jede Rücklage, die sie für sich macht, ruft Unwillen hervor, und sie muß sich sogar für ihr Taschengeld schelten lassen, während eine Geliebte die Redensart wahr werden läßt: was der Mann besitzt, gehört ihr, und was sie besitzt, ist ihr Eigentum (R, 149).

Die rückblickende Erzählerin relativiert ihre Ehekritik zwar, kommt jedoch wiederholt darauf zurück, denn sie ist der Überzeugung, dass allein eine unabhängige reiche Frau frei zu sein vermöge: „[Wäre] ich aber erst einmal Ehefrau, dann mußte ich alles, was ich besaß, meinem Gatten aushändigen

---

58 Healey, S. 506.

59 „While he [Defoe; F.S.] insists upon marital regularity in his didactic treatments of sexuality, in his novels he creates a world in which polygamous and polyandrous unions become necessary." Flynn, Carol H.: *The Body in Swift and Defoe.* Cambridge University Press: Cambridge u.a. 1990, S. 41.

und unterstand von da an einzig seinem Befehl" (R, 163). Defoes libe-ralistisches Wirtschaftsethos, das jede/n für ökonomisch interessiert und zu einträglichen Wirtschaftstransaktionen fähig hält, führt zu radikalen Forderungen nach Gleichheit – auch Frauen wird die Funktion des *bread winner* zugestanden – und nach Freiheit.[60] Roxana ist der Meinung, die Frau sei ebenso wie der Mann ein freier Mensch,

> sie sei frei geboren und könne sehr gut selbst für sich sorgen, sie könne ihre Freiheit ebenso zweckdienlich nutzen wie der Mann. Die Ehegesetze aber schrieben es anders vor, und gegenwärtig handle die Menschheit nach andern Grundsätzen, und zwar nach solchen, die zur Folge hätten, daß sich eine Frau durch die Heirat völlig aufgebe und kapituliere, um im besten Fall weiter nichts als eine Art höherstehende Dienstmagd zu werden (R, 167).[61]

Diese Aussage zielt in provokanter Manier auf die zeitgenössischen Regelungen weiblichen Besitzes in der Ehe. Nach 1688 setzte sich in England als Folge innovativer politischer Ideen und einer Liberalisierung, die den Untertanen neue Rechte zubilligte, ein kontraktuelles Ethos durch, das auch die Ehe als Vertrag begriff.[62] Die neuen Eheverträge regelten unter anderem den weiblichen Besitz, der nahezu ausschließlich in Form von „pin money" zulässig war. Die Kontrakte sowie die Gesetzgebung schränkten den Umgang mit den zugeteilten Summen vielfach auf die Funktion eines ‚Notgroschens‘ ein

> by developing a set of special rules to maximize the probabilities that married women's separate property would provide secure maintenance for the women and children upon whom it was settled and to minimize the possibilities that women could take property intended for maintenance and use it as capital.[63]

---

60 Roxana vermöge diese Forderung jedoch lediglich im Code des Geldes zu arti-kulieren, so Spivak, Gayatri Chakravorty: „Theory in the Margin: Coetzee's *Foe* Reading Defoe's *Crusoe/Roxana*". In: *English in Africa* 17 (2), 1990, S. 1–23, S. 9.

61 Die Ehegesetze eliminierten den Personenstatus der Frau als Individuum, sobald sie heiratete; die Ehefrau verlor das Recht, ihren eigenen Besitz zu verwalten und zu kontrollieren; Scheuermann, S. 46. Cf. dazu auch Okin, Susan Moller: „Patriarchy and Married Women's Property in England. Questions on Some Current Views". In: *Eighteenth-Century Studies* 17 (2), 1983–1984, S. 121–138.

62 Staves, S. 169.

63 Ibid., S. 135.

Dass Frauen ihren Besitz durch vorteilhafte ökonomische Transaktionen vermehrten, war nicht vorgesehen; in manchen Regionen hatten sie gleichwohl das Recht, ihr Eigentum zu vererben.[64] Den neuen ‚Ehekontraktualismus‘ begleiteten harsche Polemiken, die sich strikt gegen die Trennung von weiblichem und männlichem Besitz aussprachen, weil diese Praxis ein mit der Ehe unvereinbares Misstrauen signalisieren würde.[65] Sollte „pin money" die Ehefrau also vor der Misswirtschaft des Mannes schützen und größere Sicherheit garantieren,[66] so unterstreicht Roxanas erste Ehe, die aufgrund der Fehlkalkulationen ihres sorglosen Ehemannes in die Armut führt, wie nötig nach Defoe diese (nicht ausreichenden und zugleich einschränkenden) Vorkehrungen sind.

Trotz seiner avancierten Gender-Entwürfe schreibt Defoe auch in *Roxana* topische Geschlechterimagines fort, insbesondere dann, wenn er weibliche Schönheit als *das* Kapital von Frauen bewertet. Er ist geradezu fasziniert „with the marvellous possibilities of feminine beauty as a means toward the acquisition of working capital".[67] Schönheit als Kapital, das wissen Moll Flanders für ihre lukrativen Eheschließungen und die Kurtisane Roxana zu nutzen, die ihre Schönheit dadurch zu konservieren versucht, dass sie auf weitere Schwangerschaften verzichtet: „[W]enn ich noch oft gebar, mußte das dem wichtigsten Artikel schaden, der mein Interesse förderte – ich meine das, was der Prinz meine Schönheit nannte" (R, 120). Auch die berühmte Allegorie der „Lady Credit", die Defoe in der *Review* vom 1. August 1710 entwirft, greift traditionsreiche Geschlechterstereotypen auf: Den Kredit verkörpert hier eine sensible junge Dame, die an Fallsucht und hysterischer

---

64 Ibid., S. 148.
65 Ibid., S. 158–159. Roxanas harsche Ehekritik profiliert die strukturellen Parallelen zwischen Ehefrau, Dienstmagd und Prostituierter. Nach Simone de Beauvoir unterscheiden sich Ehefrau und Hure allein durch die Dauer des Vertrags und die Anzahl der Vertragspartner; cf. dazu Jost, Vera: *Fliegen oder Fallen. Prostitution als Thema in Literatur von Frauen im 20. Jahrhundert.* Ulrike Helmer: Königstein/Ts. 2002, S. 14–15. Die Prostitution enthülle zudem den arbeiterlichen Aspekt jeglicher Form von Sexualität; ibid., S. 15. Die Auffassung, dass der Ehevertrag eine Einwilligung in die unbezahlte Dienstbotentätigkeit der Frau darstelle, wird in den folgenden Jahrhunderten heiß debattiert.
66 Staves, S. 134.
67 Dijkstra, S. 20.

Misslaunigkeit leidet. Diese Personifikation, die auf Machiavellis Allegorien der *fortuna*, *fama* und *occasione* zurückgeht, assoziiert Weiblichkeit mit Irrationalität und der (scheinbaren) Unkalkulierbarkeit ökonomischer Spekulation.[68]

Das liberalistische Wirtschaftsethos, das Defoes Roman *Roxana* propagiert, verlangt nichtsdestoweniger die Gleichheit der Geschlechter und ihre freiheitliche (ökonomische) Entfaltung. Defoe weist sowohl die zu seiner Zeit weit verbreitete Auffassung zurück, das weibliche Gehirn stelle eine unüberwindliche Barriere für wirtschaftliches Handeln dar (R, 173), als auch die Domestikation von Frauen durch Moral; Bram Dijkstra hält fest: „When the subject was economics, it did not matter to him whether his protagonist was male or female, just as long as he or she had the wherewithal to join in the great natural design of capital accumulation."[69] In *Roxana* ist es weibliche *body work* bzw. Schönheit und Sexualität, die zu Prosperität führen und die Frau zur Unternehmerin werden lassen.

Luxus und nationaler Reichtum: Honoré de Balzacs *Glanz und Elend der Kurtisanen*

Honoré de Balzac, der die gesellschaftliche Trennung in Arm und Reich grundsätzlich für notwendig hält, entwirft in seinen Romanen und Traktaten ein ambivalentes Bild des Luxuskonsums: Dieser kann einerseits als Phänomen urbaner Dekadenz todbringend sein, andererseits die Zirkulation von Gütern und Geld beschleunigen und damit eine volkswirtschaftlich relevante Quelle nationaler Produktivität darstellen. Luxus verlange darüber hinaus Schöpferkraft und Phantasie, denn er basiere auf der Erfindung von Bedürfnissen und lasse neue Produkte entstehen.[70] Balzacs Romane entwerfen wiederholt Figuren, die einen verwerflichen Luxus pflegen – als Enklaven guten Wirtschaftens gelten dem Autor ländliche Regionen –, seine Texte sind jedoch zugleich von großen Verausgabungen fasziniert

---

68 Brantlinger, S. 54–55.
69 Dijkstra, S. 24.
70 Cf. Blaschke, Bernd: „Luxus als Leidenschaft bei Honoré de Balzac". In: Weder, Christine / Bergengruen, Maximilian (Hrsg.): *Luxus. Die Ambivalenz des Überflüssigen in der Moderne*. Wallstein: Göttingen 2011, S. 192–216, S. 200, S. 213–215.

und fassen Verschwendung als energetisches Prinzip auf. Im Zentrum der Umverteilungsphantasien von *Glanz und Elend der Kurtisanen* steht eine begehrte, ausgehaltene Frau, die kopflose Männer zu selbstzerstörerischen Ausgaben herausfordert – in seinem eigenen Leben hingegen brachte Balzac das Geld seiner Frau durch.[71]

Vorbildlich für Balzacs Darstellung von Prostituierten ist Alexandre Parent-Duchâtelets einschlägiges Werk *De la prostitution dans la ville de Paris*, das ihnen eine wichtige soziale Funktion im urbanen Leben zuschreibt; die Prostitution kanalisiere und neutralisiere beispielsweise die exzessive ,biologische' (Re-)Produktion des Mannes.[72] Parent-Duchâtelet plädiert für eine strenge polizeiliche Überwachung, die Medizinisierung sowie Disziplinierung von Prostituierten und nimmt diverse Klassifikationen vor.[73] Balzac orientiert sich an dieser Typologie, fasst die Kurtisane ebenfalls als produktiven Faktor des städtischen Lebens auf und profiliert ihre ökonomische Funktion. Balzacs Protagonistin Esther, die in vielerlei Hinsicht dem beliebten orientalischen Klischee der schönen Jüdin entspricht[74] – diesen Typus beschreibt die Forschung als ambivalenten Signifikanten der Moderne[75] –, lässt Geld und Güter zirkulieren, wäscht

---

71 Der Autor pflegte einen opulenten Lebensstil, den er durch Kredite finanzierte und der mit seinen Schreibexzessen in engem Zusammenhang stand; ibid., S. 209–211.

72 Cf. dazu Bernheimer, Charles: „Prostitution and Narrative: Balzac's *Splendeurs et misères des courtisanes"*. In: *L'esprit Créateur* 25 (2), 1985, S. 22–31, S. 23. Für den englischen Raum ist die Studie von William Acton zur Prostitution einschlägig. Cf. zu dem regulatorischen System von Alexandre Parent-Duchâtelet auch Corbin, S. 3–17. Zu den Kategorien wie *fille à numéro, fille en carte* etc., die wesentlich auf polizeiliche Maßnahmen zurückgehen, ibid., S. 30–111.

73 Bernheimer, S. 24.

74 Meier, Franziska: „Orient in Paris – Zu Balzacs Roman *Le Peau de Chagrin* von 1830". In: Bernsen, Michael / Neumann, Martin (Hrsg.): *Die französische Literatur des 19. Jahrhunderts und der Orientalismus*. Niemeyer: Tübingen 2006, S. 81–92, S. 84.

75 Samuels, Maurice: „Metaphors of Modernity: Prostitutes, Bankers, and other Jews in Balzac's *Splendeurs et Misères des Courtisanes"*. In: *Romanic Review* 97 (2), 2006, S. 169–184; cf. zu den antijüdischen Klischees, die die männlichen Figuren Nucingen aus dem Elsaß sowie Gobseck aus Antwerpen prägen und die Assoziation von Judentum und Geld fortschreiben, Koster, Serge: „Heine, Balzac und Nucingen". In: Kaplansky, Naomi / Moatti, Elisabeth / Shedletzky,

,schlechtes' Geld weiß und initiiert gesellschaftliche Auf- und Abstiege. Sie sorgt für eine dynamische Umverteilung von Reichtum und damit für Wertschöpfung; mit ihrem Bett, so heißt es, wird das „Geld [ge]münzt[...]" (G, 279) – eine Ursprungs- und Geburtsphantasie. Die exorbitanten Bedürfnisse der Kurtisane Esther[76] fungieren entsprechend als Trendsetter eines sich veredelnden Massengeschmacks; über das Domizil Esthers heißt es: „Alles, was an Luxus vor der Revolution von 1830 ausgedacht worden war, machte dieses Haus zum Vorbild guten Geschmacks" (G, 228). Der ,Appetit' der Kurtisane heizt die Produktion von Luxusartikeln an, die nach Balzac für die ökonomische ,Gesundheit' einer Nation von Bedeutung ist; Luxus sei ein befruchtendes Prinzip der Industrie, wie der Autor in seinem Traktat über das elegante Leben festhält.[77] In *Glanz und Elend der Kurtisanen* heißt es:

> Jeden Tag schießen in Paris hundert und mehr Leidenschaften gleich der Nucingens empor, die sich durch Raritäten glaubhaft machen müssen, wie sie Königinnen sich nicht zu schenken wagen, auf Knien aber jenen Mädchen dargebracht werden, die – wie Asie sagt – zu glänzen lieben. Ohne solche Einzelheiten würde eine ehrbare Bürgersfrau nicht begreifen, wie ein Vermögen in den Händen dieser Geschöpfe dahinschmelzen kann, deren soziale Obliegenheit im System Fouriers vielleicht darin besteht, daß sie das Unglück, das Geiz und Habgier anrichten, wieder gutmachen. Solche Verschwendung wirkt ohne Zweifel auf den sozialen Organismus wie ein Aderlaß auf einen vollblütigen Körper (G, 250).

Dieser Vergleich spielt auf den Maler Raphael Sanzio an, der für Figurenkonstellation, Poetik und Wirtschaftskonzept Balzacs zentral ist: Stirbt Raphael nach einem seiner zahlreichen Liebesabenteuer an einem Aderlass, so ist diese ,Verschwendung' für Balzac Ausdruck energetischer Zirkulation.[78] Das Luxusbedürfnis der Kurtisane erscheint vor diesem Hintergrund als

---

Itta (Hrsg.): *Heinrich Heine in Jerusalem.* Hoffmann und Campe: Hamburg 2006, S. 122–137, S. 130–131, S. 135.

76 Sie hat ihrem Metier allerdings zu Beginn des Romans abgeschworen und versucht eine romantische Liebesbeziehung zu leben. Balzac nimmt eine ,Reinigung' der Figur vor, ,rettet' sie aus ihrem Milieu und schildert eine ähnliche Kasernierung, wie Parent-Duchâtelet sie vorsieht; Esther begibt sich in ein Konvent; Bernheimer 1985, S. 27.

77 Blaschke, S. 200.

78 Cf. dazu Lathers, Marie: *Bodies of Art. French Literary Realism and the Artist's Model.* University of Nebraska Press: Lincoln / London 2001, S. 62.

medizinisches Heilmittel, das den Geldfluss im nationalen ‚Körper' reguliert und die Stockungen, die zum Beispiel geizige ‚Schatzbildner' verursachen, beseitigt. Die Kurtisane gleicht die Wirkungen schlechter Leidenschaften wie Habgier und Geiz aus, die den Geldfluss hemmen.[79]

Die Vorstellung dynamischer Zirkulation verknüpft das obige Zitat zusätzlich mit dem System von Charles Fourier, der einen utopischen Sozialismus propagiert. Der Philosoph geht von der biopsychischen Natur des Menschen aus, um Leben, Arbeit und soziale Beziehungen auf „den Nenner einer wirklichen Bedürfnisbefriedigung [zu] bringen".[80] Fourier entwirft einen Mikrokosmos aus Leidenschaften, aus individuellen Begierden (Balzacs Konzept des Appetits analog), und postuliert eine allgemeine Anziehung der Natur, die sich in materiellen, organischen und animalischen Bewegungen des Daseins äußere. Erst eine in Freiheit agierende Gesellschaft bringt nach Fourier „die Attraktionen der Umwelt wieder mit den inneren Neigungen des Lebens in Einklang und unter die Herrschaft der Leidenschaften und des Wunsches".[81] Er unterscheidet nicht weniger als 810 Leidenschaften, unter anderem fünf sensitive (die die Wahrnehmung betreffen), vier affektive (Freundschaft, Liebe, Ehrgeiz sowie Familiensinn) und drei distributive (Intrigentrieb, Abwechslungstrieb und „Einungstrieb").[82] Diese Triebe bestimmen die Organisation von Sozietäten und ihre Arbeitsformen. „Nach ihnen [den Trieben; F.S.] bzw. der damit für sie gegebenen Attraktivität bestimmter Arbeiten teilen sich die Menschen diese Arbeiten in der Großkommune auf und erledigen sie zur wechselseitigen Befriedigung und mit hoher Produktivität."[83] Fouriers System verknüpft also Begierden, wie sie die Kurtisane repräsentiert und initiiert, mit Arbeit. Balzacs Bezüge zu

---

79 Zu diesem Loblied auf die Geldzirkulation, die die luxusversessene Kurtisane in Gang hält, gehört auch, dass in Balzacs Kosmos die Differenzen zwischen altem Vermögen und durch ‚falsche Schulden' sowie sexuelle Arbeit erwirtschaftetem Besitz verwischt werden; das Gefängnis erweist sich entsprechend als tauglicher Ort, um Kapital zu generieren.

80 Wendt, Wolf Rainer: *Geschichte der Sozialen Arbeit.* Bd. 1: *Die Gesellschaft vor der sozialen Frage.* 5. Aufl. Lucius & Lucius: Stuttgart 2008, S. 151. Zum Antisemitismus Fouriers und seiner Schüler cf. Samuels, S. 74.

81 Wendt, S. 151.

82 Ibid.

83 Ibid., S. 151–152.

Raphael und Fourier lassen die Körperarbeit der Kurtisane als produktive bzw. ausgleichende Tätigkeit erscheinen, die die Zirkulation von Geld und Waren im nationalen ‚Körper' garantiert und damit der Industrie bzw. dem Reichtum eines Landes förderlich ist.

Schöpferische Zerstörung und Kontingenz: Dynamische Wirtschaftsprinzipien und Weiblichkeit

Balzacs Kurtisane antizipiert in gewissem Sinne das Prinzip der ‚schöpferischen Zerstörung', das Joseph Schumpeter im frühen 20. Jahrhundert entwickelt, denn ihr Wert bemisst sich an verzehrten Reichtümern: „Vernichtete Vermögen sind die Rangabzeichen dieser Geschöpfe" (G, 224). Die Kurtisane verkörpert ein vitalistisches Prinzip, eine *sauvage énergie*, die Balzac dem älteren Konzept, einer Energetik des Mangels, entgegensetzt; für dieses steht das Chagrinleder, das sich mit den exzessiven Wünschen seines Besitzers verkleinert, nicht aber expandiert.[84] Das vitalistische Prinzip dynamisiert die gesellschaftliche Ordnung sowie einzelne Körper, deren Appetit unermesslich zu sein scheint und die sich im Rausch der Sinne und der Fülle aufzulösen versuchen. Die Prostituierte repräsentiere, so hält Thomas Stöber fest, die sexuelle Variante dieser „appétits brutaux".[85]

Der Roman *Glanz und Elend der Kurtisanen* beschwört den Appetit der Kurtisane wiederholt in drastischen Bildern, die Zerstörung, Belebung und Kontingenz eng miteinander verknüpfen und beispielsweise an die Todsünde der Völlerei, *gula*, erinnern. Esther beschäftigt die Kupplerin Asie[86] auch als Köchin; auf den Hinweis, dass der Name „Asie" merkwürdig sei, entgegnet die Kurtisane:

> Es ist unser Beruf, daß wir komisch sind [...]. Sehen Sie, kann denn ein armes Mädchen nicht Asie für sich kochen und sich von Europe [der Name des Zimmermädchens; F.S.] kleiden lassen, während Sie [gemeint ist der Baron Nucingen; F.S.] doch von der ganzen Welt leben? Das ist schon sagenhaft, was? Es gibt

---

84 Cf. zu diesem Gegensatz Stöber, Thomas: *Vitalistische Energetik und literarische Transgression im französischen Realismus-Naturalismus. Stendhal, Balzac, Flaubert, Zola*. Narr: Tübingen 2006, S. 55, S. 60. Die *écriture* Balzacs reproduziere den Überfluss als amimetisches *supplement* der Signifikanten; ibid., S. 77–78.
85 Ibid., S. 56.
86 Cf. zur Funktion der Kupplerin Corbin, S. 133–134.

Frauen, die die ganze Erde verschlingen würden, und ich will nur die Hälfte; so ist das (G, 249–250).[87]

Zerstörung, wie sie hier das Bild der Völlerei aufruft, und Produktivität bilden bei Balzac eine Einheit; ihre Dynamik wird über die Kontingenz gesteigert, die die Kurtisane in das Wirtschaftsleben einbringt – wen der Blitzstrahl des Begehrens trifft, ist unvorhersehbar. Der Zufall spielt in Balzacs Erzählen insgesamt eine zentrale Rolle: Paris gilt dem Autor *in toto* als „Ort extrem gesteigerter Kontingenz", als gigantischer Roulette-tisch,[88] an dem sich die unterschiedlichsten Typen treffen, der kalt berech-nende Spieler Vautrin, der das Rad der Fortuna für sich zu nutzen versucht, ebenso wie der visionäre *poeta vates* aus dem Roman *Peau de Chagrin*.[89] Der Roman *Glanz und Elend der Kurtisanen* entwirft entsprechend eine Vielzahl an weiblich codierten Vanitas- und Kontingenz-Phantasien. Über einen Trödelladen für Altkleider, dem Asie vorsteht – Kupplerinnen von Kurtisanen waren *realiter* häufig Kleidermacherinnen oder im Verleih tätig[90] –, heißt es:

Dort thronte Asie bald unter dem Namen Saint-Estève, bald unter dem ihres Ge-schöpfes, der Madame Nourrisson, mitten unter dem schönsten Putz von ehedem, der jenen grauenhaften Zustand erreicht hatte, in dem Kleider keine Kleider mehr, aber auch noch keine Lumpen sind (G, 192).

---

87 Diese Aussage stellt eine Parallele zwischen dem Appetit der Kurtisane und dem jüdisch markierten Finanzier Nucingen her, der einer topischen Tradition gemäß als Dieb stigmatisiert wird.

88 Nitsch, Wolfram: „Rechner und Seher: Balzacs Spieler im Horizont der Roman-tik". In: Kleinschmidt, Erich (Hrsg.): *Die Lesbarkeit der Romantik. Material, Medium, Diskurs*. De Gruyter: Berlin 2009, S. 55–81, S. 64; cf. zum Motiv des Spiels ebenfalls Warning, Rainer: „Chaos und Kosmos. Kontingenzbewältigung in der *Comédie humaine*". In: Id.: *Die Phantasie der Realisten*. Fink: München 1999, S. 35–76. David F. Bell betont die Differenz zwischen Balzacs Kontingenz-konzept (insbesondere des Begriffs *hasard*) und Newtons Ordnungsmodell; Bell, David F.: *Circumstances. Chance in the Literary Text*. University of Nebraska Press: Lincoln / London 1993, S. 111–116; er unterstreicht, dass dem Spieler an Zirkulation, nicht aber an Besitz gelegen sei; ibid., S. 168.

89 Cf. dazu Nitsch, S. 66, S. 68, S. 73.

90 Corbin, S. 133–134.

Die dekadente Opulenz dieses Kuriositäten- und Antiquitätenladens, der an Balzacs eigene Sammelleidenschaft erinnert und eindringliche Todesphantasien beschwört,[91] wird *en detail* beschrieben:

> Hier sieht man armseligen Nachlaß, den der Tod mit seiner entfleischten Hand dorthin geworfen hat; unter einem Schal vermeint man schwindsüchtiges Röcheln zu vernehmen; ein golddurchwirktes Kleid läßt qualvolles Dahinsterben im Elend ahnen. Aus zarten Spitzen spricht der grausame Widerstreit zwischen dem Luxus und dem Hunger. Ein federgeschmückter Turban ruft das Bild einer Königin zurück, läßt ihr Antlitz, ja sogar die Haltung ihres Kopfes wiedererstehen. Hier bringt das Schöne Scheußliches. [...] Es gleicht einem Haufen verwesender Blumen, aus dem hier und dort eine gestern geschnittene Rose glänzt, die nur einen Tag getragen wurde, auf dem stets eine kahle, zahnlose Alte hockt, die leibliche Nichte des Wuchers, die verkörperte Gelegenheit, der das Erschachern der Hülle so in Fleisch und Blut übergegangen ist, daß sie bereit ist, auch den Inhalt zu verschachern: das Kleid ohne die Frau oder die Frau ohne das Kleid! (G, 192)

Kontingenz bedeutet in dieser Beschreibung Dekadenz, Tod und Zerstörung – ein alter Begleiter der Fortuna ist das Gerippe. Asie, die Gehilfin des Erzbetrügers Collin, firmiert in dieser Untergangsvision als *occasio*, die der emblematischen Tradition nach mit langen Stirnfransen und haarlosem Hinterkopf dargestellt wird, um das Verpassen von Gelegenheiten zu illustrieren.[92] Im französischen Original heißt es:

> C'est un fumier de fleurs où, ça et là, brillent des roses coupées d'hier, portées un jour, et sur lequel est toujours accroupie une vieille, la cousine-germaine de l'Usure, l'Occasion chauve, édentée, et prête à vendre le contenu, tant elle a l'habitude d'acheter le contenant, la robe sans la femme ou la femme sans la robe![93]

---

91 Cf. zum Motiv der Sammlungen, die sich dem Tausch entziehen und Traumqualitäten besitzen können, Finkelde, Dominik: „Musealisierte Welt: Zum Motiv des Sammelns bei Benjamin, Flaubert und Balzac". In: Witte, Bernd (Hrsg.): *Topographien der Erinnerung: Zu Walter Benjamins „Passagen".* Königshausen & Neumann: Würzburg 2008, S. 248–257, S. 256.

92 Cf. Kirchner, Gottfried: *Fortuna in Dichtung und Emblematik des Barock. Tradition und Bedeutungswandel eines Motivs.* Metzler: Stuttgart 1970, S. 28.

93 Honoré de Balzac: „Splendeurs et Misères des Courtisanes". In: Id.: *Œuvre Complètes.* Hrsg. v. Bouteron, Marcel / Longnon, Henri. Bd. 15: *La Comédie humaine. Études de moeurs: Scènes de la vie parisienne. 3: Splendeurs et misères des courtisanes (Comment aiment les filles. À combien l'amour revient aux vieillards).* Éditions Louis Conard: Paris 1948, S. 182.

Die ‚Kehrseite' der schönen Kurtisane ist die kahle, zahnlose Gelegenheit, die erbarmungslos den Glückswechsel zum Schlechten, zum Tod, herbeiführt;[94] die traditionsreichen Occasio-Fortuna-Darstellungen thematisieren neben Zeit meist auch den Tod.[95] Balzacs Roman bewertet die Kurtisane (samt ihrer Entourage) also einerseits als todbringende Fortuna, andererseits jedoch aufgrund ihrer dynamisierenden Funktion und ihrem Interesse an Luxus als volkswirtschaftlich relevante Kraft, mithin als Modell schöpferischer Zerstörung. *Sex work* gilt jedoch nicht als Arbeit, wie bei Daniel Defoe, sondern als Bestandteil einer hypertrophen Luxuskonsumption, die statische Vermögensverhältnisse torpediert, die Zirkulation von Waren sowie Vermögen befördert und die Industrie beflügelt, indem neue Bedürfnisse kreiert und popularisiert werden. Émile Zola wird diese Idee einer produktiv-zerstörerischen Konsumption der Kurtisane mit Nachdruck in Frage stellen.

Dekadenz und Animalität: Émile Zolas *Nana*

Für Zola stellt Prostitution (als Dienstleistung) ebenfalls keine wertschöpfende Arbeit dar, ebenso wenig eine produktive, gesellschaftlich relevante Form der Konsumption; sie lässt vielmehr zusammen mit den alten Vermögen die etablierte Gesellschaftsordnung erodieren und erscheint ausschließlich als bedrohliches Phänomen. *Sex work* firmiert in *Nana* ausdrücklich als Nicht-Arbeit: Für die Polizei, die unregistrierten Prostituierten nachspürt,[96] gelten „weiße Hände" ohne die Male körperlicher Arbeit als untrügliches Zeichen der Prostitution (N, 288). Die ausschließlich negative Bewertung der Kurtisane ist auf Zolas Einschätzung menschlicher Triebenergien zurückzuführen, die seiner Auffassung nach keine positive Dynamik mehr zu entfalten vermögen, sondern einen ebenso zerstörerischen wie animalischen Charakter besitzen,[97] zudem nicht mehr einigen wenigen, exponierten Ausnahmegestalten (wie Balzacs Vautrin) vorbehalten sind, sondern zur

---

94 Im Zeichen der Fortuna steht der gesamte Plot; die Machenschaften von Jacques Collin und Lucien kommen lediglich durch Zufälle an den Tag. Auch das plötzliche Erbe der Kurtisane Esther lässt sich nicht voraussagen.

95 Kirchner, S. 27.

96 Cf. für den polizeilichen Umgang mit dieser Gruppe Corbin, S. 107–110.

97 Stöber, S. 118.

schlechten Norm verkommen.[98] Die Kurtisanen aus Zolas Text, die aus den ‚Abgründen' der Gesellschaft, aus niederen Volksschichten, stammen – die Realitäten sahen anders aus[99] –, verkörpern das Animalische, den Verfall und das Abjekte, das die bürgerliche wie aristokratische Ordnung zunehmend infiziert. Zola lässt die Ängste vor der revolutionären Kraft unterer Klassen plastisch werden.[100]

Der Schönheit der Kurtisane, die die Männer in Raserei versetzt, kommt damit ein anderer Stellenwert zu als in Balzacs Roman, wie sich bereits an Nanas erstem Auftritt ablesen lässt: Ihre betörende Attraktivität wird im Angesicht des nackten Körpers erfahrbar, nicht aber durch extravagant-avantgardistische Mode (wie bei Esther) oder durch ein erotisierendes Spiel zwischen Ver- und Enthüllung evoziert. Die Nacktheit, die Nana als Venus auf dem Theater aufführt, ruft das Phantasma einer naturhaften Schönheit als kontingente Ressource auf, die nicht als sozialer Faktor oder Habitus in den Blick kommt. Schönheit erscheint in Zolas Roman als naturgegebenes Faktum, als Laune einer kapriziösen Natur, die aus dem ‚Brodem' der Unterschicht, dem ‚Misthaufen' der Verworfenen, Attraktivität zeugt – diese organologische Vorstellung malt der Roman in vielfältigen Variationen aus. Zolas Text inszeniert Schönheit als unantastbare weibliche Macht, die dem Männlichen vollkommen entzogen ist – Nanas Körper erscheint deshalb wiederholt als phallischer. Soziologischen Studien nach ist Schönheit hingegen ein symbolischer Wert und ein intersektionales Phänomen mit asymmetrischer Struktur,[101] weil sie als primär weibliches Skript auf den männlichen Blick verweist. Schönheit als erotisches Kapital und Macht produziere *bodies-for-others*,[102] inkorporiere Normen bzw. Haltungen und zementiere auf diese Weise die Unterlegenheit der Frau. „[B]eauty has been associated with women's traditional powerlessness";[103] die den Akten der

---

98   Ibid., S. 127.
99   Corbin hält fest, dass die *femmes galantes* meist aus der gebildeten bürgerlichen Klasse stammten oder aber aus dem Theatermilieu, S. 135.
100 Ibid., S. 142.
101 Penz, S. 9.
102 Ibid., S. 24.
103 Lambert, Ellen Zetzel: *The Face of Love. Feminism and the Beauty Question.* Beacon Press: Boston 1995, S. 15; cf. dazu auch Brownmiller, Susan: *Weiblichkeit.* Fischer: Frankfurt a.M. 1988.

Verschönerung innewohnende symbolische Gewalt stabilisiere die männliche Herrschaft, so Otto Penz.[104] Zolas Roman deutet den strukturellen Zusammenhang von männlicher Macht und Schönheit zumindest an einer Stelle an: Als Nana kurzzeitig mit einem Schauspieler liiert ist, gleitet das kleinbürgerliche Verhältnis in sadomasochistische Gewalt ab – ausgerechnet die Schläge des Mannes lassen Nanas sich rötenden Teint als besonders schön erscheinen.

Die Naturalisierung weiblicher Schönheit, die Zolas Roman vornimmt, signalisiert, mit Winfried Menninghaus gelesen, einen Prozess kultureller Entdifferenzierung: Dominiere das Gesetz sexueller Attraktion durch Schönheit, das gesellschaftliche Heiratspolitiken in der Regel stillstellten, so kehre die Gesellschaft (vor dem Hintergrund darwinistischer Prämissen) in das Tierreich zurück. Menninghaus hält fest,

> dass praktisch alle von Menschen erfundenen sozialen Reglementierungen der Sexualität und der Partnerfindung das Wirken ästhetisch-sexueller Selektion ins Reich der Tiere oder der menschlichen primeval times relegieren. Menschliche Kultur kann im Sinne Darwins sofern generell und geradezu als tendenzielle Blockade sexueller Selektion definiert werden [...]. Unter modernen Geschlechterverhältnissen bestimmt Darwin vor allem die Rücksicht auf Reichtum und soziale Position als unvereinbar mit der Evolution ästhetisch bevorzugter Merkmale.[105]

In Zolas Roman hat die ästhetisch-sexuelle Attraktion die Oberhand gewonnen, auch in *Nana* Signum einer Animalität, die die gesellschaftliche Ordnung zersetzt – Nana wird wiederholt als Schmeißfliege und Gans bezeichnet (N, 223, 239, 228). Schönheit stellt für Émile Zola also nicht, wie für Daniel Defoe, erotisches Kapital auf dem Arbeitsmarkt dar, das für personenbezogene Dienstleistungen eine gewichtige Rolle spielt,[106] sondern sein Roman inszeniert Schönheit als natürlich-animalische Größe, die einem destruktiven Konsum Vorschub leistet.[107]

104 Penz, S. 12.
105 Menninghaus, Winfried: *Das Versprechen der Schönheit*. Suhrkamp: Frankfurt a.M. 2003, S. 118–119.
106 Penz, S. 39.
107 Ibid., S. 17–19.

Sexualisierung und Intimisierung des öffentlichen Raums: Parzellierte Frauenkörper

Ist Nanas Schönheit ein ‚Stück Natur‘, so wird ihr konsequenterweise jegliche Kompetenz als Schauspielerin abgesprochen, zumal die ‚Verstellungskunst‘ der Frau (insbesondere seit Friedrich Nietzsches Ausführungen) *per se* als natürliche Begabung gilt. Das Theater firmiert in Zolas Roman entsprechend nicht primär als Arbeitsplatz, sondern ausschließlich als derjenige Aufführungsort weiblicher Körper, von dem die Erotisierung gesellschaftlicher Verhältnisse ihren Ausgang nimmt. Der Text assoziiert, wie im ausgehenden 19. Jahrhundert geläufig, Weiblichkeit, Prostitution, Sexualität und Theater,[108] wobei Theater und Prostitution auch in topographischer Hinsicht häufig benachbart sind, in Wien ebenso wie in New York und anderen Großstädten.[109] In Zolas Roman wird der schöne Körper der Schauspielerin im theatralen Raum auf besonders raffinierte Weise parzelliert und fetischisiert, um Begehren zu wecken; es heißt beispielsweise: „Den ganzen Korridor entlang sah man durch Türspalten nackte Körperteile, weißes Fleisch und helle Wäsche" (N, 166). Das Theater ist als männlich dominierter Blickraum gestaltet, der den weiblichen Körper systematisch fragmentarisiert, in Zolas Werken eine grundlegende Voraussetzung für dessen Fetischisierung, wie die Schilderung des modernen Kaufhauses in Zolas Roman *Au Bonheur des Dames* ebenfalls verdeutlicht.[110]

---

108 Cf. dazu insgesamt Möhrmann, Renate (Hrsg.): *Die Schauspielerin. Zur Kulturgeschichte der weiblichen Bühnenkunst.* Insel: Frankfurt a.M. 1989; Pullen, Kirsten: *Actresses and Whores. On Stage and in Society.* Cambridge University Press: Cambridge et al. 2005; Fertl, Evelyn: *Von Musen, Miminnen und leichten Mädchen. Die Schauspielerin in der römischen Antike.* New Academic Press: Wien 2005; Helleis, Anna: *Faszination Schauspielerin. Von der Antike bis Hollywood.* Braumüller: Wien 2006; Hinz, Melanie: *Das Theater der Prostitution. Über die Ökonomie des Begehrens im Theater um 1900 und der Gegenwart.* Bielefeld 2014; cf. zum Status von Schauspielerinnen im Zweiten Kaiserreich, die in der Regel in die Nähe von Kurtisanen gerückt wurden, Mey, S. 127–129.

109 Helleis, S. 27–28.

110 Cf. dazu Schößler, Franziska: „Die Konsumentin im Kaufhaus. Weiblichkeit und Tausch in Émile Zolas Roman *Au Bonheur des Dames*". In: Mein, Georg / Id. (Hrsg.): *Tauschprozesse. Kulturwissenschaftliche Verhandlungen des Ökonomischen.* Transcript: Bielefeld 2005, S. 245–273.

Neben den Theatern versprechen in *Nana* die labyrinthischen Passagen (Vorläufer der Kaufhäuser) Lust, Erotik und Glück. Es handelt sich dabei, so Walter Benjamin, um

> glasgedeckte, marmorgetäfelte Gänge durch ganze Häusermassen, deren Besitzer sich zu solchen Spekulationen vereinigt haben. Zu beiden Seiten dieser Gänge, die ihr Licht von oben erhalten, laufen die elegantesten Warenläden hin, so dass eine solche Passage eine Stadt, eine Welt im Kleinen ist.[111]

Die Passagen sind „eine neue Erfindung des industriellen Luxus", wie es in einem Pariser Führer von 1852 heißt,[112] und befinden sich nicht selten in unmittelbarer Nachbarschaft zum Theater. In *Nana* stellt die Passage – es handelt sich um die *passage des Panoramas*, die Prostituierte in besonderem Maße frequentierten[113] – das Intime ebenso zur Schau wie das Theater, fungiert also in gewissem Sinne als Interieur (N, 216). Zola setzt eine umfassende Intimisierung und Erotisierung des öffentlichen Raums durch die ‚obszöne' Ausstellung weiblicher Körper in Szene. Er reagiert damit, so lässt sich mit Alain Corbin vermuten, auf die grundlegende Umstrukturierung der öffentlichen Sphäre, auf die architektonischen Neuerungen der „Hausmannization", die das Spektakuläre und den Ausstellungscharakter der Stadt steigert und die Prostituierten sichtbar werden lässt; sie rücken aus dem Schatten und der Verborgenheit heraus.[114]

Der Roman feiert, um seine Dekadenzvision einer rasend gewordenen Konsumption plastisch werden zu lassen, wahre Orgien des Schmutzes, die das Weibliche zum Abjekt abwerten. Dekadenz wird zum buchstäblichen Schmutz materialisiert und damit, ähnlich wie Schönheit, naturalisiert. Als einer der zahlreichen Verehrer im Theater durch ein „offengebliebenes Guckloch" blickt, sieht er „unter dem strahlenden Gaslicht" einen „einsam vergessene[n] Nachttopf mitten in einem Wust von Röcken, die am Boden herumlagen" (N, 166). Nach und nach infizieren sich Aristokratie, Theater und Passagen mit Begehren und Schmutz, abstrakter gesprochen: mit denjenigen entdifferenzierenden Kräften, die die Kurtisane mit ihrer

---

111 Benjamin, Walter: „Das Passagen-Werk". In: Id.: *Gesammelte Schriften*. Bd. V.2. Hrsg. v. Tiedemann, Rolf. Suhrkamp: Frankfurt a.M. 1982, S. 538.
112 Zitiert nach ibid.
113 Corbin, S. 140–141.
114 Ibid., S. 204–205.

Schönheit und ihrem Konsumhunger aus der Büchse der Pandora befreit. Das Theater verwandelt sich in hyperbolischen Kontrastbildern zum Müllhaufen, zur Kloake:

> In dem ungeheuren Raum war wie von der Laterne auf einem Eisenbahnmast nur eine Fläche von ein paar Metern Umkreis erhellt, auf der die Schauspieler mit ihren tanzenden Schatten hinter sich bizarren Traumbildern glichen. Der übrige Teil der Bühne war mit Dunst erfüllt, einem Abbruchsbau, einem ausgeweideten Schiffsrumpf vergleichbar; da standen Leitern, Kulissenrahmen und Versatzstücke herum, die mit ihrer verblichenen Bemalung wie Schutthaufen wirkten; und in der Luft schwebten Hintergrundprospekte und sahen aus wie alte Lappen, die in irgendeinem Lumpenspeicher an Balken aufgehängt sind. Ganz oben fiel ein Sonnenstrahl durch ein Fenster und zerschnitt die Nacht des Gewölbes wie ein Streifen aus Gold (N, 292).

Ähnlich wie die ‚Schmeißfliege' Nana auf paradoxe Weise mit ihrer Schönheit ‚glänzt', wird der Abfall durch einen Sonnenstrahl nobilitiert.[115]

Der Schluss des Romans unterstreicht, dass Schönheit als Natur eine äußerst labile Ressource wirtschaftlicher Prosperität darstellt und immer schon mit ihrer Kehrseite, dem Verfall, infiziert ist.[116] In einer gewaltvollen Geste poetischer Gerechtigkeit verwandelt sich die schöne Nana in ‚Schmutz', als eine Krankheit Gesicht und Körper bis zur Unkenntlichkeit entstellt – Gustave Flaubert war von dieser unbarmherzigen Destruktionsphantasie nachhaltig beeindruckt, wie ein Brief aus seinem Todesjahr 1880 belegt. Der drastische körperliche Verfall Nanas lässt anschaulich werden, dass die Kurtisane im Grunde die Hässlichkeit der gesellschaftlichen Zustände, das unersättliche Begehren und einen maßlosen, destruktiven Konsum allegorisiert. Wecken Kurtisanen das Begehren gut betuchter Männer, die sich zu irrationalen Verausgabungen hinreißen lassen und ihren eigenen

---

115 Über eine der Schauspielerinnen heißt es entsprechend: „Diese kleine Mathilde, ein wahrer Drecklappen von einer Naiven, hielt ihren Ankleideraum äußerst unsauber" (N, 303). Der Text vollzieht auf sprachlich-stilistischer Ebene diejenige Entdifferenzierung, die er diagnostiziert. Auch Zola kennt, ähnlich wie Balzac, einen ‚Überfluss' an Sprache bzw. eine gleitende Metaphorik und arbeitet diverse Sprachkulturen in seine Texte ein, lässt jedoch, anders als Balzac, die Grenze zwischen auktorialem Erzählgestus und den subkulturellen Varietäten verschwimmen; Stöber, S. 133. Zolas Entgrenzungen produzierten zudem eine Akkumulation von Gewalt; ibid., S. 145.

116 Cf. Penz, S. 14.

Untergang riskieren, so werden über diesen Typus auf ebenso hyperbolische wie personalisierte Weise die Ängste und Irritationen verhandelt, die die neu entstehende Konsumgesellschaft im 19. Jahrhundert mit sich bringt. Corbin stellt entsprechend einen unmittelbaren Zusammenhang zwischen den neuen, lichtdurchfluteten Warenhäusern und der Sichtbarkeit der käuflichen Frau her.[117] Die Schönheit der Kurtisane als Bedingung weiblicher *body work* ist bei Zola weder Kulturpraxis noch besitzt sie eine produktive Dimension; sie wird vielmehr als kontingente natürliche Ressource aufgefasst, die die zivilisatorische Ordnung durch die Verschwendung alter Vermögen und die Entdifferenzierung der Klassen zerstört.

Die hier untersuchten Romane von Defoe, Balzac und Zola lassen eine Diskursverschiebung fassbar werden, die die Kurtisane aus dem Feld produktiver Arbeit in die ‚dubiose' Sphäre des Luxuskonsums (als Avantgarde der industriellen Massenkonsumption) überführt. Dieser konfrontiert die Zeitgenossen mit dem schwer zu durchschauenden Phänomen ‚künstlicher' Bedürfnisse, die von der Produktion abgekoppelt werden. Defoe fasst *body work* noch als Grundlage eines erfolgreichen Unternehmertums auf, als Möglichkeit wirtschaftlicher Handlungsmächtigkeit von Frauen, die Zugang zum Markt haben, mit ökonomischem Wissen ausgestattet sind und an hohen politischen Zirkeln partizipieren. Allerdings verlangt dieser Lebensentwurf permanente Mobilität und letztlich kriminelle Energien: Auf dem Weg Roxanas bleibt eine Leiche zurück, die ihrer Tochter, die die Rollenspiele der Mutter zu durchschauen beginnt. Der Preis, den Defoes Kurtisane bezahlt, ist mithin ein sesshaftes, identitäres Leben. Balzac hingegen profiliert den Luxuskonsum seiner Kurtisane, der die industrielle Produktion eines Landes zu befördern vermag, während Zola die azivilisatorischen, ‚natürlichen' Kräfte weiblicher Schönheit betont, die einen ausschließlich destruktiven Konsum initiiert. Schönheit und Sexualität stellen in allen drei Romanen die zentralen Ressourcen von Frauen dar, um sich ihr Leben zu verdienen.

Die Verknüpfung von Weiblichkeit und Konsum wird bis in das 20. Jahrhundert hinein (auch) im literarischen Diskurs Geltung besitzen und deshalb im folgenden Kapitel am Beispiel von Gustave Flauberts *Madame*

---

117 Ibid., S. 205.

Bovary, Erich Köhrers *Warenhaus Berlin* – ein heute vergessener Bestseller mit antisemitischem Tenor – und Theodore Dreisers *Sister Carrie* genauer behandelt. Die Romane stellen einen engen Konnex zwischen Liebesdiskurs und Konsumption her, die (zumindest in den europäischen Texten) als moralisch fragwürdige Praxis erscheint, selbst als sie in die Hand von (Klein-)Bürgerinnen übergegangen ist. Gustave Flaubert assoziiert die Einkäufe seiner Protagonistin mit sexuellen Ausschweifungen; Erich Köhrer macht Frauen zu willenlosen Opfern der *occasio* in Liebesdingen wie im Kaufhaus. Der Roman des US-Amerikaners Theodore Dreiser hingegen führt Konsumption als sozialen Akt vor, der Kommunikation, Anerkennung und Wohlbehagen mit sich bringt. Dass Konsum auch Arbeit ist, Planung, Kalkül und die Antizipation der Bedürfnisse anderer als Ausdruck von Sorge erfordert, wird nahezu ausschließlich in nicht-literarischen Texten zum Thema.

3. Konsum und Geschlechterstereotypen bei Gustave Flaubert, Erich Köhrer und Theodore Dreiser

Luxuskonsum und der ‚demokratisierte' bzw. industrialisierte Massenkonsum als Phänomene einer sich modernisierenden Wirtschaft gelten in literarischen Texten (wie im Alltagsdiskurs) bis in das 20. Jahrhundert hinein als weibliche Sphäre.[1] Modernität trägt damit, so Rita Felski, ein weibliches Gesicht: „The figure of the consuming woman was [...] to become a semiotically dense site of cultural imaginings of the modern and its implications for the relations between women and men."[2] Seit dem ausgehenden 19. Jahrhundert treibt die Käuferin als neuer Wirtschaftstypus die Gemüter um, in Amerika ebenso wie in England und Frankreich, später auch in Deutschland; ihr Spielfeld sind die neu entstehenden Kaufhäuser: „Women and the new department stores became partners in a profound cultural transformation."[3] Die großen Kaufhäuser – ein ab 1900 auch in Deutschland urbanes Phänomen[4] – verändern den Habitus und die Spielräume der bürgerlichen Frau, die nun als ‚public woman' jenseits des Privaten und der Kirche die öffentliche Sphäre betritt[5]:

---

1 Cf. zu einschlägigen Beiträgen der rezenten geschichtswissenschaftlichen Konsumentenforschung, die die Kategorie Gender berücksichtigen, Ellmeier, Andrea: „S/he: The Making of the Citizen Consumer. Gender und Konsumgeschichte/feministische Konsumgeschichte revisited". In: *L'Homme. Europäische Zeitschrift für feministische Geschichtswissenschaft* 18 (2), 2007, S. 91–103. Ellmeier hält fest, dass sich die Zuordnung von Konsum und Weiblichkeit seit den 1980er Jahren auflöse.

2 Felski, Rita: *The Gender of Modernity.* Harvard University Press: Cambridge, Mass. 1995, S. 65.

3 Abelson, Elaine S.: *When Ladies go A-thieving. Middle-class Shoplifters in the Victorian Department Store.* Oxford University Press: Oxford 1989, S. 40.

4 Cf. zur Entwicklung in Deutschland Briesen, Detlef: *Warenhaus, Massenkonsum und Sozialmoral. Zur Geschichte der Konsumkritik im 20. Jahrhundert.* Campus: Frankfurt a.M. 2001, S. 4.

5 Abelson, S. 13.

Toutefois, il faut reconnaître que par le grand magasin la femme acquiert une nouvelle place dans la société; elle n'est plus uniquement dans son foyer ou à l'église. Dans le grand magasin, elle a un rôle économique fort. Elle ne se contente plus de recevoir, elle rend et consomme au gré de ses désirs.[6]

Das große Kaufhaus ist gleichwohl konsequent auf den Haushalt, auf die privaten Belange des Heims zugeschnitten: „wie zu Hause" sollten sich die Kundinnen fühlen. Der Arzt Paul Dubuisson, der die Kleptomanie als flankierendes Symptom des neuen ‚Konsumrauschs' untersucht, bezeichnet das Kaufhaus als zweites Heim, „only a home which is grander, more beautiful, more luxurious than the first, where she can spend all her time without caring for the interior, and where she will find around her only what she sees as pleasing."[7]

Ein wesentlicher Effekt dieser Allianz von Weiblichkeit und Konsum ist die Erotisierung der Waren- und Arbeitswelt im Kaufhaus. Die Beiträge, die um 1900 in der amerikanischen Zeitung *Dry Goods Economist* erscheinen, betonen

the highly suggestive and eroticized level of consumer appeal often found in the department stores. Comparing the new ‚dainty' feminine undergarments with ‚grandmother's serviceable, severe stuff', the writer noted how tempting this ready-to-wear lingerie appeared to the woman of small means but delicate taste.[8]

(Weibliche) Sexualität wird auf die Warenwelt übertragen und zu Werbezwecken eingesetzt, während zeitgenössische Schriften eindringlich vor dem moralischen Verfall der Verkäuferinnen und Käuferinnen warnen. Man stilisiert das Kaufhaus zu einem rauschhaften Ort der Sinnlichkeit, wie Zola in seinem einflussreichen Roman *Au Bonheur des Dames*: „No Novel of Zola's, not even *La Curée* or *La Faute de L'Abbé Mouret*, includes more – and more open – sexual imagery".[9] Die Waren als Accessoires des weiblichen Körpers repräsentieren diesen metonymisch und beschwören Phantasien von verführerischen Leibern und Hingabe.

---

6 Le Bail, Stéphanie: „*Au Bonheur des Dames*: le magasin féminin d'un magasin imaginaire". In: *Les cahiers naturalistes* 45, 1999, S. 195–197, S. 196.
7 Abelson, S. 52.
8 Ibid., S. 45.
9 Niess, Robert J.: „Zola's *Au Bonheur des Dames*: The Making of a Symbol". In: Tetel, Marcel (Hrsg.): *Symbolism and Modern Literature: Studies in Honour of Wallace Fowlie*. Duke University Press: Durham 1978, S. 130–150, S. 144.

Steht im Zentrum der Konsumphantasien des späten 19. Jahrhunderts also die Frau, so kommt es zwischen Geschlechterstereotypen und Konsumdiskurs zum Transfer von Topoi. Hans Gross beispielsweise hält in seiner berühmt-berüchtigten Kriminalpsychologie fest:

> Handelt es sich darum, jemanden zu überreden, so finden wir beim normal organisierten Manne, dass dies nur dann möglich ist, wenn man ihm mit einer *logisch* zusammengestellten Reihe von Gründen kommen kann; Logik besitzt der Verstand der Frau nicht, ja wir würden das, was wir als ‚echte Weiblichkeit' an der Frau verehren, entschieden vermissen, wenn sie wirkliche Logik hätte. Weil sie ihrer aber entbehrt, ist sie mit Scheingründen, mit Beiläufigem und Glänzendem zu überreden,[10]

wie im Kaufhaus. Frauen fallen den dort präsentierten Versuchungen aufgrund ihrer Irrationalität unweigerlich zum Opfer, so der misogyne Diskurs. Paul Dubuisson unterstreicht in seiner Untersuchung über stehlende Frauen: „Temptation is so strong, surging desire so powerful, so imperious, so irresistible that the act is accomplished before reason has time to plead its cause. Afterward, all the considerations of honor, reputation, and security will attack the unhappy spirit and bring forth remorse, but for the moment pleasure is everything."[11] Käuferinnen handeln diesem Diskurs nach irrational-hedonistisch und werden mit Hysterie, Nervosität und Diebstahl in Verbindung gebracht, also pathologisiert und kriminalisiert.[12] In der Medizin, der Kriminologie und der Literatur entsteht ein spezifisches Krankheitsbild: das Pathogramm der Kleptomanin; Elaine Abelson hält über die bürgerliche Diebin fest: „The importance of their thefts stems less from the losses the stores suffered – though by all accounts they were considerable – than from the interpretation given this activity by medical and legal authorities, and, so far as we can tell, by women themselves."[13] Der Typus der Kleptomanin als „artifact of popular culture" ist in Frankreich ebenso verbreitet wie in England, Deutschland und Amerika.[14]

---

10 Gross, Hans: *Kriminalpsychologie*. 2. Aufl. Vogel: Leipzig 1905, S. 472.
11 Zitiert nach Abelson, S. 46.
12 Felski, S. 62.
13 Abelson, S. 7.
14 Ibid., S. 8.

Dem Kauf von Massenartikeln und Luxuswaren, der mit dem irritierenden Phänomen ‚künstlicher Bedürfnisse' in Verbindung gebracht und an Käuferinnen delegiert wird, begegnen Texte mit Faszination, vor allem aber mit vehementer Kritik, die bis in das 20. Jahrhundert hinein virulent bleibt. Die philosophisch-kulturkritische Tradition von Karl Marx bis zu Horkheimers/Adornos Angriffen auf die Kulturindustrie definiert Konsum als verdinglichenden Akt, der die Kaufenden manipuliert und den konstitutiven Zusammenhang von Produktion und Ware zerschlägt – der Warenfetisch, so hält bereits Marx fest, dissimuliere seine Entstehung (durch Arbeit).

Von diesen kritischen Einschätzungen unterscheidet sich ein marginalisierter Diskurs, der den Einkauf zum einen als männliche Passion fassbar werden lässt[15] – Photographien von der Eröffnung des Tietz-Neubaus in Köln 1914 beispielsweise dokumentieren ein manifestes Interesse von Männern an den Konsumtempeln[16] – und Konsum zum anderen als Arbeit sowie rationale Praxis anerkennt. Als im ausgehenden 19. Jahrhundert in Deutschland *grands magasins* entstehen, begrüßen insbesondere Hausfrauen die sichtbar angebrachten Preisschilder an den Waren, weil sie den Einkauf kalkulierbar machen und die häusliche Buchhaltung erleichtern.[17] Man versucht zudem, das Shopping zu professionalisieren und zum Gegenstand von Geschmacksbildung zu machen, um die sich zur Jahrhundertwende (1900) Gruppierungen wie der Deutsche Werkbund bemühen.[18] Konsumieren „sei regelrecht eine Profession, eine auf Sensibilität, Gestaltungswillen und Kreativität angewiesene Tätigkeit, bedeute also viel mehr als das Beschaffen und Verbrauchen von Gütern".[19]

---

15 Breward, Christopher: *The hidden consumer. Masculinities, fashion and city life 1860–1914*. Manchester University Press: Manchester / New York 1999.

16 Lamberty, Christiane: *Reklame in Deutschland 1890–1914. Wahrnehmung, Professionalisierung und Kritik der Wirtschaftswerbung*. Duncker & Humblot: Berlin 2000, S. 86–87.

17 Ibid., S. 74.

18 Cf. König, Gudrun M.: *Konsumkultur. Inszenierte Warenwelt um 1900*. Böhlau: Wien et al. 2009.

19 Ullrich, Wolfgang: *Habenwollen. Wie funktioniert die Konsumkultur?* Fischer: Frankfurt a.M. 2006, S. 12.

Dass Einkaufen den Vergleich von Angeboten und den sorgfältigen Umgang mit Geld verlangt, betont beispielsweise Henriette Fürth[20] in ihrer Schrift *Die Hausfrau* (1914), die von dem Befund ausgeht, dass sich der Haushalt von einer Produktions- zu einer Konsumptionseinheit verändert habe und sich die Einflusssphäre von Frauen durch die Industrialisierung verengt habe.[21] Henriette Fürth, die den Haushalt durch den Hinweis aufzuwerten versucht, dass dort Menschen „aufgebaut und herangepflegt" würden,[22] schlägt die Organisation von Konsumentenvereinigungen (in Anlehnung an die „Reichsorganisation der Hausfrauen Österreichs") vor, um die Verkaufs- und Vertriebsmodalitäten von Waren sowie deren Preise zu beeinflussen, Syndikate einzudämmen und sich an der Kartellgesetzgebung sowie der städtischen Wohnungsfürsorge zu beteiligen, also eine weitreichende Partizipation von Frauen an volkswirtschaftlichen und politischen Entscheidungen zu ermöglichen. Konsum ist für Fürth eine volkswirtschaftlich relevante Tätigkeit, die unmittelbar in das soziale Leben hineinreicht und den Einfluss von Frauen auf politische Fragen vergrößern kann. Sie bestimmt Konsum zudem als zentralen Bestandteil der Produktion – ähnlich wie die aktuelle Forschung. Nach Wolfgang Ullrich beispielsweise ist Konsum „nicht länger ein passiver, allein bedürfnisorientierter Vorgang: Die Konsumgüter sind die Rohstoffe einer Wertschöpfungskette, ihr gezielter Erwerb stellt einen Raffinierungsprozeß dar".[23]

Im akademischen Feld setzen sich seit den 1970er Jahren im Anschluss an die britischen Cultural Studies Konzepte durch, die Konsumption nicht mehr als manipulative Praxis, sondern als kreativen und ludischen Akt beschreiben.[24] Waren werden als „symbolische [...] Schaltstellen von kulturellen Praktiken, Bedeutungen, Imaginationen"[25] in einer dynamischen, pluralisierten Kultur der Lüste definiert; Konsum gilt deshalb als

---

20 Cf. zur Position von Henriette Fürth Lamberty, S. 74–75.
21 Fürth, Henriette: *Die Hausfrau. Eine Monographie*. Albert Langen: München 1914, S. 40.
22 Ibid., S. 42.
23 Ullrich, S. 59.
24 Cf. dazu Böhme, Hartmut: *Fetischismus und Kultur. Eine andere Theorie der Moderne*. 2. Aufl. Rowohlt: Reinbek bei Hamburg 2006, S. 344–345.
25 Ibid., S. 395.

Form der Kulturproduktion.[26] Die Ware wird als komplexer Bedeutungsträger, der Einkauf als eigenwilliger, potentiell subversiver Akt begriffen. „In der Ware zirkulieren nicht nur Geldwerte, sondern immer auch Bedeutungen, Symbole, Attitüden, Identifikationsmuster und vor allem Lüste, Gefühle und Phantasien."[27] Aktuelle Konsumanalysen konzipieren Einkaufen als kreativen Akt, der Lebensstile und Selbstentwürfe konturiert.[28] Sie betonen zudem die Zirkulation zwischen Produktion und den symbolischen Bildern von Gütern, entwerfen also Interaktionsmodelle: Materielle Objekte reflektierten und transformierten die Erfahrungen von Konsument/innen, die ihrerseits die Produktion veränderten.[29] Die diskursive Trennung von Produktion und Konsumption wird rückgängig gemacht.

Soziologische Forscher/innen untersuchen darüber hinaus den Zusammenhang von Konsum und Emotion bzw. (romantischer) Liebe.[30] Nach Colin Campbell entsteht um 1800, wie im Kapitel über romantische Kunstmärchen ausgeführt wurde, das Konzept sich selbst regulierender Konsument/innen, die Bedürfnisse und Wünsche zu organisieren vermögen und sinnliche Sensationen durch Emotionen ersetzen; deshalb gehe das Paradigma der romantischen Liebe mit der neuen Konsumkultur Hand in Hand.[31] Eva Illouz führt mit Blick auf die USA aus, dass der demokratisierte

---

26 Konsument/innen verfügten über einen eigenen Blick, der die zum Spektakel arrangierten Waren goutiere und die angebotenen Erlebnisqualitäten auf innovativ-subversive Weise genösse; Lo, Kyung Eun: *Envisioning Female Spectatorship. Visuality, Gender, and Consumerism in Eighteenth-Century Britain.* Michigan State University 2010 (Dissertation), S. 1–3.

27 Böhme, S. 345.

28 Drügh, Heinz: „Einleitung: Warenästhetik. Neue Perspektiven auf Konsum, Kultur und Kunst". In: Id. / Metz, Christian / Weyand, Björn (Hrsg.): *Warenästhetik. Neue Perspektiven auf Konsum, Kultur und Kunst.* Suhrkamp: Berlin 2011, S. 9–44.

29 Dittmar, Helga: „Understanding the Impact of Consumer Culture". In: Id. (Hrsg.): *Consumer Culture, Identity and Well-Being. The Search for the „Good Life" and the „Body Perfect".* Psychology Press: New York 2008, S. 1–23, S. 11.

30 Konsum findet in emotional relevanten Szenen statt, die dramaturgischen Konventionen des Gefühlsausdrucks folgen; cf. Hochschild, Arlie Russell: *Das gekaufte Herz. Zur Kommerzialisierung der Gefühle.* Campus: Frankfurt a.M. / New York 1990, u.a. S. 62.

31 Campbell, Colin: *The Romantic Ethic and the Spirit of Modern Consumerism.* Blackwell: Oxford / New York 1987, S. 69–70.

Massenkonsum der 1920er Jahre freizeittechnologische Rahmungen für romantische Liebeserlebnisse wie Hotels, Restaurants und Kinos bereitstelle,[32] und der Ethnologe Daniel Miller betont in seiner *Theory of Shopping*, dass Konsum auf fundamentale Weise mit Gefühlen wie Rücksichtnahme, Empathie und Verantwortungsbewusstsein assoziiert sei; Konsumption bilde die Grundlage für Interaktion, Sozialität sowie Vernetzung und sei nicht primär egoistisches, hedonistisch-materialistisches Handeln.[33]

Die hier untersuchten, sehr unterschiedlichen Romane des 19. und beginnenden 20. Jahrhunderts aus drei Sprachräumen entfalten Konstellationen, die Konsum, romantische Liebe(-ssehnsüchte) und Weiblichkeit eng verknüpfen, wobei die Ausnahmegestalt der Kurtisane, die im letzten Kapitel behandelt wurde, tendenziell durch die bürgerliche Frau ersetzt wird – diese Figur, bei Flaubert eine 'mittlere Heldin' und Repräsentantin des Durchschnitts,[34] bleibt gleichwohl auf die Transgression der Norm bezogen und steht für eine bedrohliche Sinnlichkeit. Sowohl in Gustave Flauberts Roman *Madame Bovary* als auch in Erich Köhrers vergessenem Bestseller *Warenhaus Berlin* vom Anfang des 20. Jahrhunderts, der wie das Gros deutschsprachiger Warenhausromane eine antisemitische Sprache spricht,[35] erscheint Konsum als asozialer Akt einer bürgerlichen Frau, die die Familien- und Gesellschaftsordnung zerstört und damit an das

---

32 Illouz beschreibt zwei Prozesse: „die Romantisierung der Waren und die Verdinglichung der romantischen Liebe. Romantisierung der Waren meint, dass zu Beginn des 20. Jahrhunderts in Filmen und Werbeanzeigen Waren eine romantische Aura bekamen. Verdinglichung der Liebesromantik andererseits betrifft die Art und Weise, in der sich romantische Praktiken zunehmend mit dem Konsum von Freizeitgütern und Freizeittechnologien verbanden, die vom wachsenden Massenmarkt angeboten wurden." Illouz, Eva: *Der Konsum der Romantik. Liebe und die kulturellen Widersprüche des Kapitalismus*. Campus: Frankfurt a.M. 2003, S. 53.

33 Daniel Miller zieht die ethnologische Forschung zum Opfer heran, um Shopping und Konsumieren als wertegeleitete Akte auszuweisen, die nicht primär materialistisch angelegt sind; Miller, Daniel: *A Theory of Shopping*. Polity Press: Cambridge 1998, u.a. S. 90–91.

34 So betont Dethloff, Uwe: *Die literarische Demontage des bürgerlichen Patriarchalismus. Zur Entwicklung des Weiblichkeitsbildes im französischen Roman des 19. Jahrhunderts*. Stauffenburg: Tübingen 1988, S. 148–167.

35 Cf. dazu Schößler, Franziska: „Blutzauber, Magie und Spekulation. Die 'unproduktiven' Wirtschaftspraktiken im 'jüdischen' Kaufhaus". In: Colin, Nicole

subversive und destruktive Potential der großen Kurtisanen erinnert. Auf diese Genealogie mag es zurückzuführen sein, dass sich beispielsweise Emma aus Flauberts Roman durch ihre Handlungsmacht auszeichnet und androgyne Züge aufweist.[36] Sucheta Kapoor liest Emma als „disguised prostitute", die den Aufstiegsimpuls und die (in den Ruin führende) Handlungsautonomie mit der Kurtisane teilt.[37] Der US-amerikanische Autor Theodore Dreiser hingegen entwirft in seinem Roman *Sister Carrie*, anders als die europäischen Texte, die gelingende Emanzipationsgeschichte einer konsumierenden Protagonistin, die die amerikanische Rezeption allerdings lange Zeit als fragwürdige Egoistin und Materialistin kritisierte.[38]

Liebessehnsucht und Luxuria: Gustave Flauberts *Madame Bovary*

Flauberts Roman verbindet romantische Liebesideale, Tagträume und erotische Sehnsüchte unübersehbar mit Ökonomie.[39] Dabei sind es ausgerechnet

---

/ Id. (Hrsg.): *Das nennen Sie Arbeit? Der Produktivitätsdiskurs und seine Ausschlüsse*. Synchron: Heidelberg 2013, S. 67–87.

36 Williams, Tony: „Gender Stereotypes in *Madame Bovary*". In: *Forum For Modern Language Studies* 18, 1992, S. 130–139.

37 Kapoor, Sucheta: „Transgressing Limits: Reading Emma Bovary as a Disguised Prostitute". In: *Journal of the Department of English / University of Calcutta* 33 (1–2), 2006, S. 192–215.

38 So streicht heraus Müller, Kurt: „Identität und Rolle in Theodore Dreisers *Sister Carrie*". In: *Literaturwissenschaftliches Jahrbuch im Auftrage der Görres-Gesellschaft* 22, 1981, S. 209–239, S. 211.

39 Zur Rezeptionsgeschichte Flauberts, die von der poststrukturalistischen Betonung gleitender Zeichen zur Neuentdeckung des Materiellen führt, cf. Schmider, Christine: „‚Être la matière'. Gustave Flauberts Poetik des Materiellen". In: Strässle, Thomas / Torra-Mattenklott, Caroline (Hrsg.): *Poetiken der Materie. Stoffe und ihre Qualitäten in Literatur, Kunst und Philosophie*. Rombach: Freiburg i. Brsg. 2005, S. 55–73. Die Forschung konzentriert sich zudem auf die Entfremdungszusammenhänge, in denen sich Bovary bewegt; cf. dazu Ahearn, Edward J.: „A Marxist Approach to *Madame Bovary*". In: Porter, Laurence M. / Gray, Eugène F. (Hrsg): *Approaches to teaching Flaubert's „Madame Bovary"*. Modern Language Association of America: New York 1995, S. 28–33. Aus sozialgeschichtlicher Perspektive wird das relevanter werdende Konsumvermögen (auch der Leser/innen) in Rechnung gestellt; Hajek, Friederike: „Theodore Dreiser: *Sister Carrie*. Reklame und Begehren". In: Höhne, Horst (Hrsg.):

die in der Literatur entfalteten romantischen Liebes- und Selbstideale, die für den (Mode-)Konsum anfällig machen.[40] Über die Lektüre-Passionen Emmas, die sie als weiblichen Don Quichotte erscheinen lassen und für den Diskurs weiblicher Lesewut aufschlussreich sind, heißt es:

> Sie abonnierte die Frauenzeitschrift *La Corbeille* und die *Sylphe des Salons*. Sie verschlang, ohne eine Zeile zu überspringen, alle Berichte über Premieren, Rennen und Abendgesellschaften, nahm am Debüt einer Sängerin, an der Eröffnung eines Geschäfts teil. [...] Sie studierte bei Eugène Sue die Beschreibung von Zimmereinrichtungen; sie las Balzac und George Sand, um wenigstens in der Vorstellung ihre Wünsche befriedigt zu sehen.[41]

Genannt wird mit *La Corbeille* eine tatsächlich verlegte Zeitschrift, die Madame Bovarys Geschmack sowie ihre Einkäufe (beispielsweise von algerischen Waren) maßgeblich prägt.[42] In den Feuilletons dieser und ähnlicher Zeitschriften publizierten Eugène Sue, Honoré de Balzac und George Sand Kurzgeschichten, die Mode, extravagante Lebensstile und gesellschaftliche Distinktionsregeln zu ihrem Gegenstand machten.[43]

Literatur- und Gesellschaftsentwicklung der USA im Spannungsfeld der Epochenproblematik des 20. Jahrhunderts. Universität Rostock: Potsdam 1988, S. 71–80, S. 71. Reynaud profiliert vor dem Hintergrund des Economic Criticism die sich andeutende Aufhebung des Goldstandards zu Flauberts Zeiten und das damit verbundene Gleiten der Metaphern bzw. Bedeutungen; Reynaud, Patricia: „Economics as Lure in *Madame Bovary*". In: DiGaetani, John Louis (Hrsg.): *Money. Lure, Lore and Literature.* Greenwood Press: Westport, Connecticut 1994, S. 163–174, S. 163–164. Nachgegangen wurde zudem der Bedeutung zirkulierender Zeichen wie Warennamen; Traninger, Anita: *„Un tilbury bleu.* Warenwelt, Wirklichkeit und Tagtraum in *Madame Bovary*". In: *Zeitschrift für Französische Sprache und Literatur* 119, 2009, S. 33–56.

40 Den Zusammenhang von stereotypisierten Phantasien und Konsum betont auch Riggs, Larry W.: „Emma Bovary and the Culture of Consumption". In: *Language Quarterly. A Journal devoted to the Study of Linguistics and less-commonly taught languages* 21 (1–2), 1982, S. 13–16, S. 14.

41 Flaubert, Gustave: *Madame Bovary. Sitten der Provinz. Roman.* Deutsch v. Schickele, René / Riesen, Irene. 3., verbesserte Aufl. Diogenes: Zürich 1987, S. 73. Im Folgenden mit der Sigle (MB) zitiert.

42 Cf. Kleinert, Annemarie: „Ein Modejournal des 19. Jahrhunderts und seine Leserin: *La Corbeille* und *Madame Bovary*". In: *Romanische Forschungen. Vierteljahrsschrift für romanische Sprachen und Literaturen* 90, 1978, S. 458–477, S. 466–467.

43 Kleinert, S. 468.

Literatur dieser Provenienz verheißt damit die gleiche Intensität und Ekstase bzw. das Andere des Alltags, das auch die Warenfetische versprechen, und fördert die Geschmacksbildung. Ihre Lektüre regt Emma entsprechend zu Tagträumen und Wünschen an, die sie durch Einkäufe zu befriedigen versucht[44] – Konsum wird damit als sinnliches Erlebnis und kreativ-eigenwillige Tätigkeit (im Sinne einer ludischen Theorie) zumindest angedeutet;[45] oder anders formuliert: Waren ermöglichen eine ähnliche Fiktionalisierung des eigenen Lebens wie Literatur,[46] eine Art Welterweiterung, für die sie überzeugende Geschichten erzählen oder als Kunst gestaltet sein müssen.[47] Flauberts Roman streicht allerdings die fragwürdige Topik dieser Literatur (samt ihres Paktes mit der Konsumwelt) heraus.

Eros, Liebe und Konsum (als Ausnahmezustände) gehören in Flauberts Roman auch dann zusammen, wenn die heimlichen Treffen der Ehebrecherin in luxuriös ausgestatteten Hotels stattfinden – anders als in Eva Illouz' Studie leben Flauberts Figuren in den luxuriösen Milieus verbotene Gefühle aus.[48] Über die Begegnungen Emmas mit ihrem Geliebten heißt es: „Die Zusammenkünfte mit ihm waren ihre Feiertage. Sie sollten glänzend sein! Und wenn er für die Kosten allein nicht aufkommen konnte, schoß sie das Fehlende freigebig zu, was praktisch jedesmal vorkam" (MB, 220). Körperhygiene und Kosmetik, die die (Klein-)Bürgerliche ausdrücklich in die Nähe der Kurtisane rücken, verlangen ebenfalls hohe Ausgaben:

> Für ihn feilte sie ihre Nägel mit der Sorgfalt eines Ziseleurs, für ihn konnte sie nicht genug *Cold Cream* verbrauchen und nicht genug Patschuli in die Taschentücher gießen. Sie überlud sich mit Armbändern, Ringen und Halsketten. Wenn sie ihn erwartete, füllte sie die großen blauen Glasvasen mit Rosen und schmückte das Zimmer und sich selbst wie eine Kurtisane, die einen Prinzen erwartet (MB, 336).

---

44 Cf. zu dieser Kopplung Campbell, S. 77.

45 Cf. Böhme, S. 344.

46 Ullrich, S. 45.

47 Priddat, Birger: „Moral als Kontext von Gütern. Choice and Semantics". In: Koslowski, Peter / Id. (Hrsg): *Ethik des Konsums*. Fink: München 2006, S. 9–22, S. 11.

48 Illouz beschreibt die Verdrängung des häuslichen Treffens durch das Rendezvous an öffentlichen, zuweilen öffentlich-intimen Stätten wie im Auto, das für die sich entwickelnde Freizeittechnologie von zentraler Bedeutung ist; Illouz 2003, S. 89–90.

Emmas romantische Sehnsucht nach Liebe wird mit einer fasziniert beobachteten Verschwendungssucht korreliert, die die gesamte Familie ruiniert. Im Zentrum ihrer verlustreichen Transaktionen steht ein Modewarenhändler, der die zahlreichen Wechsel durch Verlängerung, Umschichtung und Verkauf an Dritte zur ‚kalten Waffe' werden lässt (MB, 351) und dessen Name „Lheureux" den geläufigen Kontingenzdiskurs assoziiert; dieser geht auf romantische Vorbilder wie Théophile Gautiers Erzählung *Le pied de Momie* und Balzacs *La Peau de chagrin* zurück.[49] Der Händler, der bezeichnenderweise eine mythische Figur, den ‚Versucher', alludiert und Emma zu seiner „gelehrigen Teufelsschülerin" macht,[50] inszeniert seine Waren zu betörenden Verheißungen und beherrscht die „Schnelligkeit eines Taschenspielers" (MB, 333), um Begehren zu wecken und die Ratio auszuschalten.[51] Die Irrationalität Emmas wird durch ihre Unfähigkeit zu rechnen – ein antiweibliches Stereotyp – und ihre Habgier noch gesteigert, die zeitgenössischen Milieutheorien entsprechend als physiologisches Erbe ihrer Herkunft erscheint. Emmas unternehmerische Versuche lassen methodisches Vorgehen und Ratio völlig vermissen:

> Um sich Geld zu verschaffen, verkaufte sie ihre alten Handschuhe, ihre alten Hüte, das alte Zeug; sie handelte und verhandelte mit wahrer Habgier – ihr Bauernblut trieb sie dazu, einen möglichst großen Gewinn herauszuschlagen. Wenn sie in die Stadt fuhr, nahm sie sich vor, allerlei Trödlerwaren einzukaufen, Monsieur Lheureux werde ihr das Zeug sicher anrechnen. [...] Manchmal allerdings versuchte sie noch zu rechnen, aber sie machte dabei so haarsträubende Entdeckungen, daß sie gar nicht daran glauben wollte. Sie fing von neuem an, verirrte sich rasch in den Zahlen, ließ das Ganze sein und dachte nicht mehr daran (MB, 334).

Sie agiert als konsequente Inkonsequenz[52] und entspricht damit dem bis in das 20. Jahrhundert hinein gängigen Klischee der Konsumentin.

---

49 Riggs, S. 15.
50 Beyerle, Marianne: „*Madame Bovary*" *als Roman der Versuchung*. Klostermann: Frankfurt a.M. 1975, S. 56.
51 Flaubert stellt einen reflexiven Bezug zwischen Kleiderverkäufer und Autor her, weil dieser seine Bücher zu verkaufen suche und ein Geschäft mit romantischen Sehnsüchten betreibe; cf. Kleinert, S. 468.
52 Kennzeichen Fortunas ist „das Fehlen jeder Kausalität: sie wechselt mit dem Austeilen ihrer guten und bösen Gaben ohne allen Grund für die Übergänge [...] ist infolgedessen treulos und unberechenbar"; „sie, die ‚blinde Fortuna', teilt

Flauberts Roman grundiert seine weibliche Hauptfigur, ähnlich wie den Händler, der als ‚Versucher' gezeichnet ist, mit mythischen Gestalten, die die kleinbürgerliche Konsumentin in eine traditionsreiche Luxuskritik einbetten. Wird in Flauberts Roman *Salammbô* das Heilige bzw. ein mythisches Symbolsystem auf das moderne Phänomen der Hysterie transparent, so invertiert *Madame Bovary* das Verhältnis von Mythos und Moderne[53]: Die Bezüge zu den mythischen Gestalten Luxuria, Venus und Fortuna, die die Hauptfigur grundieren, verbleiben im Hintergrund des modernekritischen Textes und zeigen sich lediglich diaphanisch in einzelnen Posen. Eine der letzten Gesten Emmas besteht beispielsweise darin, sich in einem Handspiegel zu betrachten (MB, 377), ein beliebtes Attribut der Venus, das auch der Luxuria, der allegorisierten Todsünde der Wollust und Verschwendung, zugeordnet werden kann; zwischen beiden Gestalten bestehen Filiationen. Emmas ausführlich beschriebene Pantoffeln verweisen ebenfalls auf die beliebte Ikonographie der Venus und assoziieren Sinnlichkeit, Eros sowie Verführung: „Sie waren aus rosa Seide und mit Schwanenfedern besetzt. Wenn sie sich auf seine Knie setzte, berührte ihr Fuß den Boden nicht, und der niedliche Schuh, der hinten offen war, hing nur noch an ihren nackten Zehen" (MB, 308). Das opulente Haar, das sich in reicher Fülle über Emmas Rücken ergießt, ist Bestandteil von Luxuria-Repräsentationen: Auf manchen Abbildungen wiegt Luxuria ihr reiches Haar aufreizend in den Händen.[54] Emma und Luxuria teilen darüber hinaus ihre Leidenschaft für Mode – einige Darstellungen der Luxuria unterstreichen die Attraktivität ihrer Kleidung, um „die Wege der Verführung und Verführbarkeit modisch" zu aktualisieren.[55] Steht Emma zudem in enger Verbindung mit der Erde, so greift Flaubert nicht nur die topische Gleichsetzung von

---

ihre guten und bösen Gaben aus, ohne Ziele und Zwecke damit zu verbinden"; Heitmann, Klaus: *Fortuna und Virtus. Eine Studie zu Petrarcas Lebensweisheit.* Böhlau: Köln / Graz 1958, S. 26–27.

53 Stöber, Thomas: *Vitalistische Energetik und literarische Transgression im französischen Realismus-Naturalismus. Stendhal, Balzac, Flaubert, Zola.* Narr: Tübingen 2006, S. 103.

54 Hinz, Berthold: „Venus – Luxuria – Frau Welt. Vom Wunschbild zum Albtraum zur Allegorie". In: *Münchner Jahrbuch der bildenden Kunst* 54 (3), 2003, Sonderdruck, S. 83–104, S. 90.

55 Ibid.

Weiblichkeit und Natur auf, sondern folgt zugleich einer Genealogie, die von Luxuria zur Erde, zu Terra und Gäa führt.[56] Sein Roman schildert zwar einen ruinösen (klein-)bürgerlichen Luxus, wie ihn zeitgenössische Pariser Modejournale popularisieren, bezieht seine Protagonistin gleichwohl auf mythische Figuren als moralische Mementos, die den (Luxus-)Konsum als Todsünde verkörpern. Die mythologischen Einschreibungen kulminieren in dem expressiven Schlussbild, das den toten weiblichen Körper als Inbegriff luxurierender Sinnlichkeit beschwört.[57] Über die letzte Ölung Emmas heißt es:

> Zuerst salbte er die Augen, die es nach allen Herrlichkeiten der Welt so sehr gelüstet hatte; dann die Nasenflügel, die sich nach lauen Lüften und nach liebeverheißenden Wohlgerüchen gesehnt hatten; dann den Mund, der sich zur Lüge geöffnet, der vor Stolz gestöhnt und vor Wollust geschrien hatte; dann die Hände, die sich an sanften Berührungen ergötzt hatten, und endlich die Sohlen der Füße, die einst so rasch waren, wenn sie zur Stillung ihrer Begierden lief, und die jetzt keinen Schritt mehr tun sollten (MB, 376).

Die petrifizierte Ikone des weiblichen Leibes, der sich schönen Dingen und der Liebe hingegeben hatte, erscheint als „barockes Vanitasbild" und antike Maske der Medusa, der die Hysterika einbeschrieben ist, so Barbara Vinken,[58] zudem als vergängliche Inkarnation sinnlichen Begehrens. Den Wahrnehmungsorganen der Leiche ist das Luxurieren geradezu inkorporiert – auf älteren Darstellungen streut Luxuria stark riechende Veilchen aus, um die Menge zu betören. In Flauberts Text scheint, ähnlich wie in Zolas *Nana*, die poetisch-moralische Gerechtigkeit die unberechenbare Konsumentin/Luxuria mit dem Tode zu bestrafen – der Ikonographie nach ist die Todsünde Luxuria eng mit dem Skelett verknüpft. Emma überlebt ihre Sehnsüchte nicht; ihr Begehren nach Liebe, Luxus und Exzess führt zur Einnahme von Gift, von *pharmakon* in Überdosis.

---

56 Ibid., S. 91.
57 Damit wird die Verso-Recto-Darstellung der Frau Welt, als die Emma auch firmiert, ins Zeitliche verlagert; die Schönheit Emmas bildet das Antlitz des Lebens, das der hässliche Tod als Kehrseite entstellt.
58 Vinken, Barbara: *Flaubert. Durchkreuzte Moderne.* Fischer: Frankfurt a.M. 2009, S. 96.

Flauberts Roman entwirft also den modernen Typus der kleinbürgerlichen Konsumentin und grundiert diesen mit der mythischen Figur der Luxuria, die Konsum als Todsünde der Wollust und Verschwendung personifiziert. Konsumption erscheint nicht zuletzt durch diese Referenzen als egoistisch-hedonistischer Versuch einer ambivalent bewerteten Selbstverwirklichung, der enge Grenzen gesetzt sind und die mit Ruin und Tod endet.

Eine populärkulturelle Variante dieser diskursiven Kopplung von Konsum, Weiblichkeit und Liebe entwirft einer der deutschsprachigen Kaufhausromane: Erich Köhrers *Warenhaus Berlin*.

Occasio und Hingabe: Erich Köhrers *Warenhaus Berlin*

Der antisemitisch geprägte Bestseller von 1913 universalisiert das Kaufhaus zur Makrometapher des modernen urbanen Lebens. Die Stadt Berlin, so erklärt der Unternehmer Friedrich Nielandt über den Namen seines neuen Hauses – „Kaufhaus Berlin" –, gleiche *in toto* einem Warenhaus, das der Besitzer, einer gängigen Kritik entsprechend, als Inbegriff von Äußerlichkeit, Verlockung und Gleichgültigkeit beschreibt.[59] Weil im Kaufhaus unterschiedlichste Artikel angeboten und inszeniert werden, gilt es als anonymer Handelsraum ohne emotionale Bindungen zwischen Produkt und Händler[60] und als Ort der Verführung.

Köhrers Roman analogisiert auf konsequente Weise Privatleben bzw. Liebe und Konsum, wenn in beiden Bereichen im Angesicht schöner Waren und Menschen notorische Willenlosigkeit herrscht, die insbesondere die weibliche Klientel auszeichnet. Die Käuferinnen geben sich den betörenden Waren ebenso haltlos hin wie die Ehefrau mit „verglühenden Augen" (WB, 36) dem Verführer. In der Liebe wie im Konsum herrscht die *occasio*, der Augenblick (WB, 79); der Ehefrau Nielandts bleibt, so heißt es, aufgrund ihrer „bescheidene[n] Herkunft" (WB, 65) die Empfänglichkeit „für alle imposanten Augenblickseindrücke in der Tiefe des Herzens erhalten [...].

---

59 Köhrer, Erich: *Warenhaus Berlin. Ein Roman aus der Weltstadt.* Wedekind: Berlin 1909, S. 23. Im Folgenden mit der Sigle (WB) zitiert.

60 Cf. zum Zusammenhang von antisemitischem und antikapitalistischem Diskurs um 1900 Schößler, Franziska: *Börsenfieber und Kaufrausch: Ökonomie, Judentum und Weiblichkeit bei Theodor Fontane, Heinrich Mann, Thomas Mann, Arthur Schnitzler und Émile Zola.* Aisthesis: Bielefeld 2009, S. 18–19.

Sie liess sich gern und leicht von ein paar feurigen Worten oder einer kühnen Tat berauschen und empfand auch in diesem Augenblick für Günter [den neuen Geliebten; F.S.] ein Gefühl grenzenloser Bewunderung" (WB, 65).[61]

Carpe diem ist die Maxime des Verführers (WB, 37), der auch die Käuferinnen folgen, wenn sie auf günstige Angebote und Werbeaktionen reagieren. In der gegenwärtigen Konsumkultur, so erklärt der Warenhausbesitzer und selbstkritische Diagnostiker Nielandt, herrsche nicht mehr das „stille[...] Behagen" (WB, 23), sondern „man kauft drauf los, wie der geschickte Zufall gerade die einzelnen Möglichkeiten gut aufgeputzt in den Weg stellt! Man nimmt im Vorübergehen mit, was sich bietet, ohne lange zu überlegen, berauscht von dem Eindruck der flüchtigen Sekunde!" (WB, 23)

Werbung spielt für den Einkauf eine ebenso große Rolle wie für die Liebe; das „unerbittliche Werben" Deussens (WB, 33) um die Ehefrau Nielandts entspricht der ‚Propaganda' im Kaufhaus, die Kundinnen zum unüberlegten Zugreifen zu bewegen versucht. Rationale Entscheidungen sowie Kosten-Nutzen-Abwägungen scheint es nicht zu geben; es dominieren Impressionen und Sensationen, die der Kaufhausbesitzer durch geschickte Reklame zu verstärken versucht – nicht nur in diesem Roman eine jüdisch semantisierte Strategie.[62]

Köhrers Roman verstärkt die Analogie von Liebe und Kauf über die Leitmetapher des Lichts, das in sozialgeschichtlicher Hinsicht für die Werbemaßnahmen der Kaufhäuser von zentraler Bedeutung war. Rachel Bowlby hält über die visuelle Konsumentenkultur des ausgehenden 19. Jahrhunderts fest:

> [L]ike the exhibition palaces, they utilized new inventions of glass technology, making possible large expanses of transparent display windows. Visibility inside was improved both by the increase in window area and by better forms of artificial

---

61 Auch das Personalmanagement im Kaufhaus basiert auf spontanen Entscheidungen: „Weil der Chef die einzelnen Angestellten nicht näher kannte und sich im allgemeinen gar nicht um sie bekümmerte, liess er sich in seinen Entschlüssen leicht von zufälligen Augenblickseindrücken bestimmen und verlor auf diese Weise häufig aus tatsächlich nichtigen Anlässen hervorragende Kräfte." (WB, 79)
62 Cf. Lamberty, S. 74.

lighting, culminating in electricity which was available from the 1880s. Glass and lighting also created a spectacular effect, a sense of theatrical excess.[63]

Lichtströme veredeln in Köhrers Roman nicht nur die Waren zu phantasmatischen Objekten, um den Tauschwert zu steigern (WB, 39), sondern auch die Privaträume samt ihrer Bewohner/innen. Das Licht intensiviert, den Ausstattungsbüchern der Zeit entsprechend,[64] die Bildwirkung des Interieurs und stilisiert die jüdische Frau (den Waren vergleichbar) zum Objekt des Begehrens. Das Schlafzimmer zum Beispiel verfügt – den gleißenden Schaufenstern in nichts nachstehend – über eine ausgefeilte Lichtregie:

> Als Günter das Licht angedreht hatte, stand er selbst einen Augenblick erstaunt und überwältigt von der Schönheit des Bildes, das sich ihm zeigte. Von allen Seiten warfen die Spiegel das Licht tausendfach auf die entzückende Pierrette, die, die Arme hinter den schwarzen Locken verschränkt, mit leuchtenden Augen sich in all dem Glanze sah (WB, 73).

Die elektrischen Lampen lassen, von reflektierenden Spiegeln unterstützt, einen Raum der Attraktionen entstehen, der Objekte und Personen fetischisiert. Der an anderer Stelle aufgerufene Danae-Mythos bestätigt die Analogie vom Waren- und Liebesdiskurs, wenn es heißt:

> Die Bettdecke war hinabgeglitten und gab das kostbare Spitzenhemd, den schimmernden Busen den Sonnenstrahlen preis, die keck darauf herumtanzten, als wüssten sie, dass die Besitzerin dieser Reize einem dreisten Zugreifen nicht allzu abweisend gegenüberstand (WB, 97).

Auch die (Licht-)Reklame in Warenhäusern versucht, „dreiste[s] Zugreifen" zu provozieren; nach Rachel Bowlby herrschen im Warenhausdiskurs gleitende Übergänge zwischen Verführung und Vergewaltigung als Metaphern der Aneignung.[65] In Erich Köhrers Roman fungieren die Wohnräume mithin als Schaufenster, die die Frau zum Objekt des Begehrens inszenieren. Sie

---

63 Bowlby, Rachel: *Just Looking. Consumer Culture in Dreiser, Gissing and Zola.* Methuen: New York / London 1985, S. 2.

64 Cf. Schößler, Franziska: „Luxusdinge: Antisemitismus und Antikapitalismus in Heinrich Manns Roman *Im Schlaraffenland*". In: Eming, Jutta et al. (Hrsg.): *Fremde – Luxus – Räume. Konzeptionen von Luxus in Vormoderne und Moderne.* Frank & Timme: Berlin 2015, S. 189–207.

65 Bowlby, S. 27.

wird den Waren angeglichen und die Liebe als irrational-unbeherrschbarer Akt in Szene gesetzt, ganz ähnlich wie das Konsumieren im Kaufhaus als willenloses Handeln manipulierbarer Käuferinnen erscheint, die ausschließlich der Gelegenheit und dem Augenblick gehorchen. Ebenso impulsiv agiert der Warenhausbesitzer: Der Goldstrom, den der jüdische Unternehmer lange Zeit geschickt dirigiert hatte, verkehrt sich im apokalyptischen Finale des Romans in reine Destruktion; ein aus Eifersucht selbst gelegter Brand zerstört das Lebenswerk. Diese radikale Geste der Vernichtung hat der antisemitische Bestseller mit einer Vielzahl von deutschsprachigen Populärtexten gemein, die die innovativen Konsumptions- und Vertriebsformen, die *in toto* jüdischen Unternehmern zugeschrieben werden, schlicht qua poetischer Einbildungskraft untergehen lassen.

Der Konnex von Konsum und Weiblichkeit wird in Köhrers *Warenhaus Berlin* also durch die Kopplung mit dem romantischen Liebesdiskurs verstärkt, der Topoi der Überwältigung, der Hingabe, des Unkalkulierbaren und des Exzesses zur Verfügung stellt. Der Einkauf als geplanter Akt, der Bedürfnisse antizipiert und reguliert sowie Kalkül verlangt, gerät damit völlig aus dem Blick.

Konsum und Kommunikation: Theodore Dreisers *Sister Carrie*

Der Roman *Sister Carrie*[66] des US-amerikanischen Autors Theodore Dreiser lässt einen alternativen Diskurs aufscheinen, der Konsum als Interaktion, soziale Praxis und Distinktionsstrategie im Sinne Bourdieus auffasst. Zwar endet Dreisers Roman, der die Emanzipationsgeschichte einer jungen Frau aus dem Arbeitermilieu erzählt – sie findet ihre Erfüllung schließlich im Theater[67] –, mit der expliziten Lehre, dass ein luxurierendes Leben schal

---

66 Dreiser, Theodore: *Schwester Carrie*. Übers. v. Nußbaum, Anna. Rowohlt: Reinbek bei Hamburg 1953.

67 Dreiser ‚errettet' sie aus dem Arbeitermilieu, das er auf ambivalente Weise schildert, so Hapke, Laura: „Dreiser and the Tradition of the American Working Girl". In: *Dreiser Studies* 22 (2), 1991, S. 2–19. Sie streicht die Spannung zwischen eindringlich geschilderten Arbeitserfahrungen und Konsumeloge heraus. Petrey führt den sentimentalen Gestus in Dreisers Erzählen auf seine Involviertheit in das kapitalistische System zurück; Petrey, Sandy: „The Language

sei. Der Plot jedoch widerspricht der finalen Botschaft – eine Diskrepanz, die die Dreiser-Forschung des Öfteren festgestellt hat.[68] Der Roman diskreditiert das Begehren nach Luxus nicht etwa,[69] sondern anerkennt das Bedürfnis nach einem ,Rahmen', der die physische Existenz durch Luxusgegenstände aufwertet bzw. die Attraktivität steigert, Liebe und Begehren auslöst und den Konsumierenden Genuss verschafft. Der erste Liebhaber Carries beispielsweise gewinnt dadurch an Verführungskraft, dass er sich souverän in Luxusrestaurants bewegt:

> Dieser Rahmen stand ihm vortrefflich: das weiße Tischtuch, die Silberplatten. Mit geschickten Bewegungen handhabte er Messer und Gabel. Als er das Fleisch zerschnitt, redeten seine Ringe förmlich. Sein neuer Anzug krachte, als er sich streckte, die Platte zu erreichen, das Brot zu brechen, den Kaffee einzuschenken (SC, 41).

Das Konzept des Rahmens (SC, 296), das bei Dreiser für männliche wie weibliche Figuren Geltung besitzt, setzt an die Stelle der Isolation individualisierter Subjekte und stummer Dinge die Interaktion von Akteur/innen und die Belebung von Gegenständen. Waren werden als „Persönlichkeit[en] mit eigener *agency*", als „Quasi-Person[en]" aufgefasst, die in einen Dialog mit den Konsument/innen eintreten, ähnlich wie es die junge Marketingwissenschaft der 1930er Jahre definiert.[70] Diese Lebendigkeit der Waren, nach Marx Signum des Warenfetischismus, ist bei Dreiser jedoch nicht mit

---

of Realism, the Language of False Consciousness. A Reading of *Sister Carrie*". In: *Novel* 10, 1977, S. 101–113. Die Forschung weist darüber hinaus auf die Gleichzeitigkeit von Roman und neoklassischen ökonomischen Theorien hin, die den Preis einer Ware auf das subjektive Verlangen, auf die Konsument/innen zurückführen, nicht mehr auf die Produktionskosten; cf. Lewis, Charles: „Desire and Indifference in *Sister Carrie*. Neoclassical Economic Anticipations". In: *Dreiser Studies* 29 (1–2), 1998, S. 18–33, S. 23–24. Cf. zu den Analogien zwischen narrativer Form und ökonomischen Prozesses auch Jameson, Fredric: *The Political Unconscious. Narrative as a Socially Symbolic Act*. Cornell University Press: Ithaca 1981, S. 160–161.

68 Die literatursoziologische Analyse von Nina Markov führt diesen Bruch auf Dreisers prekäre Position im literarischen Feld zurück; Markov, Nina: „Class, Culture, and Capital in *Sister Carrie*". In: *Dreiser Studies* 36 (1), 2005, S. 3–27.

69 Dreisers Roman ist *ex negativo* auf den Typus der Prostituierten bezogen; es heißt beispielsweise: „In Carries sanft-leuchtenden Augen lag nichts von Berechnung der Mätresse" (SC, 79).

70 Böhme, S. 335.

der Verdinglichung und Manipulation des Subjekts korreliert, sondern ihre Anthropomorphisierung lässt einen dialogischen Raum entstehen, der die Handlungsmacht der Konsument/innen nicht einschränkt. Der Erzähler übersetzt die (Liebes-)Sprache der Waren,[71] die den Käufer/innen schmeicheln, wie folgt:

> Wenn Carrie ihrem lockenden Ruf in Hörweite kam, lauschte sie gerne. Die Stimme des sogenannt Unbelebten! Wer wird uns die Sprache der Steine übersetzen? ‚Liebste', sagte der Spitzenkragen, den sie bei Patridge gekauft, ‚ich stehe dir ausgezeichnet – laß mich nicht liegen'. ‚Ah, die kleinen Füße!', sagte das Leder der weichen neuen Schuhe, ‚wie gut kleide ich sie. Es wäre schade, wenn sie mich je entbehren müßten' (SC, 66).

Die Waren bedienen sich eines Diskurses der Liebe und Verlockung bzw. fungieren als „kulturelle Bedeutungsträger, die ihrerseits Zugang zu emotionalen Kategorien und Erfahrungen gewähren".[72] Dreiser konzipiert den Einkauf als emotionalen Akt, der „Erkenntnis, Affekt, Bewertung, Motivation und den Körper" umfasst,[73] und das Warending als „ein „multiples Gewebe aus visuellen, aber auch auditiven, taktilen, olfaktorischen, geschmacklichen wie semantischen *Repräsentationen*".[74] Die geschilderten Konsumakte erscheinen darüber hinaus als „Schönheitshandeln", das „– vermittelt über Wohlfühlen und Anerkennung – ein[en] identitätsstiftende[n] Akt" darstellt.[75] Die Sehnsucht nach schönen Dingen, die *Schwester Carrie* ohne moralische Wertung in Szene setzt, steht entsprechend mit der

---

71 Stanley Corkin streicht heraus, dass die Leser/innen die Signifikanz von Waren anerkennen müssten, um den Text dechiffrieren zu können; Corkin, Stanley: „*Sister Carrie* and Industrial Life: Objects and the New American Self". In: *Modern Fiction Studies* 33 (1), 1987, S. 605–619.

72 Illouz, Eva: „Emotionen, Imagination und Konsum: Eine neue Forschungsaufgabe". In: Drügh, Heinz / Metz, Christian / Weyand, Björn (Hrsg.), S. 47–91, S. 50.

73 Ibid., S. 55.

74 Böhme, S. 348.

75 Degele, Nina: *Sich schön machen. Zur Soziologie von Geschlecht und Schönheitshandeln.* VS Verlag für Sozialwissenschaften: Wiesbaden 2004, S. 24. Waren lassen zudem kollektive Identitäten entstehen; cf. dazu McCracken, Grant: *Culture and Consumption. New Approaches to the Symbolic Character of Consumer Goods and Activities.* Indiana University Press: Bloomington / Indianapolis 1990; cf. auch König, S. 30.

Emanzipation, dem urbanen Lebensgefühl und der *agency* der Protagonistin in engem Zusammenhang.

Dreisers Text lässt kenntlich werden, dass das Äußere bzw. der Glanz der (Waren-)Oberflächen das Wohlgefühl und Selbstbewusstsein beider Geschlechter fördert und eine wesentliche Bedingung für Anerkennung darstellt. Konsum als Medium gesellschaftlicher Distinktion und Vernetzung lässt den Einzelnen als soziales Wesen in Erscheinung treten, das kollektiven Wertsetzungen bzw. Imaginationen folgt und den Blick des Anderen antizipiert. Der symbolische Interaktionismus von George Herbert Mead, an den die psychologische Konsumforschung anknüpft, geht entsprechend davon aus, dass Identität durch den Blick von außen auf sich selbst entsteht, also durch die Fähigkeit, Rollen zu übernehmen; das Ich muss ein Anderer sein, um sich selbst werden zu können. In Dreisers Roman fungiert der Blick des Anderen in diesem Sinne als identitätsbildendes Medium, das auch den Konsum wesentlich beeinflusst.[76]

In *Schwester Carrie* herrscht die Aneignungsmimesis, die das begehrt, was der Andere begehrt, der Vergleich, der Hierarchien entstehen lässt, die Nachahmung[77] als (nur scheinbar paradoxe) Bedingung souveränen Handelns (SC, 67) und die Empathie, denn Einfühlung ermöglicht Bezugnahme und Verortung in einem gesellschaftlichen Netzwerk; sie wird in Dreisers Roman *Jennie Gebhardt* ebenfalls von einer weiblichen Figur repräsentiert, ist also gegendert. Der Ethnologe Daniel Miller beschreibt Konsumption ganz analog als empathischen Akt, der soziale Beziehungen in Rechnung stellt und performativ reproduziert: „Shopping here allows for considerable play with performance and facade and the complex empathy and humanity that allows love to be the instrument rather than the victim of such contradictions."[78] Für Miller ist Shopping „an expression

---

76 Cf. dazu Dittmar, S. 18. Konsumption verheißt ein gutes Leben und einen perfekten Körper, bestimmt also die Parameter von Wohlbefinden; ibid., S. 9.

77 Diese Aspekte betont auch Eby, Clare Virginia: *Dreiser and Veblen. Saboteurs of the Status Quo*. University of Missouri Press: Columbia / London 1998, S. 117. Bärbel Tischleder ergänzt, dass der Vergleich im Kontext einer visuellen Konsumentenkultur insbesondere durch den Blick vollzogen wird: Tischleder, Bärbel: „The Deep Surface of Lily Bart. Visual Economies and Commodity Culture in Wharton and Dreiser". In: *Amerikastudien* 54, 2009, S. 59–78.

78 Miller, S. 27.

of kinship and other relationships",[79] die er unter dem Begriff der Liebe subsumiert. Bei Dreiser ist in der Welt des Konsums und des Luxus ein sozialer Mensch zu Hause, der sich in den Anderen einfühlt, ihn anerkennt und dessen Habitus bzw. Begehren begehrt.

Der Roman *Schwester Carrie* spürt damit auch den ‚Gesetzen' der Übertragung, der Ansteckung und Diffusion nach, und zwar in der Liebe wie in der Mode. So ist es Drouets Freude an seiner hübschen Frau, die ihre Freude an einer schönen Innenausstattung weckt – der Text beschreibt diese Übertragung von Begehren über Metaphern des Stroms und des Glanzes: „Sie fühlte den Strom seiner Empfindung" (SC, 127). Die düpierte Ehefrau Hurstwoods stellt umgekehrt fest, „daß er sie nicht mehr wie früher mit Augen ansah, die vor Zufriedenheit glänzten" (SC, 132); in den Augen des Anderen stellt sich der eigene Wert her und dar (oder auch nicht). Über den reichen Lebemann Hurstwood wird mitgeteilt: „[I]n Lagen wie der gegenwärtigen, wo er als Gentleman glänzen und ohne Mißverständnis als Freund und Gleichberechtigter unter Männern von anerkannten Fähigkeiten gelten konnte, glänzte er" (SC, 160) – Ausdruck eines (homosozialen) Anerkennungsverfahrens, das maßgeblich mit der vestimentären Ausstattung der Figuren verbunden ist. Es heißt zum Beispiel:

An diesem Abend war er [Hurstwood; F.S.] in seiner besten Amüsierlaune. Sein Anzug sah besonders neu und stattlich aus. Die Rockumschläge standen mit der mäßigen Steifheit ab, die den erstklassigen Schneider verrät. Die Weste war aus einem bunten schottischen Tuch mit einer doppelten Reihe von runden Perlmutterknöpfen besetzt. Seine Krawatte, eine schimmernde Mischung aus Seidenfäden – nicht zu auffallend, aber doch wohltuend bemerkbar (SC, 64).

Glanz und Schimmer, die den gesellschaftlichen Status metaphorisieren, herrschen auch in den luxuriösen Interieurs mit ihrem „Überfluß an Licht" (SC, 30). Die Sprache des Glanzes und des Lichts durchzieht die Akte der Konsumption ebenso wie die Liebesbeziehungen. Theodore Dreiser antizipiert damit, was Eva Illouz in ihrer Studie über Romantik und Konsum in den USA des frühen 20. Jahrhunderts ausführt: dass romantische Liebe ganz wesentlich mit Unterhaltung und Freizeitgestaltung verknüpft ist und sich die Werbung ihrerseits romantischer Liebesphantasien bedient. In *Schwester*

---

79 Ibid., S. 35.

Carrie bringen entsprechend die Ausflüge in die abendlich-funkelnde Stadt die Zuneigung des Ehemannes zum Ausdruck; der Rückgang kostspieliger Amusements ist hingegen Ausdruck und Ursache emotionaler Zerwürfnisse.

> Er versorgte sie mit Möbeln, Hausausstattung, Nahrung und den nötigen Kleidern. Immer weniger dachte er daran, sie zu zerstreuen, sie in den Glanz des Lebens hinaus zu führen. Er fühlte sich von der Außenwelt angezogen, dachte aber nicht, ihr könnte daran liegen, ihn dahin zu begleiten (SC, 188).

Der ökonomische Abstieg Hurstwoods führt konsequenterweise zum Verlust seiner emotionalen Bindungen.

Flauberts *Madame Bovary* und Köhrers *Warenhaus Berlin* verbinden also, so unterschiedlich die Romane in ästhetischer und ideologischer Hinsicht sein mögen, Weiblichkeit, Liebe und Konsum, um eine irrational-dekadente, rauschhafte Waren- und Liebeskultur plastisch werden zu lassen. Flauberts Roman bezieht die konsumierende Protagonistin auf die Todsünde Luxuria, so dass moderne Konsumption in eine traditionsreiche christliche Luxuskritik eingebettet wird. Bedingung des Konsums ist eine bestimmte Form von Literatur, die mit dem zeitgenössischen Modediskurs paktiert, romantische Liebesphantasien propagiert und in Flauberts Roman systematisch demontiert wird. Köhrers *Warenhaus Berlin* beschwört Konsum und Liebe als volatil-gefährliche Erfahrungswelten willensschwacher Frauen und jüdischer Unternehmer. Theodore Dreiser fasst Konsum hingegen als Bedingung weiblicher Emanzipation und sozialer Vernetzung auf; Einkauf als Arbeit tritt jedoch auch in seinem Roman nicht in den Blick.[80]

Ebenso wie die Käuferin (als ‚Nicht-Arbeitende') wird auch die Verkäuferin in einem Kosmos erotischer Attraktionen verortet und damit moralisch diskreditiert. Als Vermittlerin von Waren scheint sie ihre Sinnlichkeit und Körperlichkeit als Reklame zu nutzen; ihre Sexualität fungiere als Verkaufsargument. Der Werbefachmann Victor Mataja hält über das Warenhaus als Ort der Werbung fest: „Nicht der innere Wert der Ware allein erregt die Kauflust, sondern auch die Äußerlichkeiten kommen ins Spiel, wie gefällige

---

80 Daniel Millers ‚Proband/innen' zum Beispiel begreifen Einkaufen nicht als Freizeit und Lust, sondern als eine Form von Arbeit, die Aufmerksamkeit, Planung und die Antizipation von Bedürfnissen erfordert; ibid., S. 69.

praktische Verpackungen, einladende Verkaufsräume und Ähnliches",[81] wie das einladende Äußere der Verkäuferinnen. Sie erotisieren als Frauen dem herrschenden Diskurs nach den Verkaufsvorgang, so dass auch dieser Dienstleistungsberuf in eine problematische Nähe zur Prostitution rückt. Sozialkritische Schriften der Zeit führen diesen Zusammenhang auf die schlechte Bezahlung weiblicher Arbeit zurück: Bruno Frei berichtet in seiner Bestandsaufnahme *Jüdisches Elend in Wien* von der grassierenden Armut Angestellter, die sich aus ökonomischer Not der Prostitution zuwenden. Ein ihm bekanntes Lehrmädchen im Modegeschäft sei „später als Verkäuferin in ein Schuhgeschäft" eingetreten:

> Sie erzählt, daß man mit ihr zufrieden war. Allerdings konnte sie das nicht behaupten, da sie nur 100 und später 150 Kronen Gehalt bekam. Sie trat aus dem Geschäft, blieb eineinhalb Monate stellenlos, wohnte bei fremden Leuten, verkaufte die Kleider, verzehrte die Ersparnisse. Der Weg zum Café Abbazia war damit gegeben. Der erste Mann hat ihr gefallen, es hat ihr leid getan als er fortging. Nun verdiente sie 60 bis 80 Kronen täglich.[82]

Die Verkäuferin ist Verführerin und Verführte zugleich – durch die Waren, durch männliche Angestellte und männliche Kunden, mit denen sie unweigerlich in Kontakt tritt. Der Fortsetzungsroman *Ein Warenhausmädchen. Schicksale einer Gefallenen* von Alexander von Ungern-Sternberg schlachtet diese doppelte Funktion bereits im Klappentext aus, wenn es heißt:

> Das herzergreifende Schicksal eines betörten und verlassenen Mädchens entrollt sich dem Leser des ‚Warenhausmädchen'. Marianne Werder, Verkäuferin in einem Warenhaus, ein Mädchen von seltener Schönheit und kindlicher Herzensgüte, fällt im Taumel der Leidenschaft der Verführung eines gewissenlosen Schurken zum Opfer. Sie, deren Gemüt die Lüge und Heuchelei fremd ist, glaubt seinen Versprechungen und lockenden Worten, bis sich endlich, als es zu spät ist, vor ihr ein unendlich tiefer Abgrund öffnet![83]

---

81 Mataja, Victor: *Die Reklame. Eine Untersuchung über Ankündigungswesen und Werbetätigkeit im Geschäftsleben*. Duncker & Humblot: Leipzig 1910, S. 140.
82 Frei, Bruno: *Jüdisches Elend in Wien. Bilder und Daten*. Richard Löwit: Wien / Berlin 1920, S. 86.
83 Ungern-Sternberg, Alexander von: *Ein Warenhausmädchen. Schicksale einer Gefallenen*. Berlin: Verlag moderner Lektüre 1909, Klappentext.

Die Vermittlerin verheißungsvoller Waren, die als Lockvogel fungiert, fällt der männlichen Verführungskraft anheim. Die um die Jahrhundertwende beliebten Kaufhausromane entwerfen also einen überdeterminierten Kosmos des Rausches, der Verlockung und der Erregung, in dem Frauen eine Vielzahl an Positionen besetzen: die der Verkäuferin, der Käuferin, der Ware und auf allegorischer Ebene die des Kaufhauses selbst.

In dem nun folgenden dritten Abschnitt, *Spezialisierungen: Die Ausdifferenzierung weiblicher Berufsbilder und ihre Topoi*, wird ein Professionalisierungs- und Spezialisierungsprozess weiblicher Arbeit greifbar, der auch die enge Verknüpfung von Geschlechtscharakteren und Arbeit etwas lockert, ohne sie ganz hinter sich zu lassen. Weibliche Arbeit wird seit dem ausgehenden 19. Jahrhundert aufgrund feministischer und sozialistischer Debatten, der Professionalisierung sozialer Arbeit und der sich vergrößernden Spielräume im Lehrerinnenberuf sowie in den Künsten ein sichtbares Phänomen, dem sich auch die Literatur nicht verschließt. Die Ausdifferenzierung und Spezialisierung weiblicher Berufsprofile als Bedingung von Lohnarbeit, von Aufstiegsmöglichkeiten und höherem Gehalt setzt realhistorisch zwar bereits im ausgehenden 19. Jahrhundert ein;[84] literarische Texte beschäftigen sich mit weiblicher Lohnarbeit jedoch vornehmlich seit der Zwischenkriegsphase. Eine gewichtige Ausnahme stellt in der deutschsprachigen kanonischen Romanliteratur Theodor Fontanes Text *Mathilde Möhring* dar, der den labyrinthischen Weg der Protagonistin zum Lehrerinnenberuf sowie ihre emotionale Arbeit in der Ehe beschreibt; der Forschung galt Mathilde Möhring aufgrund ihres kalkulierten Vorgehens lange Zeit als dubiose Figur.[85]

In den folgenden Kapiteln werden diverse (Berufs-)Tätige zwischen informalisierten, familiennahen Berufen und Professionen in den Blick genommen: das Dienstmädchen bzw. die Gouvernante, wie sie Arthur Schnitzlers Roman *Therese. Chronik eines Frauenlebens* schildert, die Sekretärin als beliebter Typus der Angestelltenkultur in Irmgard Keuns *Gilgi – eine von uns* und Christa Anita Brücks *Schicksale hinter Schreibmaschinen*, die Hausfrau

---

84 Frevert, Ute: *Frauen-Geschichte. Zwischen Bürgerlicher Verbesserung und Neuer Weiblichkeit.* Suhrkamp: Frankfurt a.M. 1986, S. 152.
85 Marquardt, Franka: „„Race‘, ‚class‘ und ‚gender‘ in Theodor Fontanes *Mathilde Möhring*". In: *DVjs* 86 (2), 2012, S. 310–327.

in Gisela Elsners *Abseits*, die Architektin in Brigitte Reimanns *Franziska Linkerhand* und die Unternehmerin in Ernst-Wilhelm Händlers *Wenn wir sterben*. Fokussiert werden die Kontinuität der Sexualisierung weiblicher Arbeit, der Kampf um Anerkennung und die Barrieren, die weibliche Aufstiegsbiographien verhindern.

III. Spezialisierungen: Die Ausdifferenzierung weiblicher Berufsbilder und ihre Topoi

1. Die Gouvernante als Hetäre in Arthur Schnitzlers Roman *Therese. Chronik eines Frauenlebens*

Ein in vielerlei Hinsicht prekäres Tätigkeitsfeld, das über das 19. Jahrhundert hinaus Konjunktur hat, ist das des Dienstmädchens. Der Beruf kann grundsätzlich als weiblicher bezeichnet werden – 1882 sind bis zu 96,8 Prozent der Bediensteten in Deutschland Frauen. Die Tätigkeiten eines Dienstmädchens gelten als nicht-professionalisiert bzw. nicht-spezialisiert und umfassen ein breites Arbeitsensemble; das Dienstmädchen der Brüder Goncourt beispielsweise ist als „Angestellte, Putzfrau, Kindermädchen, Sekretärin, Vertraute und Mutterersatz" beschäftigt und steht deshalb meist kurz vor dem Zusammenbruch.[1] Das unscharfe Berufsprofil bringt es mit sich, dass viele der verlangten Fähigkeiten unsichtbar bleiben und nicht honoriert werden.[2] Prekär ist die Position des Dienstmädchens jedoch auch deshalb, wie Eva Eßlinger ausgeführt hat,[3] weil es sowohl außerhalb als auch innerhalb der Familie und in einem ambigen Verhältnis zur Ehefrau steht, die sich zuweilen selbst als Dienstmagd begreift.

---

1   Cf. Eßlinger, Eva: *Das Dienstmädchen, die Familie und der Sex. Zur Geschichte einer irregulären Beziehung in der europäischen Literatur.* Fink: München 2013, S. 152.
2   Cf. Richter, Jessica: „Den Dienst als offizielles Erwerbsverhältnis (re-)konstruieren. Hauswirtschaftliche und landwirtschaftliche Dienstbot/innen in Österreich (1918–1938)". In: Colin, Nicole / Schößler, Franziska (Hrsg.): *Das nennen Sie Arbeit? Der Produktivitätsdiskurs und seine Ausschlüsse.* Synchron: Heidelberg 2013, S. 189–214. Je unspezifischer Tätigkeiten erscheinen (wie diejenigen im Haushalt), desto schwieriger ist es, sie in Lohnarbeitsverhältnisse zu überführen, die Spezialisierung und präzise Berufsbeschreibungen verlangen.
3   Im 18. Jahrhundert wird über die Figur des Dienstmädchens das Ideal der Tugendhaftigkeit propagiert wie in Richardsons stark rezipiertem Roman *Clarissa*. Ab den 1850er Jahren taucht die Figur erneut in der Literatur auf; Eßlinger, S. 126. Eßlinger nennt Gustave Flauberts *Un coeur simple,* Thomas Hardys *Tess of the d'Ubervilles,* Clara Viebigs *Das tägliche Brot,* den Roman der Brüder Goncourt *Germinie Lacerteux* und *Božena* von Marie von Ebner-Eschenbach, einen Roman, der die schöne, kräftige Dienstmagd zur Vermittlerin zwischen den zerfallenden Schichten des Bürgertums und Adels verklärt.

Die Gouvernante, ein in der englischen Literatur häufiger Typus, der im 18. Jahrhundert im Zuge der Pädagogisierung der Familie auch in Deutschland Anerkennung fand (als weibliches Pendant zum Hofmeister), unterscheidet sich dadurch vom Dienstmädchen, dass es sich häufig um eine mittellose Frau aus höheren Verhältnissen handelte, die für die Erziehung und Bildung der Kinder zuständig war. Sie stammte vielfach aus einem Milieu, das dem sozialen Status der beschäftigenden Familie entsprach, so dass es zur Erfahrung sozialer Deklassierung kam. Besonders prekär war in ihrem Falle die emotionale Ausbeutung durch die enge Bindung an die Kinder.[4] Die Gouvernante teilte mit dem Dienstmädchen die Erfahrung der Isolation, der informalisierten Arbeitsverhältnisse – zuweilen wurde sie für Näharbeiten und anderes eingesetzt – und der wirtschaftlichen Armut; aufgrund der Schnittmengen zwischen beiden Berufsprofilen wird im Folgenden die Forschung zum Dienstmädchen mit einbezogen.

Ein (fiktionales) Arbeitsprofil des Dienstes entwirft Arthur Schnitzlers später Roman *Therese. Chronik eines Frauenlebens*[5] von 1928. Die junge Therese verdingt sich in Wien in kurzlebigen Beschäftigungsverhältnissen, die von ebenso häufig abbrechenden Beziehungen begleitet sind. Sie bekommt einen Sohn, den sie alleine großzieht; dieser Strizzi und Dieb tötet seine Mutter schließlich in einem schäbigen Kampf um Geld – die lakonische Erzählung Schnitzlers, die diverse Tiefschläge eines weiblichen Lebensganges nahezu protokollarisch summiert, endet mit einem Gerichtsverfahren gegen den Muttermörder. Schnitzler legt großen Wert auf die sozialen Aspekte seiner Berufsgeschichte und lässt die Einsamkeit, die emotionale Ausbeutung und die ökonomische Zwangslage der Beschäftigten plastisch werden, greift zudem den zu seiner Zeit viel diskutierten Zusammenhang von Heimweh und Verbrechen auf – Dienstmädchen gelten im medizinischen Diskurs der Jahrhundertwende als nomadische Subjekte, die aus krankhafter Nostalgie zu Mörderinnen werden können. Schnitzler bezieht sich in seinem lakonisch-repetitiven Text jedoch zugleich – eine von der Forschung bislang übersehene Referenz – auf Johann Jakob Bachofens

---

4 Cf. dazu insgesamt Hardach-Pinke, Irene: *Die Gouvernante. Geschichte eines Frauenberufs.* Campus: Frankfurt a.M. u.a. 1993.

5 Schnitzler, Arthur: *Therese. Chronik eines Frauenlebens.* Fischer: Frankfurt a.M. 2004. Im Folgenden mit der Sigle (T) zitiert.

Matriarchatskonzeption, durch die die Berufstätigkeit seiner Protagonistin sexualisiert wird; die Analysen des Altertumsforschers Bachofen haben in der Zwischenkriegsphase Konjunktur, weil sie die scheinbare Dekadenz der ‚effeminierten' Zeit nach 1918 samt ihrer Männlichkeitskrise beschreiben.[6] Schnitzlers später Roman stellt damit zwei konträre Perspektiven recht unvermittelt nebeneinander: Das sozialgeschichtliche Narrativ[7] mit deutlich emanzipatorischem Gestus erzählt eine ganz andere Geschichte weiblicher Berufstätigkeit als die mythologischen Einschreibungen, die weibliche Arbeit als Ausdruck einer früheren, zu überwindenden Kulturstufe und sexueller Anarchie semantisieren. Ähnlich wie in Gustave Flauberts Roman *Madame Bovary* wird der emanzipatorische Impuls des Schnitzler'schen Textes durch Mythologeme konterkariert, die die hartnäckige Kopplung von Weiblichkeit und Sexualität im Beruf fortschreiben.

Die Gouvernante zwischen den Zeiten: 19. Jahrhundert und Interbellum

Aus sozialgeschichtlichem Blickwinkel überlagern sich in *Therese. Chronik eines Frauenlebens* zwei Phasen aus der Berufsgeschichte des Dienstes, die der erzählten Zeit und der Entstehungszeit des Textes entsprechen; der Roman Schnitzlers spielt ab etwa 1890 und erscheint 1928. Therese verdient ihren Lebensunterhalt als Gouvernante, die gebildete Variante des Dienstmädchens, das für das am Adel orientierte Bürgertum des ausgehenden

---

6 Die Bachofen-Rezeption der Zwischenkriegszeit illustriere, so Yahya Elsaghe, die Erosion tradierter Geschlechterverhältnisse durch den Typus der ‚Neuen Frau', wie ihn Schnitzler in seiner Erzählung *Spiel im Morgengrauen* zum Gegenstand macht; Elsaghe, Yahya: *Krankheit und Matriarchat. Thomas Manns „Betrogene" im Kontext*. De Gruyter: Berlin / New York 2010, S. 5–6.

7 Schnitzlers Interesse am Sozialen führt dazu, dass das Trauma, das er in der frühen Skizze *Der Sohn. Aus den Papieren eines Arztes* schildert, abgeschwächt wird; cf. Low, David S.: „*Therese. Chronik eines Frauenlebens*. Reflections on Schnitzler's *Other Novel*". In: *Modern Austrian Literature* 25 (3–4), 1992, S. 199–213, S. 210. Schnitzler lehnt in diesem frühen Entwurf eine Deutung des Muttermords als Wahnsinn ab und geht, ähnlich wie Sigmund Freud, von frühkindlichen Traumatisierungen aus, die das gesamte Leben prägen. Er dementiert damit die Idee des „geborenen Verbrechers" sowie die Milieutheorie; cf. Fliedl, Konstanze: *Arthur Schnitzler*. Reclam: Stuttgart 2005, S. 107.

19. Jahrhunderts von zentraler Bedeutung ist. Die Selbstverständlichkeit, mit der Therese ihrer Lohnarbeit nachgeht, ist allerdings Signum der 1920er und 30er Jahre. Bildet sie sich zudem autodidaktisch zur Lehrerin weiter, so verweist ihr Aufstieg ebenfalls auf berufliche Tendenzen in der Zwischenkriegszeit. In den 1920er Jahren nehmen in Österreich, insbesondere in Wien, die Bestrebungen zu, die Ausbildungsmöglichkeiten für Frauen durch Mädchen-Bürgerschulen zu vervielfältigen.[8] Zugleich reduziert sich die Quote der häuslichen Dienste von 1910 bis 1923 von mehr als einem Drittel auf weniger als ein Viertel, wie Konstanze Fliedl im Anschluss an Erna Appelt festhält.[9] Dass Therese aus einer verarmten Familie höherer Kreise stammt, ist ebenfalls Indiz der Zwischenkriegsphase. Nach den Inflationsschüben des Interbellum drängen Töchter adeliger und bürgerlicher Familien in das Berufsleben und arbeiten beispielsweise als Sekretärinnen, Angestellte in Kaufhäusern und Gouvernanten. Die zahlreichen Familienporträts der *Chronik* sowie die berufstätigen Mütter im Mode- und Kunstbereich (T, 134, 168) – Schnitzler schildert weiterhin das von ihm favorisierte Milieu der Großbürgerlichen und Adeligen, obwohl es um einen gesellschaftlichen Abstieg geht – gehören ebenfalls in die Zwischenkriegsphase. Die Berufstätigkeit von Frauen erscheint bei Schnitzler als Symptom einer Männlichkeitskrise und einer Verfallsgeschichte des Familialen, wie sie Dienstmädchenromane des Öfteren entwerfen.[10]

Was die *Chronik eines Frauenlebens* hingegen im ausgehenden 19. Jahrhundert situiert, sind die detailliert geschilderten Arbeitsverhältnisse der Bediensteten, sowohl von Dienstmädchen als auch Erzieherinnen, und die Forderungen nach einer Verbesserung ihrer prekären Lage, die in dieser

---

8 Saletta, Ester: *Die Imagination des Weiblichen. Schnitzlers „Fräulein Else"* *in der österreichischen Literatur der Zwischenkriegszeit.* Böhlau: Wien et al. 2006, S. 35.

9 Fliedl, Konstanze: „Verspätungen. Schnitzlers *Therese* als Anti-Trivialroman". In: *Jahrbuch der Deutschen Schillergesellschaft* 33, 1989, S. 323–347, S. 336; Appelt, Erna: *Von Ladenmädchen, Schreibfräulein und Gouvernanten. Die weiblichen Angestellten Wiens zwischen 1900 und 1934.* Verlag für Gesellschaftskritik: Wien 1985, S. 211.

10 Die tiefe „Krise der patriarchalen Mythen" in dieser Zeit betont u.a. Caputo, Antonia Maria: *Arthur Schnitzlers späte Werke. Studien zu seiner Erzählkunst.* München 1983 (Dissertation), S. 219.

Zeit meist von bürgerlichen Vereinen formuliert werden. In den lebhaften Debatten um die Dienstbotenfrage, die seit den 1870er Jahren in Deutschland, Frankreich und England grassiert, werden höhere Besoldung, freie Sonntage, geregelte Arbeitszeiten sowie bessere Unterbringung und Verköstigung verlangt.[11] Als besonderes Problem gilt die Vereinzelung am Arbeitsplatz, die nicht zuletzt eine Entsolidarisierung der Beschäftigten zur Folge hat.[12] Auch Schnitzlers Therese ringt um freie Zeit (T, 75), leidet unter kurzen Kündigungsfristen, sexuellen Übergriffen und emotionaler Ausbeutung. Der Geliebte Thereses bezeichnet ihre Tätigkeit deshalb als „Sklaverei" (T, 96, 71).

Was Schnitzlers Roman in besonderem Maße exponiert, sind die affektiven Verstrickungen, die der Beruf mit sich bringt. Die Gouvernante, so die Diagnose in *Therese,* wird vorbehaltlos in familiale Intimitäten eingeweiht, während ihre eigenen Befindlichkeiten keinerlei Rolle spielen:

> Sie hatte es freilich oft genug erfahren, daß auf ihre eigene seelische Verfassung niemals die geringste Rücksicht genommen wurde, daß man sich vor ihr in Freude und in Schmerz mit gleicher Lässigkeit gehen ließ; aber noch nie war ihr dies mit einem solchen Gefühl innerer Auflehnung bewußt geworden (T, 137).

Diese Asymmetrie wird durch den hohen Anteil emotionaler Arbeit verstärkt, die die Gouvernante leistet und die sie affektiv an die Familienmitglieder, insbesondere an die Kinder, bindet. Der Roman Schnitzlers

---

11 Eßlinger, S. 131.

12 Cf. Müller-Staats, Dagmar: *Klagen über Dienstboten. Eine Untersuchung zum Verhältnis von Herrschaften und Dienstboten mit besonderer Berücksichtigung Hamburgs im 19. Jahrhundert.* Hamburg 1983 (Dissertation). Die Dienstbotenbewegung begehrt zunehmend gegen das Koalitionsverbot in den Gesindeverordnungen auf (ibid., S. 396). Müller-Staats rekonstruiert darüber hinaus den Vorwurf der „Sittenverderbtheit" (ibid., S. 21) sowie den Topos der „geistlichen Hausmagd" (ibid., S. 106–107). Cf. zu den Effekten der Verstädterung auch Wierling, Dorothee: *Mädchen für alles. Arbeitsalltag und Lebensgeschichte städtischer Dienstmädchen um die Jahrhundertwende.* Dietz: Berlin / Bonn 1987. Cf. zum bis in das 19. Jahrhundert hinein privatrechtlichen Status der Gesindearbeit und zu den sich daraus ergebenden Konflikten Dürr, Renate: „‚Der Dienstbothe ist kein Tagelöhner'. Zum Gesinderecht (16. bis 19. Jahrhundert)". In: Gerhard, Ute (Hrsg.): *Frauen in der Geschichte des Rechts. Von der Frühen Neuzeit bis zur Gegenwart.* Beck: München 1997, S. 115–139, S. 135–139.

unterstreicht die emotionale Ausbeutung, die der Beruf Thereses mit sich bringt, wenn die Gouvernante resignativ überlegt:

> Das erbärmliche Dasein, das sie führte, als ein Geschöpf, das nie sich selber gehörte, das keine Heimat hatte, das eine Mutter war und, statt das eigene Kind, die Kinder fremder Leute behüten und aufziehen mußte, das heute nicht wußte, wo es morgen sein Haupt hinlegen sollte, das an einem Tag zwischen den Erlebnissen, Geschäften und Geheimnissen fremder Leute als eine Zufallsvertraute oder als eine absichtlich Eingeweihte umherging, um am nächsten als eine gleichgültige Fremde auf die Straße gesetzt zu werden – was hatte solch ein Geschöpf für Anrecht auf ein Menschen-, auf ein Frauenglück? Sie war allein und zum Alleinsein bestimmt. Gab es denn noch irgendein Wesen, an dem sie hing? Ihr Kind? Ihr Mutterherz war abgenützt, wie ihre ganze Seele, ihr Leib, und wie alles, was sie am Leibe trug (T, 135–136).

Die emotionale Ausbeutung zieht auch ihr Privatleben in Mitleidenschaft und entfremdet die eigene Gefühlswelt, ähnlich wie es Arlie Russell Hochschild in *Managing the Heart* beschreibt. Schnitzlers Roman schildert die Emotionsarbeit seiner Protagonistin zunächst als *deep acting,* wie man mit Hochschild sagen könnte, also nicht als oberflächliche Gefühlsinszenierung, sondern als soziale Tätigkeit, die tief in den Gefühlshaushalt der Arbeitenden eingreift (T, 138) und deshalb problematisch ist, weil das Arbeitsverhältnis ebenso beliebige wie kurzfristige Kündigungen erlaubt und damit den plötzlichen Abbruch von emotionalen Beziehungen. Die *Chronik* erzählt jedoch von einer zunehmenden Routinisierung des Affektiven, von einer ‚Professionalisierung‘ der emotionalen Arbeit, die die Performativität von Gefühlen voraussetzt und ein *surface acting* ermöglicht.[13] Therese lernt, ihre Emotionen zu kontrollieren, Nähe und Distanz zu regulieren, und übt sich in eine „kühle Mütterlichkeit" ein – eine Haltung, die deutlich gegen das zeitgenössische bürgerliche Mutterbild gerichtet ist:

> Therese war nun gewöhnt, sich rasch in neue Verhältnisse zu finden, und sie verstand es, die Elemente von Fremdheit und Vertrautheit, die beide gewissermaßen das Wesen ihres Berufes ausmachten, gegeneinander auszugleichen und in das richtige Verhältnis zu bringen. Vor allem hütete sie sich, ihr Herz an die jungen Wesen zu hängen, deren Erziehung ihr überantwortet war, blieb aber doch keineswegs gleichgültig; eine Art von kühler Mütterlichkeit, die sie beinahe nach Belieben

---

13 Hochschild, Arlie Russell: *Das gekaufte Herz. Zur Kommerzialisierung der Gefühle*. Campus: Frankfurt a.M. / New York 1990, S. 62.

eine paar Grade höher oder niederer stellen konnte, blieb die Grundstimmung dieser Beziehungen. So war sie innerlich vollkommen frei, wenn sich die Türe des Hauses hinter ihr schloß, und doch wieder daheim, wenn sie zurückkehrte. Ihren Sohn besuchte sie regelmäßig, ohne daß in der Trennungszeit besondere Sehnsucht nach ihm sie gequält hätte (T, 149).

Schnitzler entwirft ein emotionales Arbeitsvermögen (in einem Dienstleistungsberuf), das zwischen *deep acting* und *surface acting* zu changieren vermag, auch weil Gefühle performativ, durch soziale Praxis entstehen und nicht ‚wesensmäßig' sind – Therese beruhigt ihre mütterlichen Gewissensskrupel durch die Überlegung:

[E]s sei ja nur selbstverständlich, daß sie ihrem Kind nicht die gleichen Gefühle entgegenbringen könne, wie es unter anderen glücklicheren Umständen gewiß der Fall gewesen wäre, jede Beziehung, auch die natürlichste, erfordere Gegenwart und stete Erneuerung, um sich in natürlicher Weise zu entwickeln, ja um überhaupt bestehen zu können (T, 169).

Allein soziale Praktiken und Interaktionen lassen Gefühle entstehen, so dass nicht-biologische Familienverbünde denkbar sind, wie sie beispielsweise Judith Butler in *Antigones Verlangen* schildert.[14]

Aus dem Umstand, dass die Gouvernante in die intimsten Details eines Haushaltes eingeweiht ist und ihre Tätigkeit in hohem Maße aus emotionaler Arbeit besteht, scheinen sich die brutalen sexuellen Übergriffe zu ergeben, die auch in Schnitzlers *Chronik* auf der Tagesordnung stehen und mit derselben Plötzlichkeit sowie Regelmäßigkeit stattfinden wie die Kündigungen. Die Anwesenheit von fremden jungen Frauen im Haus, die in keine eigene Zeugungsfamilie eingebunden sind, provoziert aufgrund der Geschlechterkonventionen und Machtkonstellationen sexuelle Attacken – Dienstmädchen ist die eigene Familiengründung ausdrücklich untersagt, wie in Clara Viebigs Berliner Dienstmädchenroman *Das tägliche Brot* ebenfalls deutlich wird. Die Ehe ist damit als Ziel und Phantasma ständig präsent. Ihr Verbot sowie die Intimität der Arbeitsbeziehungen nährt nicht zuletzt die Aufstiegswünsche der Beschäftigten, die Liaisons mit den Arbeitgebern attraktiv erscheinen lassen. Die zahlreichen Frauenromane und Filme der

---

14 Butler, Judith: *Antigones Verlangen. Verwandtschaft zwischen Leben und Tod.* Aus dem Amerikan. v. Ansén, Reiner. Mit einem Nachw. von Menke, Bettine. Suhrkamp: Frankfurt a.M. 2001.

Zeit, die nach Konstanze Fliedl das Gegenstück zu Schnitzlers *Chronik* bilden,[15] nähren die drängende Sehnsucht, Ehefrau und Mutter im (groß-) bürgerlichen Milieu zu werden.

In der Klage Thereses, dass sie ein Geschöpf sei, „das nie sich selber gehörte, das keine Heimat hatte" (T, 135) und „eine gleichgültige Fremde sei" (T, 35), scheint ein weiteres virulentes Thema des Dienstbotendiskurses auf: die Heimatlosigkeit, die die Medizin für die zum Teil frappierenden Gewaltakte von Beschäftigten verantwortlich macht.[16] Man ist der Auffassung – so rekonstruiert Karl Jaspers in seiner Studie *Heimweh und Verbrechen* von 1909 –, die ländliche Herkunft (insbesondere aus den Schweizer Bergen) führe in Verbindung mit einem geringen Bildungsstand der Dienstboten zu Nostalgie bzw. Depression und in extremen Fällen zu Verbrechen wie Kindsmord. Jaspers beginnt seine Studie mit den Worten:

> Schon lange haben die mit unglaublicher Grausamkeit und rücksichtsloser Brutalität ausgeführten Verbrechen (Mord und Brandstiftung) Interesse erregt, die man von zarten Geschöpfen, jungen und gutmütigen, noch ganz im Kindesalter befindlichen Mädchen ausgeführt sah. Der Widerspruch zwischen Tat und Täterin, die Motivlosigkeit oder unzureichende Motivierung und darum das Rätselhafte und Unverständliche der Ereignisse erregten Mitgefühl oder Abscheu.[17]

---

15 Fliedl 1989, S. 329–330. Schnitzlers Roman konterkariert die Schicksalsgläubigkeit der Frauenromane, indem er einen umgekehrten Automatismus in Szene setzt; selbst die Ehe mit Wohlschein wird durch dessen plötzlichen Tod verhindert; ibid., S. 342.

16 Der Diskurs setzt das „pubertäre Dienstmädchen und die kaltblütige Mörderin [entgegen], die eine moralisch gebildet, die andere von gnadenlosem Zerstörungsimpuls getrieben"; Bronfen, Elisabeth: „Fatale Widersprüche". In: Jaspers, Karl: *Heimweh und Verbrechen*. Mit Essays v. Bronfen, Elisabeth und Pozsár, Christine. Belleville: Berlin / Heidelberg 1995, S. 7–25, S. 17. Diese Spaltungsfigur entspricht der geläufigen Unterscheidung zwischen „Perle" und „Hure"; Eßlinger, S. 146. Nach Bronfen agiert das Verbrechen des Dienstmädchens das Unbehagen im ‚Heim' aus, genauer: die doppelte Entortung in der Herkunfts- und Arbeitsfamilie. Die zu betreuenden Kinder fungieren dabei als Spiegel der eigenen Verlassenheit; Bronfen, S. 22–23.

17 Jaspers, Karl: *Heimweh und Verbrechen*. Mit Essays v. Bronfen, Elisabeth und Pozsár, Christine. Belleville: Berlin / Heidelberg 1995, S. 27–171, S. 29. Die Diagnose Heimweh führt in seinem Entwurf zur Konstruktion von Alterität, von scheinbar beschränkten Existenzen wie der Landbevölkerung; allein Kultur vertreibe das Heimweh; ibid., S. 47, S. 52.

Therese fungiert einerseits als Kontrastfigur zu diesem medizinischen Diskurs, denn sie ist als ‚höhere Tochter' gebildet und überzeugte Stadtbewohnerin. Andererseits reagiert Schnitzler auf das zeitgenössische Pathogramm, wenn seine Protagonistin Gewalttaten zumindest imaginiert. Als Therese, die in einen schönen Knaben regelrecht vernarrt ist, unvermutet entlassen werden soll, wälzt sie allerlei „romanhafte Pläne": „Entführung des Knaben, einen Anschlag gegen die aus England zurückkehrende Erzieherin; – auch noch dunklere Vorsätze, die sich gegen das Kind und gegen sich selbst richteten, gingen ihr durch den Sinn" (T, 139). Sie nimmt zudem die Dienstmädchen aus unteren Klassen, mit denen sie sich solidarisiert, ausdrücklich als nomadische Existenzen wahr: „War sie selbst etwas anderes, etwas Besseres? War sie nicht ein ebenso heimatloses Geschöpf wie all diese andern, die, ob sie nun Kindermädchen, Bonnen oder Gouvernanten hießen, in der Welt herumgestoßen wurden, von einem Haus ins andere" (T, 175–176). Auch das Pathologische des Heimwehs scheint auf, wenn es über die französische Erzieherin Sylvie heißt, dass „ihre Sehnsucht nach Hause […] einen fast krankhaften Charakter angenommen" (T, 207) hatte. Schnitzler ist also mit dem Zusammenhang von Heimatlosigkeit und Gewalt vertraut, verbindet die Figur der Gouvernante jedoch, dem medizinischen Diskurs entgegengesetzt, mit weiblichen Emanzipationsbestrebungen und Urbanität. In seinem früheren Roman *Frau Berta Garlan*, der ‚unschuldig-ländlichen' Variante der späteren Abstiegsgeschichte,[18] bietet die Großstadt Wien der *femme flaneuse*[19] denjenigen Freiraum, in dem auch eine freie (Liebes-)Wahl möglich scheint. Es heißt über Berta, die „Frau in der Masse": „Es war wirklich angenehm, so ganz unbeobachtet, als Fremde unter den Leuten

18 Schnitzler depotenziert in *Therese* den strahlend-erfolgreichen Künstler aus *Frau Berta Garlan* (wohl ebenfalls ein Selbstbild) zum prekären Filou, der in zwielichtigen Unterhaltungsetablissements sein Brot verdient.

19 Diese Figur ist im männlich dominierten Flaneur-Diskurs nicht vorgesehen; cf. Gleber, Anke: „Die Frau als Flaneur und die *Sinfonie der Großstadt*". In: Ankum, Katharina von (Hrsg.): *Frauen in der Großstadt. Herausforderung der Moderne?* Edition Ebersbach: Dortmund 1999, S. 59–88. Eine der wenigen Gelegenheiten, die Straße zu betreten, boten die Kaufhäuser; ibid., S. 64. Schnitzler deutet an, dass es dem weiblichen Flaneur, wie dem männlichen, um den unbeobachteten eigenen Blick geht; cf. zum weiblichen Flaneur auch Ankum, Katharina von: „‚Ich liebe Berlin mit einer Angst in den Knien'. Weibliche Stadterfahrung in Irmgard Keuns *Das kunstseidene Mädchen*". In: Id. (Hrsg.), S. 159–191.

herumzugehen. Lange hatte sie dieses Vergnügen nicht mehr gekostet."[20] Die flanierende Frau wünscht sich: „sie hätte schön, jung, unabhängig, ach Gott, sie hätte irgendein Weib sein wollen, das tun kann, was es will und sich nach Männern umwenden, die ihm gefallen."[21] Georg Simmels Essay *Die Großstädte und das Geistesleben*, der Parallelen zu Arthur Schnitzlers Stadtentwürfen aufweist, erklärt das Urbane entsprechend zu einem Ort der Freiheit und Distanz:

> Die Unabhängigkeit des Individuums [wird] nie stärker gefühlt als im dichtesten Gewühl der Großstadt, weil die körperliche Nähe und Enge die geistige Distanz erst recht anschaulich macht; es ist offenbar das Revers dieser Freiheit, wenn man sich unter Umständen nirgends so einsam und verlassen fühlt, als eben in dem großstädtischen Gewühl; denn hier wie nirgends sonst ist es notwendig, dass die Freiheit des Menschen sich in seinem Gefühlsleben als Wohlbefinden spiegele.[22]

Die städtische Arbeitsbiographie Thereses macht sie zur Freien, jedoch auch zur Fremden, denn auch für die Protagonistin Schnitzlers gilt, was Simmel ausführt; sie „kommt mit jedem einzelnen Element in Berührung, ist aber mit keinem einzelnen durch die verwandtschaftlichen, lokalen, beruflichen Fixiertheiten organisch verbunden".[23] Simmel hält über diesen Typus fest, dass er Nahverhältnisse aus der Vogelperspektive, mithin als Forscher zu beobachten vermöge – auch die Bedienstete ist eine moderne Fremde in der Stadt, eine flexibilisierte Existenz, die Distanz wahrt und ihren objektiven Blick mit Einsamkeit bezahlt. Schnitzler entwirft seine Gouvernante mithin als urbanen Typus,[24] ohne jedoch die Themen Heimatlosigkeit, Fremdheit und Gewalt im Dienst aufzugeben.

---

20 Schnitzler, Arthur: *Frau Berta Garlan*. Hrsg. v. Fliedl, Konstanze. Reclam: Stuttgart 2006, S. 42.

21 Ibid., S. 47.

22 Simmel, Georg: „Die Großstädte und das Geistesleben". In: Id.: *Aufsätze und Abhandlungen 1901–1908*. Bd. 1. *Gesamtausgabe*. Bd. 7. Hrsg. v. Kramme, Rüdiger / Rammstedt, Angela / Rammstedt, Otthein. Suhrkamp: Frankfurt a.M. 1995, S. 116–131, S. 127.

23 Ibid.

24 Die Stadt gilt dabei grundsätzlich als Ort der Verführung, des Lasters und der Prostitution; cf. dazu Mueller, Rüdiger H.: *Sex, Love and Prostitution in Turn-of-the-Century German-Language Drama. A. Schnitzler's „Reigen", F. Wedekind's „Die Büchse der Pandora: Eine Monstretragoedie", and L. Thoma's „Moral" and „Magdalena"*. Lang: Frankfurt a.M. et al. 2006, S. 24–25.

Topoi des Dienstmädchendiskurses: Hysterikerin und Gottesmagd

Schnitzlers *Chronik* greift einen weiteren Aspekt auf, der eng mit der Figur des Dienstmädchens verknüpft ist: die Hysterie,[25] die mit dem Topos der reinen Gottesmagd überblendet werden kann – in volkstümlichen Traktaten des 19. Jahrhunderts gilt die Dienstmagd als Inbegriff christlicher Demut und Unterwerfung, als Magd Gottes, deren schwere Arbeiten zum Gottesdienst verklärt werden.[26] Gustave Flaubert beispielsweise verbindet in seiner kurzen Erzählung *Un coeur simple,* die die outrierte Liebe eines Dienstmädchens zu einem ausgestopften Papagei schildert, beide Zuschreibungen. Schnitzlers Roman erinnert an die ,christlich-hysterische' Disposition dieses Typus, wenn Therese während ihrer Schwangerschaft quasi-transzendente Erfahrungen zuteil werden:

> Sie war jetzt außerhalb alles Seins und alles Tuns gestellt; und es bestand eigentlich keine Beziehung für sie als die zu dem unendlich fernen bläulichen Stück Himmel, in das ihr Blick versank, wenn sie in der Ecke des Diwans lehnte. So verschwebte, so irrte, so träumte Theresens Sinn sich ins Leere und verlor sich gerade darin, als wenn ihr ahnte, daß, sobald sie sich in die Wirklichkeit zurückfand, doch nur Sorge und Kummer zum Empfang bereitstehen würden (T, 106).

Diese eskapistische Phantasie verdichtet sich zu philobatischen Bildern einer ekstatischen Liebe, die an Flauberts *Un coeur simple* erinnern. Therese erscheint der etwas langweilige Jugendgeliebte Nüllheim – Nomen est Omen – zumindest im Rückblick als auratischer Freund, mit dem sie eine ,himmlische' Vereinigung imaginiert:

---

25 Eßlinger, u.a. S. 158–159. Auslöser der Hysterie seien, so die zeitgenössische Argumentation, (scheinbar unkontrollierbare) Sexualität, Heimweh und Arbeitsunlust; die Interferenzen von Klasse und Krankheit kämen dabei nicht in den Blick, so Eßlinger. Jann Matlock rechnet *Therese,* ähnlich wie Émile Zolas *Nana,* zu denjenigen Fallgeschichten, die Hysterie und Prostitution überlagern; Matlock, Jann: *Scenes of Seduction. Prostitution, Hysteria, and Reading Difference in Nineteenth-Century France.* Columbia University Press: New York 1994, S. 165.

26 Cf. Eßlinger, S. 190. In *Therese* zeichnet sich eine Nähe zur Heiligenvita ab; ibid., S. 209.

Sein sanftes, allzu sanftes Antlitz veredelte sich, so daß es beinahe dem eines Heiligen glich; seine Stimme klang ihr dunkel und süß durch Zeitenfernen, und wenn sie sich in rückwärtsgewandten Gedanken mit ihm auf jener weiten abendlichen Ebene zärtlich umschlungen sah, so war es ihr zugleich, als schwebte sie mit ihm vom Erdboden langsam empor dem Himmel zu (T, 107).

Auch Flauberts *Ein schlichtes Herz* kennt (sehr viel ironischere) visionäre Flugbilder; zum Schluss der Erzählung heißt es:

Azurblauer Rauch stieg in Félicités Kammer. Sie hob die Nasenflügel und sog ihn mit mystischer Sinnlichkeit ein; dann schloß sie die Lider. Ihre Lippen lächelten. Die Schläge ihres Herzens folgten immer langsamer aufeinander, wurden mit jedem Mal schwächer, leiser, wie eine Quelle versiegt, wie ein Echo verhallt; und als sie ihren letzten Atem aushauchte, glaubte sie, im Himmel, der sich über ihr aufgetan hatte, einen riesigen Papagei zu sehen, der über ihrem Kopf schwebte.[27]

Die hysterische Disposition des Dienstmädchens und ihre Verklärung zur Magd Gottes, die Flaubert weitaus deutlicher herausstreicht, klingen in Schnitzlers Gouvernanten-Roman nach, werden jedoch durch die soziale Perspektive, das Repetitiv-Monotone der *Chronik* und den (neu-)sachlichen Stil abgeschwächt.

Bachofens Sexualisierung weiblicher Autonomie: Mythos und Geschlechterkampf

Aufgrund ihrer prekären Arbeitssituation ist Therese mehrfach versucht, sich durch Prostitution über Wasser zu halten. Zwischen Dienstmädchen und Prostituierter bestehen im literarischen Diskurs gleitende Übergänge;[28] der pornographische Klassiker *Die Memoiren der Fanny Hill* von John Cleland beispielsweise setzt das stellungssuchende Dienstmädchen schlicht der Mätresse gleich. Muss Therese in ihren Dienstverhältnissen „widerliche Annährungsversuche [...] von Dienstherren, Fleischhauergehilfen, Handlungskommis [...] erdulden", so „bot sich ihrer ermüdeten und enttäuschten Seele von allen Formen der Liebe gerade die gewerbsmäßige als die reinlichste und anständigste dar" (T, 58).

---

27 Flaubert, Gustave: „Ein schlichtes Herz". In: Id.: *Drei Erzählungen*. Hrsg. u. übers. v. Rehbein, Jürgen. Reclam: Stuttgart 1994, S. 7–51, S. 51.
28 Eßlinger, S. 259.

Im ausgehenden 19. Jahrhundert ist Prostitution ein virulentes öffentliches Thema, das konservative Frauenverächter ebenso heiß diskutieren wie Vertreter der Emanzipation.[29] Erstere unterstellen eine besondere, zuweilen genetisch bestimmte Disposition der Frau zur Prostitution wie Cesare Lombroso und Otto Weininger, der im Anschluss an Schopenhauers Pessimismus die kinderlose Prostituierte der Mutter vorzieht und ähnliche Matriarchatsvorstellungen wie Bachofen formuliert.[30] Das sozial engagierte Lager hingegen macht die ökonomische Misere von arbeitenden Frauen für die Prostitution verantwortlich und versucht dem Missstand weiblicher Armut zu begegnen: Zwischen 1899 und 1930 – in der Zwischenkriegszeit steigt die Zahl der „geheimen Prostituierten" aufgrund der Inflationsschübe und der hohen Arbeitslosigkeit nicht nur in Österreich massiv an[31] – finden sechzehn internationale Kongresse zur Bekämpfung des internationalen Frauenhandels statt, die von der marxistischen Grundannahme ausgehen, Prostitution sei ein Symptom bürgerlicher Besitzverhältnisse.[32]

In Schnitzlers Text finden sich brisanterweise beide Positionen: Während die soziale Perspektive des Romans deutlich werden lässt, dass sich die alleinerziehende Mutter durch ihre schlecht bezahlten Gouvernantenjobs kaum zu ernähren vermag und aufgrund der miserablen Arbeitsbedingungen über Prostitution nachdenkt, beschwören die Bezüge zu Johann Jakob Bachofen ganz andere Weiblichkeitsimagines – Schnitzler arbeitet die Argumente und Symbole des Altertumsforschers in einige seiner Texte ein, zum Beispiel auch in die *Traumnovelle*.[33] Über die Referenzen zu Bachofen entsteht in *Therese*

---

29 Mueller, S. 12–13.

30 Ibid., S. 17.

31 Kernjak, Katja: *Der Prostitutionsdiskurs in Österreichischer Prosa der 1920er Jahre*. Alpen-Adria-Universität Klagenfurt 2010 (Diplomarbeit), S. 9.

32 Mueller, S. 37. Ödön von Horváth ironisiert diese Bemühungen in seiner Posse *Rund um den Kongreß* (1929). Bebel und Marx nehmen die Prostitution nicht als entfremdete (Körper-)Arbeit wahr, sondern schließen sie von der Lohnarbeit aus; Mueller, S. 19.

33 Elsaghe, S. 5, Anm. 20. Die „Eucharistie", die der weibliche nackte Leib in der *Traumnovelle* ermöglicht, lässt eine egalitäre Gemeinschaft, eine Bruderschaft entstehen, ähnlich wie es Bachofen beschreibt.

das Bild einer unbändigen weiblichen Triebhaftigkeit,[34] die auch die Grenze zwischen Ehe und Prostitution unterminiert; die eheähnlichen Beziehungen Thereses bewegen sich aufgrund der großzügigen Geldgeschenke in einer Grauzone. Johann Jakob Bachofen hält in seiner Studie *Das Mutterrecht* fest, dass Hetären ihr Geld zuweilen durch Prostitution vermehrt hätten, um in einer späteren Ehe unabhängig sein zu können.[35]

Johann Jakob Bachofens Entwurf eines hetärischen Urzustands und Matriarchats, den Schnitzlers Roman über eine alleinerziehende Berufstätige aufgreift, ist bis in das 20. Jahrhundert hinein wohl deshalb attraktiv, weil er das binäre Geschlechtermuster mit einer Ursprungsgeschichte versieht. Bachofen intensiviert die dichotome Zuordnung von Weiblichkeit, Materie, Körper und Sexualität auf der einen Seite, Männlichkeit und Geist auf der anderen und versucht, die sich zum Ende des 19. Jahrhunderts abzeichnende Mythisierung des Geschlechterkampfes wissenschaftlich zu begründen. Mithilfe von Bachofens altphilologischen Lektüren antiker Praktiken können zudem beliebte literarische Phantasien mit der Dignität ,mythischer Realität' versehen werden, allem voran die Faszination für Orgien und Prostitution, die die Literatur um 1900 häufig zum Gegenstand macht; zu erinnern wäre an den anonym erschienenen Roman *Josefine Mutzenbacher. Die Geschichte einer Wienerischen Dirne. Von ihr selbst erzählt* (von Felix Salten). Der

---

34 Schnitzler setzt sich seit Beginn seines Schreibens mit weiblichem Begehren auseinander und prangert „das ungeheure Unrecht in der Welt" an, „daß die Sehnsucht nach Wonne ebenso in die Frau gelegt ward, als in den Mann; und daß es bei den Frauen Sünde wird und Sühne fordert, wenn die Sehnsucht nach Wonne nicht zugleich die Sehnsucht nach dem Kinde ist", wie es in *Frau Berta Garlan* heißt; Schnitzler, Frau Berta Garlan, S. 168. Weiblichkeit werde damit allerdings auf Sexualität fixiert; Mueller, S. 31.

35 Er berichtet davon, dass sich junge Frauen verkaufen, um sich eine Aussteuer zu verschaffen, „bis sie in die Ehe treten. So statten sie sich selbst aus"; Bachofen, Johann Jakob: *Das Mutterrecht. Eine Untersuchung über die Gynaikokratie der alten Welt nach ihrer religiösen und rechtlichen Natur*. Eine Auswahl. 4. Aufl. Hrsg. v. Heinrichs, Hans Jürgen. Suhrkamp: Frankfurt a.M. 1982, S. 233. Auch Thereses Beruf als Erzieherin und Ausbilderin ließe sich mit Bachofen lesen, der ausführt: „Die Gynaikokratie nimmt eine notwendige Stelle in der Erziehung des Menschen, des Mannes zumal, ein. Wie das Kind seine erste Zucht von der Mutter erhält, ebenso die Völker von dem Weibe"; er spricht von der „bildenden[n], wohltätige[n] Macht des Weibes"; ibid., S. 94.

Antike-Forscher Bachofen entwirft gleichwohl ein alternatives Modell zu bürgerlichen Weiblichkeitskonzepten, wenn er die Autonomie und Handlungsmächtigkeit der archaischen Urfrauen hervorhebt und von ihrem souveränen Begehren, ihrer sexuellen Lust spricht. Bachofens Matriarchat kennt eine weibliche Wahl und ein weibliches Begehren, das das bürgerliche Zwei-Geschlechter-Konzept eskamotiert hatte[36] – sein sexualisierter Frauentypus entspricht allerdings dem beliebten Bild der *femme fatale*.

Bachofens Studien sind nicht nur für die Gestaltung von Geschlechtlichkeit und Begehren, sondern auch für Schnitzlers Umgang mit Zeit vorbildlich.[37] Erzählen Mythen von einer geschichtslosen Zeit jenseits chronologischer Linearität, so weist Schnitzlers *Therese. Chronik eines Frauenlebens* unstimmige Zeitangaben und zahlreiche Wiederholungen auf, die die ‚Gegenwärtigkeit‘ des Geschehens in Frage stellen.[38] Die Inkonsistenz des zeitlichen Kontinuums trotz zahlreicher temporaler Deiktika zeigt sich beispielsweise, wenn in der mittleren Phase von Thereses Leben sechs Jahre vergangen sein sollen, eine genaue Berechnung jedoch auf neun Jahre kommt; selbst naturale Zeitangaben wie Jahreszeiten lassen sich damit nicht mehr eindeutig zuordnen.[39] Zudem sei „der Muttermord am

---

36 Laqueur, Thomas: *Auf den Leib geschrieben. Die Inszenierung der Geschlechter von der Antike bis Freud*. Campus: Frankfurt a.M. / New York 1992, S. 221–235.
37 Schnitzler konnte sich darüber hinaus für sein Erzählverfahren von Bachofen inspirieren lassen. Bachofen entwerfe, so Carl Albrecht Bernoulli, ein Reich, das sich von der „Tyrannei der Kausalgesetze und logischen Schlußfolgerungen" ablöse und damit eine Traumwelt eröffne, die der „Seele die Ahnung der Freiheit zu schenken" vermöge; cf. Bachofen, Johann Jakob: *Urreligion und antike Symbole. Systematisch angeordnete Auswahl aus seinen Werken in drei Bänden*. Bd. 1. Hrsg. v. Bernoulli, Carl Albrecht. Reclam: Leipzig 1926, S. 351. Der Roman Schnitzlers suspendiert entsprechend das Entwicklungsnarrativ und reiht leicht variierte Episoden aneinander; cf. dazu Dangel, Elsbeth: *Wiederholung als Schicksal. Arthur Schnitzlers Roman „Therese. Chronik eines Frauenlebens"*. Fink: München 1985, S. 166–175. Diese Anlage entspricht zugleich dem Genre der mittelalterlichen Chronik, die die Historie auf das Heilsgeschehen hin transzendiert und Ereignisse aufeinander folgen lässt, die nicht kausal miteinander verknüpft sind.
38 Ibid., S. 181.
39 Kiwit, Wolfram: *„Sehnsucht nach meinem Roman". Arthur Schnitzler als Romancier*. Winkler: Bochum 1991, S. 123–124.

Ende als vorgestellter Vater- und Kindesmord den Roman entlang immer schon motivisch präsent", so Konstanze Fliedl.[40] Durch Antizipationen, die den Eindruck erwecken, die Ereignisse seien immer schon geschehen, und Wiederholungen stellt *Chronik eines Frauenlebens* die ahistorische Struktur des Mythos nach. Als Therese beispielsweise in ein Lokal einkehrt, das sie früher mit Kasimir besucht hatte, scheint der Kellner nicht gealtert zu sein – eine Art *stasis*.[41] Die Forschung spricht deshalb von Schnitzlers künstlerischer Gestaltung der Wiederkehr, die Wolfram Kiwit nicht von ungefähr mit Nietzsches zirkulärem Zeitkonzept in Verbindung bringt.[42] In gewisser Weise kommen damit die sozialgeschichtliche Perspektive, die die monotonen Repetitionen im Arbeitsleben Thereses herausstellt, und die mythische Ebene zur Deckung;[43] ihre Weiblichkeitskonzeptionen hingegen treten deutlich auseinander. Im Folgenden werden die intertextuellen Bezüge zu Bachofen genauer entfaltet, auch wenn sich die Analyse damit vom Thema weibliche Arbeit zunächst zu entfernen scheint. Doch erst die Grundierung durch diesen Hypotext lässt die ganz anders geartete Konnotation weiblicher Arbeit in Erscheinung treten.

Verfall der Zivilisation: Tellurisches Leben, Matriarchat und Arbeit

Die Bachofen-Referenzen in Schnitzlers Roman beschwören jenseits der sozialgeschichtlichen Präzision weiblicher Arbeitsverhältnisse ein mythisches, weiblich dominiertes Reich des ‚ewigen Stirb und Werde‘. Der ersten Begegnung Thereses mit Kasimir im Prater ist entsprechend der Tod einbeschrieben; Schnitzler knüpft in dieser Partie kaum merklich an Bachofens Ausführungen zum antiken Zirkus als Totenritus an. Der Altphilologe interpretiert die Zirkusspiele mit ihren Wagenrennen als „Leichenspiele für Heroen"; die Kreisform der Arena sei Ausdruck der Vergänglichkeit, die

---

40 Fliedl 1989, S. 338.
41 Auf diese Szene verweist auch Dangel, S. 99.
42 Kiwit, S. 127.
43 Cf. Rasch, Wolfdietrich: *Die literarische Décadence um 1900*. Beck: München 1986, S. 198–210. In *Therese* komme es zu einer „Entwertung der Gegenwart", die die von Schnitzler vielfach artikulierte Macht der Vergangenheit signalisiere; Fliedl 1989, S. 343.

ruhelose, ewige Bewegung Symbol der sinnlichen Sphäre.[44] Zirkusarenen seien deshalb häufig auf Sumpflandschaften errichtet worden, an Orten ,tellurischer Zeugung'.[45] Nach Bachofen verkündet der schnelle Lauf des Pferdes, das selbst funerären Charakter besitzt (also ein Symbol des Todes ist), das Gesetz des unablässigen Wandels. Als sich Therese an einem Osterfeiertag zum Prater begibt, werden zunächst die Pferderennen erwähnt: „Die Fahrbahn war von Wagen belebt und wurde belebter von Minute zu Minute, da in Fiakern und Equipagen das Publikum eben von den Rennen in der Freudenau zurückgefahren kam" (T, 65). Schnitzler streut zudem Motive der Zirkusbeschreibung Bachofens in die Rede des Verführers Kasimir ein – Tobitsch spricht ebenso erratisch wie kalauernd, so dass verschiedene Themen anzuklingen vermögen. Den Kellner fragt er beispielsweise nach dessen „Großpapa", einem Wahrsager (T, 67) – Bachofen führt aus, dass im Zirkus die Zukunft vorausgesagt werde; die einfache, „plebejische" Frau erkunde „des Schicksals Stimme über ihren künftigen Gemahl".[46] Im Anschluss daran erzählt Tobitsch von seinen eigenen Reisen, vor allem nach Rom (als Ort des Funerären):

> Die Katakomben zum Beispiel: eine Million Skelette und Totenköpfe tief unter der Erde, – es war nicht gemütlich, dort unten herumzuspazieren. [...] Und das Colosseum – ein Riesenzirkus, hunderttausend Menschen hatten Platz darin. Jetzt war es verfallen, und der Mond stand darüber. Natürlich nur bei Nacht. Haha! (T, 69–70)

Die scheinbar unmotivierten Ausführungen, die Therese nur bedingt unterhalten, rücken den Prater in die Nähe eines antiken Zirkus, den Bachofen als Ort des (weiblichen) Tellurischen konzipiert; dessen Symbole sind der Mond und die Nacht. Zirkusspiele gelten nach Bachofen „der stofflichen Kraft, zunächst der ganz tellurisch gedachten, alle Faktoren, die zu der Erdschöpfung mitwirken, in sich schließenden, Leben und Tod, Stoff und Kraft umfassenden Naturzeugung".[47]

---

44 Bachofen, Urreligion und antike Symbole, S. 329.
45 Ibid., S. 341.
46 Ibid., S. 332.
47 Ibid., S. 345. „Der Tod erscheint mit dem Leben verbunden und selbst als Grund desselben."

Die sich anschließenden Liebeserlebnisse der Protagonistin werden mit einem weiteren funerären Motiv, mit dem des Tores, verknüpft: Kasimir wartet nach der Begegnung, bis die Verehrte „im Tor verschwunden" ist (T, 70), das auch im Kontext der ersten Beziehung Thereses in Salzburg Erwähnung findet. Bachofen beschreibt Tore (an Grabmonumenten) als „Reinigungstore", „durch welche die Abgeschiedenen hindurchgehen, bevor sie zu der höchsten Stufe der Glückseligkeit gelangen"[48] – bei Schnitzler erreichen die Figuren jedoch lediglich einen ‚niederen Eros', ein ‚niederes Glück'. Die intertextuellen Bezüge zu Bachofen unterlegen der Liebesgeschichte Thereses also einen mythischen Kreislauf von Zeugung und Tod, der das Soziogramm ahistorisiert und Weiblichkeit über sexuelle Aktivität und das Phantasma einer autonomen Urzeugung bestimmt.

Schnitzler entwirft darüber hinaus in enger Anlehnung an Bachofen einige atmosphärische Landschaften und Begegnungen,[49] die den (misslingenden) Übergang von Mutter- in Vater- bzw. Eheordnung veranschaulichen. Mit Alfred, dem potenziellen Heiratskandidaten, wandelt Therese in den Feldern um Salzburg, mithin in einer bearbeiteten Natur, die mit ‚dem Pflug verletzt wird' und deshalb Frucht bringt, so die Diktion Bachofens – sie spazieren „zwischen hochstehenden Ähren" (T, 20). Ihre Umarmung findet in einem Ambiente statt, das an die Sumpflandschaften Bachofens erinnert und Erde mit Wasser verbindet: „sie und er auf einer Bank zwischen Feldern und Wiesen, auf weitgedehnter Ebene, darüber die Nacht [Ausdruck des Tellurischen; F.S.], die sich von Berg zu Berg spannte, verklingende Pfiffe aus der Ferne und von einem unsichtbaren Teich her Fröschegequak" (T, 28). Nach Bachofen ist der Frosch ein Sumpftier und verweist auf das weiblich codierte Urchaos, aus dem das Leben hervorgeht.[50] Die männliche Figur wird hingegen mit Reinheit, Licht und dem Himmel als Symbolen des solarischen Patriarchats assoziiert. Alfreds „Augen glänzten mild, und ein solcher Adel schien von seiner Stirn zu strahlen, dass ihr ganz weh ums Herz wurde. Sie fühlte sich

---

48 Ibid., S. 324.

49 Der Forschung ist die besondere Stimmung dieser Szenen aufgefallen, ohne dass die Gründe dafür geklärt werden konnten; cf. Bruyker, Melissa de: *Das resonante Schweigen. Die Rhetorik der erzählten Welt in Kafkas „Der Verschollene", Schnitzlers „Therese" und Walsers „Räuber-Roman"*. Königshausen & Neumann: Würzburg 2008, u.a. S. 175–179.

50 Bachofen, Das Mutterrecht, S. 187.

ihm in schmerzlicher Weise überlegen, weil sie umsoviel mehr vom Leben wußte oder ahnte als er; und zugleich seiner nicht ganz würdig, weil er aus so viel reineren Lüften kam als sie" (T, 27). An späterer Stelle imaginiert Therese ihre Vereinigung, wie bereits zitiert, als Aufstieg vom Tellurischen zum Himmel: Ihr war, „als schwebte sie mit ihm vom Erdboden langsam empor dem Himmel zu" (T, 107). Doch Thereses endgültige ‚Erhebung' in das Vaterrecht und die Ehe findet nicht statt; das solarisch-männliche Prinzip bleibt uneinlösbare Verheißung und Thereses (Arbeits-)Leben an das Tellurische geknüpft, wie eine atmosphärisch verdichtete Szene an späterer Stelle, eine Variation der intimen Begegnung mit Alfred, verdeutlicht: Therese, eine Freundin und ihre beiden Begleiter verlaufen sich am Konstantinhügel im Prater und geraten zunehmend in eine „umwaldete Entrücktheit"; genannt werden diejenigen Gewächse, die Bachofen als Sumpfvegetation beschreibt: das Schilf und die Weiden (T, 189).[51] Sie verlieren die Orientierung – ein ‚mythischer' Zustand ohne Zeit und Raum – und schlafen miteinander bzw. vollziehen eine ‚entindividualisierte Begattung';[52] Sylvie stellt „eine Frage an Therese, frech und schamlos" (T, 190) und Therese antwortet. Eine überhöhende Inversion signalisiert die Vereinigung von weiblichem und männlichem Prinzip, wenn es heißt: „Der Fluß, den sie nicht sehen konnte, spiegelte sich seltsam im dunkelblauen Himmel über ihr" (T, 190). Der erneut genannte Pfiff der Lokomotive verweist auf das Transitorische der Begegnung und unterstreicht die Wiederholungsstruktur der beiden Szenen, die Chronologie und Entwicklung aufhebt.

Die Protagonistin Therese repräsentiert auch dann das Bachofen'sche Matriarchat, das der Frau Freiheiten in beruflichen wie amourösen Dingen zuschreibt, wenn sie in der Liebe „die Wahl" hat, wie es ausdrücklich heißt (T, 72), sie sich also frei für männliche Begleitungen entscheiden kann. Im Matriarchat wirbt die Frau, nicht aber der Mann, wie Thomas Manns späte Erzählung *Die Betrogene*, die Yahya Elsaghe mit Bachofen liest, ebenfalls verdeutlicht.[53] Therese entspricht also nicht nur dem Typus der Neuen Frau, wenn sie ihre Autonomie in beruflichen und sexuellen Angelegenheiten voraussetzt, sondern verkörpert auch das archaische Matriarchat,

---

51 Ibid., S. 193.
52 Ibid., S. 194.
53 Elsaghe, S. 211.

in dem weibliche Souveränität als Signum einer zu überwindenden Kulturstufe erscheint. Thereses Mutterschaft ist entsprechend vaterlos; der Sohn
gehört allein der Mutter zu und trägt ihren Nachnamen[54]: Das Kind sei
ihre „Angelegenheit, ihre ganz allein" (T, 87); sie könne sich für ihren
Sprössling einen beliebigen Vater aussuchen (T, 88). Diese Irrelevanz der
Vaterschaft – *pater semper incertus est* – potenziert sich im (Zerr-)Spiegel
einer älteren Opernsängerin, die drei Kinder hat, ohne dass je von Vätern
gesprochen wird (T, 112).[55]

Die *Chronik* verortet auch ihr zentrales Sujet, den Muttermord, innerhalb des mythologischen Rahmens. Eine ‚Engelmacherin' zitiert das
philosophische Räsonnement aus Sophokles' *Ödipus von Kolonos,* „daß
es für die meisten Menschen überhaupt am besten sei, nicht geboren zu
werden" (T, 93). *Ödipus* ist für Bachofen ein Mythos des Übergangs, der
den hetärischen Zustand durch den ehelichen überwindet; Ödipus blende
sich, weil er gegen die Lichtmächte verstoßen habe.[56] Therese greift das
antike Zitat in einem inneren Monolog während der clandestinen Geburt
ihres Kindes auf: „Es war das beste, wenn sie zugrunde ginge, – sie und
das Kind und mit ihr die ganze Welt" (T, 109). Der versuchte Kindsmord
löst darüber hinaus die Grenze zwischen Leben und Tod auf – „Was soll
ich denn mit einem toten Kind ein ganzes Leben lang" (T, 110) –, so dass
sich Werden und Vergehen, Leben und Tod erneut überlagern und die
Mutter als lebensspendende *und* tötende Kraft erscheint – nach Bachofen
sind die „freundlichen" Eumeniden zugleich „schreckliche[...], grause[...]

---

54 Bachofen, Das Mutterrecht, S. 138.

55 Der Roman trennt Liebesglück dezidiert von Mutterschaft ab: „[V]on Liebesglück und -leid hatten die beiden Frauen einander sowenig mitzuteilen, als hätten
diese Dinge mit Mutterleid und Mutterglück überhaupt nicht das geringste zu
tun." (T, 112–113) Bachofens Darlegungen ermöglichen die Entstigmatisierung
alleinerziehender Mütter, um die sich die Frauenbewegung und engagierte Lite-
raten wie Gerhart Hauptmann im ausgehenden 19. Jahrhundert bemühen. Dass
die gesellschaftliche Praxis ganz anders aussieht, deutet sich an, wenn der Sohn
die Mutter aufgrund seiner Vaterlosigkeit der Prostitution bezichtigt und die
uneheliche Geburt als mildernder Umstand in das Urteil über den Muttermörder
einfließt.

56 Schroeter, Manfred (Hrsg.): *Der Mythos von Orient und Occident. Eine Metaphysik der alten Welt. Aus den Werken von J.J. Bachofen.* Beck: München 1926,
S. 267. Die Sphinx steht in diesem Mythos für das Mutterrecht; ibid., S. 266.

Göttinnen, allem irdischen Leben feind und verderblich".[57] Diesen Zusammenfall von Lebens- und Todessphäre im Weiblichen, eine in der Kunst überaus beliebte Projektionsfigur, hat die feministische Psychoanalyse als Symptom eines Verschiebungs- und Übertragungsprozesses beschrieben. Elisabeth Bronfen führt aus: Das „weibliche *Andere* als ‚Schoß-Grab-Heimat' ist auf ambivalente Weise ein Ort des Todes. Es ist jener Ort, aus dem Leben als Antithese zum Tod hervorgeht, wie es auch jener Ort ist, der die tödliche Einschrift des Körpers bei der Geburt erzeugt: das Mal des Nabels."[58] Entsprechend „fungieren Mutter und Geliebte als Allegorie für die Sterblichkeit des Mannes, als feststehendes Bild menschlichen Schicksals".[59] Kreatürliche Erfahrungen wie Geburt, Tod und Krankheit werden auf das Weibliche verschoben und dort in Distanz beobachtet – diese Projektionsstruktur wird in Schnitzlers Text durch die Bachofen-Referenzen verstärkt.

Thereses Wunsch, ihren Sohn tot zu sehen, der einen provokanten Einspruch gegen das Phantasma gefühlter Mutterschaft bildet,[60] ruft mythische Erzählungen wie die über Medea und die Bakchen auf. Die Protagonistin Schnitzlers richtet ihre Aggression, ähnlich wie Medea, gegen den Kindsvater und meint, „ihm etwas Böses" antun zu können (T, 182). Bachofen beschreibt für das Zeitalter des Mutterrechts entsprechend eine gängige Praxis der Rache und der grausamen Morde, der „barbarischen Gewohnheiten" als Zeichen eines *ius naturalis*.[61] „Medeische Taten berichtet die Überlieferung mehr als eine. Hippodamia und Nuceria morden ihrer Männer Liebeskinder."[62] Zwar tötet Therese ihren Sohn nicht, doch der Text setzt Wunsch und Tat gleich, wenn es heißt: Sie dachte „wieder einmal einer

---

57 Bachofen, Das Mutterrecht, S. 156.
58 Bronfen, Elisabeth: *Nur über ihre Leiche. Tod, Weiblichkeit und Ästhetik.* Deutsch von Lindquist, Thomas. Kunstmann: München 1994, S. 95.
59 Ibid., S. 101.
60 Schnitzler dementiert den bürgerlichen Diskurs, der Mutterschaft zum eigentlichen Beruf der Frau stilisiert. Die mythische Rahmung in Schnitzlers Roman besitzt in diesem Falle eine emanzipatorische Funktion und ermöglicht die Vorwegnahme von psychischen Phänomenen wie Kindsbettdepressionen und mütterlichen Aggressionen.
61 Bachofen, Das Mutterrecht, S. 176.
62 Ibid.

fremden Nacht, da sie ihren Sohn geboren und umgebracht hatte. Dieser Tote aber gespensterte immer noch in der Welt herum." (T, 288)

Der Sohn Franz erscheint vor dem Hintergrund Bachofens als Nachfahre von Orestes, des Muttermörders, der in der *Orestie* vom Vaterrecht bzw. einem *ius civile* freigesprochen wird: „Die Zeit des Weiberrechts ist die der Blutrache und die des blutigen Menschenopfers, jene des Vaterrechts die des Gerichts, die der Sühne, die des unblutigen Kultes."[63] Das *ius naturalis* ist an das physische Leben geknüpft, das Bachofen in der außerehelichen Geschlechtsgemeinschaft und dem Sklavenstand verwirklicht sieht;[64] Therese deutet den Mord an ihr entsprechend als Vergeltung. Der Praxis der Rache steht das *ius civile,* das Vaterrecht, gegenüber, das der abschließende Gerichtsprozess der *Chronik* repräsentiert. Doch diese kulturell höhere Stufe erscheint bei Schnitzler nicht als glorreiche Lichtsphäre, auch wenn die Rache überwunden ist und das Gewaltmonopol beim Staate liegt. Der Sohn Franz ist vielmehr ein heruntergekommener Orestes, den der Mediziner Alfred Nüllheim im Namen Lombrosos pathologisiert[65] und der die Dekadenz der Gesellschaft samt ihrer Institutionen andeutet.

Einen tiefgreifenden gesellschaftlichen Verfall beklagen auch die einschlägigen Bachofen-Exegeten: Alfred Baeumler zum Beispiel hält in seiner Einleitung zu der Ausgabe *Der Mythus von Orient und Occident. Eine Metaphysik der alten Welt* von 1926 fest, dass in der Zwischenkriegszeit die patriarchalen Institutionen wie das Rechtssystem zwar noch funktionsfähig seien, vom sinnlichen Element des dekadenten Matriarchats jedoch zunehmend entmachtet würden. Baeumler zeichnet das Bild eines umfassenden Verfalls und hält fest, dass die Gegenwart

> in der Tat alle Züge einer ‚mutterrechtlichen‘ Epoche an sich trägt. Innerhalb einer späten, verfallenden Zivilisation erheben sich wieder die Tempel der Isis und der Astarte, jener asiatischen Muttergottheiten, denen man in Orgiasmus und Zuchtlosigkeit, mit dem Gefühl hoffnungsloser Verlorenheit inmitten sinnlicher Schwelgerei dient.[66]

---

63 Ibid., S. 175.
64 Ibid., S. 253.
65 Zu Schnitzler und Lombroso cf. Perlmann, Michaela L.: *Arthur Schnitzler.* Metzler: Stuttgart 1987, S. 177.
66 Baeumler, Alfred: „Einleitung. Bachofen, der Mythologe der Romantik". In: Schroeter (Hrsg.), S. XXV–CCXCIV, S. CCXCI.

Baeumler diagnostiziert für die Phase des Interbellum dramatische „Wandlungen im Verhältnis der Geschlechter", die „mit der Wucht von Naturereignissen" hereinbrechen, und beschwört drastische Bilder der Hure Babylon, die gegenwärtig durch die Städte Europas ziehe.[67] Zwar herrsche mit dem Bürgerlichen Gesetzbuch zumindest innerhalb der Institutionen weiterhin das Vaterrecht, doch insgesamt sei, so stellt er resigniert fest, die „väterliche Gewalt, die Herrschaft des Mannes heute gebrochen".[68] Bereits ein flüchtiger Blick auf die Straßen von Berlin, Paris und London bestätige die Herrschaft der Sinnlichkeit (und das heißt des Weiblichen), des Lasters, der Zauberei und der Schicksalsgläubigkeit.[69] Auch in Schnitzlers Roman hat sich Dekadenz und die Krise patriarchaler Männlichkeit (samt ihrer Institutionen) breit gemacht; er erzählt von einer matriarchalen Ordnung samt ihrem blutigen Gesetz der Rache.

Schnitzler legt mit *Therese* also einerseits einen ‚sozialen' Roman über ein prekäres weibliches Berufsleben vor, entwirft die Protagonistin jedoch andererseits als Hetäre, die sich in einem tellurischen Zustand und in mutterrechtlicher (vorzivilisatorischer) Souveränität bewegt. Therese vermag sich nicht in das Lichtreich der Ehe zu ‚erheben' und geht an den Gesetzen des Mutterrechts, der Rache, zugrunde. Die präzise Darstellung weiblicher Berufstätigkeit, die der emotionalen wie sexuellen Ausbeutung, der Prekarität sowie der Einsamkeit der Gouvernante Rechnung trägt, steht in Schnitzlers Text unvermittelt neben einem ‚ahistorischen' Narrativ, das das Geschlechterverhältnis zum ewigen Kampf und die Frau zum Inbegriff von Stirb und Werde sowie sexueller Ambitionen stilisiert. Weibliche Berufstätigkeit wird auf diese Weise zum Bestandteil einer sinnlichen, vorzivilisatorischen Welt des Begehrens, die durch das solarische Prinzip des Mannes zu überwinden ist. Der Text formuliert mithin (ähnlich wie Bachofen) eine ambige Botschaft: Die freie Wahl der Frau in Liebesdingen und die alleinerziehende Mutter werden moralisch nicht diskreditiert, sondern mit emanzipatorischem Gestus behandelt; zugleich jedoch erklärt der Text das souveräne Agieren der Frau (im Beruf und in der Liebe) zum Signum eines anarchisch-promiskuitiven Zustands und einer zu überwindenden

---

67 Ibid., S. CCXCII.
68 Ibid.
69 Ibid., S. CCXCIV.

Kulturstufe. Die intertextuellen Bezüge ordnen die weibliche Berufstätigkeit dem ‚Hetärentum' bzw. dem Matriarchat zu und verknüpfen weibliche Arbeit mit sexueller Autonomie, so dass ein zählebiger Topos des Geschlechter-/Arbeitsdiskurses des 19. Jahrhunderts fortgeschrieben wird.

Der Beruf des Dienstes wird dabei vornehmlich, wie sich in Schnitzlers Roman ebenfalls abzeichnet, durch Familiennähe und Informalisierung problematisch. Die einzelnen Tätigkeiten im Haushalt sind nicht genauer definiert und ein großer Anteil (wie die emotionale Arbeit) bleibt unbezahlt. Bewegt sich das Dienstmädchen zudem in der Privatsphäre des Hauses, so erstreckt sich die Verfügungsgewalt des ‚Hausvaters', die durch Klassen- und Geschlechterdifferenzen gesteigert wird, auch über sie. In einer Vielzahl von Texten stehen deshalb (sozialgeschichtlichen Erkenntnissen entsprechend) sexuelle Übergriffe auf der Tagesordnung, in Schnitzlers *Chronik* ebenso wie beispielsweise in Perkins Gilmans sozialreformerischem Text *What Diantha did,* der im Kapitel über Gisela Elsners Roman *Abseits* vorgestellt wird. Der Einschluss im Haus hat darüber hinaus die Einsamkeit der Berufstätigen zur Folge, die sowohl auf ihre Heimat als auch auf eine eigene Familie verzichten müssen. Der medizinische Diskurs um 1900 führt die (gelegentlichen) Gewaltausbrüche von Dienstboten nicht von ungefähr auf ihre prekären Arbeitsbedingungen zurück und beschreibt die fatalen psychischen Konsequenzen der Isolation, der Mobilität und der emotionalen Ausbeutung.

Im folgenden Kapitel, das ein beliebtes Genre der Zwischenkriegszeit, den Sekretärinnen-Roman, zum Gegenstand hat, tauchen einige der genannten Aspekte weiblicher Berufswelten erneut auf: sexuelle Übergriffe, emotionale Arbeit, die Unmöglichkeit des Aufstiegs und die Befristung der Beschäftigung, nun jedoch im Kontext einer (zweischneidigen) Emanzipationsgeschichte. Die Sekretärin verlässt die Sphäre der Familie, wird zur sichtbaren Frau auf der Straße sowie in den Büros und erobert die Technik. Sie schlägt sich jedoch ebenfalls mit der Monotonie ihrer Tätigkeit, mit mangelnden Aufstiegsmöglichkeiten und schlechter Bezahlung herum.

2. Emotionale und ästhetische Arbeit der Sekretärin bei Irmgard Keun und Christa Anita Brück

Der Erste Weltkrieg scheint eine deutliche Ausweitung weiblicher Erwerbsarbeit mit sich zu bringen.[1] Frauen als ‚flexible Reservearmee' ersetzen im Krieg die zur Reichswehr eingezogenen Arbeiter und Angestellten, nach seinem Ende die gestorbenen Männer. Frauen scheinen, zumindest in manchen Bereichen, männliche Arbeitnehmer zu verdrängen, nicht zuletzt, weil sie aufgrund von geringeren Löhnen, Teilzeitarbeit und begrenzten Beschäftigungsphasen (bis zur Ehe) für Arbeitgeber attraktiv sind. Nach Ute Frevert trügt jedoch der Eindruck, „daß sich der Charakter der Frauenerwerbsarbeit unter der Einwirkung des Krieges extrem rasch und tiefgreifend" verändert habe.[2] Der Krieg habe zwar zu einer Umschichtung weiblicher Erwerbsarbeit geführt, zum Beispiel in die Bereiche Hüttenwesen, Metallverarbeitung und Maschinenbau, nicht aber zu einem weit überdurchschnittlichen Anstieg weiblicher Beschäftigung,[3] wie Renny Harrigan ebenfalls unterstreicht.[4] Es handelt sich mithin um ein (auch in

---

1   Cf. Faulstich-Wieland, Hannelore / Horstkemper, Marianne: *Der Weg zur modernen Bürokommunikation. Historische Aspekte des Verhältnisses von Frauen und neuen Technologien.* Kleine: Bielefeld 1987, S. 50. Cf. dazu auch Frevert, Ute: „Vom Klavier zur Schreibmaschine – Weiblicher Arbeitsmarkt und Rollenzuweisungen am Beispiel der weiblichen Angestellten in der Weimarer Republik". In: Kuhn, Anette / Schneider, Gerhard (Hrsg.): *Frauen in der Geschichte.* Bd. 1. Patmos: Düsseldorf 1982, S. 82–112.
2   Frevert, Ute: *Frauen-Geschichte. Zwischen Bürgerlicher Verbesserung und Neuer Weiblichkeit.* Suhrkamp: Frankfurt a.M. 1986, S. 152.
3   Ibid., S. 153.
4   Harrigan, Renny: „Novellistic Representation of *die Berufstätige* during the Weimar Republic". In: *Women in German Yearbook* 4, 1988, S. 97–124, S. 99. Renate Bridenthal und Claudia Koonz zeigen zudem, dass die sozioökonomischen Strukturen in der Zwischenkriegszeit die politische Freiheit von Frauen verringern und dass neue Formen der „sex segmentation in the labour market" entstehen, die zu einer Verarmung arbeitender Frauen und des Mittelstandes führen; Bridenthal, Renate / Koonz, Claudia: „Beyond *Kinder, Küche, Kirche*: Weimar Women in Politics and Work". In: Bridenthal, Renate / Grossmann,

197

der Literatur greifbares[5]) Mentalitätsphänomen, wenn die arbeitende Frau in der Zwischenkriegszeit als Novum wahrgenommen wird.

Frauen arbeiten auch nach Ende des Ersten Weltkriegs häufig als Angestellte und damit in einem schwer zu definierenden, heterogenen Tätigkeitsbereich, der im 19. Jahrhundert im Kontext der Industrialisierung entsteht[6] und dessen Klassenstruktur bereits im frühen 20. Jahrhundert in den Studien von Emil Lederer, Carl Dreyfuß und Hans Speier untersucht wird. Auch Siegfried Kracauers dialektisch argumentierende Reportage analysiert die Tätigkeiten von Angestellten und beschreibt sie als prekäre Arbeit zwischen Abstiegsängsten, Abgrenzungsversuchen vom Arbeiter und Luxusambitionen.[7] Eine eindeutige Unterscheidung vom Arbeiter sowie eine präzise Begriffsbestimmung ist kaum möglich; zu den Angestellten zählt man in der Regel diejenigen Arbeitnehmer/innen, die überwiegend geistige Aufgaben erfüllen und im Produktionsprozess planende, arbeitsvorbereitende und -nachbereitende Aufgaben übernehmen.[8] Meist zählen Definitionen einzelne Berufsgruppen auf und betonen deren Sonderrolle im Versicherungs- und Arbeitsrecht.[9] Zu diesen Gruppen gehören zum Beispiel leitende Angestellte, Betriebsbeamte, Werkmeister, Büroangestellte, die nicht ausschließlich mit Botengängen, Reinigung und ähnlichen Arbeiten beschäftigt sind, Werkstattschreiber, Handlungsgehilfen und andere Angestellte für kaufmännische Dienste.[10] Relevant ist zudem die symbolische

---

Atina / Kaplan, Marion (Hrsg.): *When Biology Became Destiny: Women in Weimar and Nazi Germany*. Monthly Review Press: New York 1984, S. 33–65, S. 33.

5   Harrigan, S. 99.

6   Schmidt, Rudi: „Zur Geschichte der Angestellten und der Angestelltensoziologie". In: Haipeter, Thomas (Hrsg.): *Angestellte Revisited. Arbeit, Interessen und Herausforderungen für Interessenvertretungen*. Springer VS: Wiesbaden 2016, S. 35–65, S. 36–42.

7   Siegfried Kracauer: *Die Angestellten. Aus dem neuesten Deutschland*. Suhrkamp: Frankfurt a.M. 1971.

8   Biebl, Sabine: *Betriebsgeräusch Normalität. Angestelltendiskurs und Gesellschaft um 1930*. Kadmos: Berlin 2013, S. 32.

9   Schmidt, S. 36.

10   Darüber hinaus Gehilfen in Apotheken, Bühnenmitglieder und Musiker sowie Angestellte in Berufen der Erziehung, des Unterrichts, der Fürsorge, der Kranken- und Wohlfahrtspflege.

Distinktionspraxis von Angestellten, die sich vom Arbeiter durch ihren *white collar* zu unterscheiden versuchen.[11] Angestellte gelten als individualistische Arbeiter/innen, die sich mit ihren Betrieben identifizieren und auf Karriere bzw. Status Wert legen, zudem eine professionelle Orientierung aufweisen.[12] Ergibt sich die Distinktion vom Arbeiter also vornehmlich durch den Verweis auf geistige und leitende Tätigkeiten, so wird erklärlich, warum Autorinnen wie Irmgard Keun und Christa Anita Brück gegen die weit verbreitete Auffassung angehen, Sekretärinnen verrichteten ausschließlich mechanische, nicht aber geistige Arbeit.

Nach den Inflationsschüben vergrößert sich die Zahl der weiblichen Angestellten deutlich, während sich die Arbeitsbedingungen weiter verschlechtern; es drohen permanente Berufswechsel und der Abstieg in unspezialisierte Tätigkeiten sowie in die Prostitution.[13] Auch in der Zwischenkriegszeit bildet *sex work* eine hartnäckige Begleiterscheinung weiblicher Lohnarbeit, weil die Beschäftigten überaus schlecht bezahlt werden.[14] „Nach Auskunft des weiblichen Berufsverbandes VWA verdiente fast die Hälfte seiner unter 25jährigen Mitglieder maximal 100 RM im Monat und blieb damit nach Abzug der Sozialversicherungsbeiträge weit unterhalb des Existenzminimums, das in der Weimarer Republik bei ca. 100 RM lag."[15] Die Tarifverträge legten darüber hinaus geschlechtsspezifische

---

11 Mills, C. Wright: *White Collar. The American Middle Classes.* Oxford University Press: New York et al. 1951; cf. auch Lauterbach, Burkhart: „Leben zwischen Sein und Schein – Symbolische Distinktionspraxis in der historischen Angestelltenkultur". In: Brednich, Rolf Wilhelm / Schmitt, Heinz (Hrsg.): *Symbole. Zur Bedeutung der Zeichen in der Kultur.* Waxmann: Münster 1997, S. 68–79.

12 So betont Haipeter, S. 14. Gegenwärtig verschwindet diese Gruppe in dem breiteren Feld der Dienstleistungsgesellschaft, der Innovations- und Wissensarbeiter/innen; ibid., S. 19. Frauen waren auch in den 1950er Jahren vor allem in den niedriger entlohnten Angestelltenberufen zu finden; ibid., S. 20.

13 Cf. Leichter, Käthe: „Die Frauenarbeit der Gegenwart (1930)". In: Brinker-Gabler, Gisela (Hrsg.): *Frauenarbeit und Beruf.* Fischer: Frankfurt a.M. 1979, S. 339–345, S. 340–341.

14 Bruno Freis empirische Studie über Armut im Wien der 1920er Jahre dokumentiert den häufigen Wechsel von schlecht bezahlten Jobs zur Prostitution; Frei, Bruno: *Jüdisches Elend in Wien. Bilder und Daten.* Richard Löwit: Wien / Berlin 1920, S. 86.

15 Frevert 1986, 178.

Lohndifferenzen fest; Frauen erhielten in der Regel 20 bis 40% weniger Gehalt für die gleichen Tätigkeiten.[16]

Der ,Siegeszug' der Sekretärin: Mechanisches und geistiges Schreiben

Besonders beliebt ist in der am Journalismus geschulten *middle brow literature* der Zwischenkriegszeit der Typus der Sekretärin; ihren Arbeitsalltag[17] beschreiben Irmgard Keun, Hans Fallada, Erich Kästner, Vicki Baum, Martin Kessel und Rudolf Braune, um nur einige zu nennen. Die Figur ist aus arbeitssoziologischer, mediengeschichtlicher[18] und literatursoziologischer Perspektive aufschlussreich – für Ricarda Huch, Irmgard Keun und Paula Seil beispielsweise stellt die eigene Sekretariatsarbeit ein Sprungbrett zur literarischen Produktion dar.[19] Das Geräusch der Schreibmaschinen als meist gesichtslos bleibender Ausdruck weiblicher Produktivität bildet im Interbellum die (akustische) Kulisse zahlreicher Dramen, Romane und Filme. Der zweite Akt von Hermann Brochs Tragödie *Die Entsühnung*, die mit visuell-akustischen Collagen arbeitet, eröffnet mit der Regieanweisung: „*Tonintroduktion; Klappern vieler Schreibmaschinen. Filmintroduktion: Großes Büro, einige Mädchen an Schreibmaschinen etc.*"[20] In Vicki Baums Bestseller *Menschen in Hotels* sind permanent Schreibmaschinen aus den Nebenzimmern zu hören. Siegfried Kracauer, der beliebte Sekretärinnen-Romane wie Sinclair Lewis' *The Job* rezensiert, und Kurt Tucholsky, der den kurzen Text *Die Hände an der Schreibmaschine* vorlegt, begrüßen die Anonymität und Typisierung der Tätigkeit als Ausdruck eines modernen

---

16 Ibid., S. 179.

17 Cf. dazu Heimburger, Susanne: *Kapitalistischer Geist und literarische Kritik. Arbeitswelten in deutschsprachigen Gegenwartstexten.* Edition Text und Kritik: München 2010, S. 29.

18 Cf. Becker, Sabina: „Literatur der Weimarer Republik. Literaturgeschichte als Mediengeschichte". In: *Der Deutschunterricht* 6, 2003, S. 54–64.

19 Kittler, Friedrich A.: *Grammophon, Film, Typewriter.* Brinkmann und Bose: Berlin 1986, S. 321.

20 Broch, Hermann: „Die Entsühnung. Trauerspiel in drei Akten und einem Epilog. Die Buchfassung". In: Id.: *Dramen.* Suhrkamp: Frankfurt a.M. 1979, S. 11–132, S. 51.

Produktionsdiskurses.[21] Die Eroberung des Büros durch Frauen gilt dabei in vielerlei Hinsicht als Emanzipationsgeschichte weiblicher Arbeit: „Die Schreibmaschine hat die Frau befreit", so hält eine führende Persönlichkeit der amerikanischen Frauenbewegung, Carrie Chapman Catt, emphatisch fest.[22] Frühere Jahrhunderte kannten vornehmlich den Sekretär, der jedoch mit deutlich anderen Tätigkeiten betraut war und kaum als ‚Vorläufer' gelten kann – er fungierte als Schrift- und Vervielfältigungsmedium herrschaftlicher Befehle, als Persönlichkeit, die schreiben konnte und die als Rechtsgelehrter in staatliche wie verwaltungstechnische Geheimnisse eingeweiht war.[23]

Zusammen mit der Schreibmaschine zog also die Frau in die Verwaltungsarbeit ein, eine Feminisierung des Büros, die deshalb für die Beschäftigten nachteilig gewesen sei, so Theo Pirker, weil sich der soziale Status der Büroarbeit verringert habe.[24] ‚Mechanische' Anteile der Schreibarbeit wurden von ‚geistigen' abgetrennt und jene den beschäftigten Frauen zugeordnet – mit der Konsequenz, dass ein beruflicher Aufstieg (zu Führungspositionen) nahezu ausgeschlossen war. Hannelore Faulstich-Wieland und

---

21 Cf. Pelz, Annegret: „City Girls im Büro. Schreibkräfte mit Bubikopf". In: Freytag, Julia / Tacke, Alexandra (Hrsg.): *Bubiköpfe & Blaustrümpfe in den 1920er Jahren*. Böhlau: Köln et al. 2011, S. 35–53, S. 40–41. In Revuen wie *Das lachende Berlin* belebt sich die Schreibmaschine, die aus zahlreichen ‚Sekretärinnen' zusammengesetzt ist; ibid., S. 42–43. Diese Tendenz der Anonymisierung entspricht der Vorliebe der Zwischenkriegszeit für Kategorien und Typisierungen, die das gesellschaftliche Chaos zu bändigen versprechen.

22 Zitiert nach Höhn, Reinhard, unter Mitarbeit von Böhme, Gisela: *Die Sekretärin und der Chef. Die Sekretärin in der Führungsordnung eines modernen Unternehmens*. Verlag für Wissenschaft, Wirtschaft und Technik: Bad Harzburg 1972, S. 3.

23 Dekonstruktivistische mediengeschichtliche Untersuchungen halten fest, dass der Sekretär das Sprechen vervielfältigt, das scheinbar souveräne Wort des Machthabers unterlaufen und aufgespalten habe; cf. Siegert, Bernhard / Vogl, Joseph (Hrsg.): *Europa. Kultur der Sekretäre*. Diaphanes: Zürich / Berlin 2003. Faulstich-Wieland und Horstkemper betonen, dass es über die Jahrhunderte hinweg auch Schreiberinnen gegeben habe; Faulstich-Wieland / Horstkemper, S. 33.

24 Pirker, Theo: *Büro und Maschine. Zur Geschichte und Soziologie der Mechanisierung der Büroarbeit, der Maschinisierung des Büros und der Büroautomation*. Kyklos: Basel / Tübingen 1962, S. 43.

Marianne Horstkemper führen die Separation von weiblich codierter, ‚reiner Schreibarbeit' – meist handelte es sich jedoch um Mischtätigkeiten – und höher qualifizierter Bürotätigkeit auf die geringere Entlohnung weiblicher Tätigkeiten zurück.[25] Voraussetzung der neuen Arbeitsteilung war die Massenproduktion funktionsfähiger Schreibmaschinen, die sich erst mit der Sichtbarkeit der Schrift durchsetzen konnten, als mithin unmittelbar zu sehen war, was getippt wurde.[26] Die enge Allianz von Schreibmaschine und Sekretärin wurde dabei zuweilen aus arbeitstechnischen Bedingungen abgeleitet: Frauen verfügten über die kleineren, flinkeren Finger und könnten deshalb die Tasten besser bedienen. Als die Schreibmaschinen erfunden wurden, verwies man auf die Virtuosität von Klavierspielerinnen[27] und nannte die Geräte Schreibklaviere.[28] In den USA, die in arbeitstechnologischer Hinsicht eine Vorreiterrolle innehatten,[29] stellte man die ersten Schreibmaschinen zusammen mit ihren Bedienerinnen zur Verfügung.[30] Diese mussten körperlich kräftig sein, da die frühen Geräte regelrechte Ungetüme waren[31] und das Tippen lautes Getöse verursachte. Bis

---

25 Faulstich-Wieland / Horstkemper, S. 33.
26 Ibid., S. 27. Cf. auch Stiegler, Barbara: „Weder Verantwortung noch Selbständigkeit – das Beispiel Frauenarbeit in Schreibdiensten und Sekretariat". In: Winter, Regine (Hrsg.): *Frauen verdienen mehr. Zur Neubewertung von Frauenarbeit im Tarifsystem*. Edition Sigma: Berlin 1994, S. 197–211, S. 197–198. Stiegler führt aus, dass Frauen vor dem Ersten Weltkrieg durch die Ausdifferenzierung und Spezialisierung ihrer Tätigkeiten, durch Kompetenzen im Bereich der Buchhaltung, der Korrespondenz und durch Fremdsprachen bessere Posten besetzen konnten und auf dem Arbeitsmarkt zuweilen höhere Löhne erzielten als ihre Kollegen.
27 Pirker, S. 19. Das Maschineschreiben wird durch die Beschleunigung in Verbindung mit dem Stenographieren als „Sport" begriffen; ibid., S. 40. Um die Schnelligkeit der Maschinen zu demonstrieren, veranstaltete beispielsweise die Firma Underwood Wettbewerbe. 1907 fand im Zirkus Metropol in Paris ein Vier-Stunden-Dauer-Wettbewerb statt; ibid., S. 41.
28 Ibid., S. 21.
29 Cf. dazu Unger, Thorsten: *Diskontinuitäten im Erwerbsleben. Vergleichende Untersuchungen zu Arbeit und Erwerbslosigkeit in der Literatur der Weimarer Republik*. Niemeyer: Tübingen 2004, S. 85–86.
30 Pirker, S. 33.
31 Höhn, S. 2.

in die Zwischenkriegsphase hinein galt Maschineschreiben als anstrengende physische Arbeit und konnte damit proletarisch codiert werden:

> Die Schreibarbeit an den mechanischen Schreibmaschinen war im Prinzip Schwerarbeit. Der Kraftaufwand beim Maschineschreiben sowie die Lärmentwicklung insbesondere in den seit den zwanziger Jahren verstärkt eingerichteten Schreibsälen führten zu berufsbedingten Erkrankungen wie Kopfschmerzen, Nervenentzündungen, Sehnenscheidenentzündungen, Gelenk- und Muskelschwächen, Konzentrationsschwierigkeiten und Beeinträchtigung der Hörleistung.[32]

Die Romane der 1920er und 30er Jahre versuchen, neben den physischen Belastungen die Komplexität der Schreibtätigkeit plastisch werden zu lassen, die nicht zuletzt in den quantifizierenden Anschlagszahlen zu verschwinden droht. Die Texte ringen um die Anerkennung der Büroarbeit als geistige Tätigkeit, führen die Reglementierung der Sekretärin durch den asymmetrischen Geschlechterdiskurs vor und unterstreichen den hohen Anteil an emotionaler Arbeit (samt ihrer Konsequenzen).

Gefühlsarbeit im Büro: Listen und Leiden der Angestellten

Christa Anita Brücks *Schicksale hinter Schreibmaschinen*[33] (1930), ein pathosreicher Roman in völkischem Ton, der sich deutlich von den neusachlichen Texten unterscheidet,[34] erzählt von der Unmöglichkeit des sozialen Aufstiegs im Büro sowie permanenten Rückschlägen aufgrund der Geschlechtszugehörigkeit. Brücks Büroangestellte stammt, ähnlich wie Arthur Schnitzlers Therese, aus höheren Kreisen. Sie kämpft als Offizierstochter gegen ihre soziale Deklassierung und die Abwertung ihrer Schreibtätigkeit. Eine ihrer Strategien besteht darin, die Schreibmaschine zur eigenständigen Persönlichkeit zu erklären, das Gerät zu anthropomorphisieren und gesellschaftlichen Klassen zuzuordnen, um die Tätigkeit zu

---

32 Faulstich-Wieland / Horstkemper, S. 50–51.

33 Brück, Christa Anita: *Schicksale hinter Schreibmaschinen*. Sieben-Stäbe-Verlag: Berlin 1930. Im Folgenden mit der Sigle (ShS) zitiert.

34 Ariane Martin bezeichnet Keuns *Gilgi* als Gegenentwurf zu Brücks melodramatischem Text; Martin, Ariane: „Gegenläufige Typisierungen. Sekretärinnen in Romanen von Irmgard Keun und Alice Berend". In: Freytag / Tacke (Hrsg.), S. 21–34, S. 22.

nobilitieren sowie eine identifikatorische Arbeitshaltung zu ermöglichen – die Industrieliteratur der 1920er Jahre beschwört auf ganz ähnliche Weise ein „emotionale[s], erotisierte[s] Verhältnis zur Maschine".[35] In *Schicksale hinter Schreibmaschinen* heißt es emphatisch über die Begegnung mit dem zum Leben erweckten Arbeitsgerät:

> Ich ziehe das Wachstuchverdeck zurück und die Schreibmaschine blickt mich an. An meiner Bewegtheit ermesse ich zum ersten Male die tiefe Beziehung des Arbeitenden zu seinem Handwerkszeug, durch das er überhaupt erst zu wirken vermag, diese stillschweigende, tiefinnerliche Kameradschaftlichkeit, stärker als manche Bindung von Mensch zu Mensch. Nie ist mir eine Schreibmaschine totes Objekt gewesen, immer schon, von Anbeginn unsagbar lebendige Wesenheit. Feindin die erste, an der ich aufgeregt stümperte, bösartig hämisch, voller Tücke und Hinterlist, ein vorsintflutliches System. Mit der rauen, schwingungslosen Stimme minderwertigen Materials zerhackte sie meine angespannten Nerven. [...] Dies hier, ich schaue voller Entzücken darauf nieder, ist eine Aristokratin, blitzblank das Hebelwerk, von gediegener Feinheit die Tastatur (ShS, 228).

Auch Gilgi aus Irmgard Keuns gleichlautendem Roman erklärt ihr Schreiben, in diesem Falle ganz ohne Pathos, zu produktiver Arbeit – sie glaubt an das, „was sie schafft und erwirbt"[36] – und erlebt die Verschmelzung mit der Maschine als unentfremdeten Schaffens- und Schöpfungsprozess: Gilgis „braune[...], kleine[...] Hände mit den braven, kurznäglig getippten Zeigefingern gehören zu der Maschine, und die Maschine gehört zu ihnen" (Gi, 16). Ihr Verzicht auf die sie erfüllende, selbstbestimmte Schreibarbeit bzw. der Abstand zwischen Arbeits- und Liebesdiskurs zeigt sich entsprechend auch in physischer Hinsicht:

> Vier zärtliche, verliebte Luxusfinger an jeder Hand – daneben die Zeigefinger mit den hartgetippten Kuppen – gewöhnliche, robuste Arbeitsinstrumente – man darf sie nicht auch glänzend machen, darf ihnen das nicht antun [...], von allen meinen zehn Fingern seid ihr beiden mir immer noch die liebsten (Gi, 135).

Deutlicher als Keun schildert Brück den vergeblichen Kampf um Anerkennung und um den geistigen Anteil der Sekretariatsarbeit. Nach diversen Schicksalsschlägen heißt es resignativ: „Lächerlich fortan der Versuch,

---

35 Muller, Françoise: „Neue Sachlichkeit und Arbeitswelt". In: *Germanica. Études germaniques* 9, 1991, S. 55–70, S. 56.
36 Keun, Irmgard: *Gilgi, eine von uns. Roman*. Ullstein: Berlin 2006, S. 15. Im Folgenden mit der Sigle (Gi) zitiert.

Denkarbeit zu erkämpfen" (ShS, 324), den die Sekretärin auch mithilfe eigener literarischer Texte unternommen hatte; sie wagt es, ihre „gelegentlichen schriftstellerischen Versuche zu erwähnen" (ShS, 280). Die Romane über (und zuweilen von) Sekretärinnen bestehen darauf, dass Maschineschreiben und Büroarbeit nicht ausschließlich mechanische Tätigkeiten darstellen, sondern eng mit den schöpferischen Vermögen der Tätigen verbunden sind.

Sie streichen darüber hinaus den hohen Anteil an emotionaler Arbeit heraus,[37] den Sekretärinnen verrichten. Der Mehrheitsdiskurs fasst die Sekretärin deshalb ‚als Stellvertreterin der abwesenden Hausfrau' auf;[38] ihre Tätigkeit sei „der traditionellen Helferrolle der Frau im Haushalt ähnlich",[39] wie es in einem Ratgeber von 1972 heißt:

> Ihre Stellung zum Chef wird weiterhin durch die ihm gegenüber ausgeübte persönliche Fürsorge bestimmt. [...] Er braucht während dieser Zeit [gemeint ist seine Arbeitszeit; F.S.] jemanden, der sich um sein persönliches Wohl kümmert und damit Aufgaben wahrnimmt, die sonst der Ehefrau zukämen. Die Sekretärin trifft die Reisevorbereitungen für den Chef, bereitet ihm Kaffee oder Tee, sorgt dafür, daß er pünktlich zu Sitzungen aufbricht u. a. m.[40]

Die Sekretärin vertritt diesem weit verbreiteten Diskurs nach die Ehefrau, also eine meist unentgeltlich und nicht professionalisiert Arbeitende.[41] Dieser Vergleich profiliert den emotionalen Anteil der Sekretariatsarbeit, macht ihn jedoch durch den Rekurs auf hausfrauliche Tätigkeiten (als ‚genuin

---

37 Im Sekretariat wird keine emotionale Arbeit am Kunden verrichtet, sondern am Chef, die Bestandteil des Tätigkeitsprofils ist. Emotionale Arbeit ist grundsätzlich schwer zu kontrollieren und bringt deshalb größere Freiräume für die Akteur/innen mit sich; die Resultate sind gleichwohl abprüfbar. Cf. dazu Dunkel, Wolfgang: „Wenn Gefühle zum Arbeitsgegenstand werden. Gefühlsarbeit im Rahmen personenbezogener Dienstleistungstätigkeiten". In: *Soziale Welt* 39 (1), 1988, S. 67–85, u.a. S. 67.

38 Das unklare Berufsbild der Sekretärin, genauer: die Mischung aus maschinellen, emotionalen und organisatorischen Anteilen, trägt zu einer Minderbewertung bei; zur Anerkennung als qualifizierte Arbeit gehört in der Regel ein eindeutiges Berufsprofil; cf. Stiegler, S. 201.

39 Höhn, S. 3.

40 Ibid., S. 8.

41 Cf. zur Hausfrau auch Perkins Gilman, Charlotte: *Frauen und Arbeit*. Ein-Fach-Verlag: Aachen 2005, u.a. S. 54.

weibliche') selbstverständlich.[42] Emotionale Arbeit taucht in den Berufsbeschreibungen entsprechend meist nicht auf und wird nicht honoriert,
ist gleichwohl in hohem Maße relevant. Arlie Russell Hochschild hält in
ihrer Untersuchung *Managing the heart* über die emotionale Arbeit im
Sekretariat fest:

> Natürlich verrichten viele Sekretärinnen Gefühlsarbeit und diejenigen, die das nicht
> tun, wissen sehr wohl, daß es sich dabei um eine berufsrelevante Qualifikation
> handelt. [...] Dabei gibt es ganz verschiedene Büromilieus, die den Sekretärinnen
> unterschiedlich intensive Gefühlsarbeit abverlangen.[43]

Die emotionale Arbeit, die die Grenze zwischen Intimität und Arbeitssphäre
durchlässig erscheinen lässt und in einer asymmetrischen Geschlechterordnung Verfügbarkeit suggeriert,[44] verstärkt möglicherweise die Sexualisierung arbeitender Frauen, die auch Sekretärinnen betrifft. Frauen, die im
ausgehenden 19. Jahrhundert mit Schreibmaschinen umgehen können, gelten in England als „unmoralische Personen"; sie müssen schwarze Kleider
mit Stehkragen und Gummimanschetten tragen.[45] Brücks autobiographisch
inspirierter Text *Schicksale hinter Schreibmaschinen* setzt sich ausgiebig
mit sexuellen Übergriffen (die Kehrseite der moralischen Domestikation
und ihr Produkt) auseinander. Er entwirft regelrechte Gewaltszenarien, die
an semipornografische Schauerliteratur gemahnen und den Chef zum sa-
distischen Sexmaniac stilisieren. Die Sekretärinnen des Büros sind allesamt
Freiwild, die sich aus ökonomischer Abhängigkeit seinem Willen fügen und
ihre Unterwerfung im schlimmsten Falle mit dem Leben bezahlen; der Roman arbeitet mit Exzess und Thrill. Anders angelegt sind die strategischen
Lösungen in Irmgard Keuns, Rudolf Braunes und Vicki Baums Texten: In
Braunes Roman *Das Mädchen an der Orga Privat* motiviert die sexuelle
Annäherung den marxistischen Klassenkampf, bei Baum und Keun wird
sie zum Anlass listenreicher Finten. Gilgi greift, ähnlich wie die Autorin

---

42 So betont Hochschild, Arlie Russell: *Das gekaufte Herz. Zur Kommerzialisierung der Gefühle*. Campus: Frankfurt a.M. / New York 1990, S. 135.
43 Ibid., S. 120–121.
44 Die Arbeitsforschung betont die Häufigkeit sexistischer Übergriffe ebenfalls
   und begründet diese mit dem hierarchischen Machtgefälle und dem daraus
   resultierenden Begehren; cf. Stiegler, S. 206.
45 Höhn, S. 3.

in ihrem ‚Rezept' *System des Männerfangs* empfiehlt,[46] zur List, um (nicht honorierten) sexuellen Kontakten zu entgehen; sie inszeniert ein regelrechtes Theaterstück – nach Hochschild haben Frauen, die unter erhöhtem Anpassungsdruck stehen, wie „viele Angehörige von Gruppen mit niedrigem Status [...], ein Interesse daran, die besseren Schauspielerinnen zu sein".[47] Gilgi nutzt ihr Wissen über die Begehrensökonomie des Chefs, um sich (im buchstäblichen Sinne) aus der Affäre zu ziehen:

> Gilgi ist ein erfahrenes Mädchen. Sie kennt Männer und die jeweiligen Wünsche und Nichtwünsche, die sich hinter dem Ton ihrer Stimme, ihren Blicken und Bewegungen verbergen. Wenn ein Mann und Chef wie Herr Reuter mit unsicherer Stimme spricht, ist er verliebt, und wenn er verliebt ist, will er was. [...] Jetzt ist die Sache reif. Kollegin Müller hat erzählt, daß Frau Reuter verreist ist. Das beschleunigt den Gang der Handlung (Gi, 17).

Gilgi verrichtet Gefühlsarbeit (als *surface acting*), indem sie scheinbar auf die Wünsche ihres Vorgesetzten eingeht, diese jedoch auf ein anderes Objekt des Begehrens, eine Freundin, ablenkt. Sie mimt die Verständnisvolle und vermittelt ihrem Chef das „angenehme Gefühl", um seiner Selbst willen geliebt zu werden (Gi, 20) – nach Hochschild eine Form von Gefühlsarbeit, „die das Wohlbefinden und den Status anderer unterstützt, verstärkt und aufwertet".[48] Der Chef arbeitet seinerseits „mit Bitterkeit, Selbstironie und leichtem Pathos" (Gi, 19) – Gefühle sind in Keuns Roman Arbeit und Kapital, „Gefühlskapital" (Gi, 26), wie es ausdrücklich heißt, und die Angestellte organisiert ‚Herzen', um ihre Arbeitsstelle nicht zu gefährden. Anders als Brücks Protagonistin hält Gilgi männliche Wünsche für ‚normal': „Hauptsache: man versteht, ihnen geschickt auszuweichen. Bloß keine große Beleidigungstragödie à la ‚Schicksale hinter Schreibmaschinen'!" (Gi, 101) Sind die Chefs in Brücks Text regelrechte Erotomanen, die Sekretärinnen willenlose Opfer, wird Sittlichkeit hochgehalten und die Mutterschaft

---

46 Keun, Irmgard: „System des Männerfangs". In: *Der Querschnitt* 12 (4), 1932, S. 259–261. Als allgemeine Regel gibt sie vor: „der Eitelkeit des Mannes Futter geben"; ibid., S. 259. Zudem empfiehlt sie Spiegelbild seiner Wünsche zu sein (ibid.) und ihn als Mann seines Berufes zu behandeln. Ihre Hauptregel lautet, nicht selbst verliebt zu sein, denn nur so sei das Management von Herzen möglich.

47 Hochschild, S. 136.

48 Ibid., S. 135.

zum eigentlichen Ziel weiblicher Biographien erklärt, so entwirft Keun eine amoralische Arbeitswelt, in der das Kalkül und die emotionale Kompetenz der Arbeitnehmerinnen gefragt ist. Allein die Absage an eine Moral, die auf weibliches Wohlverhalten zielt, ermöglicht das Management von ‚Herzen‘, das das Berufsprofil der Sekretärin verlangt. Das Verhalten des Chefs, der aus seiner Machtstellung die Lizenz zu sexuellen Übergriffen ableitet, steht dabei nicht zur Disposition, sondern wird in *Gilgi, eine von uns* als Faktum vorausgesetzt.

Vicki Baums Roman *Menschen im Hotel* trennt Arbeit im Rahmen des verschärften ökonomischen Überlebenskampfes ebenfalls von einer restriktiven Sexualmoral ab und bewertet *sex work* als durchaus in Betracht zu ziehende Verdienstquelle. Eine der jungen Frauen ernährt sich durch Sekretariatsarbeiten und Aktbilder, ein Ensemble, das die männliche Phantasie anzuregen scheint;[49] für die Sekretärin ist der sexuelle Akt hingegen ein Geschäft, das sich von anderen nicht wesentlich unterscheidet und durch den ‚Leveller‘ Geld versachlicht wird: „Sie kannte ihren Preis. Zwanzig Mark für eine Aktaufnahme. Hundertvierzig Mark für einen Monat Büroarbeit. Fünfzehn Pfennig für eine Seite Schreibarbeit mit Durchschlag. Ein Pelzmäntelchen für zweihundertvierzig Mark für eine Woche Hingabe.“[50]

Sexuelle Übergriffe (und auch Prostitution) gehören in den deutschsprachigen Texten unweigerlich zum Arbeitsalltag der Sekretärin. Sie spielen in dem viel gelesenen Roman von Sinclair Lewis, *The Job* (1917), hingegen keine Rolle, obgleich dieser ebenfalls von emotionaler Arbeit erzählt – ein kurzer Blick auf diesen Text soll die Spezifik der deutschen Sekretärinnen-Romane profilieren. *The Job* handelt von einer Sekretärin, die zur Immobilienmaklerin und Hotelverwalterin aufsteigt; sie eignet sich autodidaktisch das Wissen der Unternehmen an und weiß es für ihre Karriere zu nutzen. Ihre emotionale Arbeit besteht vornehmlich darin, die Launen („moods“) und Eigenheiten der Chefs zu ertragen und ihnen vorbehaltlose Anerkennung zu zollen – der

---

49 Über einen Freier, der auch ihre Schreibdienste in Anspruch nimmt, heißt es: „Da sah er zuerst nur Rotes und dann Flämmchen. Nicht das angezogene Flämmchen an der Schreibmaschine und nicht das ausgezogene Flämmchen auf der grauen Fotografie, sondern eine heftig erregende Komposition aus beiden.“ Baum, Vicki: *Menschen in Hotels*. Aufbau: Berlin / Weimar 1977, S. 184.

50 Ibid., S. 256.

Roman schildert diverse Büros, ihre ‚Kasten' und Interieurs, und integriert sie in die komplexen Produktionsketten der Immobilien- und Autoindustrie. Eine Hauptaufgabe der Sekretärin besteht darin, „to keep assuring him that he was a great man, a very great man – in fact, as great as he thought he was".[51] Über einen anderen Chef heißt es: „There was included in Una's duties the pretence of believing that Mr. Wilkins was the greatest single-handed villa architect in Greater New York."[52] Die Gefühlsarbeit wird in *The Job* nicht sexualisiert, gleichwohl als aufwändige Form der Anerkennung und Stabilisierung der Selbstdarstellung der Chefs beschrieben. Darüber hinaus lässt *The Job* kenntlich werden, dass die Grenzziehung zwischen Arbeit und Freizeit im Grunde eine Fiktion ist, vor allem wenn Sorgen die freien Stunden vergällen: „On the Elevated, beside her all the evening, hovering over her bed at night, was Worry."[53] Auch die Sorge, die sich durch die Identifikation mit dem Beruf ergibt, kann als emotionale Arbeit bezeichnet werden. Eine der emanzipierten Frauenfiguren – die Protagonistin lebt eine Zeitlang in einem New Yorker ‚Frauenhaus' – weist diese Haltung als genuin weibliche aus und kritisiert die Ausbeutung weiblicher Arbeitskraft: „Women are a lot more conscientious on jobs than men are – but that's because we're fools; you don't catch the men staying till six-thirty because the boss has shystered all afternoon and wants to catch up on his correspondence."[54] Das Büro ‚beschäftigt' die Protagonistin ganze vierundzwanzig Stunden am Tag und usurpiert ihre gesamte Persönlichkeit; zur Beschreibung lebensweltlicher Vorgänge stehen ihr bezeichnenderweise ausschließlich Bürometaphern zur Verfügung. Der Roman *The Job* beschreibt Sekretärinnen, die sich den Wünschen und Stimmungen ihrer Chefs unterwerfen und ihm vorbehaltlose (zuweilen allerdings inszenierte) Anerkennung entgegenbringen, sexualisieren diesen Habitus jedoch nicht.

Der Text von Lewis schildert darüber hinaus ästhetische Arbeit als Bedingung von Berufen mit Aufstiegschancen und besseren Gehältern – um

---

51 Lewis, Sinclair: *The Job.* Jonathan Cape: London 1934, S. 225.
52 Ibid., S. 159.
53 Ibid., S. 163.
54 Ibid., S. 173.

erfolgreiche Gespräche mit Kunden führen zu können, sollte die Verkäuferin über eine gute Erziehung verfügen, also „well-bred" sein.[55]

Ästhetische Arbeit: Das erotische Kapital der Jugend

Eine Sekretärin verrichtet, so lassen auch die deutschsprachigen Romane kenntlich werden, neben emotionaler Arbeit ästhetische.[56] Die Texte führen detailreich vor Augen, dass gutes Aussehen, gepflegte Kleidung und Jugend Kapital im Kampf um Arbeit sind. Gilgi setzt sich mühelos gegen eine Mitbewerberin durch, weil sie eine eigene Schreibmaschine besitzt und besser aussieht; in einem inneren Monolog überlegt sie: „Die [Konkurrentin] hat ja die gleiche Chance gehabt. So? Hat sie? Mit dem krunkligen, alten Gesicht, der latschigen Haltung, mit den matten, blicklosen Augen und den häßlichen Kleidern??? Wer nimmt die denn noch? Die hat ihr Leben verpfuscht" (Gi, 84). Für Angestellte wie Sekretärinnen und Verkäuferinnen spielen das jugendliche Alter und das Aussehen als Attraktivitätsfaktoren bzw. als „erotisches Kapital"[57] auch *realiter* eine wesentliche Rolle. Susanne Suhr hält in ihrer Untersuchung *Die weiblichen Angestellten* von 1930 fest:

> Das jugendfrische Aussehen der Verkäuferin ist ein Werbemittel für das Geschäft. Die über 30 Jahre ‚alte' Verkäuferin zählt schon zur älteren Angestellten. Das spiegelt sich auch im Stellenmarkt wider. Die Sorgfalt, die die Verkäuferin daher auf ihr Äußeres wenden muß, läßt sich schwer damit vereinen, daß gerade der Handel die schlechtesten Gehälter zahlt.[58]

---

55 Ibid., S. 296.
56 Cf. dazu Warhurst, Chris / Nickson, Dennis: „Employee Experience of Aesthetic Labour in Retail and Hospitality". In: *Work, Employment & Society* 21, 2007, S. 103–120; ebenso id.: „Who's Got the Look? Emotional, Aesthetic and Sexualized Labour in Interactive Services". In: *Gender, Work and Organization* 16 (3), 2009, S. 385–404.
57 Cf. dazu Hakim, Catherine: *Erotisches Kapital. Das Geheimnis erfolgreicher Menschen*. Campus: Frankfurt a.M. / New York 2011. Hakim lehnt feministische Analysen ab, die mit der Kategorie der Entfremdung operieren, und plädiert dafür, weibliches erotisches Kapital stärker zu honorieren; damit werden Frauen auf diese Ressource festgeschrieben.
58 Suhr, Susanne: „Die weiblichen Angestellten". In: Brinker-Gabler (Hrsg.), S. 328–339, S. 334–335.

Käthe Leichter betont in ihrer empirischen Studie aus der gleichen Zeit, dass Frauen „zu mechanischer, seelenloser, ermüdender und nervenzermürbender Arbeit bei immer rascherem Tempo verwendet" würden und an sie, „die Arbeiterin, die Verkäuferin, die Stenotypistin, [...] die meisten Anforderungen [gestellt würden], was Jugendfrische und angenehmes Äußeres betrifft".[59] Ab dem 30. Lebensjahr setze eine deutliche Degradierung von weiblichen Angestellten ein. In Brücks Roman heißt es:

> Ich steige unzählige Treppen hinauf und hinab, bete vor fremden Gesichtern mein Sprüchlein herunter, gestehe zum dreißigsten Male, daß ich siebenundzwanzig Jahre alt bin und weiß, dies entscheidet. Man braucht junge billige Arbeitskräfte. Es hilft mir nichts, daß ich mich bereit erkläre, unter Tarif zu arbeiten (ShS, 222–223).

Eine 25-jährige Stenotypistin sei schon „zu alt" (ShS, 253).

Sekretariatsromane der Zwischenkriegszeit differenzieren das Berufsprofil also aus, indem sie unsichtbare Tätigkeiten, vorausgesetzte Eigenschaften (wie Attraktivität und Jugend) und die Komplexität von Schreibarbeiten sichtbar machen. Darüber hinaus nutzen sie die Schreibmaschine als Sujet und Medium, um die Literarizität des Erzählens zu steigern und ein neues mediengeleitetes Aufschreibesystem zu entwickeln.

Das Ende von Romantik und Moral: Kunst und Schreibmaschine

Die Sekretariatsarbeit bzw. das Schreiben auf der Schreibmaschine – „[b]is 1914 wurde die Schreibmaschine vollkommen perfektioniert"[60] – ist ein Glücksfall für die neusachliche Poetik und ihre Notation des Alltäglichen. Das Schreiben auf der Maschine, das meist als Diktat stattfindet, bildet ein Gegenmodell zu anachronistischen ‚Romantizismen' und Sentimentalitäten.[61] Romantische Liebe, wie sie der Roman *Gilgi* noch einmal zum Gegenstand macht, um sie hinter sich zu lassen, sei, so die

---

59 Leichter, S. 341.
60 Pirker, S. 34.
61 Cf. zur Aufhebung des gegenderten Sentimentalitätsdiskurses in der Neuen Sachlichkeit Helduser, Urte: „Sachlich, seicht, sentimental. Gefühlsdiskurs und Populärkultur in Irmgard Keuns Romanen *Gilgi, eine von uns* und *Das kunstseidene Mädchen*". In: Arend, Stefanie / Martin, Ariane (Hrsg.): *Irmgard Keun 1905/2005. Deutungen und Dokumente*. Aisthesis: Bielefeld 2005, S. 13–27.

Wahrnehmung der Protagonistin, schwerlich auf einer Schreibmaschine zu äußern. Keuns Text unterscheidet zwischen mündlich-emphatischer Liebesrede und getippter Schrift, zwischen dem romantischen Topos der Unaussprechlichkeit und den „Schreibmaschinenworte[n] und Uhrwerkworte[n] und Alletageworte[n]" (Gi, 148), also der „[s]ympathisch klare[n] Maschineschrift" (Gi, 152). Das poetische Erzählen als Pendant romantischer Liebe kreiere hingegen beunruhigende ‚Sprachkörper‘, „und jedes Wort ist ein kleiner Mensch, hat Beine, läuft durchs Zimmer – auf einen zu, ist rund und greifbar, man kann es umarmen…" (Gi, 155). Die Schreibmaschine führt, ähnlich wie die Schönschrift,[62] zu einer Entindividualisierung der Schrift und im weiteren Sinne zu einer Verabschiedung der Genie- bzw. *high brow*-Kultur. Die neusachliche Schrift (der Maschine) ist Medium einer mittleren Stillage, die die Grenze zwischen Hoch- und Populärkultur, aber auch zwischen Schriftlichkeit und Mündlichkeit durchkreuzt. Mit der Schreibmaschine fand das mündliche Sprechen Eingang in die Geschäftskorrespondenz; durch das Diktat gingen kaufmännische Fachsprachen verloren und „Schritt für Schritt verschwanden die Abkürzungen".[63] Die Maschinen selbst können dabei unmittelbar mit dem Klassen- und Geschlechtersystem verknüpft und als polyvalente Symbole eingesetzt werden. Ihre Namen unterstreichen die Kopplung von Weiblichkeit und Schreibmaschine – Gilgis zusammenlegbares, transportables Modell heißt „Erika"[64] – und die diversen Typen symbolisieren soziale Klassen. Rudolf Braunes Roman *Das Mädchen an der Orga Privat* macht eine junge Sekretärin, die sich mit der alten Orga Privat, einem lauten und schwer zu bedienenden Modell, zufrieden gibt, zur Anführerin des Klassenkampfes;[65] ihr Tippen ist körperlich-proletarische Arbeit.

Die Schreibmaschine als Gegenstand der Literatur führt darüber hinaus zur Selbstreferenz und steigert die Literarizität der Texte. Romane über Sekretärinnen thematisieren in der Regel auch das Material, aus dem sie

---

62 Faulstich-Wieland / Horstkemper, S. 41.

63 Ibid., S. 53.

64 Cf. zu diesem Modell Stümpel, Rolf: *Vom Sekretär zur Sekretärin. Eine Ausstellung zur Geschichte der Schreibmaschine und ihrer Bedeutung für den Beruf der Frau im Büro*. Gutenberg-Museum: Mainz 1985, S. 24.

65 Braune, Rudolf: *Das Mädchen an der Orga Privat. Ein kleiner Roman aus Berlin*. Dietz: Berlin 1961, S. 126–127.

gemacht sind, und tragen die Rhythmisierung und Akustik, die das maschinelle Schreiben mit sich bringt, in das Darstellungssystem ein: „Tick-tick-tick – rrrrrrrr – bezugnehmend auf Ihr Schreiben vom 18. des ... tick-tick-tick – rrrrrrrr – einliegend überreichen wir Ihnen ... tick-tick-tick ... im Anschluß an unser gestriges Telefongespräch teilen wir Ihnen mit..." (Gi, 16). Der desemantisierte Klang diffundiert in Alltagsphänomene: „rrr – rrr – trrr spritzt der Regen an die Scheiben" (Gi, 104). Rhythmisierung, aber auch Beschleunigung prägen in *Gilgi* selbst die inneren Monologe – ein Effekt des Aufschreibemediums. Der Klang bzw. die Akustik, das das hörbare Schreiben ins Spiel bringt, wird darüber hinaus für die Absage an Moral genutzt: Das Dienstmädchen, das Gilgi bei ihrem ‚Herrn' überrascht, entscheidet sich für eine menschliche Haltung, weil in ihrem Dialekt „menschlisch" eine klangliche Attraktivität besitzt, die für die Semantik des Wortes einnimmt: „Diesmal bekennt sie sich nicht nur zum phonetischen Reiz, sondern auch zum Inhalt des Satzes. Man muß nicht so sein, is alles menschlisch. So kann es vorkommen, daß die ethische Entschlußkraft durch Vorliebe für Zischlaute beeinflußt wird" (Gi, 120). Das neusachliche Projekt, Moral aufzukündigen, ist mit der Schreibmaschine als Klangphänomen und Gegenstand medialer Reflexionen unmittelbar verknüpft.[66] Relevanter als die Semantik ist die Schrifttype; die Texte sind Produkte des Schreibzeugs, ähnlich wie Diktate primär nach ihrer Form beurteilt werden: „Ich bewundere die geschickte Linienführung seiner Sätze, die sich nie versteigen. Virtuos die Leichtigkeit, mit der er abirrende Gedankensprünge einebnet in das Gefüge des Ganzen" (ShS, 269), so die Sekretärin aus Brücks Roman. Die Schrifttype kann aussagekräftiger sein als die Semantik, wie in Gabriele Tergits Roman *Käsebier erobert den Kurfürstendamm* ebenfalls deutlich wird.[67]

---

66 In Brücks Roman kulminiert der Rhythmus des Schreibens in einem „Lied der Arbeit": „Vom Fenster her tönt das eilige Rasseln von Fräulein Laues Maschine. Fräulein Bartels schreibt in kurz abgerissenen Sätzen. Rhythmus, Rhythmus, Prasseln der Typen, Sausen hin- und herschwirrender Wagen, Summen, Surren, Schnarren von Rädern und Rädchen. Hör ich dich wieder, Lied meiner Arbeit" (ShS, 229). Die Eloge auf die Maschine mündet bei Brück in die protofaschistische Idee eines wehrhaften Deutschseins (ShS, 285).
67 Debattiert wird über Typen wie „Renata III" und „Cicero"; Tergit, Gabriele: *Käsebier erobert den Kurfürstendamm.* Arani: Berlin 1997, S. 28–29.

Die hier untersuchten Sekretariatsromane konturieren also durch ihre Absage an den domestizierenden Moraldiskurs die Bedingungen und Folgen von Gefühlsarbeit. Auch im Angestelltenmilieu spielt das Managen von Gefühlen eine wichtige Rolle, wobei die Romane unterschiedliche Strategien im Umgang mit den (negativen) Effekten von emotionaler und ästhetischer Arbeit vorführen, die Begehrlichkeiten steigern. Anders als in Schnitzlers Roman steht nicht die Entfremdung von einer authentischen Gefühlswelt im Vordergrund, sondern die weibliche Partizipation an der modernen technisierten Lohnarbeit und der Kampf um Anerkennung bzw. der Versuch, die abgewertete, scheinbar rein mechanische Schreibtätigkeit als komplexe geistige Arbeit sichtbar zu machen und so berufliche Aufstiege zu legitimieren. Die Texte entfalten ein schöpferisches Ethos der Schreibmaschine, das die Tätigkeit im Sekretariat zu erfüllender, produktiver Arbeit erklärt, auch weil sie der Sekretärin/Autorin den Weg zum literarischen System ebnen kann. Zugleich wird deutlich, wie schwer sich weibliche Lohnarbeit aus der Sphäre der scheinbar ‚wesensmäßigen' Hausarbeit löst. Die Tätigkeit der Sekretärin gilt bis in die 1970er Jahre hinein als Variation hausfraulicher Sorge und Pflege, was den emotionalen Anteil der Tätigkeit als ‚natürliche Begabung' der Frau semantisiert und an die private Sphäre zurückbindet.

Nach dem Zweiten Weltkrieg gewinnt die ‚erste Arbeitsteilung' der Geschlechter erneut an Attraktivität, nachdem im Nationalsozialismus der Muttermythos gestärkt, das Familienethos hingegen abgeschwächt wurde. Heim und Herd werden in den 1950er Jahren zumindest in der Bundesrepublik zur alten/neuen Wirkstätte der Frau erklärt, wie Barbara Vinken unterstreicht.[68] Die Familie gilt als „Fluchtburg",[69] so dass die Erwerbstätigkeit von (verheirateten) Frauen weiterhin problematisch erscheint, wie Ute Frevert festhält. Es kommt zu einem spürbaren Rückgang weiblicher Berufstätigkeit: 1950 geht jede vierte bundesdeutsche Ehefrau einer Erwerbsarbeit nach, während es 1939 fast jede dritte war.[70] Diese Zahlen verändern sich im Verlauf des Jahrzehnts, bis 1961 eine deutlich gesteigerte Erwerbsquote verheirateter Frauen feststellbar ist. Allerdings wird weibliche Lohnarbeit,

---

68 Vinken, Barbara: *Die deutsche Mutter. Der lange Schatten eines Mythos.* Piper: München 2001.
69 Frevert 1986, S. 253.
70 Ibid., S. 255.

auch bei den Frauen selbst, immer noch als sekundär eingeschätzt, zumal sich an den Geschlechterbildern wenig ändert.[71] In den 1970er Jahren setzen sich weibliche Arbeitsbiographien ohne Unterbrechung für die Familienarbeit zunehmend auch in der Bundesrepublik durch,[72] was als Ausdruck eines Paradigmenwechsels gedeutet werden kann: Gilt in den Jahrzehnten zuvor (wie im gesamten 19. Jahrhundert) die alleinstehende, mehr aber noch die verheiratete arbeitende Frau als gesellschaftliches Reizthema und Problemfigur, so wird seit den 1970er Jahren die sogenannte ‚Nur-Hausfrau' zum Gegenstand vehementer Debatten auch in feministischen Kreisen. In diesen historischen Rahmen ist der Roman *Abseits* von Gisela Elsner einzubetten, der die Protagonistin, eine Hausfrau aus höheren Kreisen, mit Depressionen und Drogen ausstattet, um sie schließlich Selbstmord begehen zu lassen.

---

71 Ibid., S. 256.
72 Ibid., S. 259.

3. Hausarbeit und Depression in Gisela Elsners Roman *Abseits*

Hausarbeit als weibliche Tätigkeit in der Privatsphäre wird im Zuge der Verbürgerlichung der Gesellschaft, die den Zuschnitt weiblichen ‚Wirtschaftens' maßgeblich verändert und verengt, zu einem zentralen Bereich weiblicher Arbeit. Zuvor seien Frauen, so betonen Barbara Duden und Gisela Bock, im Handel, in der Landwirtschaft und im Gewerbe aktiv gewesen.[1] Henriette Fürth unterstreicht in ihrer Monographie *Die Hausfrau* (1914), dass die Haushaltung in den „Frühzeiten menschlicher Entwicklung" lediglich ein Nebenamt von Frauen gewesen sei und sie in vielerlei Gewerben wie der Töpferei und der Schmiedekunst als Pionierinnen und Erfinderinnen fungiert hätten.[2] Im 19. Jahrhundert sind bürgerliche Frauen auf die Privatsphäre und den Haushalt verwiesen, der sich von der Verwaltungseinheit des Oikos und des ganzen Hauses deutlich unterscheidet (zumal als im 20. Jahrhundert das Dienstpersonal wegfällt[3]). Ihre Tätigkeiten werden durch den Siegeszug der Lohnarbeit als ausschließliches Kriterium für Produktivität nahezu unsichtbar und nicht mehr als Arbeit anerkannt. Jürgen Kocka führt aus – ich wiederhole: „[S]ome activities, which earlier had been regarded as work, ceased to be counted as work in the full sense of the word. Think of work in the house, especially women's work in the household and in the sphere of reproduction."[4]

---

1 Bock, Gisela / Duden, Barbara: „Arbeit aus Liebe – Liebe als Arbeit. Zur Entstehung der Hausarbeit im Kapitalismus". In: Gruppe Berliner Dozentinnen (Hrsg.): *Frauen und Wissenschaft: Beiträge zur Berliner Sommeruniversität für Frauen, Juli 1976.* Courage: Berlin 1977, S. 118–199, S. 125–126. Frauen gelten gleichwohl auch in der Vormoderne als nicht-geschäftsfähig, als eingeschränkte Rechtspersonen; ibid., S. 135.

2 Fürth, Henriette: *Die Hausfrau. Eine Monographie.* Albert Langen: München 1914, S. 39.

3 Cf. dazu Kuhn, Bärbel: *Haus Frauen Arbeit 1915–1965. Erinnerungen aus fünfzig Jahren Haushaltsgeschichte.* Röhrig: St. Ingbert 1994, S. 23.

4 Kocka, Jürgen: „Work as a Problem in European History". In: Id. (Hrsg.): *Work in a Modern Society. The German Historical Experience in Comparative Perspective.* Berghahn Books: New York / Oxford 2010, S. 1–15, S. 9.

Scheinbar ‚reproduktive' Tätigkeiten erfahren eine diskursive Verengung, so dass sie (in Politik, Forschung, Literatur etc.) kaum mehr repräsentierbar sind – die Soziologin Marjorie DeVault hält in ihrer Studie *Feeding the Family* von 1991 fest, dass es für Hausarbeit keine Sprache gebe[5] und für die Inversion der gängigen Praxis, dass also Männer für Frauen im privaten Raum sorgten, kein Skript.[6] Hausarbeit zeichne sich, so DeVault, durch ein hohes Maß an Flexibilität sowie nicht-artikulierte Standards aus, was zu Schuldgefühlen und Unsicherheiten führen könne – die Interviews, die die Soziologin in den 1980er Jahren führt, dokumentieren die hohe Irritierbarkeit der im Haushalt tätigen Frauen. Hausarbeit verlange zudem die Koordination unterschiedlicher Bedürfnisse und Zeitpläne, die in der Regel auf die Termine des Mannes als *bread winner* abgestimmt seien. Haushälterischen Routinen läge damit, so DeVault, die Unterordnung weiblicher Bedürfnisse zugrunde: „Women's comments about feeding reveal powerful, mostly unspoken beliefs about relations of dominance and subordination between men and women, and especially between husbands and wives."[7] Familienarbeit ist demnach auf fundamentale Weise *doing gender* und mit (emotionalisierten) Weiblichkeitsimagines eng verbunden. Seit ihrem Entstehen wird bürgerliche Haus- und Familienarbeit als „Berufung, Ehre, Würde und als Verwirklichung des Geschlechtscharakters der Frau ideologisch überhöht".[8] Sie gilt, von puritanischen Ideen maßgeblich beeinflusst, als „Erscheinungsform" der Liebe.[9] Erwerbsarbeit jenseits der Familie würde deshalb häufig als emotionales Defizit erfahren, so DeVault: „[It] can so easily be framed as a lack of care, and a mother's claim even to be ‚a person' may be taken as selfish".[10] Die Ergebnisse DeVaults signalisieren nicht zuletzt den Paradigmenwechsel, der sich seit den 1970er Jahren vollzieht und möglicherweise auf die Technisierung des Haushalts zurückzuführen

---

5 DeVault, Marjorie L.: *Feeding the Family. The Social Organization of Caring as Gendered Work*. University of Chicago Press: London / Chicago 1991, S. 227.
6 Ibid., S. 162.
7 Ibid., S. 143.
8 Müller, Ursula G.T.: *Dem Feminismus eine politische Heimat – der Linken die Hälfte der Welt. Die Politische Verortung des Feminismus*. Springer: Wiesbaden 2012, S. 84.
9 Bock / Duden, S. 151.
10 DeVault, S. 156.

ist.[11] Galten zuvor erwerbstätige Frauen als problematische Mitglieder der Gesellschaft und wurde ihnen symbolisches wie ökonomisches Kapital weitgehend verweigert, so verliert nun die sogenannte ‚Nur-Hausfrau' an Legitimität, wie Helge Pross 1975 in einer umfassenden empirischen Studie belegt.[12]

Die diversen Tätigkeiten, die in der Hausarbeit kombiniert werden und ineinander greifen, also ein spezielles Koordinationsgeschick verlangen,[13] gelten als nicht-professionalisiert, das heißt als ungelernt und unspezialisiert, so dass sie nur schwer in Lohnarbeit überführt werden können[14] – gleichwohl wird über Generationen hinweg ein fundiertes Haushaltswissen überliefert. Seit dem ausgehenden 19. Jahrhundert mehren sich zudem die Versuche, das Tätigkeitsprofil der Hausfrau zu schärfen und einzelne Aktivitäten zu professionalisieren. In den USA entstehen parallel zu den einflussreichen Zeitstudien von Frederick Winslow Taylor Arbeitsplatzanalysen, um den Haushalt zu rationalisieren; die Hausfrau wird mit Schreibtisch, Ordnern und Budgetplänen versehen.[15] Das um 1890 in den USA entstehende *domestic science movement* bzw. *home economic movement*, das sich am Effizienzmythos der Mittelschicht orientiert, macht sich zudem die seit Mitte des 19. Jahrhunderts einsetzende Technisierung des Haushalts zunutze. Sozialistisch inspirierte Reformentwürfe und Romane schließen an diese Projekte an: In Edward Bellamys Bestseller *Looking Backward: 2000 to 1887* und August Bebels *Die Frau und der Sozialismus* werden Frauen und Bedienstete durch Wäschereien, öffentliche Küchen, Elektrifizierung und den technischen Fortschritt vom Haushalt befreit.[16] Henriette Fürth nimmt in *Die Hausfrau* eine ähnliche Position ein, wenn sie das theoretische Wissen wie „Küchenchemie, Marktkunde [und] volkswirtschaftliche

---

11 Cf. Kuhn, S. 25. Ab Ende der 1950er Jahre revolutioniert die (u.a. durch die Weltkriege unterbrochene) Technisierung die Hausarbeit.

12 Pross, Helge: *Die Wirklichkeit der Hausfrau. Die erste repräsentative Untersuchung über nichterwerbstätige Ehefrauen: Wie leben sie? Wie denken sie? Wie sehen sie sich selbst?* Rowohlt: Reinbek bei Hamburg 1975, S. 17.

13 Cf. Kuhn, u.a. S. 48.

14 Cf. dazu auch Dalla Costa, Mariarosa / James, Selma: *Die Macht der Frauen und der Umsturz der Gesellschaft.* Merve: Berlin 1973, S. 34.

15 Bock / Duden, S. 162.

16 Cf. dazu Kocka, S. 6.

Kenntnisse mannigfacher Art" betont, das für die Haushaltsführung von-
nöten sei; sie verlangt entsprechende Schulungen[17] und denkt über die
Einrichtung von Zentralküchen nach, um vornehmlich Arbeiterfrauen zu
entlasten.[18] Auch die bekannte Vertreterin der US-amerikanischen Frauenbewegung, Charlotte Perkins Gilman, für die Effizienz ebenfalls ein zentrales Kriterium darstellt,[19] entwirft Rationalisierungsutopien und formuliert
in ihrer Streitschrift *Frauen und Arbeit* eine polemische Kritik an der ‚ersten
Arbeitsteilung' in der Familie.

Hausarbeit in feministischen Debatten: Der Kampf um Anerkennung und Entlohnung

Charlotte Perkins Gilman, die in ihrem berühmten Text *The Yellow Wallpaper* einen unmittelbaren Zusammenhang zwischen weiblicher Untätigkeit
und Hysterie herstellt, setzt sich in *Frauen und Arbeit* ausführlich mit der
Rolle von Hausfrauen auseinander. Hausarbeit würde, so moniert sie, das
ubiquitäre gesellschaftliche Tauschverhältnis unterbrechen und durch die
wirtschaftliche Abhängigkeit der Frau das asymmetrische Geschlechterpara-
digma intensivieren. Eine Hausfrau verfüge über kein reguläres Einkommen
und ihr Besitz stehe in keinerlei Zusammenhang mit ihrer Tätigkeit, die als
„Faktor im wirtschaftlichen Austausch weder veräußert noch entgegen-
genommen" werde. „Man betrachtet es als ihre weibliche Pflicht diese
Arbeit zu tun; und ihr wirtschaftlicher Status steht in keinem Verhältnis
zu ihrer häuslichen Arbeit, außer in einem umgekehrten",[20] das heißt die
Frau eines reichen Mannes, die von dessen Besitz profitiert, muss in der
Regel kaum arbeiten bzw. lediglich ihren repräsentativen Konsum steigern,
während die Frau eines armen Mannes stark belastet ist. Da Hausarbeit
nicht auf reguläre Weise honoriert werde, so das Fazit von Perkins Gilman,
werde die Ehefrau und Mutter schlicht ausgehalten:

> Die Arbeitskraft der Mutter ist schon immer ein wichtiger Faktor im menschlichen
> Leben gewesen. Sie ist die Arbeiterin *par excellence*, aber ihre Arbeit berührt ihren

---

17 Fürth, S. 28, S. 29.
18 Ibid., S. 58.
19 Perkins Gilman, Charlotte: *Frauen und Arbeit*. Übers. v. Altschuh-Riederer,
   Petra. Ein-Fach-Verlag: Aachen 2005, S. 163.
20 Ibid., S. 34.

wirtschaftlichen Status nicht. Ihr Lebensunterhalt, alles, was sie bekommt – Essen, Kleidung, Schmuck, Vergnügungen, Luxusgüter –, stehen in keiner Beziehung zu ihrer Kraft, Güter zu produzieren, zu ihren Diensten im Haus oder zu ihrer Mutterschaft. Diese Dinge stehen nur in Bezug zu dem Mann, den sie heiratet, dem Mann, von dem sie abhängt – zu dem, wie viel er besitzt und wie viel er ihr geben will. [...] Das Weibchen des menschlichen Geschlechts ist wirtschaftlich abhängig vom Männchen. Er ist ihre Nahrungsquelle[21]

und ihre wirtschaftliche Umwelt. Ausgehend von einer darwinistischen Position, die die Anpassung des Ernährten an den Ernährer unterstellt, profiliert Perkins Gilman die Funktion des Geschlechtlichen, auf das die Frau durch ihre wirtschaftliche Ohnmacht festgelegt werde:

Denn durch ihre wirtschaftliche Abhängigkeit aufgrund der geschlechtlichen Beziehung ist bei ihr, wie bei allen Lebewesen, geschlechtliche Verschiedenartigkeit nicht nur ein Mittel, um einen Partner anzuziehen, sondern ein Mittel, um ihren Lebensunterhalt zu verdienen, was bei keiner anderen Kreatur unter dem Himmel der Fall ist. Weil das menschliche Weibchen von ihrem Partner wirtschaftlich abhängig ist, ist sie übermäßig an Geschlechtliches angepasst.[22]

Die gestörte wirtschaftliche Beziehung produziere einen abnormen geschlechtlichen Trieb und nötige „ein Geschlecht dazu [...], seinen Lebensunterhalt vom anderen zu bekommen, indem es geschlechtliche Funktionen ausübt".[23] Dieser polemisch-kritischen Diagnose setzt Perkins Gilman in ihrem skandalumwitterten Text *What Diantha Did* eine Utopie entgegen, die ‚private' Hausarbeit in Lohnarbeit überführt. Als skandalös galt der Entwurf deshalb, weil er die unsichtbare Arbeit von weiblichen Familienangehörigen buchstäblich ‚in Rechnung' stellt und umfängliche Additionen enthält, die einem Familienvater nachweisen, in welchem Ausmaß seine Lohnarbeit von dem haushälterischen Geschick der weiblichen Familienmitglieder abhängt. Perkins Gilman fasst die Familie mithin als ökonomischen Ort auf, an dem Arbeit, Emotion und Geld getauscht werden.

Perkins Gilman wertet in *What Diantha Did* den Haushalt zunächst als Sphäre der Kompetenz und des Talents auf. Diantha entwickelt große

---

21 Ibid., S. 40.
22 Ibid., S. 54.
23 Ibid.

Fähigkeiten „in the various arts of house work",[24] die vom Vater als selbstverständlich vorausgesetzt werden. Kontrastfigur der findigen Titelheldin ist eine erfolgreiche Architektin, die von der anfallenden Hausarbeit in pure Verzweiflung getrieben wird. Sie vermag die simultanen Anforderungen von Kind, Mann und Haushalt nicht zu organisieren und verstrickt sich zunehmend in Schuldgefühlen. Perkins Gilman schildert einen Zustand permanenter Irritation und gespaltener Aufmerksamkeit: Wenn es klingelt, öffnet die überlastete Architektin (die ihrem Beruf nicht mehr nachgeht), „her hand on the doorknob, her ear on the baby, her nose still remorsefull in the kitchen, her eyes fixed sternly on her visitor the while".[25]

Als sich Diantha entschließt, ihren eigenen Lebensunterhalt zu verdienen, rechnet sie dem Vater vor, was dieser für Erziehung, Kleidung, medizinische Versorgung und anderes mehr verausgabt hat: alles in allem 3.600,00 Dollar. Sie stellt ihm jedoch umgekehrt ihre eigenen Arbeiten sowie monetären Zuschüsse in Rechnung, so dass sich ein Plus von 547,00 Dollar zu ihren Gunsten ergibt;[26] sie übersetzt mithin ihre ,natürliche Verpflichtung' als Tochter in Geld. Der Text schildert, von dieser ,Abrechnung' ausgehend, den steinigen Weg Dianthas zur Unternehmerin, die Haushalte durch professionelle Dienstleistungsangebote entlastet und damit auch den ,Sklavenstatus' von Dienstmädchen beendet. „The domestic worker, owing to her peculiarly defenceless position, furnishes a terrible percentage of the unfortunate"; auf sie wartet ein besseres Los.[27]

Diantha ist der Überzeugung, dass bei einer 1:1 Betreuung des Ehemannes durch seine Frau ein immenses Maß an Arbeitskraft vergeudet werde und man Hausarbeit rationalisieren sowie mithilfe von Expert/innen professionalisieren könne. Durch die Kollektivierung der Bedürfnisse würden zudem die Preise für einzelne Dienstleistungen deutlich sinken. Diantha zieht ein „co-operative housekeeping" in großem Stil auf, eine Institution, die Einkäufe, die Reinigung des Hauses und das Waschen übernimmt,

---

24 Perkins Gilman, Charlotte: *What Diantha Did*. Dodo Press: Gloucester 2005, S. 21.
25 Ibid., S. 50.
26 Ibid., S. 27.
27 Ibid., S. 82.

die haushälterischen Tätigkeiten also in ein „business" auslagert.[28] Die professionelle Massenproduktion gewährleistet darüber hinaus eine hochwertige Nahrungsversorgung, die von Expert/innen angeleitet und durch Erfindungen erleichtert wird.

Diese frühen Ideen von Perkins Gilman zur Reorganisation des Haushalts greift die zweite Frauenbewegung in den 1960er und 70er Jahren auf. Der sozialistische Frauenbund West-Berlin beispielsweise diskutiert auf der 2. Sommer-Universität im Oktober 1977 in Berlin die Möglichkeiten und Grenzen der Durchkapitalisierung von Hausarbeit[29] – die zunehmende Technisierung entlaste die Hausfrau zwar, eine vollständige Rationalisierung der Tätigkeiten sei jedoch unmöglich, so der Tenor.[30] Besonders einflussreich sind in dieser Phase die kritischen Ausführungen von Mariarosa Dalla Costa, die in *Die Frau und der gesellschaftliche Umsturz* von 1973 festhält, dass Hausarbeit im Kapitalismus grundsätzlich unbezahlt sei und unsichtbar verrichtet werde, zudem als minderwertige, persönliche Dienstleistung jenseits des Kapitals gelte.[31] Hausarbeit sei zudem zeitlich unbegrenzt und die Frauen arbeiteten in hohem Maße isoliert.[32] Dalla Costa bewertet Hausarbeit, von Karl Marx abweichend, grundsätzlich als produktiv, weil sie eine wesentliche Bedingung der Lohnarbeit darstelle und in Phasen der Arbeitslosigkeit stabilisiere, das heißt einen schützenden Rahmen für den entlassenen Mann bereitstelle.[33] Bielefelder Soziologinnen wie Veronika Bennholdt-Thomsen verknüpfen Hausarbeit darüber hinaus im Sinne der von Karl Marx postulierten Reservearmeen mit dem Kolonialismus: Hausfrauen bildeten eine interne Kolonie des Kapitals.[34]

---

28 Ibid., S. 95.
29 Cf. Müller, S. 83.
30 Ibid.
31 Cf. dazu auch Haidinger, Bettina / Knittler, Käthe: *Feministische Ökonomie. Intro. Eine Einführung.* Mandelbaum Kritik & Utopie: Wien 2014, S. 79. Cf. zu einem Überblick über die Forschung zum Haushalt Müller, S. 78–81.
32 Dalla Costa / James, S. 35.
33 Ibid., S. 13.
34 Haidinger / Knittler, S. 82–83.

Nicht nur in Italien entstehen im Zuge dieser Debatten zahlreiche „Lohn-für-Hausarbeit-Kommitees",[35] die sich primär an Frauen aus der Arbeiterklasse richten, doch darüber hinaus Resonanz finden. Sie fordern die Entlohnung der Hausfrau, geben allerdings zu bedenken, dass auf diese Weise die Care-Verpflichtung der Frau verfestigt würde.[36] Zentraler Gegenstand der Diskussionen ist der Terminus „Reproduktion", der Hausarbeit (als Dienstleistung) aus der Sphäre der Produktion ausschließt; bereits Adam Smith hatte argumentiert, dass Dienstleistungen keine dauerhaften Güter entstehen ließen und deshalb nicht produktiv seien.[37]

Die gegenwärtige Forschung schließt an den Versuch der 1970er Jahre an, Hausarbeit als produktive Tätigkeit auszuweisen. Adelheid Biesecker und Sabine Hofmeister beispielsweise verbinden unsichtbare Hausarbeit als zentrale Ressource des Kapitalismus mit der ebenfalls unsichtbar bleibenden Produktivität von Natur, die ökonomische Theorien in der Regel gleichfalls ignorieren – eine Ausnahme bildet die Physiokratie. Die Autorinnen schließen die Wirtschaftswissenschaften also an die Ökologie an und schlagen den Begriff „(Re)Produktivität" vor, um den doppelten Ausschluss von Natur und weiblicher Arbeit aus dem von diesen Ressourcen abhängigen Wirtschaftssystem zu markieren.[38]

Repressive Befriedigung und Angst: Gisela Elsners *Abseits* und Herbert Marcuses Gesellschaftskritik

Zur Zeit der zweiten Frauenbewegung entsteht der von der Forschung selten behandelte Roman *Abseits* der marxistisch orientierten Autorin Gisela Elsner. Der Text entwirft das Pathogramm einer jungen Frau, der das Leben als Hausfrau, die Konsumgesellschaft der Bundesrepublik sowie die

---

35 Ibid., S. 81.

36 Cf. Müller, S. 87–90.

37 Smith, Adam: *Der Wohlstand der Nationen. Eine Untersuchung seiner Natur und seiner Ursachen.* Aus dem Englischen übertragen und mit einer umfassenden Würdigung des Gesamtwerkes herausgegeben v. Recktenwald, Horst Claus. Deutscher Taschenbuch Verlag: München 1974, S. 273.

38 Biesecker, Adelheid / Hofmeister, Sabine: „Im Fokus: Das (Re)Produktive. Die Neubestimmung des Ökonomischen mithilfe der Kategorie (Re)Produktivität". In: Bauhardt, Christine / Çağlar, Gülay (Hrsg.): *Gender and Economics. Feministische Kritik der politischen Ökonomie.* VS Verlag: Wiesbaden 2010, S. 51–80.

westdeutschen Weiblichkeitsimagines zum Verhängnis werden. Elsner beschreibt nahezu protokollarisch die Monotonie der Hausarbeit sowie die Machtstrukturen, die die weiblichen Dienstleistungen reglementieren und die Protagonistin in Depression und Drogenabhängigkeit treiben – Lilo Besslein nimmt schließlich Gift, ähnlich wie Emma Bovary, auf die *Abseits* mehrfach Bezug nimmt.

Ihren weiblichen Lebensentwurf im ‚Ghetto' des Hauses bettet Elsner in eine marxistische Analyse gesellschaftlicher Verhältnisse ein, die ihre Romane insgesamt grundiert. Die „letzte Kommunistin"[39] Gisela Elsner seziert in ihren Texten die saturierte Konsumgesellschaft der 1970er Jahre, für die das Marx'sche Versprechen der Revolution in weite Ferne gerückt ist, nicht zuletzt aufgrund sozialstaatlicher Einrichtungen, die die ausbeuterischen Arbeitsverhältnisse erträglich machen und die Tätigen an einem demokratisierten Massenkonsum partizipieren lassen – in den Fabriken und Büros, die Elsner schildert, herrschen die Farben Himmelblau, Orange und Rot, um die ökonomischen Abhängigkeitsverhältnisse zu verschleiern. Elsner nimmt damit vorweg, was die Soziologie der 1990er Jahre genauer beschreiben wird: dass der Kapitalismus seine Kritik integriert und kreative Freiräume eröffnet.[40] Bei Elsner agiert der Arbeiter als Arbeitskraftunternehmer,[41] der seine eigenen Ressourcen verwaltet und sich als gewichtiges Mitglied des Unternehmens begreift. Otto, der Großaktionär, identifiziert sich im gleichlautenden Roman aufgrund seines Aktienbesitzes vorbehaltlos mit dem Unternehmen und untergräbt so seine revolutionären Energien; der Ehemann Lilo Besslers, ein Angestellter, erklärt ganz ähnlich (und demonstriert damit die politisch-gewerkschaftliche Abstinenz dieser Gruppe): „Ich komme mir als sein Angestellter [Reinhardt von Allershausens; F.S.] allerdings nicht ausgebeutet vor."[42]

---

39 So der Titel eines Sammelbandes von Künzel, Christine (Hrsg.): *Die letzte Kommunistin. Texte zu Gisela Elsner*. KVV Konkret: Hamburg 2009.
40 Boltanski, Luc / Chiapello, Ève: *Der neue Geist des Kapitalismus*. Aus dem Französischen v. Tillmann, Michael. UVK: Konstanz 2003.
41 Cf. zu diesem Begriff Bröckling, Ulrich: *Das unternehmerische Selbst. Soziologie einer Subjektivierungsform*. Suhrkamp: Frankfurt a.M. 2007.
42 Elsner, Gisela: *Abseits. Roman*. Rowohlt: Reinbek bei Hamburg 1982, S. 56–57. Im Folgenden mit der Sigle (AS) zitiert.

Gisela Elsners Romane nehmen sich in mancherlei Hinsicht wie das literarische Pendant zeitgenössischer linker Schriften aus, beispielsweise von Herbert Marcuses Text *Der eindimensionale Mensch. Studien zur Ideologie der fortgeschrittenen Industriegesellschaft*, der *en passant* auch Flauberts Roman *Madame Bovary* zum Gegenstand macht (den Elsners *Abseits* ebenfalls zitiert). Marcuse setzt sich in seiner Studie, die 1967 auf Deutsch erscheint, mit dem Phänomen schwindender Kritikfähigkeit und -möglichkeit auseinander. Nehme die Welt, in der sich das arbeitende und konsumierende Subjekt bewege, einen angenehm-schönen Schein an, so sei es um Kritik schlecht bestellt: „Alle Befreiung hängt vom Bewußtsein der Knechtschaft ab, und das Entstehen dieses Bewußtseins wird stets durch das Vorherrschen von Bedürfnissen und Befriedigungen behindert, die in hohem Maße die des Individuums geworden sind."[43] Voraussetzung des Widerstands ist deshalb der Verzicht „auf repressive Befriedigung"[44] – Marcuse unterscheidet zwischen ,künstlichen' und ,natürlichen' Bedürfnissen (eine umstrittene Entgegensetzung). Das falsche Bewusstsein werde von dem Wunsch nach unnützen Dingen umgetrieben – dafür steht der rosafarbene Bademantel, den Elsners Protagonistin gleich zu Beginn des Romans erwirbt – sowie von dem Bedürfnis nach abstumpfender, nicht notwendiger Arbeit und nach Entspannung, die in *Abseits* Alkohol und Drogen versprechen. Elsners Text fokussiert entsprechend dasjenige Grundgefühl, das die Scheinfreiheit nach Marcuse notwendigerweise mit sich bringt – Angst: „Freie Auswahl unter einer breiten Mannigfaltigkeit von Gütern und Dienstleistungen bedeutet keine Freiheit, wenn diese Güter und Dienstleistungen die soziale Kontrolle über ein Leben in Mühe und Angst aufrechterhalten."[45] *Abseits* erzählt von permanenter Angst bzw. von Soziophobie, der die Protagonistin durch Sedierung zu entfliehen versucht. Das Gift, das *pharmakon*, mit dem sich Emma Bovary umbringt, ist zum ständigen Begleiter im Alltag geworden.

Ähnlich wie Flaubert in seinem Portrait einer Kleinbürgerin, die sich verbotenen Beziehungen und Luxus hingibt, spürt Elsner der Kollaboration

---

43 Marcuse, Herbert: *Der eindimensionale Mensch. Studien zur Ideologie der fortgeschrittenen Industriegesellschaft*. 6. Aufl. Suhrkamp: Frankfurt a.M. 2008, S. 27.
44 Ibid.
45 Ibid., S. 27–28.

von Liebe, Konsum und kapitalistischem System nach.[46] Die Autorin legt in enger Auseinandersetzung mit dem weiblich codierten Trivialroman[47] eine Bestandsaufnahme vor, die die Bedingungen weiblicher Hausarbeit, ehelicher Beziehungen, prekarisierter Lohnarbeit und eines eskapistischen Konsums ebenso ausleuchtet wie das Ambiente dieses Lebens, die aufdringliche Präsenz bunter (Luxus-)Dinge und die Unwirtlichkeit der Vorstädte.

Hausarbeit und die Suche nach einer Sprache: Das Management von Bedürfnissen

Elsner behandelt in *Abseits* denjenigen Nukleus, der für Karl Marx eine der Voraussetzungen problematischer Eigentumsverhältnisse darstellt: die Kleinfamilie, die er dem *Kommunistischen Manifest* nach abzuschaffen gedenkt. Elsner führt die Institution Familie ebenfalls als erste Arbeitsteilung und als Herrschaftsverhältnis vor Augen, indem sie die durch Emotionalität verschleierte Unterwerfungsstruktur zur Kenntlichkeit entstellt. Der Roman lässt beispielsweise die Konzentration der Hausfrau auf die männlichen Bedürfnisse plastisch werden, die sie zum Warten bzw. zum Aufschub ihrer eigenen Wünsche und Begehrlichkeiten zwingt. Über ein missglücktes Abendessen heißt es:

> Sie [Lilo Besslein; F.S.] setzte sich an den Abendbrottisch und betrachtete voller Heißhunger die Wurstplatte, die auf der Mitte stand. [...] Obwohl sie wußte, daß ihr Mann größten Wert darauf legte, daß sie mit dem Abendessen auf ihn wartete, bestrich sie eine Scheibe Brot mit Butter, belegte sie reichlich mit Wurst und biß hinein. Kaum, daß sie dies getan hatte, hörte sie ihren Mann den Schlüssel in die Wohnungstür stecken. Einen Augenblick lang war sie dicht daran, das Brot zu verstecken. Aber gleich darauf verwarf sie diesen Gedanken. [...] Als er jedoch die Scheibe

---

46 Knüpfen Marxist/innen die Lösung der Frauenfrage an die Abschaffung der Klassenordnung und betrachten jene als sekundär, so ist es bei Elsner ganz analog das Klassenbewusstsein, das einen Ausbruch aus dem repressiven Leben verhindert – wie die Autorin stammt die Protagonistin aus einer reichen Unternehmerfamilie; cf. dazu Künzel, Christine: „Einmal im Abseits, immer im Abseits? Anmerkungen zum Verschwinden der Autorin Gisela Elsner". In: Id. (Hrsg.), S. 7–20, S. 15.

47 Cf. dazu Künzel, Christine: *„Ich bin eine schmutzige Satirikerin". Zum Werk Gisela Elsners (1937–1992).* Helmer: Sulzbach i.T. 2012, S. 184–191.

Brot in ihrer Hand entdeckte, nahm sein Gesicht jäh einen beleidigten Ausdruck an (AS, 101–102).[48]

Der Roman protokolliert den männlichen Herrschaftsanspruch über Zeit und Bedürfnisse der Ehefrau sowie die reglementierenden Reaktionen auf Verstöße. Das Warten als Symptom eines weiblichen Alltags, der sich auf die Bedürfnisse anderer ausrichtet und durch die Technisierung seit Ausgang der 1950er Jahre von schweren Arbeiten entlastet ist, assoziiert *Abseits* mit dem Tablettenkonsum der Protagonistin, wenn es heißt:

> Zuhause angelangt wusch, bügelte oder nähte sie ein wenig, oder sie setzte sich auch nur auf das Sofa, trank einen Martini nach dem anderen und wartete darauf, daß es Zeit war, zwei weitere Kapseln des Beruhigungsmittels einzunehmen und den Abendbrottisch zu decken (AS, 215).

Die Hausarbeit selbst wird durch parataktische Parallelismen und den Vergleich mit Akkordarbeit als fordistische Tätigkeit chiffriert: „Sie stellte das Bügelbrett auf, sie schaltete das Bügeleisen an, sie holte den Wäschekorb aus dem Badezimmer und fing mit der Geschwindigkeit und den durchdachten Handbewegungen einer Akkordarbeiterin zu bügeln an" (AS, 152–153). Elsners stilistisches „Prinzip der ritualisierten Repetition"[49] vergegenwärtigt schwer erzählbare Routinen und Gesten, die die Hausarbeit im Anschluss an August Bebels berühmte Gleichsetzung von Frau und Arbeiter proletarisch codieren. Diese Verbindung von Fordismus und Hausarbeit entspricht den marxistischen Haushaltsanalysen der 1970er Jahre, die die unbezahlte Care-Ökonomie in einen industriellen Bezugsrahmen einbetten, um Hausarbeit als produktive Tätigkeit sichtbar zu machen. Die Annäherung des Haushalts an fordistische Lohnarbeit reduziert allerdings dessen affektiven Anteil, den die gegenwärtige Forschung profiliert;[50] neuere soziologische Analysen dieser „anderen Ökonomie" halten fest, dass der emotionale Anteil von Hausarbeit kaum standardisierbar sei und eine deutliche Differenz zwischen

---

48 Kochen und Essen, so wird in diversen Episoden rund um die Herkunftsfamilien deutlich, reproduzieren zudem Klassendifferenzen (AS, 203).

49 Polt-Heinzl, Evelyne: „Alltagsrituale unter dem Mikroskop oder Wie Gisela Elsner aus dem Nähkästchen plaudern läßt". In: Künzel (Hrsg.), S. 47–61, S. 48.

50 Weeks, Kathie: „In der Arbeit gegen die Arbeit LEBEN. Affektive Arbeit, feministische Kritik und postfordistische Politik". In: *Grundrisse. Zeitschrift für linke Theorie & Debatte* 37, 2011, S. 13–27, S. 15 (retrieved 17.10.2016, from http://www.grundrisse.net/PDF/grundrisse_37.pdf).

der „Produktion von Menschen" in der Familie und von Waren bestehe.[51] Elsners Roman hingegen reduziert den emotionalen Aspekt weiblicher Hausarbeit bis zur Unkenntlichkeit.

Abseits lässt diverse Faktoren sichtbar werden, die Hausarbeit aus der Perspektive damaliger Debatten zu einer problematischen Beschäftigungsform werden lassen: den Einschluss der Frau im „Ghetto", in der „Kolonie" des Hauses – so die Formulierungen Dalla Costas[52] –, die Erleichterung der Hausarbeit durch technologische Errungenschaften, die die ‚leeren Zeiten' verlängern, mangelnde Anerkennung sowie den unterbrochenen Kontakt zur Öffentlichkeit. Die Protagonistin Elsners, die nach einiger Zeit im Haushalt einer Erwerbstätigkeit nachgehen möchte, kritisiert ihren hausfraulichen Alltag mit den Worten:

> Ich will kein Drohnendasein führen [...]. Mit dem Haushalt und dem Kind bin ich nicht ausgelastet. Ich bekomme Depressionen. Den ganzen Tag über kann ich mit keinem Menschen sprechen außer mit meiner Nachbarin oder mit einer der Verkäuferinnen im Selbstbedienungsladen. Das halte ich nicht aus (AS, 115).

Nach Helge Pross unterhalten Hausfrauen tatsächlich keine regelmäßigen Beziehungen zur Öffentlichkeit.[53] Lohnarbeit verspricht Elsners ‚Heldin' hingegen Selbstbewusstsein und Selbstsicherheit als Antidepressivum (cf. AS, 116), ähnlich wie es Birgit Althans für die Sozialarbeit in ihrer Entstehungsphase gezeigt hat.[54] Doch Frauen haben weiterhin lediglich Zugang zu prekärer Arbeit, wie die Mutter im Angesicht der Pläne Lilos, sich in einer Apotheke anstellen zu lassen, moniert:

> Weil sie nicht einmal Pharmazie studiert habe, habe sie zudem keinerlei Aufstiegsmöglichkeiten. In den ersten vier Wochen könne man diese Tätigkeit vielleicht als ergiebiger betrachten als die Hausarbeit. Danach würde sie sich sicherlich als ausgesprochen monoton entpuppen. Sie erinnere sich noch sehr genau, wie sie, Lilo, sich früher immer über die Monotonie dieser Tätigkeit beschwert habe (AS, 116).

---

51 Ibid., S. 16.
52 Dalla Costa / James, S. 53.
53 Pross, S. 130. Auch erwerbstätige Frauen in Fabrik, Büro und Ladengeschäft seien kaum in der Lage, ihr Verständnis für die sozialen Zusammenhänge, in die sie eingebettet seien, zu erhöhen, was jedoch eine zentrale Bedingung für Reflexion und Engagement wäre; ibid., S. 131.
54 Althans, Birgit: *Das maskierte Begehren. Frauen zwischen Sozialarbeit und Management.* Campus: Frankfurt a.M. 2007, S. 67–69, S. 157–163.

Monotonie und fehlende Aufstiegsmöglichkeiten, so verdeutlicht die Kritik, scheinen auch in den 1970er Jahren Kennzeichen weiblicher Lohnarbeit zu sein, die in dem Roman der marxistischen Autorin auch deshalb keine Alternative zur Erlebnisarmut im privaten Haushalt darstellt, weil sie kapitalistisch organisiert ist und die Geschlechterhierarchie reproduziert. Ähnlich erlebnisarm wie die Lohnarbeit und der Haushalt ist der Konsum, den *Abseits* als kompensatorischen Zwang in einer bunten Warenwelt perfekter Oberflächen darstellt.

Konsum als Kompensation: Einkauf und Ohnmacht

Dass der Roman Elsners Konsum nicht mehr mit Exzess und Rausch verbindet, profiliert ein Vergleich mit Flauberts Roman *Madame Bovary*, auf den sich *Abseits* mehrfach bezieht. Flaubert verknüpft das erotische Begehren seiner Protagonistin, wie gezeigt wurde, mit Luxus und sinnlichen Erfahrungen in opulent ausgestatteten Hotels, die den Thrill des Ehebruchs steigern. In Gisela Elsners Roman bahnt sich der Ehebruch zwar ebenfalls in einem Lokal an, doch die Liaison ist ebenso wenig spektakulär wie der funktionale Ort selbst. Elsner entwirft neben unwirtlichen Vorstädten prosaische Interieurs, in denen sich keine „polymorphe Lust" entfalten kann. Marcuse hält über den Verlust sinnlicher Räume in ähnlicher Weise fest:

> Die Umgebung, von der das Individuum Lust empfangen konnte – die es als Genuß gewährende fast wie erweiterte Körperzonen besetzen konnte –, wurde streng beschnitten. Damit reduzierte sich gleichermaßen das ‚Universum' libidinöser Besetzung. Die Folge ist eine Lokalisierung und Kontraktion der Libido, die Reduktion erotischer auf sexuelle Erfahrung der Befriedigung.[55]

In Elsners Roman erstarren Konsum- und Liebesakte – der Ehemann taucht regelmäßig mit roten Rosen auf, um den Beischlaf anzukündigen – in permanenten Wiederholungen ohne Emphase und Überraschung; es heißt beispielsweise:

> Hast du mir etwas mitgebracht, fragte sie, wohlwissend, was er ihr mitgebracht hatte. Denn er pflegte ihr, wenn er vorhatte, mit ihr zu schlafen, stets einen mittelgroßen Strauß roter Rosen mitzubringen. Trotzdem markierte sie die Neugierige und zog so lange an seinem rechten Arm, bis seine Hand mit dem Rosenstrauß zum Vorschein kam. Oh, Rosen, wie lieb von dir, sagte sie, und sie näherte von

---

55 Marcuse, S. 92–93.

neuem ihren zugespitzten seinem zugespitzten Mund, um ihn noch einmal flüchtig und schnalzend zu küssen, ehe sie eine Vase holen ging (AS, 148).

Das moderate Luxusobjekt verkümmert zum unsinnlichen Symbol, das die emotionale Arbeit der Ehefrau bzw. ihr Rollenspiel als *femme enfant* gleichwohl zur überraschenden Gabe inszeniert.

Forciert Elsners ‚Protokoll‘ die Ritualisierung des Ehealltags und treibt es Liebes- wie Konsumerlebnisse aus,[56] so haben sich Glück und Ekstase in die lebensfrohen Farben der Dinge zurückgezogen. *Abseits* beschwört geradezu obsessiv den hellblauen Anstrich des Wohnhauses, in dem eine ganz unhimmlische Tristesse herrscht, ähnlich wie in dem himmelblauen Büro des Stellvertreters des Personalchefs aus *Otto der Großaktionär*:

> An den Wänden dieses Raums, in dessen Mitte ein halbmondförmiger himmelblauer Schreibtisch stand, klebte nämlich nicht nur eine himmelblaue Tapete, auf die weiße Lämmerwölkchen gedruckt waren. Auch der Teppichboden war himmelblau. Zudem waren an den Wandstücken rechterhand und linkerhand des Fensters, das den Ausblick auf den an diesem Tag himmelblauen, aber leicht bewölkten wahren Himmel bot, zwei Ölgemälde befestigt, auf denen jeweils ein ebenfalls himmelblauer, aber leicht bewölkter Himmel abgebildet war.[57]

Die hypertrophe Farbigkeit der Räume und Dinge ist bei Elsner Ausdruck verschleierter Machtverhältnisse und eines kompensatorischen Konsums als „repressive Befriedigung". In ihrem Roman *Das Berührungsverbot* signalisieren die buntbemalten Kantinen einer Fabrik die Scheinfreiheit der Beschäftigten:

> Tatsächlich sollte den Angestellten innerhalb des sogenannten Feldzugs für zeitgemäße Menschenführung mit diesen beiden Kantinen das Gefühl vermittelt werden, sie hätten inmitten dieser Äcker und kilometerweit vom Strand entfernt die Wahl, wo sie etwas Warmes essen gingen. In beiden Kantinen wurden die gleichen Speisen und Getränke zu gleichen Preisen auf den gleichen Tischen vor den gleichen Sitzen serviert. Auch die blassen, unter Tag im Neonlicht bedienenden Kellnerinnen boten

---

56 Auch der Selbstmordversuch der jungen Frau, ein Moment höchster Intensität, erstarrt in einem Konversationston, der mit der Dramatik der Situation deutlich in Spannung tritt: „Er riß ihr die Tablettenschachtel aus der Hand und bat sie schreiend, sie solle die Tabletten wieder ausspucken. Doch statt seiner Bitte nachzukommen, schluckte sie die Tabletten" (AS, 175).

57 Elsner, Gisela: *Otto der Großaktionär*. Erstveröffentlichung aus dem Nachlass. Hrsg. v. Künzel, Christine. Verbrecher Verlag: Berlin 2008, S. 66.

keinen Anreiz. Einzig der unterschiedliche Anstrich [Rot oder Gelb; F.S.] gab den Ausschlag für das Zögern nicht allein der Freunde.[58]

Die dominante Farbigkeit ist Symptom eines verdinglichten Menschen, wie das Schminken der Protagonistin in *Abseits* ebenfalls sinnfällig werden lässt. Die Herstellung „apotropäischer Kriegsmasken", die das Gesicht verdecken und den ausdrucksstarken Maskeraden der Autorin Gisela Elsner *en detail* gleichen,[59] wird mehrfach in aller Ausführlichkeit beschrieben; es heißt zum Beispiel:

[S]eit geraumer Zeit wagte sie sich mit ungeschminkten Augen nicht mehr unter die Leute. Sie öffnete ein Döschen mit einem blaßblauen, silbrig schimmernden Lidschatten, strich mit dem Zeigefinger über die cremige Masse hinweg und trug sie sich erst über dem rechten und dann über dem linken Augenlid auf. Darauf öffnete sie ein kleines Fläschchen mit einem flüssigen Eyeliner, tauchte einen feinen Pinsel in die schwarze Flüssigkeit, beugte sich weit über das Waschbecken zum Spiegel vor und zog damit erst über dem rechten oberen Lidrand und, nachdem sie den Pinsel erneut in die schwarze Flüssigkeit getaucht hatte, über dem linken oberen Lidrand eine schwarze Linie, die drei bis vier Millimeter über den äußeren Augenwinkel hinwegging (AS, 30).

Die extensive Schilderung, die sich wie eine Anleitung zu einer Schminkmaske im Kleopatra-Stil liest,[60] weckt den Eindruck eines nahezu maschinellen Geschehens, einer fordistischen Tätigkeit; Feministinnen der 1970er Jahre diskutieren darüber, ob nicht auch das Schminken zu den (ästhetischen) Arbeiten im Haushalt zu zählen sei.[61] Dass das Schminken als Selbstverdinglichung aufgefasst werden kann, betont Günther Anders in seiner Studie *Die Antiquiertheit des Menschen*, die mit Blick auf die USA von der Perfektion der Dinge bzw. der Maschinen und der Unvollkommenheit des Menschen handelt; Anders führt aus:

---

58 Elsner, Gisela: *Das Berührungsverbot. Roman.* Verbrecher Verlag: Berlin 2006, S. 173–174. Der Roman schildert die ‚Opferung' einer kleinbürgerlichen Frau, Projektionsfläche sexueller Phantasien, durch Repräsentanten der höheren Klasse.

59 Cf. Künzel, Christine: „Eine schreibende Kleopatra. Autorschaft und Maskerade bei Gisela Elsner". In: Id. / Schönert, Jörg (Hrsg.): *Autorinszenierungen. Autorschaft und literarisches Werk im Kontext der Medien.* Königshausen & Neumann: Würzburg 1997, S. 177–190, S. 187–188.

60 Ibid., S. 185.

61 Cf. dazu Malos, S. 35.

Ohne make-up unter Leute zu gehen, kommt für girls nicht in Betracht. [...] ausschlaggebend ist, *wann*, d.h. in welchem Zustand, sie sich adrett fühlen, *wann* sie als ‚gepflegt‘ gelten, *wann* sie sich nicht schämen zu müssen glauben. Antwort: Dann, wenn sie sich (soweit der Rohstoff ihrer Glieder und ihrer Gesichter das zuläßt) in *Dinge*, in Kunstgewerbegegenstände, in Fertigwaren verwandelt haben. Sich mit ‚nackten Fingernägeln‘ zu zeigen, ist ‚unmöglich‘: salonfähig, office-fähig, ja selbst küchenfähig sind ihre Nägel erst dann, wenn diese den Geräten, mit denen die Finger umzugehen haben, ‚ebenbürtig‘ geworden sind; wenn sie den gleichen toten und polierten Ding-‚finish‘ aufweisen wie diese; wenn sie ihr *organisches Leben verleugnen* können; also so wirken, als wären auch sie gemacht.[62]

Das Schminken in Elsners Roman demonstriert in diesem Sinne die Perfektion der fetischisierten Dinge und die Verdinglichung des menschlichen Gesichts.

Die bunten Gegenstände regen darüber hinaus zum Konsum an;[63] dieser wird in Elsners Roman nur am Rande als ein Einkaufen geschildert, das die individuellen Bedürfnisse der Familie antizipiert, reguliert und mit den Angeboten der Konsumkultur zu koordinieren versucht – diese Form von Einkauf bestimmt Daniel Miller in seiner *Theory of Shopping* als Sorge und Opfer.[64] Der Roman *Abseits* konzentriert sich weit eher auf die kompensatorischen Kaufgelüste seiner Protagonistin:

Als der Zustand der Wohnung ihren Vorstellungen entsprach, machte sie wieder nachmittags mit dem Kind im Sportwagen ihre Spaziergänge zur Geschäftsstraße im Süden von Lerchenau. Sie sah sich die Auslagen in den Schaufenstern der drei Boutiquen und im Schaufenster des Jeans-Shops an und kaufte sich ziemlich wahllos Jeans, Shirts, Pullover, Blusen und Röcke. Danach ging sie in einen der beiden Selbstbedienungsläden, um die nötigen Nahrungsmittel für den Abend und für den kommenden Tag zu besorgen (AS, 214–215).

Der Roman schildert (dem topischen konsumkritischen Diskurs entsprechend) ein hedonistisch-unkontrolliertes Kaufverhalten der Protagonistin, um dessen kompensatorische Funktion freizulegen. Kurz vor ihrem

---

62 Anders, Günther: *Die Antiquiertheit des Menschen.* Bd. 1: *Über die Seele im Zeitalter der zweiten industriellen Revolution.* Beck: München 1956, S. 30–31.

63 In der Hausarbeit fallen Produktion und Konsumption zusammen, ähnlich wie in anderen Dienstleistungsbereichen; cf. Madörin, Mascha: „Care Ökonomie – eine Herausforderung für die Wirtschaftswissenschaften". In: Bauhardt / Çağlar (Hrsg.), S. 81–104.

64 Miller, Daniel: *A Theory of Shopping.* Cornell University Press: Cambridge 1998, S. 73–110.

Selbstmord ersteht Lilo Besslein ein sündhaft teures Abendkleid, das ein anderes Leben zu verheißen scheint – genuines Versprechen der Warenfetische: „Sie faßte den Vorsatz, nach der Scheidung nur noch mit Leuten zu verkehren, die an solch einem Kleid keinen Anstoß nehmen würden. Mit einemmal glaubte sie, daß der Kauf des Kleides einem ersten Schritt in eine annehmbare Zukunft gleichzusetzen sei" (AS, 245). Während des Einkaufs übermannen sie die gängigen Symptome eines Kaufrausches: das nervöse Zittern, die Gier und die Unzurechnungsfähigkeit – Zustände eines weiblich codierten Konsumierens, das im ausgehenden 19. Jahrhundert als hysterisches pathologisiert wird, dessen Funktion jedoch Elsners Protagonistin reflektiert:

> Sie fand, daß sie diese Anfälle von Kauflust, die oft genug in eine geradezu krankhafte Gier ausarteten, vorübergehend unzurechnungsfähig machten. Sie fragte sich, worauf sie wohl zurückzuführen seien. Sie sagte sich, daß sie sie regelmäßig dann übermannten, wenn sie todunglücklich war. Sie überlegte, daß es immer das gleiche war. Ihre Unglücksgefühle veranlaßten sie fast zwanghaft dazu, sich irgend etwas zu kaufen (AS, 247).

Der Roman stellt damit einen ähnlichen Zusammenhang von Frustration und Kaufrausch her, wie Dalla Costa in ihrer Kampfschrift *Die Frau und der Umsturz der Gesellschaft*. Die marxistische Feministin beschreibt die Hausfrau als „Abladeplatz der Gefühlsäußerungen anderer", als „Puffer für familiäre Widersprüche",[65] und betont ihre passive Rezeptivität. Diese Haltung werde jedoch in zweierlei Hinsicht ‚produktiv': zum einen dadurch, dass der (unterdrückte) Arbeiter seine Machtgelüste kompensatorisch zu befriedigen vermag und gesellschaftliche Spannungen neutralisiert werden, zum anderen,

> insofern die vollständige Verleugnung ihrer persönlichen Autonomie sie zwingt, ihre Frustration in eine Reihe unablässiger Bedürfnisse zu sublimieren, die sich immer auf das Haus als Ort ihrer Befriedigung konzentrieren – eine Art von Konsumzwang, der ihrem zwanghaften Perfektionismus in der Hausarbeit genau entspricht.[66]

---

65 Dalla Costa / James, S. 49.
66 Ibid.

Elsners Protagonistin versucht, durch ihr Kaufverhalten bzw. den Verstoß gegen das geforderte Kalkül mit dem Haushaltsgeld[67] und die ‚Tugend‘ der Sparsamkeit aufzubegehren: „Sie kaufte sich davon [vom Haushaltsgeld; F.S.] immer wieder ziemlich wahllos neue Anziehsachen, die sie nicht mehr vor ihm versteckte, und mußte ihn im Lauf eines Monats mehrmals um weitere Zuschüsse bitten" (AS, 75). Der Einkauf wird zur hilflosen Waffe, um sich aus einem Leben in Abhängigkeit zu befreien, die dadurch vergrößert wird. Selbst als die Protagonistin durch ihre Lohnarbeit über „eigenes Geld" verfügt (AS, 75) – eine der beiden Forderungen aus Virginia Woolfs berühmtem Essay *A Room of One's Own* –, bringt ihre ökonomische Unabhängigkeit, der Position der marxistischen Frauenbewegung entsprechend, keine Autonomie und Gleichberechtigung mit sich, da die kapitalistischen Ausbeutungszusammenhänge unangetastet bleiben. Dalla Costa erklärt:

> Alle von uns, die aus der Notwendigkeit zu überleben oder für die sogenannten persönlichen Ausgaben oder für ökonomische Unabhängigkeit das Haus verlassen haben, um zu arbeiten, haben die übrigen gewarnt: die Inflation hat uns an diese elenden Schreibmaschinensilos oder an das Fließband angekettet, und in all dem gibt es keine Rettung.[68]

Elsners Roman entwirft den Einkauf mithin als kompensatorischen Akt, der das kapitalistische System zementiert und revolutionäre Energien ablenkt, zudem als irrationalen Exzess, der der eigenen Ohnmacht zu begegnen versucht, um sie zu verstärken. Die empirische Untersuchung von Helge Pross aus den 1970er Jahren über Hausfrauen zeigt hingegen, dass es „den Konsumrausch als Breitenphänomen nicht oder nicht mehr gibt. Die Frauen haben Distanz zum Warenangebot und gehen wählerisch vor",[69] zumal

---

67 Bei Elsner kommt zumindest *en passant* in den Blick, dass Haushaltsführung das Verwalten von Finanzen beinhaltet, also eine hauswirtschaftliche Ökonomie verlangt. Seit den 1920er Jahren entstehen zahlreiche Hauswirtschaftsratgeber, die Buchhaltungspraktiken vermitteln, die Bedeutung des Rechnens betonen und Fachbegriffe einführen. Cf. Ellmeier, Andrea: „‚...der Finanzminister in jedem Haushalt‘. Ein Kommentar zur Geschichte von ‚Frauen und Geld‘". In: Krondorfer, Birge / Mostböck, Carina (Hrsg.): *Frauen und Ökonomie, oder: Geld essen Kritik auf. Kritische Versuche feministischer Zumutungen*. Promedia: Wien 2000, S. 133–137, S. 134.
68 Dalla Costa / James, S. 57.
69 Pross, S. 88.

der Einkauf auf ihrer Liste der Lieblingstätigkeiten eher im mittleren oder unteren Feld rangiert.[70]

Auch um den Widerstand der (marktförmig gewordenen) Kunst ist es bei Elsner – wie bei Marcuse – schlecht bestellt. Der Antagonismus zwischen Kultur und gesellschaftlicher Wirklichkeit werde dadurch eingeebnet, so heißt es in seiner Studie *Der eindimensionale Mensch*, „daß die oppositionellen, fremden und transzendenten Elemente der höheren Kultur getilgt werden, kraft derer sie *eine andere Dimension* der Wirklichkeit bildete".[71] Kulturwerte würden der etablierten Gesellschaftsordnung unterschiedslos einverleibt und entfalteten deshalb keine negative Kraft mehr. Elsner schildert ganz analog eine in die Jahre gekommene Boheme, die sich in eine leicht goutierbare und zum Zimmerschmuck eignende Abstraktion zurückgezogen hat. Der jüdisch markierte Maler[72] gestaltet mit schnellem Pinsel unzählige Bilder, die er zu feierlichen Anlässen als Wohnzimmerschmuck verschenkt. Auf diese Weise entstehen bürgerliche Interieurs, die im Sinne Pierre Bourdieus den kulturellen Geschmack und Lebensstil einer Klasse dokumentieren. Marcuse führt aus:

> Die Werke der Entfremdung werden selbst dieser Gesellschaft einverleibt und zirkulieren als wesentlicher Bestandteil der Ausstattung, die den herrschenden Zustand ausschmückt und psychoanalysiert. Sie werden so zu Reklameartikeln – sie lassen sich verkaufen, sie trösten oder erregen.[73]

---

70 Ibid.

71 Marcuse, S. 76.

72 Elsner greift physische Stigmata auf, die nach 1945 nicht etwa aus dem Repertoire der Judendarstellungen verschwinden. Fred Meichelbecks Porträt, das eines „Vierteljude[n]" (AS, 53), konzentriert sich in der Tradition antijüdischer Judendarstellungen auf die Nase: „Außerdem charakterisierte sein Gesicht eine markante Nase mit ausgesprochen großen Nasenlöchern, aus denen graue Härchen herauswuchsen." (Ibid.) Er wird in Anlehnung an langlebige Imagines nicht nur auf der Ebene seiner Selbstbeschreibung als asketischer jüdischer Intellektueller gezeichnet und mit besonderer sexueller Aktivität ausgestattet, die in der beliebten Metapher des Harems gipfelt (AS, 53–54).

73 Marcuse, S. 84. Lediglich die Titel der abstrakten Werke erinnern in Elsners Roman noch an das linke Engagement. Eines der Bilder – „ein signalrot grundiertes Aquarell, auf dem es [...] vor schwarzen brezelförmigen Kringeln geradezu wimmelte" (AS, 56) – heißt „Ausbeuter in Aktion" (ibid.).

Für den an Sigmund Freud geschulten Soziologen und Philosophen stellt die Integration der Kunst in den Alltag eine problematische Form der Entsublimierung dar, weil sie unmittelbaren Genuss verschafft und so den Widerstand lähmt. Dieser Diagnose entspricht in Elsners Roman, dass sich die Vorortboheme durch Libertinage und einen schnellen Lustgewinn unterhält, der patriarchale Strukturen reproduziert und frühere politische Bestrebungen anästhesiert.[74]

Marcuse zählt brisanterweise auch den Roman *Madame Bovary* zu jener vergangenen Kunst, die zwar als „Bürgerkunst" affirmativen Charakter besaß, jedoch Widerstände und Verwerfungen entstehen ließ. Diese Kunst habe „auflösende[...] Charaktere wie den Künstler, die Prostituierte, die Ehebrecherin, den großen Verbrecher und Geächteten, den Räuber, den rebellischen Dichter, den Schelm, den Narren [gezeigt], [...] jene, die sich ihren Lebensunterhalt nicht verdienen, zumindest nicht auf ordentliche und normale Weise".[75] Die gegenwärtige Literatur hingegen neutralisiere das kritische Potenzial dieser Typen:

> Der Vamp, der Nationalheld, der Beatnik, die neurotische Hausfrau, der Gangster, der Star, der charismatische Industriekapitän üben eine Funktion aus, die von der ihrer kulturellen Vorläufer sehr verschieden ist, ja im Gegensatz zu ihr steht. Sie sind keine Bilder einer anderen Lebensweise mehr, sondern eher Launen oder Typen desselben Lebens, die mehr als Affirmation denn als Negation der bestehenden Ordnung dienen.[76]

Überlagern sich in Elsners Roman Emma Bovary und die „neurotische Hausfrau", so reflektiert er die Verengung der (rauschhaften) Fluchtwege und die Schwierigkeiten des Widerstands. *Abseits* schickt die Protagonistin gleichwohl auf denselben tödlichen Weg wie Flaubert – in den Selbstmord, der in Elsners Text nahezu unmotiviert erscheint und mit der pathosfreien Monotonie des Erzählens kaum vereinbar ist. Der spürbare Bruch zwischen

---

74 Nach Marcuse führt die Entsublimierung durch das Verschwinden des Unbehagens zum Ende der Kritik; Marcuse, S. 91. Cf. zum dialektischen Konzept der Sublimierung bei Marcuse Weder, Christine: „Im Reich von König Sex. Vom Zwang zur Freiheit in Theorie und Literatur um 1968". In: Bergengruen, Maximilian / Borgards, Roland (Hrsg.): *Bann der Gewalt. Studien zur Literatur- und Wissensgeschichte.* Wallstein: Göttingen 2009, S. 543–582, S. 559, S. 564–565.
75 Marcuse, S. 78.
76 Ibid., S. 79.

den expressiven Pathosformeln in *Madame Bovary* und dem erlebnisarmen Zustand einer Hausfrau in der saturierten Bundesrepublik signalisiert den Abstand zwischen dem „auflösenden Charakter" der konsumierenden Ehebrecherin aus dem 19. Jahrhundert und der Hausfrau aus dem 20., der der Selbstmord als radikale Negation der Ordnung nicht mehr zur Verfügung steht.[77] Der Selbstmord der Protagonistin aus *Abseits* wird dabei vordergründig dadurch motiviert, dass ihr buchstäblich kein Raum zur Verfügung steht – die andere Forderung von Virginia Woolf; Lilo Besslein findet keine eigene Wohnung, ein Symptom der damaligen Familien- und Eigentumspolitik.[78] Virginia Woolfs Bedingungen weiblicher (künstlerischer) Emanzipation werden mithin innerhalb des kapitalistischen Systems als unwirksam oder uneinlösbar vorgeführt.

Elsners Roman lässt einen ganzen Komplex problematischer Rahmungen sichtbar werden, die weibliche Arbeit im Haus prekarisieren. Plastisch wird die Isolation der Hausfrau bzw. die Unterbrechung ihres Bezugs zur Öffentlichkeit, was die Partizipation am gesellschaftlichen Leben sowie die Möglichkeiten der Selbstreflexion und Selbstbestimmung einschränkt. Elsners Roman steigert die Einsamkeit der Hausfrau in den unwirtlichen Vorstädten zur Soziophobie und führt die Folgen der systematischen Abwertung ihrer Tätigkeit vor Augen. Zu wesentlichen Merkmalen der Hausarbeit gehören das Warten bzw. Leerzeiten, da sie die Kombination und Antizipation von diversen Bedürfnissen verlangt, darüber hinaus die Selbstorganisation; es gibt kaum Vorgaben, gleichwohl ein hohes Maß an sozialer Kontrolle (insbesondere bei Tätigkeiten außer Haus). Hausarbeit kennt im Grunde keinen Anfang und kein Ende und zeichnet sich durch Monotonie sowie extreme Ritualisierung aus, wie sie Elsners protokollarischer Stil beschwört. Den hoch besetzten emotionalen Diskurs reduziert *Abseits* spürbar,[79] um die fordistischen Aspekte der Hausarbeit zu profilieren – ein Zeichen der Zeit.

---

77 Cf. zur Geschichtlichkeit der Tragödie ibid., S. 82.

78 Smith-Prei, Carrie Mirelle: „Satirizing the private as political. 1968 and postmillennial family narratives". In: *Women in German Yearbook* 25, 2009, S. 76–99, S. 83.

79 Elsners Roman *Abseits* entkoppelt, ähnlich wie Schnitzlers *Therese*, Emotion und Mutterschaft.

Für die Marxistin Elsner gibt es aus der Haushaltshölle kein Entkommen, auch nicht durch weibliche Lohnarbeit, solange das kapitalistische System unangetastet bleibt. Dass eine grundlegend andere Wirtschaftsordnung jedoch nicht notwendigerweise zu einer Aufwertung von Hausarbeit und weiblicher Lohnarbeit führen muss, lässt sich am Beispiel von Brigitte Reimanns *Franziska Linkerhand* zeigen, einem DDR-Roman, der die Profession der Architektur zu seinem Gegenstand macht.

4. Die Architektin und der sozialistische Wohnungsbau in Brigitte Reimanns Roman *Franziska Linkerhand*

Die Arbeits-/Geschlechterverhältnisse in der DDR schließen in vielerlei Hinsicht an bürgerliche Traditionen an, verschieben und durchbrechen diese jedoch aufgrund der anderen ideologischen Rahmung. Mit der Gründung des Staates werden das Recht auf Arbeit sowie der Grundsatz, gleicher Lohn für gleiche Arbeit, festgeschrieben. Das philosophische Fundament des Rechtssystems bildet ein emphatisches Konzept schöpferischer Arbeit im Anschluss an Hegel und Marx, das die ‚veräußernde' Produktion des Menschen zur Bedingung seiner Selbstwerdung erklärt. Frauen in Produktionszusammenhänge einzubeziehen, gilt deshalb als maßgebliche Voraussetzung ihrer Emanzipation, wie bereits Friedrich Engels und August Bebel postuliert hatten.[1] Ähnlich wie in der Bundesrepublik bleibt jedoch Lohnarbeit *das* Kriterium für Produktivität,[2] während Tätigkeiten im Haushalt weiterhin als Nicht-Arbeit wahrgenommen werden; in den 1970er Jahren verstärkt sich auch in der DDR der Druck auf diejenigen Frauen, die Haus- und Familienarbeit der Erwerbsarbeit vorziehen.[3] Der emphatische Arbeitsbegriff und das Recht auf Arbeit in der DDR verändern die asymmetrische

---

1   Cf. zur weiblichen Situation in der DDR Dölling, Irene: „Gespaltenes Bewußtsein – Frauen und Männer in der DDR". In: Helwig, Gisela / Nickel, Hildegard Maria (Hrsg.): *Frauen in Deutschland 1945–1992*. Akademie: Bonn 1993, S. 23–52, S. 26; ebenso Nickel, Hildegard Maria: „Zur sozialen Lage von Frauen in der DDR". In: Gensior, Sabine / Maier, Friederike / Winter, Gabriele (Hrsg.): *Soziale Lage und Arbeit von Frauen in der DDR*. Universität-Gesamthochschule Paderborn: Paderborn 1990, S. 3–15.

2   So betont auch Hilzinger, Sonja: *„Als ganzer Mensch zu leben..." Emanzipatorische Tendenzen in der neueren Frauen-Literatur der DDR*. Lang: Frankfurt a.M. et al. 1985, S. 13.

3   Cf. Mädler, Peggy / Schemel, Bianca: *Sie lebt für ihre Arbeit. Die schöne Arbeit. Gehen Sie an die Arbeit. Die Inszenierung von Arbeit und Geschlecht in Dramatik und Spielfilm der DDR*. Humboldt Universität zu Berlin 2011 (Dissertation), S. 51 (retrieved 17.10.2016, from https://www.deutsche-digitale-bibliothek.de/item/QB5FYY7NIEPNSVT5QUMFWOWDT45CXNDA).

Bewertung von Tätigkeiten im privaten und öffentlichen Bereich sowie die Kopplung von Weiblichkeit und häuslicher Sphäre also kaum. Auch in der DDR ist der Anteil unsichtbarer weiblicher Arbeit hoch, oder anders formuliert: Die von Clara Zetkin geforderte Annäherung des Mannes an den Haushalt findet nicht statt.[4] Die sozialistische Übergangsgesellschaft bleibt gleichfalls von der unbezahlten Arbeit doppelt vergesellschafteter Frauen abhängig und kollektiviert Hausarbeit lediglich in manchen Bereichen wie der Kinderbetreuung.[5] Höher dotierte Berufe sind, ähnlich wie in der Bundesrepublik, männlichen Akteuren vorbehalten;[6] selbst Frauen bewerten männliche Arbeit als relevanter.[7] Klassische Frauenberufe sind in der DDR ebenfalls vornehmlich in der Konsumgüterindustrie (Textil, Bekleidung, Nahrung), im Dienstleistungsbereich, im unteren und mittleren Angestelltensektor sowie im Erziehungs- und Gesundheitswesen zu finden.[8] Mediale Repräsentationen von Arbeit, beispielsweise in der Frauenzeitschrift *Für Dich*, führen Frauen zwar als arbeitende vor und schwächen damit bürgerliche Geschlechterstereotypen deutlich ab. Die Fotografien entindividualisieren weibliche Tätigkeiten jedoch tendenziell und konzentrieren sich auf klassische Frauenberufe wie Kindergärtnerin, Lehrerin und Krankenschwester.[9] Frauen in verantwortungsvollen Positionen werden, den Geschlechtscharakteren des bürgerlichen Diskurses entsprechend, auf Schönheit und Körperlichkeit festgelegt.[10]

Irene Dölling unterstreicht, dass der Marxismus, der die Emanzipation der Frau als notwendige Begleiterscheinung einer sich egalisierenden Gesellschaft begreife, tradierte Geschlechterimagines durch die Hierarchisierung der Ziele affirmiere. Mehr noch: Die politisch angestrebte Gleichstellung sei „praktisch mit der Vertiefung und Ausweitung von geschlechtsspezifischen

---

4 Dölling, S. 52.
5 Hilzinger, S. 27.
6 Hampele, Anne: „‚Arbeite mit, plane mit, regiere mit' – Zur politischen Partizipation von Frauen in der DDR". In: Voigt, Dieter (Hrsg.): *Qualifikationsprozesse und Arbeitssituation von Frauen in der Bundesrepublik Deutschland und in der DDR*. Duncker & Humblot: Berlin 1989, S. 281–320.
7 Hilzinger, S. 17.
8 Ibid., S. 22.
9 Dölling, S. 35.
10 Ibid., S. 37.

Arbeitsteilungen verbunden"‚[11] weil Geschlechtlichkeit keinen eigenständigen Diskurs ausbilde, sondern verschwiegen werde. Die Kunst arbeite sich deshalb an der im Alltag erfahrenen Gender-Differenz ab und intensiviere die binäre Matrix, wie Kornelia Hauser in ihrer Studie *Patriarchat als Sozialismus* ebenfalls betont. Die Forderungen nach weiblicher Emanzipation würden durch das Ideal der sozialistischen Persönlichkeit verdeckt[12] und die Prämissen des bürgerlichen Geschlechterprogramms – Heterosexualität und Patriarchat – nicht angetastet.[13] Maria Brosig hält entsprechend fest, dass die DDR-Literatur das Ideal der Selbstverwirklichung bzw. des arbeitenden ganzen Menschen bevorzugt an Protagonistinnen demonstriere, so dass Weiblichkeit weiterhin als Erlösungsfigur fungiere.[14] Auch Brigitte Reimanns Architekturroman *Franziska Linkerhand*[15] stellt eine weibliche Figur ins Zentrum und hält im Anschluss an den Bitterfelder Weg[16] an der Utopie des ganzen Menschen fest; sie kritisiert allerdings den Weg dorthin.[17]

11 Ibid., S. 27.
12 Hauser, Kornelia: *Patriarchat als Sozialismus. Soziologische Studien zur DDR-Literatur von Frauen.* Argument: Berlin 1994, S. 20–23.
13 Das gilt zum Beispiel auch für Gerti Tetzners Roman *Karen W.*; cf. Hilzinger, S. 94.
14 Brosig, Maria: *„Es ist ein Experiment". Traditionsbildung in der DDR-Literatur anhand von Brigitte Reimanns Roman „Franziska Linkerhand".* Königshausen & Neumann: Würzburg 2010, S. 159.
15 Reimann, Brigitte: *Franziska Linkerhand.* Ungekürzte Neuausgabe. 13. Aufl. Aufbau: Berlin 2013. Im Folgenden mit der Sigle (F) zitiert.
16 Cf. zu dem ‚verwaschenen' Begriff „Bitterfelder Weg", der konfliktreichen Genese und den Heterogenitäten des Programms Krenzlin, Leonore: „Wege: Soziale Umschulung und neuer Lebensstil. Der ‚Bitterfelder Weg' und ein Blick auf Brigitte Reimann". In: Bircken, Margrid / Hampel, Heide (Hrsg.): *Als habe ich zwei Leben. Beiträge zu einer wissenschaftlichen Konferenz über Leben und Werk der Schriftstellerin Brigitte Reimann.* Federchen: Neubrandenburg 1998, S. 121–132. Cf. zum Arbeitskonzept in der DDR-Literatur auch Knipp, Wolfgang: *Zum Verhältnis von Individuum und Gesellschaft in ausgewählten Romanen der DDR-Literatur. Anmerkungen zum sozialistischen Menschenbild.* Pahl-Rugenstein: Köln 1980, S. 492–493.
17 Cf. Hain, Simone: „Schauplatz Hoyerswerda. Porträt einer existenziell bedrohten Stadt". In: Bauer-Volke, Kristina / Dietzsch, Ina (Hrsg.): *„Labor Ostdeutschland". Kulturelle Praxis im gesellschaftlichen Wandel.* Kulturstiftung des Bundes: Berlin 2003, S. 229–246. Reimanns Buch sei für den schlechten Leumund von Hoyerswerda verantwortlich.

Mit der Architektur greift Reimann einen beliebten Gegenstand der DDR-Literatur auf, der seit den Anfängen den Aufbau der sozialistischen Gesellschaft symbolisiert. In den Texten der 1950er Jahre firmiert die „Baustelle DDR" gemeinhin als „metaphorisch-exemplarische[r] Ort der Bildung menschlicher Beziehungen sowie der Selbstverwirklichung des Individuums im Sozialismus".[18] Seit den 1970er Jahren allerdings erodiert die Überzeugung, dass sich das sozialistische Ich in Harmonie mit einer architektonisch überzeugenden Lebenswelt ausbilde.[19] Literarische Texte dieser Zeit wie Alfred Wellms Architekturroman *Morisco* erzählen von fehlgeschlagenen Projekten, von Eskapismus und der Suche nach einer anderen, nicht-sozialistischen Vergangenheit (des Bauens). Brigitte Reimanns Roman gibt die Hoffnung, dass sich die sozialistische Gesellschaft in einem ihr angemessenen Lebensraum entfalte, nicht auf, übt jedoch Kritik an den architektonischen Entwicklungen ihrer Zeit und verstrickt sich in aussagekräftige Widersprüche.

Das Fragment *Franziska Linkerhand* ist ein Text des Übergangs und der Brüche, weil er vor dem Hintergrund des marxistischen Arbeitskonzeptes sowie der Geschichte der Architektur kontradiktorische Vorgaben verhandelt: zum einen die Idee der sich ganzheitlich entfaltenden Persönlichkeit und die geforderte Gleichheit von Mann und Frau, zum zweiten die aus historischer Perspektive männliche Codierung der Profession Architektur und zum dritten den Heldenmythos des Arbeiters. Die so entstehenden Widersprüche irritieren auch die Gender-Zuschreibungen bzw. versetzen sie in permanente Aushandlungen. Hatte die frühere Reimann-Forschung die emanzipativen und kritischen Tendenzen des Romans betont, so werden neuerdings die Konzepte der Maskerade und Hysterie (als multiples Rollenspiel) bevorzugt,[20] um die Geschlechterinszenierungen in *Franziska*

---

18 Brosig, S. 185. Brosig konstatiert für Reimanns Roman einen „unschlüssige[n] Umgang mit dem Erbe der Bauerzählung", der die allgemeine Krise des Bauens zum Ausdruck bringe; ibid., S. 203.
19 Cf. zu dieser Entwicklung ibid., S. 204–205.
20 Bronner, Withold: „,Der Diskurs der Hysterikerin'. Narrative Struktur und Maskerade in Brigitte Reimanns Roman *Franziska Linkerhand*". In: Bircken, Margrid / Hampel, Heide (Hrsg.): *Lesarten. „Franziska Linkerhand". Kultbuch einer Generation?* Federchen: Neubrandenburg 2002, S. 103–119. Er bezieht sich auf Joan Rivieres Konzept der Maskerade; ibid., S. 107.

Linkerhand zu beschreiben, meist jedoch ohne den konstitutiven Bezug zur Arbeitssphäre zu berücksichtigen. Auch für das literarische Berufsbild indessen gilt, was Withold Bronner über die Geschlechterdarstellung festhält: dass eine „Teilhabe an verschiedenen, einander widersprechenden Positionen" auszumachen sei.[21]

Die Brüchigkeit der Gender- und Berufskonzeptionen verstärkt sich durch die erzählte Architekturgeschichte in Reimanns Roman. In der Phase, in der die Autorin ihren Text beginnt, herrscht über Anlage und Funktion der ‚sozialistischen Stadt' große Unsicherheit, wie Ed Taverne rekonstruiert.[22] Gerhard Kosel, ein ehemaliger Mitarbeiter von Bruno Taut, der aufgrund seiner Erfahrungen in der Sowjetunion mit der Standardisierung, Normierung und Typisierung von Wohnkomplexen vertraut ist, initiiert in den 1950er Jahren das industrialisierte Bauen in der DDR,[23] das eng an Produktionsstätten wie die Schwarze Pumpe von Hoyerswerda gebunden ist. Ende der 1950er Jahre kulminiert der Optimismus – so dokumentiert die technokratische Utopie *Unsere Welt von Morgen*.[24] Seit etwa 1960 jedoch werden die kühnen Visionen zurückgenommen; in Hoyerswerda beispielsweise, dem Wohnort Reimanns – sie ist im Zuge des Bitterfelder Programms einige Zeit bei dem Braunkohle-Kraftwerk Schwarze Pumpe beschäftigt –, lässt man den Plan eines ausgestalteten Stadtzentrums fallen und baut schlicht ein Warenhaus.[25] Wohnungen gelten in der Phase des industriellen Bauens nicht mehr als Privat- oder Familienräume, sondern dienen der Mobilisierung verfügbarer Arbeitskräfte; sie sind funktional-technische Einrichtungen, die einen entindividualisierten Lebensstil vorsehen und hauswirtschaftliche Tätigkeiten vergesellschaften.[26] Man versucht, die Trennung von privater und öffentlicher Sphäre aufzuheben und riskiert

---

21 Ibid., S. 110.
22 Taverne, Ed: „„Eine Stadt ohne Zäune'. Die Neustadt von Hoyerswerda. Eine architektur-historische Betrachtung zu *Franziska Linkerhand* (1974/1998), einem Roman von Brigitte Reimann". In: *Neue Hoyerswerdaer Geschichtshefte* 8, 2005, S. 8–22, S. 10.
23 Ibid., S. 11.
24 Ibid.
25 Ibid., S. 14.
26 Ibid. Wohnungen sollten transparente Zellen ohne Spuren von Intimität und Dekorum sein; ibid.

damit halbdunkle, ‚tote' Räume, die Reimanns Roman als Zonen potentieller Gewalt ausmacht.[27] Der Baustil kollidiert zudem mit den ästhetischen Ansprüchen bzw. der architektonischen Tradition der Avantgarde ebenso wie mit bürgerlichen Konzepten, die auf Selbstausdruck Wert legen.

Architektur als Profession: Identifikation und Passion

Mit dem Sujet der Architektur rückt eine Form von Lohnarbeit ins Zentrum dieser Studie, die anders als die bislang behandelten weiblichen Berufsbilder professionalisiert ist, das heißt über reglementierte Zugangsbedingungen verfügt und gesellschaftliche Distinktion ermöglicht. Die Institution der Profession nimmt Schließungen vor, verringert also die Zugangsmöglichkeiten und erhöht so den Marktwert der Arbeitskräfte. Zentrale Säulen der Professionalisierung sind erstens kognitive Mechanismen wie Ausbildung, Wissen und Fähigkeiten, zweitens normierende Verfahren wie Auswahlkriterien, Eingangsschranken sowie Zertifikate und drittens symbolische Strategien wie *rites de passage*, Erzählungen, Heroisierungen und ethische Codes. Diese Auswahl- und Zuordnungsverfahren lassen Eliten entstehen, die ihrerseits Mandate für Definitionen und Deutungen im Bereich von Verhaltenskodizes, Denkweisen, Lebensstilen, Wertsetzungen und Sanktionierungen besitzen.[28] Eine Profession ist eine Beschäftigung, „which retains control over its work, its definition, organization, execution and legitimate evaluation".[29] Sie verlangt „lifelong commitment",[30] ein hohes Maß an Identifikation und scheint sich deshalb schwer mit anderen Interessen, zum Beispiel einer Familie, verbinden zu lassen – in gewisser Weise ähnelt sie dem

---

27 Ibid., S. 11. Die sozialistische Stadt zeichne sich durch ihre Leere aus, „Ausdruck des kollektiven Eigentums des Bodens"; ibid., S. 12.
28 Noordegraaf, Mirko: „Remaking Professionals? How Associations and Professional Education Connect Professionalism and Organizations". In: *Current Sociology* 59 (4), 2011, S. 465–488, S. 469–470.
29 Muzio, Daniel / Kirkpatrick, Ian / Kipping, Matthias: „Professions, organizations and the state: Applying the sociology of the professions to the case of management consultancy". In: *Current Sociology* 59 (6), 2011, S. 805–824, S. 806.
30 Hughes, Everett C.: *On Work, Race, and the Sociological Imagination.* Edited and with an Introduction by Coser, Lewis A. University of Chicago Press: Chicago 1994, S. 39.

‚inneren Beruf‘, der im Kontext romantischer Kunstmärchen zum Gegenstand wurde. Setzen Professionen ihre eigenen Standards, beispielsweise in der akademischen Ausbildung, so ist die Forschung der Frage nachgegangen, ob sie in autoritären Systemen (wie im NS-Regime oder in der UdSSR) ihre Autonomie zu wahren vermögen. Eliot Freidson bejaht die Frage mit dem Argument, dass Entscheidungspositionen weiterhin von Expert/innen, nicht aber von Laien besetzt würden.[31]

Das Berufsbild der Architektur lässt sich *cum grano salis* in zwei Tätigkeitsbereiche aufteilen, in einen künstlerischen Part – diesen können Architekturromane poetologisch rahmen – und in einen industriell-planerischen, der sich der Bauleitung annähert. Diese Funktion ist bis heute männlich codiert und verknüpft in der Regel Männlichkeit mit Paternalismus; einer gängigen Auffassung nach müssen Bauleiter ihre Augen überall haben, über ein souveränes Krisenmanagement verfügen und permanent überarbeitet sein – Zeichen ihrer vorbehaltlosen Identifikation, im Grunde jedoch Symptom ihrer Ausbeutung, so Bridget Fowler und Fiona Wilson.[32] Architektur besitzt darüber hinaus eine soziale Dimension, denn sie beeinflusst Lebensstile und organisiert den Raum des Zusammenlebens.[33] Gegenwärtig wird für Architekturbüros *diversity* gefordert, weil Bauten nur auf diese Weise die Vielfalt einer Gesellschaft zu repräsentieren vermögen.[34]

---

31 Freidson, Eliot: *Professionalism Reborn. Theory, Prophecy and Policy*. University of Chicago Press: Chicago 1994, S. 35–36.

32 Fowler, Bridget / Wilson, Fiona: „Women Architects and Their Discontens“. In: *Sociology* 38, 2004, S. 101–119, S. 104. Cf. zum Rollenmodell des Bauleiters (den „Yul Brunner“ aus *Franziska Linkerhand* verkörpert) Styhre, Alexander: „The owerworked site manager: gendered ideologies in the construction industry“. In: *Construction Management and Economics* 29 (9), 2011, S. 943–955, u.a. S. 947.

33 Bivens liest den Roman Reimanns vor dem Hintergrund von Michel de Certeaus Ausführungen zur Stadt als Schreibort des täglichen Lebens; Bivens, Hunter: „Neustadt: Affect and Architecture in Brigitte Reimann’s East German Novel *Franziska Linkerhand*“. In: *The Germanic Review* 83 (2), 2008, S. 139–166, S. 144.

34 Graft-Johnson, Ann de / Manley, Sandra / Greed, Clara: „Diversity or the lack of it in the architectural profession“. In: *Construction Management and Economics* 23 (10), 2005, S. 1035–1043, S. 1035.

Architektur und Männlichkeit: Netzwerke und Testamente

Frauen gehobener Klassen waren im Zuge ihrer philanthropischen Tätigkeiten im ausgehenden 19. Jahrhundert in die Architektur involviert; sie konstruierten beispielsweise Sozialwohnungen für Arbeiter/innen. Ihre Partizipation wurde in dem Moment erschwert, in dem die Architektur ihren engen Bezug zum Handwerk verlor und sich industrialisierte. Die elitebildenden Schranken der Profession als rechtliche bzw. quasi-rechtliche Rahmen werden seitdem auch dazu eingesetzt, um Frauen zu exkludieren, wie die Forschung festhält.[35] Der Roman Reimanns reflektiert entsprechend, dass die Architektur als männliche Domäne gilt; die Protagonistin hält rückblickend fest:

> [S]ie hatte sechs oder sieben Jahre nur mit Männern zusammengearbeitet, sich männlichen Normen angeglichen, eine sprödere Sprache gelernt. Sie war aufgenommen worden – freilich nicht, das wußte sie, als ein natürlicher Teil dieser anderen Welt. Der Vogel mit dem bunteren Gefieder. Ein Tropfen Bitterkeit: sie machen es einer Frau schwer... ich muß Ausgezeichnetes leisten, um vor ihren Augen auch nur mit Gut zu bestehen (F, 192)

– ein rekurrenter Topos im Geschlechterkampf um Arbeit. Die Interaktionen und Praktiken in Linkerhands Büro reproduzieren die Geschlechterstereotypen und Abwertungen.[36] Trotz ihrer offensichtlichen Ambitionen

---

35 Acker, Joan: „Hierachies, Jobs, Bodies: A Theory of Gendered Organizations". In: *Gender & Society* 4 (2), 1990, S. 139–158; Roan, Amanda / Clark, Justine / Matthewson, Gill: „Understanding Women's Under-Representation in Architectural Careers: Re-Thinking Professional Registration, Occupational Closure and Marginalisation". Paper presented at the 30th EGOS Colloquium „Reimagining, Rethinking, Reshaping: Organizational Scholarship in Unsettled Times". Rotterdam, The Netherlands, 2014 (retrieved 17.10.2016, from http://www.egosnet.org/jart/prj3/egos/main.jart?rel=de&reserve-mode=active&content-id=1392376036788&subtheme_id=1360074776066&show_prog=yes). Cf. auch Caven, Valerie: „Career building: women and non-standard employment in architecture". In: *Construction Management and Economics* 24 (5), 2006, S. 457–464, S. 458. Ebenso Walker, Lynne: „Women architects". In: Attfield, Judy / Kirkham, Pat (Hrsg.): *A View from the Interieur: Feminism, Women and Design.* The Woman's Press: London 1989, S. 90–108; cf. für die Exklusionen im Bereich der Medizin Witz, Anne: *Professions and Patriarchy.* Routledge: London 1992, u.a. S. 5.

36 Die empirische Forschung spricht zuweilen vom „Macho office" in der Architektur; cf. de Graft-Johnson / Manley / Greed, S. 1038.

wird Franziska Linkerhand über einen längeren Zeitraum hinweg für ‚niedere Arbeiten‘ eingesetzt, die selbst Studierende verrichten könnten, so jedenfalls die Wahrnehmung der Protagonistin – Architektinnen monieren bis heute, dass „hot jobs“, das heißt karrierefördernde attraktive Aufgaben, asymmetrisch an männliche und weibliche Beschäftigte vergeben würden.[37] Die Kollegen werfen der jungen Architektin zudem vor, dass sie ihren Beruf als (bezahltes) Hobby begreife – ein Hinweis auf die kurze Geschichte der Professionalisierung weiblicher Arbeit.[38] Sie sprechen von den beklagenswerten Verlusten durch die Emanzipation, bezeichnen die berufliche Tätigkeit als „Ersatzbefriedigung einer enttäuschten Frau“ – „Hingabe an den Beruf ist für Frauen immer nur ein Vorwand“ – und monieren mangelnden Biss,[39] als sich die junge Frau für Freizeitaktivitäten interessiert. Reimanns Roman lässt kenntlich werden, dass es allem voran das Ideologem der vorbehaltlosen Identifikation, der Hingabe und des Opfers ist (das bereits Goethe seinen Unternehmern zugeschrieben hatte), das die Marginalisierung von Frauen in Professionen motiviert und legitimiert. Als sich Franziska beispielsweise über Kälte beklagt und damit ein körperliches Bedürfnis artikuliert, wird ihre Anmerkung als Verstoß gegen die eingeforderte Hingabe verstanden, wie die Erzählerin in ironischem Duktus rekapituliert:

> Er, Reger, wäre barfuß an den Nordpol gelaufen, wenn Mies van der Rohe am Nordpol gebaut hätte… Aber diese jungen Leute hatten keinen anderen Ehrgeiz, als

---

37 Clark, Justine: *Six Myths about Women*. 2014 (retrieved 17.10.2016, from http://archiparlour.org/six-myths-about-women-and-architecture). In der DDR nahmen männliche Kollegen weitaus häufiger Zweitjobs als Frauen an, um ihr Salär aufzubessern, was den Einkommensunterschied zwischen Frauen und Männern vergrößerte – diese Praxis schildert auch Reimanns Roman; Hilzinger, S. 25.

38 Graft-Johnson / Manley / Greed, S. 1038. Franziskas unentgeltliche Nebentätigkeit konzentriert sich auf die Innenarchitektur, ein traditionell weiblich codiertes Feld.

39 Rainer Godel bestätigt diese Kritik aus männlicher Perspektive, wenn er ausführt: „Je intensiver sie sich in ihre neue Liebesbeziehung mit dem zur Bewährung relegierten Intellektuellen Ben stürzt, desto emotional instabiler wird ihr affektiv gestütztes Stadtbild, desto seichter wird ihr berufliches Engagement“; Godel, Rainer: „Phasenweise Zuwendung. Stadtideale in Brigitte Reimanns Roman *Franziska Linkerhand*“. In: *Monatshefte* 99 (4), 2007, S. 485–500, S. 491.

Geld zu verdienen und ihren Arsch in einem Büro zu wärmen... Faulheit, Feigheit, Impotenz, Securitätsbedürfnis (F, 101).

Insbesondere Professionen in der Medizin, im Rechtswesen und in der kirchlichen Seelsorge verlangen Aufopferung und einen hohen Zeitaufwand, so dass sie mit anderen Interessen kaum vereinbar scheinen.[40] Franziska Linkerhand kann sich nur deshalb mit ganzer Hingabe ihrer Lohnarbeit widmen, weil sie von Care-Aufgaben entlastet ist, die auch in der DDR weitgehend in weiblicher Hand bleiben – Emanzipation und Gleichstellung beziehen sich nahezu ausschließlich auf die Produktionssphäre.[41]

Der Protagonistin wird trotz ihrer Ambition und Konzentration die Identifikation mit dem Beruf abgesprochen, und zwar auch deshalb, weil das Berufsethos eng mit der Konstruktion von Männlichkeit verknüpft ist. In der Geschichte der Architektur wurden über die Idee des Wettbewerbs, der Strenge und der „reinen Aktivität" als Kennzeichen des Genies „real men" „from the profane, pragmatic and profitable concern of ordinary men" abgegrenzt, wie Fowler und Wilson mit Bezug auf Pierre Bourdieus Studie *Der Staatsadel* festhalten.[42] Dieses Genieethos verkörpern insbesondere männliche Stararchitekten,[43] die im 19. und 20. Jahrhundert das Feld der Architektur dominieren. In *Franziska Linkerhand* nennt Reger[44] „Gropius, [...] Niemeyer und noch

---

40 Caven, S. 458. Diese Einschätzung gelte weiterhin; Graft-Johnson / Manley / Greed, S. 1037–1038.
41 Hilzinger, S. 20.
42 Fowler / Wilson, S. 105.
43 Deren Karrieren als kontinuierliche Aufstiege unterscheiden sich deutlich von weiblichen Arbeitsbiographien; Frauen entwickelten andersartige Karrieremuster; O'Neil, Deborah A. / Hopkins, Margaret M. / Bilimoria, Diana: „Women's Careers at the Start of the 21st Century: Patterns and Paradoxes". In: *Journal of Business Ethics* 80, 2008, S. 727–743, S. 730. Cf. auch Caven, S. 457.
44 Reger verkörpert das künstlerische Architekten-Genie, das seit Mitte des 19. Jahrhunderts dominiert; Fowler / Wilson, S. 104. Cf. zur Heroisierung des männlichen Architekten zum Genie Saint, Andrew: *The Image of the Architect*. Yale University Press: New Haven / London 1983, S. 1–18. Der Geniediskurs, der eng mit der Auffassung verbunden ist, dass allein Talent zum Erfolg führe, verdeckt die politischen und sozialen Fähigkeiten, die der Beruf verlangt, ebenso die strukturelle Bedeutung des Geschlechts für Karrieren.

ein paar von den Ganz Großen Männern" (F, 101). Weiblichkeit fungiert in diesen homosozialen Netzwerken bevorzugt als Muse und symbolische Ressource. Der genialische Architekt aus *Franziska Linkerhand* betont, die Arbeit habe weit mehr „als eine Geliebte" (F, 100) zu sein – eine der beliebten Geschlechtsmetaphern, mit denen sich die feministische Architekturforschung seit längerem beschäftigt und die (verklärte) Weiblichkeit zwar in die Arbeitsprozesse einschreiben, als reale Größe jedoch ausschließen.[45] Die junge Mitarbeiterin Franziska ist dem Stararchitekten Reger entsprechend Geliebte und Galatea, ein Motiv, das Stefan Heyms Roman *Die Architekten* in seiner inzestuösen Variante ebenfalls aufnimmt. In *Franziska Linkerhand* wird mit kritischem Tenor von der „fette[n] väterlichen Hand" des Lehrers Reger gesprochen, „der sie gebildet, nach seinem Bilde geformt, Hoffnungen investiert, Chancen geboten hat, von denen Anfänger nicht einmal zu träumen wagen" (F, 99). Der ironische Erzählgestus unterstreicht den Paternalismus des Architekten, der Begehren mit Fürsorge verbindet – dieser Habitus sei als Machtgestus bis heute in Architekturbüros zu finden, wie de Graft-Johnson, Manley und Greed festhalten.[46] Kehrseite der väterlich-erotischen Unterstützung ist die Demontage der Schülerin sowie der ungebrochene Narzissmus des Lehrers; Reger erklärt seiner Adeptin unverblümt: „Ohne mich bist Du ein Quark, ein Nichts, eine aufgeblasene Null!" (F, 100)[47]

---

45 Diese Doppelstrategie beschreiben Rothschild, Joan / Rosner, Victoria: „Feminism and Design". In: Rothschild, Joan (Hrsg.): *Design and Feminism. Re-Visioning Spaces, Places, and Everyday Things*. Rutgers University Press: New Brunswick et al. 1999, S. 7–33, S. 16.

46 Graft-Johnson / Manley / Greed, S. 1038.

47 Das Pendant zu *Franziska Linkerhand*, Stefan Heyms Roman *Die Architekten*, der sich ebenfalls auf den Stararchitekten Hermann Henselmann bezieht und die Querelen um die Straße des Weltfriedens zum Gegenstand hat, infantilisiert die weibliche Protagonistin Julia und legt sie auf die Eigenschaft der schönen Frau fest. Sie fungiert nahezu ausschließlich als *copula* zwischen Rivalen, die ihren Wettbewerb der architektonischen Ideen als Kampf um die Frau begreifen.

Stadtkonzepte und Gender: Gartenstadt versus sozialer Raum

Der Geschlechterdiskurs durchzieht das Feld der Architektur in vielerlei Hinsicht; er spielt eine Rolle für Selbstverständnisse, Tätigkeiten, die Organisationsstruktur sowie die architektonischen Konzepte. In den 1970er Jahren beispielsweise versuchen feministische Architekt/innen einen genuin weiblichen Stil zu definieren; organischer bzw. weniger abstrakt sollte er sein und den Alltag berücksichtigen.[48] Architekt/innen der 1990er Jahre hingegen verabschieden die Dichotomie von männlich/weiblich, sprechen von androgynen Städten[49] und lockern die Kopplung von Frauen und Konsumsphäre, die durch die Abtrennung von urbanen Funktionsbereichen und die Konstruktion von Vorstädten (als weiblichen Räumen) zementiert wird.[50] Auch Reimanns Roman behandelt Stadtkonzepte unter Gender-Vorzeichen und schildert einen tiefgreifenden Paradigmenwechsel in der DDR-Architektur: Der Stararchitekt, ein Relikt der bürgerlichen Klasse, weicht dem Planer industriell gefertigter Häuser und Städte, die auf dem Reißbrett entstehen und – so einer der Vorwürfe der Protagonistin – die Bedürfnisse der Bewohner/innen ignorieren.

Die Ablösung des individuellen ,Schöpfers' reflektiert der für den Roman aufschlussreiche Briefwechsel zwischen Brigitte Reimann und dem erklärten Vorbild Regers, Hermann Henselmann. Der DDR-Stararchitekt Henselmann führt in einer selbstkritischen Briefpassage aus, dass er „immer noch zu sehr den Typ eines Architekten im Auge [hat], der als individueller Projektant Bauwerke schafft",[51] und klagt sich an, die Entwicklung zum sozialistischen Massenbau bzw. die Möglichkeiten des industriellen Bauens unterschätzt zu haben; er thematisiert gleichwohl die Fehler und Nachteile

---

48 Rothschild / Rosner, S. 15.
49 Ibid., S. 19.
50 Ibid., S. 22.
51 Reimann, Brigitte / Henselmann, Hermann: *Mit Respekt und Vergnügen. Briefwechsel*. Hrsg. v. Kirschey-Feix, Ingrid. Aufbau: Berlin 2001, S. 27. Henselmann bedauert das Verschwinden der Architektenpersönlichkeiten, „die im Konzert der schöpferischen Individualitäten und auf künstlerischem Gebiet entscheidende Anstöße geben [...] wie etwa Niemeyer oder Mies van der Rohe oder Gropius"; ibid., S. 69.

der neuen Praxis.[52] *Franziska Linkerhand* greift den Gegensatz von Schöpfergenie und abstraktem Planer auf, bewegt sich jedoch zu beiden Typen (auch aufgrund ihrer Männlichkeitsperformanzen) in ironisch-kritischer Distanz und profiliert die Fehler des neuen Stadtmodells.

Vorbildlich für die architektonische Utopie der Protagonistin ist die US-amerikanische Stadtplanerin Jane Jacobs,[53] die für die feministische Architekturbewegung der 1970er Jahre als „mother of us all" eine wichtige Rolle spielt.[54] Reimann knüpft mithin an eine westliche, zu ihrer Zeit weiblich codierte Position an, um den industriellen Massenbau in der DDR zu problematisieren und Defizite (auch aus einer weiblichen Perspektive) zu markieren. Jane Jacobs greift in ihrer bekannten Polemik *Tod und Leben großer amerikanischer Städte* diejenigen Architekt/innen an, die die „Gartenstadt" propagieren, das heißt die diversen Funktionen des städtischen Raums voneinander abtrennen und damit die sozialen Interaktionen beschneiden, so der Vorwurf.[55] Jacobs' Interesse gilt dem öffentlichen Raum und dem Bürgersteig, der für die Sicherheit von vulnerablen Bewohner/innen wie Kindern, Frauen und Fremden entscheidend sei: „Die Straßen und ihre Bürgersteige sind die wichtigsten öffentlichen Orte einer Stadt, sind ihre lebenskräftigsten Organe."[56] Die amerikanische Architekturkritikerin beschwört die Vision einer belebten Straße, in der sich unterschiedliche Tätigkeiten rhythmisch über den Tag hinweg durchmischen. Diesen ‚Takt' bezeichnet sie als „städtische Kunstform", als Tanz, der der

---

52 In ihrem Artikel der *Lausitzer Rundschau* vom 17.8.1963, „Bemerkungen zu einer neuen Stadt", beklagt Reimann „den Mangel an Atmosphäre, an Intimität in unserer Stadt". „Jede Stadt, die natürlich gewachsen ist, hat ihren eigenen Duft, ihre eigene Farbe, und ihre Architektur besitzt einen unverwechselbaren Zauber"; ibid., S. 19.

53 Diesen Hinweis gibt Bircken, Margrid: „Auf der Suche nach der erzählbaren Stadt: Brigitte Reimanns Roman *Franziska Linkerhand*". In: Lasatowicz, Maria K. (Hrsg.): *Städtische Räume als kulturelle Identitätsstrukturen: Schlesien und andere Vergleichsregionen*. Trafo: Berlin 2007, S. 303–320, S. 317.

54 Rothschild / Rosner, S. 17.

55 Jacobs, Jane: *Tod und Leben großer amerikanischer Städte*. Ullstein: Gütersloh 1963, S. 23–24. Jacobs bezieht sich zwar auf Megacities wie New York und Chicago, Reimann überträgt gleichwohl manche Einschätzungen auf die neu entstehende Industriestadt in der DDR-Provinz.

56 Ibid., S. 27.

Gemeinschaftlichkeit und Sicherheit diene.[57] Die unzähligen Kontakte auf der Straße stifteten „ein Gefühl für die öffentliche Identität von Menschen, [...] ein Gewebe öffentlicher gegenseitiger Achtung und gegenseitigen Vertrauens" und bedeuteten „eventuell Beistand in Zeiten persönlicher oder nachbarschaftlicher Bedrängnis".[58] Straßen ließen im Idealfalle ein komplexes System aus Blicken entstehen (auch von Häusern auf die Straße), die Sicherheit nicht im Sinne einer Überwachung durch Kontrollorgane, sondern nachbarschaftlicher Selbstsorge böten. Eine belebte Straße zeichnet sich nach Jacobs durch Läden und andere öffentliche Orte „entlang des Bürgersteigs" aus, „die abends und nachts besucht werden. Läden, Bars und Restaurants, als Hauptbeispiele, haben alle verschiedene und mannigfaltige Wirkungen auf die Sicherheit der Bürgersteige".[59] Die auf dem Reißbrett entworfene Neustadt in Reimanns Roman setzt hingegen auf die Trennung von Funktionsbereichen und zerstört damit systematisch öffentliche (Blick-) Orte, die Schutz und Abwechslung garantieren. Der Roman schildert die Gewaltförmigkeit und Tristesse einer nicht am Sozialen orientierten Stadt – Jacobs spricht analog von den „eintönigen grauen Zonen der Großstädte",[60] die selbst ausgefeilte Beleuchtungssysteme nicht zum Verschwinden bringen: „Gute Beleuchtung ist wichtig, aber Dunkelheit allein ist kein Grund für die schwere funktionelle Krankheit der grauen Zonen, für die große Plage der Langeweile."[61] Die von der DDR-Zensur verbotene Vergewaltigungsszene in *Franziska Linkerhand* führt Gewalt und Unsicherheit entsprechend auf uneinsehbare, ungenutzte Räume zurück, in den Worten Jacobs' auf „eine blinde Leere" in der Stadt,[62] die zum Verbrechen herausfordert.

Reimanns Roman entwirft in Anlehnung an Jacobs' Konzept eine städteplanerische Utopie, für die die Durchmischung von Funktionen und die „Anhäufung von Möglichkeiten jeder Art [der Begegnung; F.S.]", „ihre

---

57 „Das Ballett eines gut funktionierenden Bürgersteigs ist an jedem Ort ein anderes, es wiederholt sich nie und wird an jedem Ort stets erneut mit Improvisationen angereichert." Ibid., S. 44.
58 Ibid., S. 47.
59 Ibid., S. 33.
60 Ibid., S. 37.
61 Ibid.
62 Ibid., S. 32.

fließende Nutzung und Auswahl" eine zentrale Rolle spielen. Diese Form von Öffentlichkeit könne auch verhindern, dass Frauen zu Opfern von Gewalt würden, so Jacobs.[63] Reimanns Roman versieht also auch die städtebaulichen Positionen mit einem Geschlechterindex und bewertet sie in Hinblick auf die spezifische Situation von Frauen in der Stadt.

Architektur und Phantasie: Vermächtnisse und neue Körper

Franziska Linkerhand markiert die Architektur zwar als männlich dominierte Profession; der Beruf bietet der Protagonistin gleichwohl die Möglichkeit, den engen Grenzen geltender Geschlechterimagines zu entkommen und innovative Körperphantasien zu entwerfen. Ähnlich wie die Moderne in der DDR historische Brüche generiert,[64] unterzieht *Franziska Linkerhand* tradierte Geschlechterrollen einer kritischen Revision und nimmt imaginative Neuschöpfungen vor, die jedoch *nolens volens* auf jene bezogen bleiben.[65] Kritisiert wird allem voran das bürgerliche Weiblichkeitsbild, das physischbiologische Dispositionen essentialistisch mit eingeschränkten Spielräumen verknüpft; über die Phase ihrer Adoleszenz heißt es:

> *Sie haben mich*, dachte Franziska, von panischer Angst erfaßt. Sie fühlte sich gefangen und dem Kreis der Frauen ausgeliefert, ihrem Zyklus, der sie dem Mond unterwarf, und dem Karussell ihrer Pflichten, das sie zwang, jeden Morgen den tückischen, nie zu besiegenden Staub von den Möbeln zu wischen, jeden Mittag fettiges Geschirr in das heiße Spülwasser zu tauchen [...]. Ein Gefäß, dachte sie, ich bin ein *Gefäß* geworden (F, 39).[66]

---

63 Ibid., S. 90.
64 Cf. dazu Swope, Curtis: „Dwelling in GDR Literature". In: *The German Quarterly* 86 (2), 2013, S. 160–179, S. 161.
65 Elizabeth Mittman spricht vom „Aufeinanderprallen verschiedener Inszenierungen von Weiblichkeit"; Mittmann, Elizabeth: „Venus in Hoyerswerda? Weiblichkeit als Herausforderung in den Texten von Brigitte Reimann". In: Bircken / Hampel (Hrsg.), 1998, S. 113–120, S. 113.
66 Sie beschreibt über diese Metapher eine mögliche Schwangerschaft, ruft mit dem Begriff „Gefäß" jedoch zugleich das rekurrente Argument der Frauenforschung auf, dass Weiblichkeit ein *screen*, eine Projektionsfläche und ein ‚Container' für männliche Wünsche sei, wie Virginia Wolf, Simone de Beauvoir und Christa Rohde-Dachser ausführen. „Er [der Mann; F.S.] projiziert in sie, was er wünscht und was er fürchtet, was er liebt und was er haßt"; de Beauvoir, Simone: *Das andere Geschlecht. Sitte und Sexus der Frau.* Neuübersetzung. Aus

Die körperliche Entwicklung als geschlechtliches Differenzkriterium verpflichtet, so die angstvolle Einschätzung, zu weiblicher Hausarbeit und (abgewerteter) Reproduktion. Die Protagonistin verweigert sich dem zählebigen Diskurs jedoch, der Mutterschaft als eigentlichen Beruf der Frau und als schöpferischen Akt begreift; sie bezeichnet Gebären umgekehrt als „barbarischen Prozeß" und das Embryo als vampirischen „Fremdkörper", „der sich von ihren Säften, ihrem Blut ernährt[...]" (F, 39) – Mutterschaft scheint ihr mit der Imago eines autonomen, geschlossenen Körpers nicht vereinbar.

Die Ehe- und Hausfrau des Architekten Schaftheutlin wertet die Erzählerin ebenfalls zur körperlich deformierten (und damit geistig defizienten sowie unproduktiven) Existenz ab:

> Ich war erstaunt wie über den Entwurf eines Architekten, der unbekümmert um die Gesetze der Statik einen schweren Baukörper auf untaugliche Stützen stellt. Über die Taille, jedenfalls dort, wo das Schürzenband die Mitte markiert, wird es wieder ein Mädchentorso mit kleinen Brüsten und schmalen Schultern, und aus diesen Schultern [...] wachsen wahre Fleischerarme, wie zugeschnürt, wo das Gelenk sein sollte ... versuch dir solche Proportionen vorzustellen, die Mischung zwischen Überreife und konservierter Kindlichkeit (F, 289–290).

Die Erzählerin verdinglicht den weiblichen (Hausfrauen-)Körper, dessen Disproportion nicht zuletzt Ausdruck des scheinbar Unproduktiven haushälterischer Tätigkeiten ist. Ihre eigene Profession, so führt Franziska Linkerhand aus, sei das Gegenteil davon, sich „an Brust und Brieftasche eines Mannes aus[zu]ruhen" (F, 290). Sie fasst mithin Lohnarbeit, dem Diskurs in der DDR (und der Bundesrepublik) entsprechend, als alleinigen Maßstab für Produktivität auf, wertet das Hausfrauendasein zur Luxusexistenz ab und pathologisiert diese Arbeitsform: Enttäuschte Hausfrauen wirkten „wie ein Gift, das die Luft ringsum verseucht. Sie sind Bazillenträger und versessen darauf, den Bazillus ihrer Enttäuschung auf andere zu übertragen" (F, 291). Der Bruch mit traditionellen Weiblichkeitsbildern[67] führt zu einem harschen Angriff auf weitere Frauenrollen. Besonders degou-

---

dem Französischen v. Aumüller, Uli / Osterwald, Grete. Rowohlt: Reinbek bei Hamburg 1992, S. 258.

67 Cf. dazu auch Bronner, Withold: „Von Töchtern, Müttern, Madonnen und der idealen Liebe". In: Bircken / Hampel (Hrsg.), S. 103–113, S. 106.

tant erscheint der Erzählerin das kapitalistische „Erwerbsweib", das sich gleichfalls durch eine entstellte Körperlichkeit auszeichnet, so dass unmoralische Dispositionen und fragwürdige Physis zur Deckung kommen. Über die „Panoptikumsfigur" ihrer Mutter (F, 129) heißt es: „[D]ieses Weib war dürr, zäh und schlau geworden und entwickelte seine Erwerbsinstinkte zu einem gerissenen Geschäftssinn" (F, 129).[68]

Anerkennung, Entfaltung der Fähigkeiten sowie integrale Körperphantasien verspricht hingegen die Architektur als Reich des Geistes und der Phantasie: Entwürfe, so hält die junge Architektin emphatisch fest,

> schweifen ungefesselt durch ein Phantasiereich wie Sommerwolken, wie eine Herde von jungen Tieren, sie sind Träume, in denen du die Arme reckst und fliegen kannst, und die Luft trägt dich wie Meerwasser... Der Augenblick, wenn du mit dem Stift die erste Linie ziehst, eine zarte grauschwarze Linie wie angelaufenes Silber – das ist aufregender als der erste Kuß eines Mannes, der vielleicht einmal dein Geliebter sein wird, das schwebt noch zwischen Zufall und Probe und allen großen Möglichkeiten, und du zitterst vor Neugier [...]. Ich baue im Kopf (F, 42–43).

Die Erzählerin assoziiert die Entwurfsphase mit philobatischen Phantasien und zieht das Reich unendlicher Möglichkeiten der Liebe vor – Zeichen ihrer vorbehaltlosen Identifikation mit dem Beruf. Architektur als Ort eines *homo ludens* (F, 466) gilt ihr als schöpferische Tätigkeit, wie der mehrfach aufgerufene Pygmalion-Mythos signalisiert, den in *Franziska Linkerhand* beide Geschlechter für sich in Anspruch nehmen.[69] Die Architektin partizipiert auch dann an den Produktions- und Geburtsmythen ihrer Zunft, wenn sie sich fragt, was von ihrer (kollektiven) Arbeit zurückbleiben werde:

> Ein Dutzend Entwürfe und Ideenskizzen und die Zeichnungen mit meinem Namen, rechts in der Ecke, neben dem Namenszug von Reger; Halle und Treppenaufgang im Westflügel des Gewandhauses; Gedanken – aber das sind keine meßbaren Größen –, die mit den Gedanken anderer in ein Projekt eingegangen sind (F, 257).

---

68 Über die Hausbesitzerin, ebenfalls ein „Erwerbsweib", heißt es: „Während der dreißig Jahre in Bäckereiluft hatte ihr Gesicht die Farbe und die schwammige Weichheit von gärendem Teig angenommen". Die Tochter hatte ihr Kind erwürgt, „aus Angst vor der Chefin-Mutter, sagen die Leute, sie war ledig" (F, 103).

69 Die Protagonistin bezeichnet sich zwar als „Geschöpf" Regers, kreiert jedoch ihrerseits die Figur des Geliebten Ben.

Sie referiert damit auf das testamentarische Vermögen der Architektur – große Bauwerke gelten als Vermächtnisse, weil sie zum Gegenstand kollektiver Erinnerung werden können und tradierbare, veredelte Bilder einer Gemeinschaft entwerfen.[70] Die Protagonistin verewigt sich testamentarisch und schafft mit ihren Zeichnungen und Gebäuden Kultur, nach Sigmund Freud ein Projekt, das Frauen aufgrund ihrer fehlenden Kastrationsangst nicht gelingen kann. Als Franziska ihre Produktion mit der eines Freundes vergleicht, heißt es: „Der Mensch soll ein Haus bauen, einen Baum pflanzen und ein Kind zeugen. Wir standen pari, er mit seinem Sohn, ich mit meinen Häusern" (F, 121).

Franziska Linkerhand erfährt ihre berufliche Tätigkeit, der Utopie des ganzen (arbeitenden) Menschen entsprechend, als Ausdruck ungeteilter Existenz und als Bedingung sozialer Vernetzung jenseits subalterner Sprecherrollen und von Autoritäten:

> In ihrer Arbeit aber existierte sie ungeteilt, sie wußte nichts mehr von einem angstvollen, bedrohten Ich, das sich manchmal von ihr abspaltete, das auf Abend, Alleinsein, eine gewisse Melodie lauerte oder unvermutet aus der Tiefe eines Sees stieg [...] sie war tätig, das verknüpfte sie mit den anderen. Sie, die errötete, schwitzte, verzweifelte vor der Ungnade einer schlecht gelaunten Verkäuferin, stritt zäh mit Schafheutlin, dem Stadtbaudirektor, mit ihren älteren Kollegen" (F, 387).

Die Profession vermag als Therapeutikum, als Antidot gegen eine Erziehung zu weiblicher Untauglichkeit und einen isoliert-individualistischen Lebensstil zu fungieren, auch weil Architektur den Entwurf anderer Körper und Gefühle ermöglicht. In einer dichten Passage des Romans heißt es:

> Franziska grüßte ihn [den Freund; F.S.] als Hausherrin. Sie saß in einem Fenster des Restaurants, zwischen den aufgeschlagenen Fensterflügeln, gläserne Buchseiten, eine weißbedruckt, *Es lebe der 1. Mai*, die andere bemalt. Zaun-Malerei, eine nackte Frau mit gigantischen Brüsten, verrutschtem Nabel, Gelock bis zu ihren Hüften einer archaischen Venus (F, 387–388).

Was sich einerseits als Synthese von politischer Programmatik und Sinnlichkeit lesen ließe, kann andererseits als visualisierter Bruch zwischen Gleichheitsprogramm und imaginierten Weiblichkeiten gedeutet werden. Den stereotypen (Männer-)Phantasien einer Venus von Willendorf setzt

---

70 Fowler / Wilson, S. 107.

der Roman ein alternatives Geschlechterprogramm entgegen, das an den arbeiterlichen Heldenmythos anschließt[71]: Die Protagonistin präsentiert sich in ihrem ‚Schaufenster', einem Theaterrahmen, ‚transvestitisch' in „karierte[m] Männerhemd, Nietenhosen" (F, 388) und trägt die Male ihrer körperlichen Arbeit, ähnlich wie die Restauratorin aus Alfred Wellms Architekturroman *Morisco*, auf der Haut. Sie kreiert einen neuen, anderen Körper,[72] der ihre problematische Klassenzugehörigkeit aufhebt und der mythischen Figur des Arbeiters entspricht.

Angedeutet werden damit jedoch zugleich die potentiellen Friktionen zwischen Architektur und dem Arbeiterideal in der DDR. Professionen sind, historisch betrachtet, Institutionen des aufstrebenden Bürgertums, die im 19. Jahrhundert neue Ungleichheiten entstehen lassen, weil nicht mehr die Herkunft bzw. das Erbe als Kriterium der Macht gilt, sondern die auf dem Markt angebotene spezialisierte Arbeit.[73] Die ‚intellektuelle Arbeit' professionalisierter Eliten,[74] die mit dem Bildungssystem der mittleren Klassen in Zusammenhang steht,[75] grenzt sich deshalb deutlich von proletarischen Lebensstilen ab. Franziska Linkerhand, die in einem bürgerlichen Haushalt aufwächst, profitiert entsprechend vom symbolischen Kapital ihrer Klasse und dessen intrinsischen Bildungsmöglichkeiten;[76] sie ist im Hause ihrer Eltern von Hochkultur im Sinne einer ästhetischen Früherziehung umgeben.[77]

---

71 Schönheit lässt sich entsprechend bevorzugt in der Arbeiterklasse finden. Der Ehemann Linkerhands gleicht einem jungen David „unter dem bekränzten Hirtenhut". „So, die ganz gerade Linie von Stirn und Nasenrücken, der Mund mit kurzen üppigen Lippen, und Augen von einem Grün" (F, 67).

72 Dass sich Körper konstruieren lassen, wird bestätigt, wenn die Protagonistin im Anschluss an die oben zitierte Passage ausführt: „Ein Haus ist geboren. Sie berührte die Mauern, das steinerne Fleisch" (F, 389); sie spricht von der „körnige[n] Haut einer besonnten Wand zwischen Balkonen" (F, 389).

73 Larson, Magali Sarfatti: *The Rise of the Professionalism. A Sociological Analysis*. University of California Press: Berkeley et al. 1977, S. XVII.

74 Ibid., S. XIII.

75 Ibid., S. XVI.

76 Ähnlich wie die Pionierinnen der Architektur Julia Morgan, Lilly Reich und Eileen Gray; Fowler / Wilson, S. 105.

77 Das Bildprogramm ihres Zimmers umfasst neben Fotografien, u.a. von Gérard Philipe, einem französischen Schauspieler, der den russischen Film schätzte und mit der DEFA zusammenarbeitete, klassische Kunstwerke, die nahezu ausschließlich imaginierte Weiblichkeiten repräsentieren. An den Wänden hängen

Der Roman trägt den Spannungen zwischen ‚bürgerlichen' Professionen und der Arbeiterkultur Rechnung, wenn er die (ihrerseits durch die Erzählerin abgewertete) Abwertung geistiger Tätigkeiten aus der Perspektive eines Arbeiters plastisch werden lässt. Dieser

> ist stark wie Atlas, der die Welt auf seinen Schultern trug, gesund und unerschütterlich überzeugt von seinem gesunden Menschenverstand, von der verspielten Überflüssigkeit aller dieser Kleckser und Schreiberlinge, ihrer Drohnenexistenz abseits von schwer arbeitenden Leuten seiner Art, die die Welt nehmen, wie sie ist (F, 114).

Bezogen auf das berufliche Wertesystem der DDR stellt die Architektur, so suggeriert der Roman, eine Sphäre der Alterität dar. Bei der ersten Begegnung Franziskas mit dem neuen Chef ist von der „drollige[n] Bubenfrisur" und ihrem „Wolfsgebiß mit scharfen Eckzähnen" die Rede (F, 142), während Schaftheutlins Finger durch „hexenhafte[...] Auswüchse[...]" auffallen (F, 143); das Architekturbüro scheint von ‚transhumanen', vor allem aber nomadischen Figuren bevölkert. Reimanns Stadt – die Neustadt von Hoyerswerda ist nach Stalinstadt die zweite sozialistische *new town*[78] – ist ein Sammelbecken für Wartende, Unbehauste und Reisende wie Architekt/innen;[79] diese müssen in der Regel räumlich flexibel sein, weil Bauvorhaben an verschiedene Orte gebunden sind.[80] Den geographischen Raum, die östliche Grenzstadt, besetzt die Erzählerin entsprechend mit Topoi eines abgewerteten Ostens/Orients. Auf der Fahrt nach Neustadt zeigt sich der Protagonistin eine „Landschaft zum Erbarmen" mit „Heuschober[n], die runden, oben zugespitzten Negerhütten glichen" (F, 122). Es ist die „östlichste Ecke des Landes, die Regers junge Leute mit himmelwärts gerollten Augen eine Hundetürkei nannten, Klein-Sibirien und Wallachei" (F, 122–123). Den Grenzraum mit seinen zweisprachigen Namen gestaltet der Roman *Franziska Linkerhand* als hybride Sphäre zwischen Alt und Neu, Ost und West und zwischen den Geschlechtern, mithin als Raum

---

die „Sixtina, die Dame mit dem Hermelin, Tizians La Bella im rotblonden Haar, die Mona Lisa, deren sattes Lächeln ihn [den Bruder; F.S.] reizte, und eine Madonna von Fra Filippo Lippi auf byzantinisch goldsprühendem Grund" (F, 55–56).

78 Zu den architektonischen und stadtplanerischen Details cf. Taverne, S. 9.

79 Signalisiert wird damit das Ende der Aufbauromantik; das Provisorium DDR wird auf Dauer gestellt; Bivens, S. 146–147.

80 Roan / Clark / Matthewson.

einer befremdlichen Andersheit (F, 123), die auch die (geschlechtlichen) Selbstentwürfe der Architekt/innen irritiert.[81] Das Luft- und Phantasiereich der Architektur, das neue Körper verspricht, wird durch einen Diskurs der Alterität und Exklusion konterkariert.

In *Franziska Linkerhand* durchkreuzen sich also diverse Traditionen und Perspektiven auf Professionen, Klassen, Geschlechter und Ethnizität. Der Roman führt Architektur zum einen als männliches Berufsbild vor, zum zweiten jedoch als Versprechen einer (androgynen) Selbstschöpfung und der Entfaltung aller Kräfte, das die Protagonistin vor dem Hintergrund des sozialistischen Gleichheitsversprechens souverän für sich in Anspruch nimmt – die Architektur ermöglicht es, geschlechtliche Attribute neu zu kombinieren und alternative Körper/Häuser zu konstruieren. Zum dritten wird die intellektuelle Arbeit im Rahmen des arbeiterlichen Ethos der DDR abgewertet und das architektonische Projekt mit Indizes geschlechtlicher und ethnischer Alterität versehen.

Der Roman lässt darüber hinaus kenntlich werden, dass Professionen in gewissem Sinne an das Konzept des ‚inneren Berufs' anschließen, das sich über restlose Hingabe und Identifikation definiert – dieses Ethos kann genutzt werden, um Frauen, zumal wenn sie mit Familienarbeit betraut sind, auszuschließen. Professionen sind entsprechend mit emphatischen Geburts- und Schöpfungsphantasien wie dem Pygmalion-Mythos verknüpft, der an sich eine männliche Schöpfung ins Bild setzt. Der Architekt Antonio Filarete beispielsweise geht davon aus, ähnlich wie Walter Benjamin in seinem Denkbild *Nach der Vollendung*,[82] dass die Entwürfe des schöpferischen

---

81 Die alten Frauen zum Beispiel vereinigen weibliche und männliche Attribute: „diese zähen Greisinnen mit Wurzelhänden [mähten] [...] mit männlich kraftvollem Sensenschwung den Rasen vor den neuen Häusern" (F, 123). Der schöne Kollege Jazwauk wird den diffamierten „Erwerbsweibern" angenähert, weil sein Sinn für schöne Oberflächen mit Besitzgier gepaart ist (F, 334).

82 Walter Benjamins Modell schöpferischer Androgynie fasst Lena Lindhoff wie folgt zusammen: „[E]in ‚Weibliches' in ihm [dem Autor; F.S.] ‚empfängt' die Idee zum Kunstwerk, während eine ‚männliche' Meisterschaft, die den ‚wahren' Künstler ausmacht, das Empfangene zum Werk vollendet. Der Produktionsprozeß gipfelt in einer Vernichtung des ‚Weiblichen' im Künstler"; Lindhoff, Lena: *Einführung in die feministische Literaturtheorie*. Metzler: Stuttgart 1995, S. 22.

Mannes weibliche Empfängnis und Geburt simulierten.[83] Reimanns Roman greift dieses gegenderte Narrativ ebenso auf wie die beliebten Geschlechtsmetaphern der Architektur, um sie der Protagonistin zur Verfügung zu stellen; *Franziska Linkerhand* führt traditionsreiche gegenderte Produktionsmythen und -topoi als geschlechtlich disponible Zuschreibungen vor Augen.

Der zum Abschluss dieser Studie behandelte Roman von Ernst-Wilhelm Händler, *Wenn wir sterben*, beschäftigt sich ebenfalls mit Profession und Weiblichkeit; er stellt ausschließlich Unternehmerinnen ins Zentrum und thematisiert Schöpfung, Geburt und Mutterschaft im buchstäblichen wie übertragenen Sinne.

---

83 Fowler / Wilson, S. 104.

5. Unternehmerinnen und Schöpfungsmythen in Ernst-Wilhelm Händlers Roman *Wenn wir sterben*

Der Unternehmerroman[1] schließt in gewissem Sinne an den Bildungsroman an, von dem die vorliegende Untersuchung ihren Ausgang nahm, denn er erzählt von der Biographie eines Individuums als Karriere.

> Karriere heißt dabei: ein Lebenslauf, an den die Frage nach dem Fortkommen und der dafür verbrauchten Zeit gerichtet wird, der in jeder Station als freiwillig durchlaufen und zugleich von Fremdselektionen abhängig erlebt wird und der daraus für sich Motive gewinnt, den eigenen Willen, Karriere zu machen, auch mitzuteilen, sowie den Anreiz, Karriere zu phantasieren und die Erfolge wie Mißerfolge durch Geschichten zu erklären wie zu verbinden.[2]

In Ernst-Wilhelm Händlers Roman *Wenn wir sterben*,[3] in dem die Unternehmerelite ausschließlich aus Frauen besteht, ist der Beruf entsprechend mit dem Bekenntnis verknüpft, also mit der für den Bildungsroman konstitutiven Haltung. „Ich kann von mir lediglich reden auf dem Umweg

---

1 Cf. zu einer Definition des Genres in der Tradition des Kaufmannsromans Horst, Sandra von der: *Das Unternehmerbild in der deutschen Gegenwartsliteratur. Eine Analyse anhand der Romane „Der schwarze Grat" von Burkhard Spinnen und „Wenn wir sterben" von Ernst-Wilhelm Händler*. Vdm Verlag Dr. Müller: Saarbrücken 2008, S. 15–16. Zu diversen Typen des Wirtschaftsromans cf. Pott, Sandra: „Wirtschaft in Literatur. Ökonomische Subjekte im Wirtschaftsroman der Gegenwart". In: *KulturPoetik* 4 (2), 2004, S. 202–217, u.a. S. 205. Unternehmerromane spielen in der Aus- und Weiterbildung von Beschäftigten zunehmend eine größere Rolle; cf. Alvarez, José L. / Mérchan, Carmen: „The Role of Narrative Fiction in the Development of Imagination for Action". In: *International Studies of Management & Organisation* 2.2 (3), 1992, S. 27–45. Cf. zur Bedeutung von Erzählliteratur in der Wirtschaft auch von der Horst, S. 10–11.
2 Kaube, Jürgen: „Organisation als Erzählung. Einige soziologische Motive bei Ernst-Wilhelm Händler". In: Hagestedt, Lutz / Unseld, Joachim (Hrsg.): *Literatur als Passion. Zum Werk von Ernst-Wilhelm Händler*. Frankfurter Verlagsanstalt: Frankfurt a.M. 2006, S. 118–135, S. 133.
3 Händler, Ernst-Wilhelm: *Wenn wir sterben*. Frankfurter Verlagsanstalt: Frankfurt a.M. 2002. Im Folgenden mit der Sigle (W) zitiert.

über meine Arbeit" (W, 236), heißt es in der Selbstdarstellung einer entlassenen Unternehmerin, die sich die Maxime aus Goethes *Lehrjahren* – „gnothi seauton" – angeeignet hat. Der Roman Händlers schreibt den strukturellen Zusammenhang von methodologischer Selbstbeobachtung und Produktivität auch dann fort, wenn am Ende eines Jahres sorgfältig geführte „Bilanzen" über das eigene Leben vorgelegt werden (W, 286). *Wenn wir sterben* verbindet dieses traditionsreiche Leistungs- und Bekenntnisethos mit einem barock anmutenden Vanitas-Diskurs, der alles Tun für ‚eitel' erklärt; die Bilanzierende denkt in ihrer Rückschau „viel über den Tod nach" bzw. darüber, „wie provisorisch unsere Existenz ist" (W, 286). Dieser melancholische Gestus ist ebenfalls Kennzeichen des puritanischen Leistungsdenkens, das Händlers Roman durchzieht.

Weist eine Karriere als Geschichte über Erfolge und Selbstkontrolle narrative Strukturen auf, so kann auch eine Firma ‚erzählt' werden[4]: Organisationen basieren auf Narrativen und Metaphern, die abstrakte Verhältnisse lesbar bzw. ideologisierbar machen und mit gesellschaftlichen Entwicklungen eng verquickt sind. Während der Industrialisierung beispielsweise wurden Organisationen als Maschinen begriffen; sie können jedoch auch als Organismen, Kulturen oder Gehirne konzeptualisiert werden.[5] Organisationen fungieren zudem als Medien der Identitätsbildung und ermöglichen emotionale Erfahrungen, „affektive Solidarbeziehungen" und „Affekttransmissionen", wie der Neoinstitutionalismus festhält[6] – in Händlers Roman versucht das Personal entsprechend, „seine Gefühle in der Organisation unterzubringen".[7]

4   Kaube, S. 124. Händler konterkariere die Überzeugung, so Kaube, allein der Finanzbereich sei von Mythen geprägt. Auch die Sphäre der Produktion werde von Phantasien bestimmt, die Selbst- wie Fremdwahrnehmung betreffen; ibid., S. 129.

5   Morgan, Gareth: *Bilder der Organisation.* Übers. v. Wacher, Inge Olivia. Klett-Cotta: Stuttgart 1997, S. 23–50 (Maschine), S. 51–106 (Organismus), S. 107–154 (Gehirn), S. 155–200 (Kultur).

6   Seyfert, Robert: *Das Leben der Institutionen. Zu einer Allgemeinen Theorie der Institutionalisierung.* Velbrück: Weilerswist 2011, S. 106–107.

7   Kaube, S. 131.

Frauen im Management: Von Glasdecken und -häusern

In *Wenn wir sterben* leiten ausschließlich Frauen die geschilderten Unternehmen – in der Literatur selbst des 20. Jahrhunderts ebenso eine Seltenheit[8] wie in der deutschen Wirtschaft. Der Anteil von Frauen im Top-Management ist nach wie vor gering; in den 200 größten Wirtschaftsunternehmen außerhalb des Finanzsektors sind 2010 von 833 Vorstandsmitgliedern 21 Frauen, also 2,5 Prozent.[9] Es dominiere, so betont die Forschung, eine männliche Monokultur mit informellen Netzwerken, zu denen Frauen in der Regel keinen Zugang hätten, obgleich sie deren Bedeutung nicht unterschätzten.[10] Die Gründe für die männliche Herrschaft im Unternehmens- und Managementbereich seien vielfältig, nicht jedoch auf differierende Ausbildungsniveaus von Männern und Frauen zurückzuführen; diese hätten sich in letzter Zeit angeglichen. Neuere Studien gehen davon aus, dass die Unterschiede zwischen Motivationen, Ambitionen und Haltungen von Frauen und Männern gering seien und Frauen zuweilen größere Aufstiegswünsche hegten als ihre männlichen Kollegen, insbesondere wenn sie in Partnerschaften mit Kindern lebten.[11] Rolf Wunderer und Petra Dick halten fest: „Trotz partieller Differenzen überwiegen die Gemeinsamkeiten in den Werthaltungen, Einstellungen und Motivstrukturen weiblicher und männlicher Führungskräfte."[12] Haltungen also erklären die bestehenden Karrieredifferenzen ebenso wenig wie die Ausbildung; auch Selbstauskünfte vermögen

---

8   Cf. Feldmeier, Jutta: *Der Unternehmer in der Erzählliteratur. Betriebswirtschaftliche Studien zur Darstellung der Romanfigur des Unternehmers und Bedeutung der Romane für Unternehmer anhand ausgewählter Beispiele.* Niedermann Druck: St. Gallen 2001 (Dissertation), u.a. S. 208.

9   Holst, Elke / Wiemer, Anita: *Zur Unterrepräsentanz von Frauen in Spitzengremien der Wirtschaft. Ursachen und Handlungsansätze.* Discussion Papers 1001. Deutsches Institut für Wirtschaftsforschung: Berlin 2010, S. 3 (retrieved 17.10.2016, from https://www.diw.de/documents/publikationen/73/diw_01.c.356535.de/dp1001.pdf).

10 Wunderer, Rolf / Dick, Petra: „Frauen im Management. Besonderheiten und personalpolitische Folgerungen – eine empirische Studie". In: Id. (Hrsg.): *Frauen im Management. Kompetenzen, Führungsstile, Fördermodelle.* Luchterhand: Neuwied et al. 1997, S. 5–208, S. 45, S. 113.

11 Ibid., S. 34.

12 Ibid., S. 39.

die herrschenden Asymmetrien nicht zu begründen.[13] Man geht deshalb von strukturellen Barrieren aus und spricht von der sogenannten gläsernen Decke,[14] die durch das (auch für Geschlechterfragen relevante) Prinzip der Selbstähnlichkeit etabliert und reproduziert wird.[15] Wissenslücken in Auswahlverfahren, die häufig auf intransparenten, unstandardisierten Praktiken beruhen und in der Regel unter Zeitdruck mit zu wenig Informationen stattfinden, werden tendenziell durch stereotype Bilder aufgefüllt, um die Informationsunsicherheit zu reduzieren.[16] Frauen seien deshalb mit der „speziellen Unvereinbarkeitsproblematik" von traditioneller Rolle im Haushalt und männlich konnotierter Führungsrolle konfrontiert[17] und würden unabhängig von ihrer tatsächlichen Situation als Mütter mit Care-Tätigkeiten wahrgenommen, und zwar auch von weiblichen Vertreterinnen der Wirtschaftselite.[18] Insbesondere in Unternehmen mit zahlenmäßig unausgewogenem Geschlechterverhältnis sei zu beobachten, „daß an die Arbeitsrolle Erwartungen geknüpft werden, die eigentlich der Geschlechtsrolle

---

13 Fietze, Simon / Holst, Elke / Tobsch, Verena: *Persönlichkeit und Karriere – She's got what it takes.* SOEP Papers on Multidisciplinary Panel Data Research. Deutsches Institut für Wirtschaftsforschung: Berlin 2009 (retrieved 17.10.2016, from https://www.diw.de/documents/publikationen/73/diw_01.c.340880.de/diw_sp0220.pdf).

14 Cf. Wirth, Linda: *Breaking Through the Glass Ceiling: Women in Management.* International Labour Office: Genf 2001, S. 25. Lutz Ohlendieck erweitert die Metapher zum Begriff „glass wall"; diese Glaswand sei vertikal angelegt und situiere Frauen an den Peripherien von Unternehmen, beispielsweise im Personalmanagement; Ohlendieck, Lutz: „Die Anatomie des Glashauses: Ein Beitrag zum Verständnis des Glass-Ceiling-Phänomens". In: Pasero, Ursula (Hrsg.): *Gender – from Costs to Benefits.* Westdeutscher Verlag: Wiesbaden 2003, S. 183–193, S. 188.

15 Alemann, Annette von: „Chancenungleichheit im Management. Begründungsmuster der Unterrepräsentanz von Frauen in Führungspositionen der Wirtschaft". In: *Sozialwissenschaften und Berufspraxis* 30 (1), 2007, S. 21–38, S. 25.

16 Gmür, Markus: „Was ist ein ‚idealer Manager' und was ist eine ‚ideale Managerin'? Geschlechtsrollenstereotypisierungen und ihre Bedeutung für die Eignungsbeurteilung von Männern und Frauen in Führungspositionen". In: *Zeitschrift für Personalforschung* 18 (4), 2004, S. 396–417, S. 398.

17 Eagly, Alice H. / Karau, Steven J.: „Role congruity theory of prejudice toward female leaders". In: *Psychological Review* 109, 2002, S. 573–598.

18 Von Alemann, S. 31.

entsprechen".[19] Frauen auf der Führungsebene, die mit hoher sozialer Sichtbarkeit rechnen müssen und unter besonderer Beobachtung stehen[20] – Rosabeth Moss Kanter spricht von „Token-Status"[21] –, werden als Repräsentantinnen einer homogenisierten Geschlechtsgruppe aufgefasst.[22]

Darüber hinaus tendieren Organisationen dazu, Führungsstile gemäß des binären Geschlechterdiskurses zu strukturieren. Nach Sabine Sczesny können positiv bewerteten Kompetenz-Eigenschaften des prototypischen Mannes, wie Dominanz oder Unabhängigkeit, „ebenfalls positiv bewertete[...] Emotions-Eigenschaften der prototypischen Frau, wie Einfühlsamkeit oder Rücksichtnahme, gegenüber" stehen.[23] Bis in die 1990er Jahre hinein gelte jedoch die Formel „Think manager – think male", das heißt Eigenschaften des Führungspersonals würden primär männlich konnotiert, so Rolf Wunderer und Petra Dick.[24] Frauen müssten sich deshalb dem Paradox stellen, dass ihnen männlich konnotierte Verhaltensweisen abverlangt würden, die zugleich als Verlust ihrer Weiblichkeit, ihrer (Geschlechts-)Identität, gälten.[25] Die binäre Geschlechtermatrix macht sich die Forschung zu eigen, wenn sie, wie in Sally Helgesens viel diskutierter Untersuchung *Frauen führen anders. Vorteile eines neuen Führungsstils*, einen aufgabenzentriert-männlichen Führungsstil einem personenzentriert-weiblichen entgegensetzt. Helgesens differenztheoretischer Ansatz schreibt

---

19 Wunderer / Dick, S. 125. Diese Einschätzung könne auch positive Effekte haben, wenn sich Kollegen aufgrund eines erhöhten Problembewusstseins zuvorkommender verhalten; ibid., S. 127.

20 Neuberger, Oswald: *Führen und führen lassen: Ansätze, Ergebnisse und Kritik der Führungsforschung*. UTB: Stuttgart 2002, S. 803.

21 Moss Kanter, Rosabeth: *Men and Women of the Corporation*. Basic Books: New York 1977. Cf. dazu auch Müller, Ursula: „Zwischen Licht und Grauzone: Frauen in Führungspositionen". In: *Arbeit* 8 (2), 1999, S. 137–161, S. 139–140. Nach Kanter muss der Anteil von Frauen 15 % überschreiten, um das Geschlechterbild auszudifferenzieren und einzelne Personen mit ihren spezifischen Fähigkeiten sichtbar werden zu lassen; Kanter, S. 208–209.

22 Cf. Ohlendieck, S. 190.

23 Sczesny, Sabine: „Führungskompetenz: Selbst- und Fremdwahrnehmung weiblicher und männlicher Führungskräfte". In: *Zeitschrift für Sozialpsychologie* 34 (3), 2003, S. 133–145, S. 134.

24 Wunderer / Dick, S. 90.

25 Müller, S. 140.

Frauen geringere Karriere-Ambitionen, weniger Aggressivität sowie das Vermeiden von Konkurrenz und Wettbewerb zu, Haltungen also, die im Kampf um Führungspositionen wenig hilfreich scheinen. Seit den 1990er Jahren weiche jedoch der militärische Organisationsstil, so Helgesen, einem netzartigen Modell, das (hier weiblich codierte) kooperative und soziale Fähigkeiten bevorzuge[26] – Studien von McKinsey und der amerikanischen Frauen-Organisation Catalyst unterstreichen, dass die Präsenz von Frauen in Chefetagen vorteilhaft sei und die Ergebnisse verbessere.[27] Neuere Untersuchungen halten allerdings fest, dass nicht von einem spezifisch weiblichen oder männlichen Führungsstil ausgegangen werden könne. Die Organisationsforschung spricht inzwischen von multiplen Weiblichkeiten und Männlichkeiten in Betrieben,[28] nach Ursula Müller ein Zeichen dafür, dass die Debatte über Frauen in Führungspositionen in eine Phase produktiver Verunsicherung eingetreten ist.[29]

Vor dem Hintergrund dieser Forschungsergebnisse lässt sich Händlers Entwurf einer rein weiblichen Unternehmerschaft genauer konturieren – auch sein Roman entkoppelt, wie noch zu zeigen sein wird, Führungsstile und Geschlecht. *Wenn wir sterben* bezieht sich darüber hinaus auf den historischen Diskurs über den Unternehmer, der durch das weibliche Personal auf spezifische Weise konnotiert wird.

---

26 Helgesen, Sally: *Frauen führen anders. Vorteile eines neuen Führungsstils.* 3. Aufl. Campus: Frankfurt a.M. / New York 1992, u.a. S. 14–15.

27 Cf. „Women matter" von McKinsey (2007, 2008, 2009, 2010, 2012). In: European Commission (Hrsg.): *Women on boards – Factsheet 1. The economic arguments* (retrieved 17.10.2016, from http://ec.europa.eu/justice/gender-equality/files/womenonboards/factsheet-general-1_en.pdf).

28 Wunderer / Dick, S. 66. Die Sozialpsychologinnen Alice Eagly und Linda Carli hingegen begreifen weibliche Führung als grundsätzlich transformational und unterstreichen, dass Unternehmen durch eine weibliche Führungsspitze Innovationsfreudigkeit und Modernität zu signalisieren vermögen; Eagly, Alice H. / Carli, Linda L.: „The Female Leadership Advantage: An Evaluation of the Evidence". In: *The Leadership Quarterly* 14, 2003, S. 807–834, S. 828.

29 Müller, S. 156.

Das Genie im Unternehmerdiskurs: Schöpfungsphantasien

Der Unternehmer ist einschlägigen Wirtschaftshistorikern und -theoretikern des frühen 20. Jahrhunderts nach ein schöpferisches Genie, das kompromisslos seiner inneren Stimme, seiner Berufung, folgt. Werner Sombart unterscheidet in seiner Studie *Der Bourgeois* (1913), die den ‚Geist‘ des Unternehmers zu definieren versucht, Eroberer, Organisator und (jüdisch markierten) Händler. Der Eroberer habe die Fähigkeit, weitreichende Pläne zu schmieden, besitze Ideenreichtum und sei vom Willen zur Tat beseelt, was dem reinen Erfinder abgehe; es treibe den Eroberer, „seiner (oder auch eines andern) Erfindung in tausendfältiger Gestalt Leben zu verleihen"[30] – er gibt mithin Leben, ist Schöpfer. Der zweite Typus Sombarts, der Organisator, veranlasst Andere zur Dienstbarkeit und beherrscht die Massen: „Organisieren heißt: viele Menschen zu einem glücklichen, erfolgreichen Schaffen zusammenfügen; heißt Menschen und Dinge zu disponieren, daß die gewünschte Nutzwirkung uneingeschränkt zutage tritt."[31] Der Unternehmer, der die Fähigkeiten sowohl des Eroberers als auch des Organisators besitzen muss, ist zum Dritten Händler, das heißt in einem weiteren Sinne Verhandelnder, in einem engeren Sinne Verkäufer[32] – Prototypen seien amerikanische Millionäre wie Andrew Carnegie. Der Unternehmer Sombarts lässt also Erfindungen Realität werden, bewegt Menschen durch seine Begeisterung, besitzt Planungskompetenz und ist in einem emphatischen Sinne Schöpfer.

Der Ökonom Joseph Alois Schumpeter, der für Ernst-Wilhelm Händler eine wichtige Bezugsgröße darstellt – der Schumpeter'schen Formel der schöpferischen Zerstörung entspricht unter anderem das Grundgerüst des Romans (W, et al. 175, 223) –, verknüpft das Berufsprofil des Unternehmers, das heterogene Tätigkeiten kombiniert und diverse Begabungen verlangt, ebenfalls mit dem hoch aufgeladenen Schöpfungsdiskurs. Schumpeters Unternehmer ist ein kreatives Genie, das sich – einem Künstler vergleichbar – Projekten mit Haut und Haar verschreibt und an Innovationen, nicht aber an materiellem Besitz interessiert ist. Schumpeter entwirft den

---

30 Sombart, Werner: *Der Bourgeois. Zur Geistesgeschichte des modernen Wirtschaftsmenschen.* Duncker & Humblot: München / Leipzig 1920, S. 70.
31 Ibid.
32 Ibid., S. 73.

Unternehmer in seiner *Theorie der wirtschaftlichen Entwicklung* von 1911 als „*Künstler* und *Führer*, der einer *trägen Masse* gegenübergestellt wird, die nicht fähig ist zu Neuem. Als Künstler produziert er Neues, indem er neue Möglichkeiten auffindet, und als Führer setzt er das Neue durch."[33] Ein erfolgreicher Unternehmer entwickelt neue Kombinationen, innovative Methoden, stellt neue Produkte her, erschließt Absatzmärkte und führt Neuorganisationen durch.[34] Er folgt dabei rein intrinsischen Motiven wie der Freude am Gestalten von Neuem und ist nicht an Genuss oder Profit interessiert. Schumpeters Unternehmer ist also kein Kapitalist, kein Eigentümer von Produktionsmitteln,[35] und arbeitet paradoxerweise aus nicht-kapitalistischen Motiven: „Der Entrepreneur steht im scharfen Gegensatz zum (neo-)klassischen *homo oeconomicus.*"[36] Spielt in der Firmenentwicklung, die Händlers Roman beschreibt, das Interesse an Profit eine zunehmend zentrale Rolle, so weichen das Geniale und Charismatische der früheren Führungselite der Herrschaft des Geldes und der Werbung, Indizes eines minoren Händlergeistes im Sombart'schen Sinne. Der Unternehmerdiskurs wird also mit Schöpfung und Geburt assoziiert, zudem mit Körperlichkeit – seit dem frühen 20. Jahrhundert narrativieren Romane die Idee der Berufung und der Identifikation auch über körperliche Erfahrungen, wie beispielsweise in Ayn Rands Bestseller über eine Eisenbahnmagnatin, *Atlas Shrugged*.[37] Dieser physisch gewendete Schöpfungsdiskurs lässt sich mühelos mit Geschlechtlichkeit verbinden und eignet sich damit für Phantasien über (die Produktivität von) Mutter- und Vaterschaft im übertragenen wie buchstäblichen Sinne.

In *Wenn wir sterben* umschreibt die Gebärfähigkeit der Frau, also eine ‚biologische Produktivität', die industrielle ‚Schöpfung', die ihrerseits zum Kind metaphorisiert wird. Der Text deutet eine rein weibliche Genesis an,

33 Gerschlager, Caroline: *Konturen der Entgrenzung. Die Ökonomie des Neuen im Denken von Thomas Hobbes, Francis Bacon und Joseph Alois Schumpeter*. Metropolis: Marburg 1996, S. 113.

34 Bass, Hans H.: *J. A. Schumpeter. Eine Einführung*. Gastvorlesungen an der Aichi-Universität, Tohoyashi / Japan. IWIM: Bremen 1998, S. 28.

35 Ibid., S. 38, S. 40. Schumpeter knüpft an Nietzsche an, wenn er vom „Siegerwillen" des Unternehmers spricht; ibid.

36 Ibid., S. 40–41.

37 Cf. Rand, Ayn: *Atlas Shrugged*. Signet: New York 1985, u.a. S. 206–207.

wenn es über die Unternehmerin Charlotte und die Firma (als Sohn) heißt: „Wenn sie einen Sohn geboren hatte, dann hatte ihn kein Mann gezeugt. Hätte ihn ein Mann gezeugt, wäre er noch ein Kind, aber ihr Sohn [also die Firma; F.S.] war gleich, sofort bei der Geburt erwachsen gewesen" (W, 32). Diese ,Parthogenese' ruft die Idee einer Urmutter auf, die die Schöpfung aus sich selbst gebiert – das ,weibliche' Pendant zum Pygmalion-Mythos, der der Tradition nach männliche Produktivität chiffriert. Dieser wird bei Händler jedoch, ähnlich wie in Reimanns Roman *Franziska Linkerhand*, den weiblichen Figuren zur Verfügung gestellt, beispielsweise der Protagonistin Stine. Über Egin, ihren Freund, heißt es: „für Egin ist Stine Gott, denn sie hat ihn geschaffen" (W, 51); alles habe sie ihm „eingehaucht" (W, 52).

Darüber hinaus wird die Organisation zur Familie bzw. zum Organismus stilisiert und eine evolutive Dynamik unterstellt; es heißt: „Ihr Sohn [die Firma Charlottes; F.S.] lebte im Rhythmus der Tage und Nächte, er gedieh mit dem Wechsel der Jahreszeiten. Ihr Sohn machte niemanden vor der Zeit alt, vielmehr verjüngte er diejenigen, die Umgang mit ihm hatten" (W, 99). Händlers Roman konzipiert die Firma als familiale Organisation und Mutterschaft als mythische Produktivität *ex nihilo*. Dieser ,Nativität' setzt der Text Unfruchtbarkeit und Stillstand entgegen, nach denen sich bezeichnenderweise ein Banker sehnt: „er fühlt sich so unfruchtbar in einer aufwallung er könnte gar nicht angeben welchen gefühls wünscht er sich die ganze welt wäre unfruchtbar die wissenschaft die technik die wirtschaft alles würde stagnieren" (W, 20). Den Wunsch nach *stasis* schreibt Schumpeter der trägen Masse zu,[38] die hier eine männliche Figur, ein Bankangestellter, repräsentiert – eine der zahlreichen geschlechtlichen Inversionen des Romans.

Der Text konzipiert also ein evolutives Wirtschaftsmodell mit selbstinduzierten „Reinigungsphasen".[39] Dieses organologische Konzept personifiziert der rein weibliche Kosmos der Unternehmerinnen (jedenfalls zu Beginn), so dass die Protagonistinnen, topischen Weiblichkeitsimagines gemäß, für Kreatürlichkeit und Organik stehen. Ihre Mutterschaft erscheint

---

38 Schumpeter, Joseph Alois: *Beiträge zur Sozialökonomik*. Hrsg., übers. u. eingel. v. Böhm, Stephan. Böhlau: Wien et al. 1987, S. 149.

39 Cf. dazu Land, Rainer: „Schumpeter und der New Deal". In: *Berliner Debatte Initial* 20 (4), 2009, S. 49–61, u.a. S. 57.

als die Voraussetzung einer Evolution, die auf die Firma und ihr ‚Leben‘ übertragbar ist. Männlichkeit hingegen wird auch dann aus der Sphäre der Geburt und der Erziehung ausgeklammert, wenn eine Mitarbeiterin aus der Produktionsabteilung polemisch festhält: „Die Männer müssen nichts gebären, was funktioniert, warum sollen sie dann ein Bewusstsein haben, ihrer selbst oder irgendeines anderen Zustands? Sie müssen kein Leben geben und es dann auch noch langsam formen." (W, 238) Der Roman knüpft die industrielle Produktivität mithin essentialistisch an weibliches Gebären – eine Verbuchstäblichung der beliebten Schöpfungsmetapher.

Weiblichkeit als schöpferische Zerstörung: Geburt und Mutterschaft als Metaphern

Wenn wir sterben verschränkt die Schöpfungsakte der Unternehmerinnen, die über metaphorische wie buchstäbliche Mutterschaft semantisiert werden, im Sinne Schumpeters mit Zerstörung, so dass Weiblichkeit auch in diesem Roman (ähnlich wie bei Balzac und Schnitzler) als Allegorie des Lebens *und* des Todes firmiert. Den zerstörerischen Aspekt der Wirtschaftsprozesse chiffriert der Roman – den emphatischen Geburts- und Evolutionsphantasien entgegengesetzt, jedoch der Tendenz der Verbuchstäblichung gemäß – in Bildern von weiblichen zerfallenden Körpern. Entfremdung, zwischenmenschliche Verwerfungen und psychische Irritationen als destruktive Vorgänge übersetzt der Roman in zerspringende Körper, sich verselbstständigende Organe und zu Tage tretende Innereien, die die weiblichen Figuren hyperbolisch auf Körperlichkeit fixieren. Die Beschreibungen sich zersetzender Leiber häufen sich gegen Ende des Romans, der die fünfaktige Tragödienstruktur simuliert und einen Agon monströser Körper entwirft; so heißt es: „Das Ideal, dem die Gegenseite nachstrebt, besteht darin, künstlich einen Menschen herzustellen, der so aussieht wie Stine, der die gleichen Haare hat, die gleiche Haut, dieselbe Schminke auf der Haut, der aber über keinen Pfenning Geld mehr verfügt." (W, 447) Der Betrug Stines hat entsprechend körperliche Konsequenzen:

> Natürlich ist auch ihr Herz entzweigeschnitten, wenn Stine jetzt von dem Geländer wegtritt, können wir ihren Herzschlag sehen. Der Brustkorb ist geklammert, das Herz genäht, aber die Teile verschieben sich gegeneinander. Das Herz pulst gegen sich selber, der Brustkorb spießt sich selbst auf (W, 92–93).

Dieser „kapitalistische Surrealismus"[40] – ein Begriff Bernd Blaschkes – verbuchstäblicht die Erfahrung der Entfremdung bzw. des Verrats und übersetzt sie in drastische Körperbilder, dem Geschlechterdiskurs nach eine Sphäre des Weiblichen.

Bemerkenswert ist zudem, dass der Roman das Rationalitätsparadigma wirtschaftlichen Handelns sowie das beliebte Modell des *homo oeconomicus* ausgerechnet im Kontext eines weiblichen Personals *ad absurdum* führt, zum Teil in diskursiven Partien (W, 193), zum Teil durch das ‚allzumenschliche Agieren' der Unternehmerinnen. Die Fiktion eines rational Handelnden – auch wenn dieser Typus neueren wirtschaftswissenschaftlichen Modellen nach nicht vollständig informiert sein muss[41] – weicht dem Begehren nach Macht, der Effektivität von Netzwerken und der Dominanz von Gefühlen; Joseph E. Stiglitz hält entsprechend fest, dass die Volkswirtschaftslehre in erster Linie eine „Wissenschaft von den menschlichen Entscheidungen" sei, für die nicht zuletzt der Herdentrieb zu berücksichtigen sei.[42] Die Absage an das Rationalitätsideal veranschaulicht Ernst-Wilhelm Händlers Text ausgerechnet an weiblichen Figuren, so dass eine unbehagliche Allianz zwischen dem zählebigen Ausschluss von Weiblichkeit aus der Sphäre der Vernunft – so will es der Geschlechtscharakter seit dem 19. Jahrhundert – und der Demontage einer wirtschaftswissenschaftlich konstruierten Ratio entsteht. In einem Interview hält Händler über seine Figuren fest: „Wichtige wirtschaftliche Entscheidungen werden letztendlich

---

40 Blaschke, Bernd: „Szenen der Gewalt inmitten der Sachlichkeit. Sex and Crime in Händlers Sprachstil". In: Hagestedt / Unseld (Hrsg.), S. 32–59, S. 55.

41 Cf. dazu Kirchgässner, Gebhard: *Homo Oeconomicus. Das ökonomische Modell individuellen Verhaltens und seine Anwendung in den Wirtschafts- und Sozialwissenschaften.* 2., ergänzte und erweiterte Aufl. Mohr Siebeck: Tübingen 2000, S. 14. Das Modell des *homo oeconomicus* wird neuerdings durch das des *homo reciprocans* ergänzt, das sozialpsychologische Aspekte wie Fairness und Reziprozität berücksichtigt; cf. dazu Königs, Simone: *„Wer keinen Erfolg hat, soll gefälligst den Mund halten". Wirtschaftswissenschaftliche Theorien in Ernst-Wilhelm Händlers Roman „Wenn wir sterben".* Universität Trier 2011 (Magisterarbeit), S. 35. Meine Ausführungen verdanken dieser Studie wertvolle Anregungen.

42 Stiglitz, Joseph E.: *Volkswirtschaftslehre.* Oldenbourg: München 1999, S. XI.

rein gefühlsmäßig getroffen. Sie fallen immer mit Blick auf Konkurrenten. Da spielen Beziehungen hinein, auch Äußerlichkeiten. Das konnte ich bei Frauen distanzierter, auch dezenter beschreiben."[43] Gefühlsmäßiges, instinktives Handeln sowie das Interesse an Äußerlichkeiten führt der Roman *Wenn wir sterben*, geläufigen Geschlechtertopoi entsprechend, als weibliche Eigenschaften (von Unternehmerinnen) vor. Noch dazu wird das weibliche Gebären essentialistisch zum physischen Ausweis einer organologischen Produktivität und eines evolutiven Wirtschaftsmodells.

Ausdifferenzierte Führungsstile: Kooperation, Charisma und Autorität

Händlers Text konstruiert gleichwohl keinen spezifisch weiblichen Führungsstil, sondern differenziert den Habitus seiner Unternehmerinnen aus und löst ihn vom Geschlecht ab, wohl auch deshalb, weil der Autor wenig von der Idee einer besonderen weiblichen Begabung für Humanität hält: „Nichts gegen Frauen, aber die Wirtschaft hat ihre eigenen Gesetze, und denen muss sich jeder […] gleichermaßen anpassen"[44] – ein emanzipatorisches Argument, das Frauen nicht zu Sachwalterinnen einer ansonsten ignorierten Moral erklärt.

Der Roman *Wenn wir sterben* präsentiert ganz unterschiedliche Führungsstile und ethische Einstellungen. Die Unternehmerin Bär beispielsweise bedient sich eines transformationalen Stils, wenn die Mitarbeiter/innen als Individuen wahrgenommen und etablierte Denkmuster durchbrochen werden. Bär agiert ebenso inspirierend wie motivierend, verfügt über Charisma und Begeisterung. An Stine adressiert erklärt sie: „Du hattest Angst, daß die Leute von mir lernten, denn ich war begeistert, und Du wußtest, die Leute lernen von jedem, der begeistert ist" (W, 229). Dieser Führungsstil konzentriert sich auf „visionäre, anregende Inhalte" und bündelt emotionale Energien, um

43 Schütt, Julian: „„Ich habe einen Masterplan im Kopf'. Das meistgefeierte deutsche Buch des Jahres schrieb ein Unternehmer: Ernst-Wilhelm Händler". In: *Die Weltwoche* 19.12.2002 (retrieved 17.10.2016, from http://www.welt woche.ch/weiche/hinweisgesperrt.html?hidID=529289).
44 Ibid.

ein gemeinsames Ziel zu erreichen.[45] Bär lässt die Mitarbeiter/innen an ihren Überlegungen teilhaben (W, 26) und propagiert das Schumpeter'sche Ideal der Innovation: „Sie sagte ihnen, sie sollten sie jeden Tag behandeln, als sei sie noch nie dagewesen" (W, 26). Ihre erfolgreichen Arbeitsspiele erhöhen denn auch die Produktivität an den Fließbändern:

> Nachdem sie das Montageband vier Stunden betrieben hatten, waren die Arbeiter erschöpft und mußten sich ausruhen. Als sie danach wieder an das Band gingen, um von vorne anzufangen, griff der warme beständige Wind auch ihnen sanft unter die Achseln und half ihnen, das Band bis zum Ende der Schicht am Laufen zu halten (W, 150).[46]

Bärs Arbeitsweise zielt auf schöpferische Zerstörung und Neuheit, ein Transformationsprozess, dessen gewaltvoller Utilitarismus ebenfalls aufscheint, wenn es heißt: „Bär zertrümmerte die Gußformen der Menschen und brachte es fertig, daß andere Menschen aus den zerschlagenen Formen herauskrochen, neue Menschen, die viel nützlicher waren als die alten" (W, 156).

Charlotte als stürzende ‚Königin' des Unternehmens steht hingegen für einen charismatischen Führungsstil im Sinne Max Webers – „sie hatte charisma" (W, 108). Ihre Ausstrahlung wird bezeichnenderweise mit ihrer Schönheit in Zusammenhang gebracht, die auch bei Händler als erotisches Kapital fungiert. Charlottes Führungsstil lässt sich darüber hinaus als kooperativer beschreiben:

> Charlotte war sich ihrer Sache sicher. Aber nie wählte sie die Pose der Überlegenheit. Sie sprach und schrieb nicht im Tonfall und Stil derjenigen, die alles wußte. Eigentümlich dabei, wie sie Bär immer zu fragen schien, ob sie, Bär, mit der Art, das Problem zu gliedern, mit der vorgeschlagenen Reihenfolge, die Teilprobleme

---

45 Wunderer, Rolf: *Führung und Zusammenarbeit. Eine unternehmerische Führungslehre.* Luchterhand: Köln 2009, S. 242.

46 Die Spiele erinnern trotz ihres ludischen Charakters an die Experimente von Frederick Winslow Taylor, die den Output zu maximieren versuchen. Taylors Konzept ist darauf ausgerichtet, „vor allem industrielle Betriebe zur Erhöhung der Leistungsfähigkeit und zur wirtschaftlichen Verwertung der anzuwendenden Mittel durch Einführung wissenschaftlicher Betriebsmethoden" anzuregen; Roesler, Rudolf: „Vorwort. Das Taylor-System – Eine Budgetierung der menschlichen Kraft". In: Taylor, Frederick Winslow: *Die Grundsätze der wissenschaftlichen Betriebsführung.* Reproduktion der 1. Aufl. von 1913. Salzwasser: Paderborn 2011, S. 7–14, S. 7.

abzuarbeiten, mit den ausgedachten Lösungsansätzen einverstanden sein konnte (W, 135).

Arbeitsplanung, -vorbereitung und -kontrolle werden iterativ, das heißt in ständigem Austausch[47] und in partnerschaftlicher Zusammenarbeit unternommen,[48] die in hohem Maße auf Vertrauen basiert. Die Übernahmepläne Millas und Stines, die sich durch Verrat an die Spitze setzt, sind hingegen von gegenseitigem Misstrauen geprägt. Stines Führungsstil, der gegen Ende des Romans (zumindest vorübergehend) dominiert, ist in deutlicher Abgrenzung von kooperativen und inspirierenden Haltungen als autoritärer zu beschreiben. Sie vermeidet den Dialog und erteilt Befehle (W, 142), ohne die Mitarbeiter/innen an ihren Überlegungen teilhaben zu lassen.[49]

Innerhalb der Firmenentwicklung, die Händlers Roman schildert, löst also ein autoritärer Führungsstil einen charismatischen sowie kooperativen ab; eine geniale Unternehmerin im Sinne Schumpeters weicht einem Typus, dem vornehmlich an Geld und Macht gelegen ist. Parallel zu diesem Paradigmenwechsel treten ‚kreative‘ Arbeitsformen, für die Selbstoptimierung, -disziplinierung und -werbung eine zentrale Rolle spielen, an die Stelle von fordistischen; die sich durchsetzenden Unternehmerinnen präsentieren sich entsprechend in bunt schillernden, ästhetisierten Videobotschaften. Mit Schumpeter und Sombart ließe sich sagen, dass ein (den Creative Industries angepasster) Händlertypus den innovativen Unternehmer als Erfinder und Eroberer ersetzt.

Aussagekräftig für die Konzeptualisierung weiblicher Arbeit in *Wenn wir sterben* ist, dass im Verlaufe dieses Führungswechsels diejenigen Unternehmerinnen, die buchstäblich in Care-Ökonomien involviert sind – Charlotte und Bär sind Mütter –, einem Typus weichen, der sich ausdrücklich von Hausarbeit und Kindererziehung distanziert: „Stine ist stolz darauf, daß sie nicht kochen kann, sie weiß nicht einmal, wie man die Küche saubermacht.

---

47 Wunderer 2009, S. 219.
48 Über die gemeinsame Arbeit heißt es an anderer Stelle: „Niemand hatte Bär beaufsichtigt. Alles war ein Miteinander gewesen. Nebensätze hatten ausgereicht, um Wichtiges von Bedeutungslosem zu sondern, Gesten genügt, um verschworene Ziele anzustreben, mit kaum merkbaren Winken hatte man sich bedeutsam verständigt." (W, 142)
49 Wunderer 2009, S. 210. Millas Führungsstil ließe sich als delegativer beschreiben, da sie eine Vielzahl von Aufgaben überträgt.

Es gehört nicht zu ihren künstlerischen Zielen zu wissen, wie man Säuglinge wickelt" (W, 36). Günter G. Voß und Cornelia Weiß haben gezeigt, dass tatsächlich nahezu ausschließlich Frauen ohne Care-Verpflichtungen von den neuen Arbeitsformen der Creative Industries profitieren[50] – dieser Befund entspricht Händlers Entwicklungsgeschichte. Übernimmt jedoch ausgerechnet Stine im Tableau der Unternehmerinnen die Rolle der ,Bösen', die sich auf den Spuren von Shakespeares Königsdrama *Macbeth* hemmungslos ihrem Machthunger hingibt, so diskreditiert die implizite moralische Perspektive des Romans einen Typus arbeitender Weiblichkeit, der sich von (buchstäblicher) Mutterschaft löst. Die solitäre Figur Stine zerstört den ursprünglich harmonisch-schöpferischen Zustand produktiver Zusammenarbeit in der Firma, die als Familie imaginiert wird. Oder anders formuliert: Die Mutterschaft Charlottes und Bärs metaphorisiert neben schöpferischer Produktivität eine (positiv bewertete) Unternehmenskultur, die die Organisation als Familie, Wirtschaftsprozesse als evolutive begreift und auf einem kooperativen bzw. transformationalen Führungsstil basiert.

Händlers Roman differenziert also einerseits nicht geschlechtlich codierte Führungsstile aus, verknüpft seine weiblichen Führungspersönlichkeiten jedoch andererseits mit stereotypen Interessen (Mode und Sexualität), Eigenschaften (Schönheit und Körperlichkeit) sowie biologischen Gegebenheiten (Mutterschaft). Kann männliche Führung mit einer Nichtmarkierung des Geschlechts rechnen, so besteht diese Option für Frauen nicht,[51] auch nicht in diesem Roman. Darüber hinaus ist Händlers Text von einem moralischen Diskurs grundiert, der Unternehmerinnen dann als ,gute' gelten lässt, wenn sie sich (auch im buchstäblichen Sinne) reproduzieren. Der

---

50 Voß, Günter G. / Weiß, Cornelia: „Ist der Arbeitskraftunternehmer weiblich?" In: Lohr, Karin / Nickel, Hildegard Maria (Hrsg.): *Subjektivierung von Arbeit. Riskante Chancen.* Westfälisches Dampfboot: Münster 2005, S. 65–91.

51 „Während die Verschränkung von Männlichkeit und Professionalität den Männern gewissermaßen automatisch geschlechtliche Neutralität garantiert, erfordert die Anerkennung der Professionalität auf Seiten der Frauen ein heikles Ausbalancieren von *doing* und *undoing gender*. Um als ,normale' Berufstätige akzeptiert zu werden – gewissermaßen ,ohne Ansehen des Geschlechts' – sind Frauen vor die Aufgabe gestellt, die Geschlechterdifferenz herunterzuspielen, ohne sie ganz verschwinden zu lassen." Heintz, Bettina / Nadai, Eva: „Geschlecht und Kontext. De-Institutionalisierungsprozesse und geschlechtliche Differenzierung". In: *Zeitschrift für Soziologie* 2 (2), 1998, S. 75–93, S. 82.

gegen Mutterschaft eingestellten Unternehmerin Stine kommt entsprechend
die Rolle der Verräterin und Königsmörderin zu.[52]

Der Unternehmensroman als Königsdrama: Macbeth in der Firma

Die moralischen Implikationen des Romans werden durch zahlreiche Bezüge zu Shakespeares Königsdrama *Macbeth* verstärkt, das *Wenn wir sterben* unter verändertem geschlechtlichen Vorzeichen nachstellt. Das elisabethanische Drama motiviert nicht zuletzt die zahlreichen Gewaltszenen des Romans, die die Organisation an Fleisch und Begehren binden, das Modell des *homo oeconomicus* torpedieren[53] und die Unternehmensentwicklung als blutige Macht- und Mordgeschichte erscheinen lassen. Händler überlagert zwei Diskurse, einen physisch-vormodernen und einen abstrakt-modernen, in dem Macht und Domestikation „gasförmig" geworden sind.[54] Die Anwälte versuchen beispielsweise, Stine „zu vergiften, zu schinden, aufzuschlitzen, zu zertrampeln, zu zerquetschen, zu verbrennen" (W, 447) – ein Gewaltdiskurs, der es mit Shakespeare aufnehmen kann. Macbeth räsoniert über seine mordende Hand: „Was da für Hände? Ha! reißen mir die Augen aus. / Kann alles großen Neptuns Meer dies Blut / Absäubern von der Hand? Nein, eher würd / Die Hand die Meereswassermassen all / Fleischblutig färben, Grünes kehrn in Rot."[55]

---

52 Sie gleicht einem alles verschlingenden Dämon: „Sie trug weiße Strümpfe, mit den weißen Beinen und den weißen Armen wirkte Stines Mund noch größer. Du sahst in ihren Lippen niemals Sinnlichkeit und Wollust, sondern Bösartigkeit und Tücke. Stines Mund kann alles verschlingen – dich, deine Zukunft" (W, 443).

53 Kaube weist darauf hin, dass Händler diverse Modelle des wirtschaftswissenschaftlichen Mainstreams einarbeite, beispielsweise Ansätze von Robert Lucas und Thomas Sargent, „in deren Zentrum die Annahme steht, daß sich ökonomische Akteure nicht täuschen oder täuschen lassen und daß sie Reaktionen anderer ökonomischer Akteure zu antizipieren vermögen, weil sie nicht glauben, daß diese anders als sie selber sind"; Kaube, S. 128.

54 Deleuze, Gilles: „Postskriptum über die Kontrollgesellschaften". In: Id.: *Unterhandlungen 1972–1990*. Aus dem Französischen v. Roßler, Gustav. Suhrkamp: Frankfurt a.M. 1993, S. 254–262, S. 256.

55 Shakespeare, William: *Macbeth*. Zweisprachige Ausgabe, neu übers. u. mit Anmerkungen versehen v. Günther, Frank. Deutscher Taschenbuch Verlag: München 2004, S. 61.

278

Händler invertiert die Rollen aus *Macbeth*, wenn die Hexen, die auf dämonische Weise die Zukunft ‚voraussagen‘, von zwei (in einer Werbeagentur tätigen) Männern gegeben werden, und diejenigen, die sich durch ihre Einflüsterungen verführen lassen, weibliche Führungskräfte sind.[56] „Angel zu Stine: Stell dir vor, du wirst Sprecherin. Drifter zu Stine: Später wird dir die Firma gehören. Angel zu Bär: Dir wird nie eine Firma gehören. Aber deine Tochter wird –" (W, 24); Bär firmiert mithin als Banquo, dessen Kindern eine goldene Zukunft prophezeit wird. Die verlockenden Voraussagen der Hexen setzen bei Shakespeare eine Geschichte des blutigen Verrats in Gang, die nicht etwa schicksalhaft vorherbestimmt ist, sondern von einer Irritation menschlicher Hermeneutik ihren Ausgang nimmt; die geheimen Wünsche der Figuren führen zu Fehllektüren und trügerischen Schlussfolgerungen. In Händlers Roman heißt es gegen Ende:

> Sie haben doch mitbekommen, wie Angel, aber natürlich nicht er allein, sondern mit Drifter zusammen, wie die beiden Stine in eine Intrige per Einflüsterung verwickelt haben. Sie haben doch gesehen und gehört, wie hier eine Geschichte in die Welt infiltriert wurde, eine Hypothese zunächst, eine reine Fiktion, nichts anderes als ein Hirngespinst, aber diese Geschichte hat Macht über ihre Opfer gewonnen, und wir sind alle Zeugen, wie dieses Hirngespinst Wirklichkeit schafft, Handlungen erzeugt (W, 373).

An früherer Stelle überlegt Stine: „Wenn es das Schicksal will, daß mir die Welt gehören soll, dann mag das Schicksal dafür sorgen, daß es ohne mein Zutun geschieht" (W, 29). Macbeth spricht nach der Verheißung der Hexen ganz analog zu sich selbst: „Will's Schicksal mich zum König, krönt mich's Schicksal / Ohne mein Zutun."[57]

Shakespeares *dramatis personae* machen nach dem Mord an König Duncan die Erfahrung einer invertierten Welt, in der selbst Naturphänomene

---

56 Der Bezug zur Tragödie *Macbeth*, die auf vielfältige Weise die Verkehrung des ‚Natürlichen‘ zum Ausdruck bringt – die bärtigen Hexen beispielsweise sind männlich und weiblich zugleich als Ausdruck von ‚Perversion‘ –, grundiert Händlers Roman mit einer normativen Geschlechterordnung, die seine queeren Figuren tendenziell abwertet. Cf. zu Shakespeares Phantasien der ‚Unnatur‘ Schläfer, Ute: „Die späteren Tragödien". In: Schabert, Ina (Hrsg.): *Shakespeare-Handbuch. Die Zeit. Der Mensch. Das Werk. Die Nachwelt.* Unter Mitarbeit zahlreicher Fachwissenschaftler. Mit einem Geleitwort von Clemen, Wolfgang. 3. Aufl. Kröner: Stuttgart 1992, S. 594–640, S. 632.
57 Shakespeare, S. 27.

‚unnatürlich' werden – die Eule greift den Falken an – und in der ein Ehr-geiz herrscht, der die Mittel des eigenen Lebens vertilgt.[58] Die Figur der Inversion übernimmt Händlers Text, wenn er die blutige Machtgeschichte in weiblicher Besetzung nachspielt und einige Details ins Gegenteil verkehrt: Leidet Macbeth unter Schlaflosigkeit, weil ihn quälende Gewissensbisse umtreiben – er „mordet" mit König Duncan auch seinen Schlaf, wie es bei Shakespeare heißt[59] –, so zieht sich Charlotte eine ominöse Schlafkrankheit zu. Weitere Details werden direkt übernommen: Als Stine Bär zu entmach-ten versucht – es ist ausdrücklich von Mord die Rede (W, 171) –, scheint wie in *Macbeth* der Wald näher zu rücken, bei Shakespeare paradoxer Ausdruck einer Naturwidrigkeit, die die Unnatur besiegt.[60] Bei Händler heißt es: „Wir blicken hinaus durch die Fenster auf den Wald und wissen nicht, warum wir den Eindruck haben, daß der Wald näher kommt" (W, 159). Bär firmiert in diesem Kontext als untergehender Macbeth, verkörpert jedoch zugleich den Geist Banquos, wenn etwas später die Frage gestellt wird: „Wie oft will Bär noch erscheinen, ohne dazusein?" (W, 238).[61] Die neuen Antago-nistinnen Milla[62] und Stine stehen sich entsprechend gegenüber „wie die Heerführer in einer mittelalterlichen Schlacht. Nach großem Gemetzel und vielen Toten bei den Gemeinen stoßen schließlich die Anführer aufeinander, die nur voneinander gehört, sich aber noch nie gesehen haben" (W, 463).

Während Shakespeare die blutige Episode um Macbeth (von seiner Vorlage abweichend) mit der guten Regentschaft Duncans und der sich ankündigenden strahlenden Herrschaft Malcoms rahmt, entwirft Händler eine zunehmend fragwürdige Machtordnung, die in absteigender Linie zur Tyrannis wird. Dabei steigert der Shakespeare-Bezug den Verrat Stines zum ‚Bösen', zu „grenzenloser Zügellosigkeit" und zum Ausdruck unersättlicher Habgier – „mein Mehr-Haben wär nur eine Soße, / die meine Freßlust

---

58 Ibid., S. 44.

59 „Methought, I heard a voice cry, ‚Sleep no more! Macbeth does murther Sleep'", heißt es bei Shakespeare; ibid., S. 58.

60 Schläfer, S. 632.

61 Cf. Shakespeare, S. 103.

62 Milla scheint zur neuen Königin aufzusteigen: „Du warst die Königin im pas-tellfarben gestrichenen Wartesaal Gottes. [...] Du wirst die begehrteste Frau in der ganzen Branche sein. Who is next, werden die Magazine fragen" (W, 407).

weckt", heißt es in Malcoms fingierter Selbstdarstellung.[63] Der Roman Händlers erzählt vor dem Hintergrund des Shakespeare-Dramas von ‚unnatürlicher' Herrschaft, der Pervertierung sachlicher Motive und von einem Machthunger, der den eigenen Untergang riskiert. Ähnlich wie in den hier behandelten Romanen von Gustave Flaubert und Arthur Schnitzler rufen die intertextuellen Referenzen moralisch grundierte Narrative des Exzesses auf, die in *Wenn wir sterben* der kinderlosen Unternehmerin Mord, Verrat und irrationales Agieren zuschreiben. Der Autor erklärt in einem Interview, dass das Gute und Böse dann bedeutsam seien, „wenn die Kriterien für ethisches Verhalten noch nicht feststehen"[64] – in dieser binären Welt agiert eine moralisch diskreditierte Unternehmerin als Widergängerin des Shakespeare'schen Tyrannen und Mörders, die den evolutiven Wirtschaftsprozess destruiert.

Der Roman Händlers greift also, ähnlich wie Reimanns *Franziska Linkerhand*, den engen Zusammenhang von Professionen und mythischen Schöpfungsphantasien auf – literarische Texte stellen diese Narrative deshalb mit Vorliebe in den Vordergrund, weil es sich um hochkulturelle Ursprungs- und poetologisch zu rahmende Genesis-Geschichten handelt. *Wenn wir sterben* überträgt die Idee einer autonomen Schöpfung, ähnlich wie *Franziska Linkerhand*, auf die weiblichen Figuren, doch chiffriert das emphatische Konzept, anders als Reimanns Text, als buchstäbliche Mutterschaft, als (biologische) Bedingung einer guten Führung im Kontext einer organologisch gedachten Organisation. Die diversen Führungsstile löst Händlers Roman hingegen vom Geschlecht ab, so dass sich innovative und restaurative Geschlechterkonzeptionen durchkreuzen.

---

63 Shakespeare, S. 147.
64 Händler, Ernst-Wilhelm: „‚Gott ist ein Ingenieur': Ernst-Wilhelm Händler im Gespräch mit Andreas Puff-Trojan über seinen neuen Roman *Der Überlebende*". In: *Volltext. Zeitung für Literatur* 4–6 (1), 2013, S. 4–6, S. 5.

Schluss

Literatur nimmt, so lassen sich die Ergebnisse der vorliegenden Untersuchung zusammenfassen, eine weitreichende Markierung der Gender-Aspekte von Arbeit und Konsum vor. Literatur als Medium der ‚Einbettung‘, das Spezialdiskurse (wie Produktion und Konsumption) auf die Lebensentwürfe und Haltungen von Figuren bezieht, lässt greifbar werden, dass die Verteilung, Entlohnung und Organisation von Arbeit unabdingbar mit der binären Geschlechterordnung der bürgerlichen Moderne gekoppelt ist, dass und mit welchen Argumenten männliche und weibliche Kompetenzen asymmetrisch bewertet und unterschiedlichen Tätigkeitsbereichen zugeordnet werden. Dazu gehört auch die Verknüpfung von Weiblichkeit und Konsum, den der Mehrheitsdiskurs im 19. Jahrhundert nicht als Arbeit wahrnimmt. Literarische Texte können damit differenzierte Einblicke in diskursive Kopplungen geben, beispielsweise von Weiblichkeit und sozialer Arbeit, und freilegen, auf welche Weise jene durchgesetzt und verstetigt bzw. welche Dispositionen vorausgesetzt werden – Goethes *Lehrjahre* ‚verordnen‘ einen methodologischen Lebensstil, der Triebsublimation und die Habitualisierung weiblicher Fürsorge ermöglichen soll. Die Figurentableaus kombinieren dabei systematisch Geschlecht und Klasse und lassen so die Komplementarität von Gender-/Arbeitsentwürfen sinnfällig werden. In Goethes Bildungsroman steht ein sprunghafter Eros, der Liebe als unkalkulierbare Gabe versteht – diese Haltung verkörpert die sozial niedrig stehende Schauspielerin Philine –, einer Mildtätigkeit ohne Liebe gegenüber, wie sie die Landadelige Natalie repräsentiert. Frühsozialistische Romane konfrontieren ganz analog sexualisierte Frauen aus unteren Klassen, deren Körper im Dienst, in der Prostitution und in der Medizin kommodifiziert werden, mit entsexualisierten Gattinnen reicher Unternehmer, die auf das Almosenwesen festgelegt sind. Sexualität wird auf die unteren Schichten verschoben und die Projektionsfigur, die ‚Heilige‘ und ‚Hure‘ binär entgegengesetzt, im Arbeitsdiskurs reproduziert.

Die hier untersuchten Texte lassen darüber hinaus Diskursverknüpfungen kenntlich werden, die die Vergeschlechtlichung ökonomischer Prozesse vertiefen. Vor allem Liebe, Konsum und Weiblichkeit gehen eine enge Allianz ein, so dass Geschlechterstereotypen wie weibliche Willenlosigkeit und Irrationalität, zudem Topoi des romantischen Liebesdiskurses wie Exzess und Ausnahmezustand auf den (damit bedrohlich erscheinenden) Konsumakt übertragen werden können. Honoré de Balzac zum Beispiel bedient sich dieser Trias, wenn er in *Glanz und Elend der Kurtisanen* die scheinbare Irrationalität des neuen industriellen (Massen-)Konsums durch das unersättliche Begehren nach der Kurtisane chiffriert. Liebe als Meisternarrativ der Literatur ist jedoch nicht nur Bestandteil von literarischen Konsumphantasien, sondern auch von Arbeitskonzepten: Romantische Kunstmärchen assoziieren die Liebe zur Frau mit der Hingabe an männliche Arbeit, um einen ‚inneren' Beruf als Berufung zu konturieren, der insbesondere für Professionen vorbildlich ist und im Verlauf des 19. Jahrhunderts auf den Unternehmer und Wissenschaftler übertragen wird. Weiblichkeit kommt in diesem Modell eines identifikatorischen Berufsethos die Funktion einer symbolischen Ressource zu, die die Besetzung von Tätigkeiten initiiert und in Gang hält. Dabei wird mit der passionierten Liebe ein exzessiver Affekt aufgegriffen, der in der Romantik mit Phantasie in engem Zusammenhang steht und zu einem Übermaß tendieren bzw. ‚asoziale' Tendenzen haben kann. Vom identifikatorisch Arbeitenden wird mithin ein Balanceakt verlangt, der ihn *idealiter* zwischen Passion und Soziabilität positioniert. Literarische Texte können die hypertrophen Formen dieses männlichen Berufsentwurfes explorieren oder aber den Affekt moderieren und ihn in ein gemütliches Bürgerleben überführen wie in Gustav Freytags *Soll und Haben*.

Literatur fungiert also auch im Kontext des Sujets Arbeit als Interdiskurs; sie präzisiert die diskursiven Elemente dieses Dispositivs und führt deren Kombinatorik sowie Schnittmengen vor Augen, in diesem Falle zwischen Liebes-, Arbeits- und Geschlechterdiskurs. Literarische Texte als Interdiskurse vermögen darüber hinaus durch die Verbindung von ökonomischen Theoremen mit ihren Figuren innovative Wirtschaftskonzepte zu entwickeln bzw. Spezialdiskurse zu popularisieren. Honoré de Balzac beispielsweise unterstreicht (mit ambivalentem Tenor) die produktive Funktion der Kurtisane bzw. von *sex work* für nationale Volkswirtschaften, die neue Bedürfnisse erfinden und industriell befriedigen müssen, um zu prosperieren. Die Kurtisane, die zur Verausgabung immenser Vermögen anregt, also den Geld- und Warenfluss in Gang hält, verkörpert in *Glanz und Elend der Kurtisanen* denjenigen Appetit, der nach Charles Fourier die gesamte Arbeitswelt prägen sollte.

Literatur kann dabei zu einer ‚Waffe' im geschlechtlichen Arbeitskampf werden – die hier untersuchten Sekretärinnen-Romane führen nicht nur vor, dass die scheinbar mechanische Schreibarbeit im Büro, zum Beispiel durch die Anthropomorphisierung der Schreibmaschine, als identifikatorische und schöpferische Tätigkeit aufgefasst werden kann, sondern auch, dass das ‚Tippen' mit den literarischen Entwürfen der Figuren (und ihren Autorinnen) in engem Zusammenhang steht. Dabei übertragen Romane insbesondere seit der Zwischenkriegszeit Semantiken männlicher Arbeit wie Identifikation, Hingabe, Schöpfung und Kreativität auf das Feld weiblicher Arbeit, demonstrieren jedoch auch die Widerstände gegen die Öffnung dieser Mythen, die zum Beispiel Reimanns *Franziska Linkerhand* plastisch werden lässt. Diese Abwehrgesten geben einen deutlichen Hinweis darauf, dass die emphatischen Berufsnarrative Männlichkeitsimagines definieren.

Literatur folgt auch dann ihren (vielfach geschlechtlich codierten) Meisterthemen, wenn sie die emotionalen und ästhetischen Anteile weiblicher (Lohn-)Arbeit fokussiert, die sich mühelos mit den präferierten weiblichen Rollenmodellen der bürgerlichen Moderne verknüpfen lassen. Gleichwohl befragen die hier gelesenen Romane das naturalisierte Konzept weiblicher Emotionalität und entwerfen diverse Modelle von *deep* und *surface acting* – so die Begriffe von Arlie Russell Hochschild. Die Texte betonen die Performativität von Gefühlen und begreifen Emotionen als Arbeitsvermögen und Kapital. Arthur Schnitzlers *Therese. Chronik eines Frauenlebens* führt vor, auf welche Weise Gefühle manipulierbar bzw. rational transformierbar sind und entwirft die Idee einer ‚kühlen Mütterlichkeit'; die Protagonistin aus Keuns *Gilgi – Eine von uns* arbeitet mit Listen sowie Rollenspielen und Elsners Roman *Abseits* konzipiert Hausarbeit ohne emotionale Anteile, also jenseits des dominanten Liebes- und Sorgediskurses. Händlers Unternehmerroman *Wenn wir sterben* stellt die Kopplung von Weiblichkeit und Empathie bzw. Sozialem dadurch in Frage, dass er kooperative unternehmerische Führungsstile vom Geschlecht ablöst. Die essentialisierende Zuordnung von Weiblichkeit und Emotion, die die Geschlechtertypologie des 19. Jahrhunderts vornimmt, wird mithin in den Darstellungen emotionaler Arbeit auf unterschiedliche Weise unterminiert.

Literarische Texte konzentrieren sich dabei vielfach auf diejenigen Aspekte, die reflexive Affinitäten zum eigenen Medium und zu beliebten Topoi aufweisen: Romane, die sich mit Professionen beschäftigen, profilieren im Kontext künstlerisch-‚innerlicher‘ sowie unternehmerischer Arbeit mit Vorliebe den Schöpfungsgedanken und zitieren die (geschlechtlich markierte) Pygmalion-Erzählung. Sie invertieren gegenderte (Arbeits-)Narrative bzw. übertragen sie auf weibliche Figuren wie in Brigitte Reimanns *Franziska Linkerhand* und Ernst-Wilhelm Händlers *Wenn wir sterben*. Das beliebte Konzept der schöpferischen Zerstörung jedoch, das den emphatischen Unternehmerdiskurs prägt, bestätigt implizit – auf Frauen übertragen – die Festlegung von Weiblichkeit auf Kreatürlichkeit, Geburt und Tod; Weiblichkeit als schöpferische Zerstörung allegorisiert eine biologisch-kreatürliche Dynamik jenseits zivilisatorischer Produktivität, wie in Schnitzlers und Händlers Romanen kenntlich wird.

Literatur markiert also Gender-Aspekte des Arbeitsdiskurses, differenziert Berufsprofile aus, indem zum Beispiel emotionale und ästhetische Anteile von Tätigkeiten sichtbar werden, und entkoppelt Geschlechtscharaktere und spezifische Arbeitsstile. Die andere Tendenz jedoch, die meine Lektüren freigelegt haben, ist eine affirmative; beide Momente können sich in einem Text überlagern. Romane, die Arbeit in (fiktionale) Lebensentwürfe einbetten, verknüpfen Tätigkeiten häufig mit (komplexitätsreduzierten) kulturellen Konzepten weiblicher und männlicher Identität, so dass die Geschlechtscharaktere reproduziert und weibliche Figuren beispielsweise auf das zählebige Attribut der Schönheit festgelegt werden. Diese Zuschreibung ist aufgrund des ästhetischen Ideals der Schönheit als Telos des künstlerischen Ausdrucks auch für poetologische Selbstbeschreibungen attraktiv. Gilt Schönheit in der bürgerlichen Moderne als herausragende Qualität der Kunst *und* des Weiblichen, so ist es nicht zuletzt auf dieses Analogieverhältnis zurückzuführen, dass weibliche Figuren in literarischen Texten auf hartnäckige Weise schön sind (als personifizierter Sehnsuchtsort der Kunst) und dass ihre Schönheit (und damit verbunden Körperlichkeit und Sexualität) als primäre kommodifizierbare Eigenschaft gilt wie auch in engagierten Texten, beispielsweise in Ernst Willkomms Roman *Weisse Sclaven*. Der binäre Geschlechterdiskurs, dem hoch- wie populärkulturelle Texte vielfach folgen, sorgt dafür, dass erzählte weibliche Arbeit bis in die Gegenwart hinein auf Körperlichkeit und Sexualität fixiert bleibt. Selbst dokumentarische und autobiographische Texte aus der Feder von Arbeiterinnen (wie die Erinnerungen der Sozialistin Adelheid Popp) kommen nicht umhin, sich mit dem Sexual- und Prostitutionsdiskurs auseinanderzusetzen. Damit erweist sich der Moraldiskurs, der weibliche Sexualität domestiziert (und produziert), als zentrales Regulativ, das weibliche Lebensentwürfe und Arbeitsvermögen maßgeblich einschränkt. Daniel Defoe und Theodore Dreiser lösen, ähnlich wie die Texte der Neuen Sachlichkeit, ihre emanzipatorischen weiblichen (Arbeits-)Biographien aus diesem Rahmen, um die Handlungsspielräume ihrer Protagonistinnen zu erweitern. Umgekehrt verstärken die Intertexte in den Romanen Flauberts, Schnitzlers und Händlers, also die Bezüge zu Luxuria (*Emma Bovary*), zu den antiken Gestalten des Bachofen'schen Mutterrechts (*Therese. Chronik eines Frauenlebens*) und zu *Macbeth* (*Wenn wir sterben*) die moralische Diskreditierung derjenigen Protagonistinnen, die neuartige und damit irritierende Entwicklungen im Feld der Arbeit und des Konsums vor Augen führen. Die Intertexte, die das weibliche Verhalten in diesen Romanen auf das binäre Wertsystem von Gut und Böse beziehen, chiffrieren die Handlungen der Protagonistinnen als hedonistischen Konsum, sexuelle Libertinage und Machtgier; Shopping wird als egoistisch-materialistischer Akt jenseits von Arbeit, Produktion, Kalkül und Sorge semantisiert, selbst in Gisela Elsners Roman *Abseits*, der allerdings die kompensatorische Funktion des Kaufrausches überdenkt.

Literarische Texte beteiligen sich durch den Fokus auf die Körperlichkeit der weiblichen Figuren auf spezifische Weise an der Desemantisierung weiblicher Arbeit, die im Verlauf des 19. Jahrhunderts auszumachen ist. Die Sexualisierung arbeitender Frauen betrifft dabei, wie in den vorangegangenen Kapiteln deutlich wurde, nahezu alle Berufsgruppen und äußert sich nicht zuletzt in den sexuellen Attacken, mit denen eine Vielzahl der Protagonistinnen konfrontiert ist. Das Sujet des sexuellen Übergriffs, das mit der Schönheit der weiblichen Figuren in unmittelbarem Zusammenhang steht, folgt zum einen (machtasymmetrischen) Realitäten, wie geschichtswissenschaftliche Studien bestätigen, ist zum anderen wohl auch deshalb beliebt, weil es den Thrill und die libidinösen Energien eines Textes und damit seinen Marktwert steigert.

Profiliert Literatur also diejenigen Aspekte von (weiblicher) Arbeit, die beliebten literarischen Darstellungsverfahren, Figurenkonzepten und künstlerischen Selbstverständnissen entgegenkommen – den Schöpfungs- und

Kreativitätsmythos, emotionale und ästhetische Arbeit, den Liebesdiskurs, Begehren, weibliche Körperlichkeit und Sexualität –, und zwar in kritischer wie affirmativer Hinsicht, so könnte in einer Folgeuntersuchung ein Genre untersucht werden, das sich durch ein höheres Maß an Referentialität auszeichnet: Briefe. Dieses alltagsnahe Genre ließe, so steht zu vermuten, Arbeitsensembles, Arbeitsweisen und Belastungen der Geschlechter zu bestimmten Zeiten und in lokalen Räumen greifbar werden und taugte damit zum Vergleich, um Innovationen, Beharrungskräfte und Kollaborationen des literarischen Diskurses zu konturieren.

Literatur

Primärliteratur

Balzac, Honoré de: *Glanz und Elend der Kurtisanen*. Übers. v. Greve, Felix Paul. Insel: Frankfurt a.M. 2003.

Balzac, Honoré de: „Splendeurs et Misères des Courtisanes". In: Id.: *Œuvre Complètes*. Hrsg. v. Bouteron, Marcel / Longnon, Henri. Bd. 15: *La Comédie humaine. Études de moeurs: Scènes de la vie parisienne.* 3: *Splendeurs et misères des courtisanes (Comment aiment les filles. À combien l'amour revient aux vieillards)*. Éditions Louis Conard: Paris 1948.

Baum, Vicki: *Menschen in Hotels*. Aufbau: Berlin / Weimar 1977.

Braune, Rudolf: *Das Mädchen an der Orga Privat. Ein kleiner Roman aus Berlin*. Dietz: Berlin 1961.

Broch, Hermann: „Die Entsühnung. Trauerspiel in drei Akten und einem Epilog. Die Buchfassung". In: Id.: *Dramen*. Suhrkamp: Frankfurt a.M. 1979, S. 11–132.

Brück, Christa Anita: *Schicksale hinter Schreibmaschinen*. Sieben-Stäbe-Verlag: Berlin 1930.

Defoe, Daniel: *An Essay upon Projects*. Hrsg. v. Kennedy, Joyce D. / Seidel, Michael / Novak, Maximillian E. AMS Press: New York 1999.

Defoe, Daniel: *The Fortunes and Misfortunes of the Famous Moll Flanders*. Penguin: London 1994.

Defoe, Daniel: *Die glückliche Mätresse oder Die Geschichte des Lebens und des wechselhaften Glücks der Mademoiselle de Beleau später in Deutschland Gräfin Wintselsheim genannt die zur Zeit König Karls II. bekannt war unter dem Namen ROXANA*. Übers. v. Krüger, Lore mit e. Nachw. v. Klotz, Günther. Aufbau: Berlin / Weimar 1966.

Defoe, Daniel: *The complete English Tradesman: In Familiar Letters: Directing Him in all the Several Parts and Progressions of Trade*. Printed for Charles Rivington: London 1732.

Dreiser, Theodore: *Schwester Carrie*. Deutsch v. Nußbaum, Anna. Rowohlt: Hamburg 1953.

Elsner, Gisela: *Otto der Großaktionär*. Erstveröffentlichung aus dem Nachlass. Hrsg. v. Künzel, Christine. Verbrecher Verlag: Berlin 2008.

Elsner, Gisela: *Das Berührungsverbot. Roman.* Verbrecher Verlag: Berlin 2006.

Elsner, Gisela: *Abseits. Roman.* Rowohlt: Reinbek bei Hamburg 1982.

Flaubert, Gustave: „Ein schlichtes Herz". In: Id.: *Drei Erzählungen.* Hrsg. u. übers. v. Rehbein, Jürgen. Reclam: Stuttgart 1994, S. 7–51.

Flaubert, Gustave: *Madame Bovary. Sitten der Provinz. Roman.* Deutsch v. Schickele, René / Riesen, Irene. 3., verbesserte Aufl. Diogenes: Zürich 1987.

Goethe, Johann Wolfgang von: „Faust. Der Tragödie zweiter Theil. In fünf Acten". In: Id.: *Sämtliche Werke nach Epochen seines Schaffens.* Münchner Ausgabe. Bd. 18.1: *Letzte Jahre 1827–1832.* Hrsg. v. Henckmann, Gisela / Hölscher-Lohmeyer, Dorothea. Hanser: München 1997, S. 103–351.

Goethe, Johann Wolfgang von: „Unterhaltungen deutscher Ausgewanderten". In: Id.: *Sämtliche Werke nach Epochen seines Schaffens.* Münchner Ausgabe. Bd. 4.1: *Wirkungen der Französischen Revolution.* Hrsg. v. Wild, Reiner. Hanser: München / Wien 1988, S. 436–518.

Goethe, Johann Wolfgang von: „Wilhelm Meisters Lehrjahre. Ein Roman". In: Id:. *Sämtliche Werke nach Epochen seines Schaffens.* Münchner Ausgabe. Bd. 5. Hrsg. v. Schings, Hans-Jürgen. Hanser: München / Wien 1988.

Händler, Ernst-Wilhelm: „,Gott ist ein Ingenieur': Ernst-Wilhelm Händler im Gespräch mit Andreas Puff-Trojan über seinen neuen Roman *Der Überlebende".* In: *Volltext. Zeitung für Literatur* 4–6 (1), 2013, S. 4–6.

Händler, Ernst-Wilhelm: *Wenn wir sterben.* Frankfurter Verlagsanstalt: Frankfurt a.M. 2002.

Hauptmann, Gerhart: „Die Weber. Schauspiel aus den vierziger Jahren". In: Id.: *Das gesammelte Werk.* Ausgabe letzter Hand. Erste Abteilung. Bd. 2. Fischer: Berlin 1942, S. 1–102.

Hoffmann, E.T.A.: „Die Bergwerke zu Falun". In: Id.: *Die Serapions-Brüder.* Text und Kommentar. Hrsg. v. Segebrecht, Wulf. Deutscher Klassiker Verlag: Frankfurt a.M. 2015, S. 208–241.

Keun, Irmgard: *Gilgi, eine von uns. Roman.* Ullstein: Berlin 2006.

Keun, Irmgard: „System des Männerfangs". In: *Der Querschnitt* 12 (4), 1932, S. 259–261.

Köhrer, Erich: *Warenhaus Berlin. Ein Roman aus der Weltstadt.* Wedekind: Berlin 1909.

Lewis, Sinclair: *The Job*. Jonathan Cape: London 1934.

Otto-Peters, Louise: *Das Recht der Frauen auf Erwerb. Blicke auf das Frauenleben der Gegenwart*. Hrsg. im Auftrag der Louise-Otto-Peters-Gesellschaft e.V. v. Transke, Astrid / Notz, Gisela. Universitätsverlag: Leipzig 1997.

Otto-Peters, Louise: *Schloß und Fabrik*. Erste vollständige Ausgabe des 1846 zensierten Romans. Leipziger Kommissions- und Großbuchhandelsgesellschaft: Leipzig 1996.

Perkins Gilman, Charlotte: *Frauen und Arbeit*. Übers. v. Altschuh-Riederer, Petra. Ein-Fach-Verlag: Aachen 2005.

Perkins Gilman, Charlotte: *What Diantha Did*. Dodo Press: Gloucester 2005.

Perkins Gilman, Charlotte: *Herland*. Übers. v. Wilhelm, Sabine. Rowohlt: Reinbek bei Hamburg 1980.

Popp, Adelheid: „Die Jugendgeschichte einer Arbeiterin". In: Id.: *Jugend einer Arbeiterin*. Hrsg. und eingl. v. Schütz, Hans J. 2. Aufl. Dietz: Berlin / Bonn-Bad Godesberg 1978, S. 17–96.

Popp, Adelheid: „Erinnerungen. Aus meinen Kinder- und Mädchenjahren". In: Id.: *Jugend einer Arbeiterin*. Hrsg. und eingl. v. Schütz, Hans J. 2. Aufl. Dietz: Berlin / Bonn-Bad Godesberg 1978, S. 97–187.

Rand, Ayn: *Atlas Shrugged*. Signet: New York 1985.

Reimann, Brigitte: *Franziska Linkerhand*. Ungekürzte Neuausgabe. 13. Aufl. Aufbau: Berlin 2013.

Reimann, Brigitte / Henselmann, Hermann: *Mit Respekt und Vergnügen. Briefwechsel*. Hrsg. v. Kirschey-Feix, Ingrid. Aufbau: Berlin 2001.

Reimann, Brigitte: „Bemerkungen zu einer neuen Stadt". *Lausitzer Rundschau* 17.8.1963.

Salomon, Alice: *Charakter ist Schicksal. Lebenserinnerungen*. Beltz: Weinheim / Basel 1983.

Schnitzler, Arthur: *Frau Berta Garlan*. Hrsg. v. Fliedl, Konstanze. Reclam: Stuttgart 2006.

Schnitzler, Arthur: *Therese. Chronik eines Frauenlebens*. Fischer: Frankfurt a.M. 2004.

Schnitzler, Arthur: *Traumnovelle*. Fischer: Frankfurt a.M. 1992.

Shakespeare, William: *Macbeth*. Zweisprachige Ausgabe, neu übers. u. mit Anmerkungen versehen v. Günther, Frank. Deutscher Taschenbuch Verlag: München 2004.

Tergit, Gabriele: *Käsebier erobert den Kurfürstendamm*. Arani: Berlin 1997.

Tieck, Ludwig: „Der blonde Eckbert". In: Id.: *Schriften in zwölf Bänden*. Bd. 6: *Phantasus*. Hrsg. v. Frank, Manfred. Deutscher Klassiker Verlag: Frankfurt a.M. 1985, S. 126–148.

Tieck, Ludwig: „Der Runenberg". In: Id.: *Schriften in zwölf Bänden*. Bd. 6: *Phantasus*. Hrsg. v. Frank, Manfred. Deutscher Klassiker Verlag: Frankfurt a.M. 1985, S. 184–209.

Tieck, Ludwig: „Der Alte vom Berge". In: Id.: *Ludwig Tieck's gesammelte Novellen*. Bd. 8. Georg Reimer: Berlin 1853. ND Walter de Gruyter: Berlin 1966, S. 145–262.

Ungern-Sternberg, Alexander von: *Ein Warenhausmädchen. Schicksale einer Gefallenen*. Berlin: Verlag moderner Lektüre 1909.

Wettstein-Adelt, Minna: *3 ½ Monate Fabrik-Arbeiterin*. J. Leiser: Berlin 1893.

Willkomm, Ernst: *Weisse Sclaven oder die Leiden des Volkes*. Verlag von Ch. E. Kollmann: Leipzig 1845.

Zola, Émile: *Arbeit [Travail]*. Übers. v. Rosenzweig, Leopold. Verlag von Th. Knaur Nachf.: Berlin o.J.

Zola, Émile: *Nana*. Übers. u. m. e. Nachw. v. Marx, Erich. Insel: Frankfurt a.M. 2004.

Zola, Émile: *Das Paradies der Damen [Au Bonheur des Dames]*. Aus dem Französischen v. Westphal, Hilda. Mit einem Nachwort v. Lehnert, Gertrud. 2. Aufl. Edition Ebersbach: Berlin 2002.

Sekundärliteratur

Abelson, Elaine S.: *When Ladies go A-thieving. Middle-class Shoplifters in the Victorian Department Store*. Oxford University Press: Oxford 1989.

Adorno, Theodor W.: „Zur Schluß-Szene des *Faust*". In: Keller, Werner (Hrsg.): *Aufsätze zu Goethes „Faust II"*. Wissenschaftliche Buchgesellschaft: Darmstadt 1991, S. 375–383.

Ahearn, Edward J.: „A Marxist Approach to *Madame Bovary*". In: Porter, Laurence M. / Gray, Eugène F. (Hrsg.): *Approaches to teaching Flaubert's*

„*Madame Bovary*". Modern Language Association of America: New York 1995, S. 28–33.

Alemann, Annette von: „Chancenungleichheit im Management. Begründungsmuster der Unterrepräsentanz von Frauen in Führungspositionen der Wirtschaft". In: *Sozialwissenschaften und Berufspraxis* 30 (1), 2007, S. 21–38.

Althans, Birgit: *Das maskierte Begehren. Frauen zwischen Sozialarbeit und Management*. Campus: Frankfurt a.M. 2007.

Alvarez, José L. / Mérchan, Carmen: „The Role of Narrative Fiction in the Development of Imagination for Action". In: *International Studies of Management & Organisation* 2.2 (3), 1992, S. 27–45.

Amireh, Amal: *The Factory Girl and the Seamstress. Imagining Gender and Class in Nineteenth Century American Fiction*. Garland: New York / London 2000.

Anders, Günther: *Die Antiquiertheit des Menschen*. Bd. 1: *Über die Seele im Zeitalter der zweiten industriellen Revolution*. Beck: München 1956.

Ankum, Katharina von: „„Ich liebe Berlin mit einer Angst in den Knien'. Weibliche Stadterfahrung in Irmgard Keuns *Das kunstseidene Mädchen*". In: Id. (Hrsg.): *Frauen in der Großstadt. Herausforderung der Moderne?* Edition Ebersbach: Dortmund 1999, S. 159–191.

Appelt, Erna: *Von Ladenmädchen, Schreibfräulein und Gouvernanten. Die weiblichen Angestellten Wiens zwischen 1900 und 1934*. Verlag für Gesellschaftskritik: Wien 1985.

Armstrong, Katherine A.: *Defoe: Writer as Agent*. University of Victoria Press: Victoria 1996.

Aulenbacher, Brigitte / Meuser, Michael / Riegraf, Birgit: *Soziologische Geschlechterforschung. Eine Einführung*. VS Verlag für Sozialwissenschaften: Wiesbaden 2010.

Aulenbacher, Brigitte: „What's New? Der Wandel der Arbeitsgesellschaft geschlechter- und arbeitssoziologisch begriffen". In: Frey, Michael et al. (Hrsg.): *Perspektiven auf Arbeit und Geschlecht: Transformationen, Reflexionen, Interventionen*. Hampp: München 2010, S. 75–102.

Aulenbacher, Brigitte et al.: „Forschung im Dialog – Einleitung". In: Aulenbacher, Brigitte et al. (Hrsg.): *Arbeit und Geschlecht im Umbruch der modernen Gesellschaft*. VS Verlag für Sozialwissenschaften: Wiesbaden 2007, S. 9–23.

Aulenbacher, Brigitte et al. (Hrsg.): *Arbeit und Geschlecht im Umbruch der modernen Gesellschaft*. VS Verlag für Sozialwissenschaften: Wiesbaden 2007.

Bachofen, Johann Jakob: *Das Mutterrecht. Eine Untersuchung über die Gynaikokratie der alten Welt nach ihrer religiösen und rechtlichen Natur. Eine Auswahl*. Hrsg. v. Heinrichs, Hans Jürgen. 4. Aufl. Suhrkamp: Frankfurt a.m. 1982.

Bachofen, Johann Jakob: *Urreligion und antike Symbole. Systematisch angeordnete Auswahl aus seinen Werken in drei Bänden*. Bd. 1. Hrsg. v. Bernoulli, Carl Albrecht. Reclam: Leipzig 1926.

Baecker, Dirk: „Die Unruhe des Geldes, der Einbruch der Frist". In: Schelkle, Waltraud / Nitsch, Manfred (Hrsg.): *Rätsel Geld. Annäherungen aus ökonomischer, soziologischer und historischer Sicht*. Metropolis: Marburg 1998, S. 107–124.

Baeumler, Alfred: „Einleitung. Bachofen, der Mythologe der Romantik". In: Schroeter, Manfred (Hrsg.): *Der Mythos von Orient und Occident. Eine Metaphysik der alten Welt. Aus den Werken von J.J. Bachofen*. Beck: München 1926, S. XXV–CCXCIV.

Bandauer-Schöffmann, Irene: „Unternehmerisches Handeln als Projektionsfeld moderner Männlichkeit". In: Lemke, Meike et al. (Hrsg.): *Genus Oeconomicum. Ökonomie – Macht – Geschlechterverhältnisse*. UVK Verlagsgesellschaft: Konstanz 2006, S. 63–76.

Bass, Hans H.: *J. A. Schumpeter. Eine Einführung*. Gastvorlesungen an der Aichi-Universität, Tohoyashi / Japan. IWIM: Bremen 1998.

Bauhardt, Christine / Çağlar, Gülay: „Gender and Economics. Feministische Kritik der politischen Ökonomie". In: Id. (Hrsg.): *Gender and Economics: Feministische Kritik der politischen Ökonomie*. VS Verlag: Wiesbaden 2010, S. 7–17.

Bauhardt, Christine / Çağlar, Gülay (Hrsg.): *Gender and Economics: Feministische Kritik der politischen Ökonomie*. VS Verlag: Wiesbaden 2010.

Beauvoir, Simone de: *Das andere Geschlecht. Sitte und Sexus der Frau*. Neuübersetzung. Aus dem Französischen v. Aumüller, Uli / Osterwald, Grete. Rowohlt: Reinbek bei Hamburg 1992.

Beck, Ulrich / Brater, Michael: *Berufliche Arbeitsteilung und soziale Ungleichheit. Eine historisch-gesellschaftliche Theorie der Berufe*. Campus: Frankfurt a.M. / New York 1978.

Becker, Sabina: „Literatur der Weimarer Republik. Literaturgeschichte als Mediengeschichte". In: *Der Deutschunterricht* 6, 2003, S. 54–64.

Becker-Schmidt, Regina: „Geschlechter- und Arbeitsverhältnisse in Bewegung". In: Aulenbacher, Brigitte et al. (Hrsg.): *Arbeit und Geschlecht im Umbruch der modernen Gesellschaft.* VS Verlag für Sozialwissenschaften: Wiesbaden 2007, S. 250–268.

Bell, David F.: *Circumstances. Chance in the Literary Text.* University of Nebraska Press: Lincoln / London 1993.

Benjamin, Walter: „Das Passagen-Werk". In: Id.: *Gesammelte Schriften.* Bd. V.2: *Das Passagen-Werk.* Hrsg. v. Tiedemann, Rolf. Suhrkamp: Frankfurt a.M. 1982.

Bergengruen, Maximilian: „Der Schrei des Warenhaften. Zur Genealogie des Geldes in Novalis' *Ofterdingen* und Tiecks *Runenberg".* In: Graevenitz, Gerhart von et al. (Hrsg.): *Romantik kontrovers. Ein Debattenparcours zum zwanzigjährigen Jubiläum der Stiftung für Romantikforschung.* Königshausen & Neumann: Würzburg 2015, S. 35–47.

Berghahn, Klaus L. / Müller, Wolfgang: „Tätig sein, ohne zu arbeiten? Die Arbeit und das Menschenbild der Klassik". In: Grimm, Reinhold / Hermand, Jost (Hrsg.): *Arbeit als Thema in der deutschen Literatur vom Mittelalter bis zur Gegenwart.* Athenäum: Königstein/Ts. 1979, S. 51–73.

Bernheimer, Charles: *Figures of Ill Repute. Representing Prostitution in Nineteenth-Century France.* Harvard University Press: Cambridge, Massachusetts / London 1989.

Bernheimer, Charles: „Prostitution and Narrative: Balzac's *Splendeurs et misères des courtisanes".* In: *L'esprit Créateur* 25 (2), 1985, S. 22–31.

Beyerle, Marianne: *„Madame Bovary" als Roman der Versuchung.* Klostermann: Frankfurt a.M. 1975.

Biebl, Sabine: *Betriebsgeräusch Normalität. Angestelltendiskurs und Gesellschaft um 1930.* Kadmos: Berlin 2013.

Biesecker, Adelheid / Hofmeister, Sabine: „Im Fokus: Das (Re)Produktive. Die Neubestimmung des Ökonomischen mithilfe der Kategorie (Re)Produktivität". In: Bauhardt, Christine / Çağlar, Gülay (Hrsg.): *Gender and Economics. Feministische Kritik der politischen Ökonomie.* VS Verlag: Wiesbaden 2010, S. 51–80.

Bircken, Margrid: „Auf der Suche nach der erzählbaren Stadt: Brigitte Reimanns Roman *Franziska Linkerhand*". In: Lasatowicz, Maria K. (Hrsg.): *Städtische Räume als kulturelle Identitätsstrukturen: Schlesien und andere Vergleichsregionen*. Trafo: Berlin 2007, S. 303–320.

Bischoff, Doerte: *Poetischer Fetischismus. Die Macht der Dinge im 19. Jahrhundert*. Fink: München 2013.

Bivens, Hunter: „Neustadt: Affect and Architecture in Brigitte Reimann's East German Novel *Franziska Linkerhand*". In: *The Germanic Review* 83 (2), 2008, S. 139–166.

Blair, John: *Tracing Subversive Currents in Goethe's Wilhelm Meister's Apprenticeship*. Camden House: Columbia, SC 1997.

Blaschke, Bernd: „Luxus als Leidenschaft bei Honoré de Balzac". In: Weder, Christine / Bergengruen, Maximilian (Hrsg.): *Luxus. Die Ambivalenz des Überflüssigen in der Moderne*. Wallstein: Göttingen 2011, S. 192–216.

Blaschke, Bernd: „Szenen der Gewalt inmitten der Sachlichkeit. Sex and Crime in Händlers Sprachstil". In: Hagestedt, Lutz / Unseld, Joachim (Hrsg.): *Literatur als Passion. Zum Werk von Ernst-Wilhelm Händler*. Frankfurter Verlagsanstalt: Frankfurt a.M. 2006, S. 32–59.

Blessin, Stefan: *Goethes Romane. Aufbruch in die Moderne*. Schöningh: Paderborn 1996.

Blickle, Peter: *Von der Leibeigenschaft zu den Menschenrechten. Eine Geschichte der Freiheit in Deutschland*. Beck: München 2003.

Bluma, Lars / Uhl, Karsten: „Arbeit – Körper – Rationalisierung. Neue Perspektiven auf den historischen Wandel industrieller Arbeitsplätze". In: Id. (Hrsg.): *Kontrollierte Arbeit – Disziplinierte Körper? Zur Sozial- und Kulturgeschichte der Industriearbeit im 19. und 20. Jahrhundert*. Transcript: Bielefeld 2012, S. 9–34.

Bluma, Lars / Uhl, Karsten (Hrsg.): *Kontrollierte Arbeit – Disziplinierte Körper? Zur Sozial- und Kulturgeschichte der Industriearbeit im 19. und 20. Jahrhundert*. Transcript: Bielefeld 2012.

Boardman, Michael M.: *Narrative Innovation and Incoherence. Ideology in Defoe, Goldsmith, Austen, Eliot, and Hemingway*. Duke University Press: Durham / London 1992.

Bock, Gisela / Duden, Barbara: „Arbeit aus Liebe – Liebe als Arbeit. Zur Entstehung der Hausarbeit im Kapitalismus". In: Gruppe Berliner Dozentinnen (Hrsg.): *Frauen und Wissenschaft: Beiträge zur*

Berliner Sommeruniversität für Frauen, Juli 1976. Courage: Berlin 1977, S. 118–199.

Böhme, Hartmut: *Fetischismus und Kultur. Eine andere Theorie der Moderne.* 2. Aufl. Rowohlt: Reinbek bei Hamburg 2006.

Böhme, Hartmut: „Das Fetischismuskonzept von Marx und sein Kontext". In: Hohendahl, Peter U. / Steinlein, Rüdiger (Hrsg.): *Kulturwissenschaften – Cultural Studies. Beiträge zur Erprobung eines umstrittenen literaturwissenschaftlichen Paradigmas.* Weidler: Berlin 2001, S. 133–184.

Böning, Thomas: „Von Odysseus zu Abraham. Eine ethische Lektüre von Novalis' blauer Blume und Kafkas *Schloß*". In: Liebrand, Claudia / Schößler, Franziska (Hrsg.): *Textverkehr. Kafka und die Tradition.* Königshausen & Neumann: Würzburg 2004, S. 101–128.

Bogdal, Klaus-Michael: *Zwischen Alltag und Utopie. Arbeiterliteratur als Diskurs des 19. Jahrhunderts.* Westdeutscher Verlag: Opladen 1991.

Bogdal, Klaus-Michael: *Schaurige Bilder. Der Arbeiter im Blick des Bürgers am Beispiel des Naturalismus.* Syndikat: Frankfurt a.M. 1978.

Boltanski, Luc / Chiapello, Ève: *Der neue Geist des Kapitalismus.* Aus dem Französischen v. Tillmann, Michael. UVK: Konstanz 2003.

Borchmeyer, Dieter: *Höfische Gesellschaft und französische Revolution bei Goethe. Adliges und bürgerliches Wertsystem im Urteil der Weimarer Klassik.* Athenäum: Kronberg/Ts. 1977.

Boudry, Pauline / Kuster, Brigitta / Lorenz, Renate: „I cook for sex – Einführung". In: Id. (Hrsg.): *Reproduktionskonten fälschen! Heterosexualität, Arbeit und Zuhause.* b_books: Berlin 1999, S. 6–35.

Bourdieu, Pierre: *Die männliche Herrschaft.* Übers. v. Bolder, Jürgen. Suhrkamp: Frankfurt a.M. 2005.

Bowlby, Rachel: *Just Looking. Consumer Culture in Dreiser, Gissing and Zola.* Methuen: New York / London 1985.

Brandt, Helmut: „Entsagung und Französische Revolution. Goethes Prokurator- und Ferdinand-Novelle in weiterführender Betrachtung". In: Chiarini, Paolo / Dietze, Walter (Hrsg.): *Deutsche Klassik und Revolution.* Edizioni dell'Ateneo: Rom 1981, S. 195–227.

Brantlinger, Patrick: *Fictions of State. Culture and Credit in Britain 1694–1994.* Cornell University Press: New York 1996.

Braun, Christina von: *Der Preis des Geldes. Eine Kulturgeschichte.* Aufbau: Berlin 2013.

Breward, Christopher: *The Hidden Consumer. Masculinities, Fashion and City Life 1860–1914.* Manchester University Press: Manchester / New York 1999.

Bridenthal, Renate / Koonz, Claudia: „Beyond *Kinder, Küche, Kirche*: Weimar Women in Politics and Work". In: Bridenthal, Renate / Grossmann, Atina / Kaplan, Marion (Hrsg.): *When Biology Became Destiny: Women in Weimar and Nazi Germany.* Monthly Review Press: New York 1984, S. 33–65.

Briesen, Detlef: *Warenhaus, Massenkonsum und Sozialmoral. Zur Geschichte der Konsumkritik im 20. Jahrhundert.* Campus: Frankfurt a.M. 2001.

Bröckling, Ulrich: *Das unternehmerische Selbst. Soziologie einer Subjektivierungsform.* Suhrkamp: Frankfurt a.M. 2007.

Bronfen, Elisabeth: „Fatale Widersprüche". In: Jaspers, Karl: *Heimweh und Verbrechen.* Mit Essays v. Bronfen, Elisabeth / Pozsár, Christine. Belleville: Berlin / Heidelberg 1995, S. 7–25.

Bronfen, Elisabeth: *Nur über ihre Leiche. Tod, Weiblichkeit und Ästhetik.* Deutsch v. Lindquist, Thomas. Kunstmann: München 1994.

Bronner, Withold: „‚Der Diskurs der Hysterikerin'. Narrative Struktur und Maskerade in Brigitte Reimanns Roman *Franziska Linkerhand*". In: Bircken, Margrid / Hampel, Heide (Hrsg.): *Lesarten. „Franziska Linkerhand". Kultbuch einer Generation?* Federchen: Neubrandenburg 2002, S. 103–119.

Bronner, Withold: „Von Töchtern, Müttern, Madonnen und der idealen Liebe". In: Bircken, Margrid / Hampel, Heide (Hrsg.): *Als habe ich zwei Leben. Beiträge zu einer wissenschaftlichen Konferenz über Leben und Werk der Schriftstellerin Brigitte Reimann.* Federchen: Neubrandenburg 1998, S. 103–113.

Brosig, Maria: *„Es ist ein Experiment". Traditionsbildung in der DDR-Literatur anhand von Brigitte Reimanns Roman „Franziska Linkerhand".* Königshausen & Neumann: Würzburg 2010.

Brownmiller, Susan: *Weiblichkeit.* Fischer: Frankfurt a.M. 1988.

Brüns, Elke (Hrsg.): *Ökonomien der Armut. Soziale Verhältnisse in der Literatur.* Fink: München 2008.

Bruns, Claudia et al. (Hrsg.): *Das Geschlecht der Wissenschaften. Zur Geschichte von Akademikerinnen im 19. und 20. Jahrhundert.* Campus: Frankfurt a.M. 2010.

Bruyker, Melissa de: *Das resonante Schweigen. Die Rhetorik der erzählten Welt in Kafkas „Der Verschollene", Schnitzlers „Therese" und Walsers „Räuber-Roman".* Königshausen & Neumann: Würzburg 2008.

Butler, Judith: *Antigones Verlangen. Verwandtschaft zwischen Leben und Tod.* Aus dem Amerikan. v. Ansén, Reiner. Mit einem Nachw. v. Menke, Bettine. Suhrkamp: Frankfurt a.M. 2001.

Campbell, Colin: *The Romantic Ethic and the Spirit of Modern Consumerism.* Blackwell: Oxford / New York 1987.

Caputo, Antonia Maria: *Arthur Schnitzlers späte Werke. Studien zu seiner Erzählkunst.* München 1983 (Dissertation).

Carswell, John: *The South Sea Bubble.* Literary Licensing: Dover 1993.

Castle, Terry: *The Female Thermometer. Eighteenth-Century Culture and the Invention of the Uncanny.* Oxford University Press: New York / Oxford 1995.

Caven, Valerie: „Career Building: Women and Non-standard Employment in Architecture". In: *Construction Management and Economics* 24 (5), 2006, S. 457–464.

Clark, Anne: *The Struggle for the Breeches: Gender and the Making of the British Working Class.* University of California Press: Berkeley 1995.

Connell, Robert W.: *Der gemachte Mann. Konstruktion und Krise von Männlichkeiten.* Hrsg. u. m. Geleitwort v. Müller, Ursula. Leske + Budrich: Opladen 1999.

Conway, Alison: *The Protestant Whore. Courtesan Narrative and Religious Controversy in England, 1680–1750.* University of Toronto Press: Toronto et al. 2010.

Corbin, Alain: *Women for Hire. Prostitution and Sexuality in France after 1850.* Harvard University Press: Cambridge, Massachusetts / London 1990.

Corkin, Stanley: „*Sister Carrie* and Industrial Life: Objects and the New American Self". In: *Modern Fiction Studies* 33 (1), 1987, S. 605–619.

Crane, Julie: „Defoe's *Roxana*: The Making and Unmaking of a Heroine". In: *The Modern Language Review* 102 (1), 2007, S. 11–25.

Dalla Costa, Mariarosa / James, Selma: *Die Macht der Frauen und der Umsturz der Gesellschaft*. Merve: Berlin 1973.

Dangel, Elsbeth: *Wiederholung als Schicksal. Arthur Schnitzlers Roman „Therese. Chronik eines Frauenlebens"*. Fink: München 1985.

Davis, Tracy: *Actresses as Working Women. Their Social Identity in Victorian Culture*. Routledge: London / New York 1991.

Degele, Nina: *Sich schön machen. Zur Soziologie von Geschlecht und Schönheitshandeln*. VS Verlag für Sozialwissenschaften: Wiesbaden 2004.

Degering, Thomas: *Das Elend der Entsagung. Goethes „Wilhelm Meisters Wanderjahre"*. Bouvier: Bonn 1982.

Dehning, Sonja: *Tanz der Feder: Künstlerische Produktivität in Romanen von Autorinnen um 1900*. Königshausen & Neumann: Würzburg 2000.

Deleuze, Gilles: „Postskriptum über die Kontrollgesellschaften". In: Id.: *Unterhandlungen 1972–1990*. Aus dem Französischen v. Roßler, Gustav. Suhrkamp: Frankfurt a.M. 1993, S. 254–262.

Dethloff, Uwe: *Die literarische Demontage des bürgerlichen Patriarchalismus. Zur Entwicklung des Weiblichkeitsbildes im französischen Roman des 19. Jahrhunderts*. Stauffenburg: Tübingen 1988.

DeVault, Marjorie L.: *Feeding the Family. The Social Organization of Caring as Gendered Work*. University of Chicago Press: London / Chicago 1991.

Dickson, P. M.: *The Financial Revolution in England. A Study in the Development of Public Credit*. Macmillan: London 1967.

Diethe, Carol: „England und Louise Otto-Peters *Schloß und Fabrik*: Ähnlichkeiten und Kontraste". In: *Louise-Otto-Peters-Jahrbuch* 1, 2004, S. 171–178.

Dietz, Berthold: *Soziologie der Armut. Eine Einführung*. Campus: Frankfurt a.M. / New York 1997.

Dijkstra, Bram: *Defoe and Economics. The Fortunes of Roxana in the History of Interpretation*. Palgrave Macmillan: Basingstoke 1987.

Dittmar, Helga: „Understanding the Impact of Consumer Culture". In: Id. (Hrsg.): *Consumer Culture, Identity and Well-Being. The Search for the „Good Life" and the „Body Perfect"*. Psychology Press: New York 2008, S. 1–23.

Dölling, Irene: „Gespaltenes Bewußtsein – Frauen und Männer in der DDR". In: Helwig, Gisela / Nickel, Hildegard Maria (Hrsg.): *Frauen in Deutschland 1945–1992.* Akademie: Bonn 1993, S. 23–52.

Dörre, Klaus: „Prekarität im Finanzmarkt-Kapitalismus". In: Castel, Robert / Id. (Hrsg.): *Prekarität, Abstieg, Ausgrenzung. Die soziale Frage am Beginn des 21. Jahrhunderts.* Campus: Frankfurt a.m. / New York 2009, S. 35–64.

Dörre, Klaus: „Prekarisierung und Geschlecht. Ein Versuch über unsichere Beschäftigung und männliche Herrschaft in nachfordistischen Arbeitsgesellschaften". In: Aulenbacher, Brigitte et al. (Hrsg.): *Arbeit und Geschlecht im Umbruch der modernen Gesellschaft.* VS Verlag für Sozialwissenschaften: Wiesbaden 2007, S. 285–301.

Donath, Susan: „The Other Economy. A Suggestion for a Distinctively Feminist Economics". In: *Feminist Economics* 6 (1), 2000, S. 115–125.

Dornheim, Nicolás Jorge: „Wilhelm Meisters Schwestern: weibliche Lehrjahre im Bildungsroman". *Jura Soyfer. Internationale Zeitschrift für Kulturwissenschaften* 7 (3), 1998, S. 22–26.

Dressel, Kathrin / Wanger, Susanne: „Erwerbsarbeit: Zur Situation von Frauen auf dem Arbeitsmarkt". In: Becker, Ruth / Kortendiek, Beate (Hrsg.): *Handbuch Frauen- und Geschlechterforschung. Theorie, Methoden, Empirie.* 3., erweiterte und durchgesehene Auflage. VS Verlag für Sozialwissenschaften: Wiesbaden 2010, S. 489–498.

Drügh, Heinz: „Einleitung: Warenästhetik. Neue Perspektiven auf Konsum, Kultur und Kunst". In: Id. / Metz, Christian / Weyand, Björn (Hrsg.): *Warenästhetik. Neue Perspektiven auf Konsum, Kultur und Kunst.* Suhrkamp: Berlin 2011, S. 9–44.

Dürr, Renate: „‚Der Dienstbothe ist kein Tagelöhner...'. Zum Gesinderecht (16. bis 19. Jahrhundert)". In: Gerhard, Ute (Hrsg.): *Frauen in der Geschichte des Rechts. Von der Frühen Neuzeit bis zur Gegenwart.* Beck: München 1997, S. 115–139.

Dunkel, Wolfgang: „Wenn Gefühle zum Arbeitsgegenstand werden. Gefühlsarbeit im Rahmen personenbezogener Dienstleistungstätigkeiten". In: *Soziale Welt* 39 (1), 1988, S. 67–85.

Dupree, Mary Helen: *The Mask and the Quill. Actress Writers in Germany from Enlightenment to Romanticism.* Bucknell University Press: Lewisburg 2011.

Eagly, Alice H. / Carli, Linda L.: „The Female Leadership Advantage: An Evaluation of the Evidence". In: *The Leadership Quarterly* 14, 2003, S. 807–834.

Eagly, Alice H. / Karau, S. J.: „Role Congruity Theory of Prejudice toward Female Leaders". In: *Psychological Review* 109, 2002, S. 573–598.

Eby, Clare Virginia: *Dreiser and Veblen. Saboteurs of the Status Quo*. University of Missouri Press: Columbia / London 1998.

Ellmeier, Andrea: „S/he: The Making of the Citizen Consumer. Gender und Konsumgeschichte / feministische Konsumgeschichte revisited". In: *L'Homme. Europäische Zeitschrift für feministische Geschichtswissenschaft* 18 (2), 2007, S. 91–103.

Ellmeier, Andrea: „„…der Finanzminister in jedem Haushalt'. Ein Kommentar zur Geschichte von ‚Frauen und Geld'". In: Krondorfer, Birge / Mostböck, Carina (Hrsg.): *Frauen und Ökonomie, oder: Geld essen Kritik auf. Kritische Versuche feministischer Zumutungen*. Promedia: Wien 2000, S. 133–137.

Elsaghe, Yahya: *Krankheit und Matriarchat. Thomas Manns „Betrogene" im Kontext*. De Gruyter: Berlin / New York 2010.

Emde, Ruth B.: *Schauspielerinnen im Europa des 18. Jahrhunderts. Ihr Leben, ihre Schriften und ihr Publikum*. Rodopi: Amsterdam / Atlanta 1997.

Engel, Antke: *Bilder von Sexualität und Ökonomie. Queere kulturelle Politiken im Neoliberalismus*. Transcript: Bielefeld 2009.

Eßlinger, Eva: *Das Dienstmädchen, die Familie und der Sex. Zur Geschichte einer irregulären Beziehung in der europäischen Literatur*. Fink: München 2013.

Ewton, Ralph W. Jr.: „Life and Death of the Body in Tieck's *Der Runenberg*". In: *Germanic Review* 50 (1), 1975, S. 19–33.

Fabel, Oliver / Nischik, Reingard M.: „Einleitung". In: Id. (Hrsg.): *Femina Oeconomica. Frauen in der Ökonomie*. Hampp: München / Mering 2002, S. 5–16.

Fabel, Oliver / Nischik, Reingard M. (Hrsg.): *Femina Oeconomica. Frauen in der Ökonomie*. Hampp: München / Mering 2002.

Falk, Geneviève: „Ein Mann, viele Frauen. Zur funktionalen Konzeption des Figurenensembles in J. W. von Goethes *Wilhelm Meisters Lehrjahre*".

In: Delabar, Walter / Meise, Helga (Hrsg.): *Liebe als Metapher. Studie in elf Teilen.* Lang: Frankfurt a.M. et al. 2013, S. 175–194.

Faller, Lincoln B.: *Crime and Defoe. A New Kind of Writing.* Cambridge University Press: Cambridge 1993.

Faulstich-Wieland, Hannelore / Horstkemper, Marianne: *Der Weg zur modernen Bürokommunikation. Historische Aspekte des Verhältnisses von Frauen und neuen Technologien.* Kleine: Bielefeld 1987.

Feldhoff, Kerstin: „Soziale Arbeit als Frauenberuf – Folgen für sozialen Status und Bezahlung?!" In: Zander, Margherita / Hartwig, Luise / Jansen, Irmgard (Hrsg.): *Geschlecht Nebensache? Zur Aktualität einer Gender-Perspektive in der Sozialen Arbeit.* VS Verlag für Sozialwissenschaften: Wiesbaden 2006, S. 33–55.

Feldman, Martha / Gordon, Bonnie: „Introduction". In: Id.: *The Courtesan's Arts. Cross-Cultural Perspectives.* Oxford University Press: Oxford 2006, S. 3–28.

Feldmeier, Jutta: *Der Unternehmer in der Erzählliteratur. Betriebswirtschaftliche Studien zur Darstellung der Romanfigur des Unternehmers und Bedeutung der Romane für Unternehmer anhand ausgewählter Beispiele.* Niedermann Druck: St. Gallen 2001 (Dissertation).

Felski, Rita: *The Gender of Modernity.* Harvard University Press: Cambridge, Mass. 1995.

Fertl, Evelyn: *Von Musen, Miminnen und leichten Mädchen. Die Schauspielerin in der römischen Antike.* New Academic Press: Wien 2005.

Finkelde, Dominik: „Musealisierte Welt: Zum Motiv des Sammelns bei Benjamin, Flaubert und Balzac". In: Witte, Bernd (Hrsg.): *Topographien der Erinnerung: Zu Walter Benjamins „Passagen".* Königshausen & Neumann: Würzburg 2008, S. 248–257.

Fischer, Gerhard: „Totenhemd und Leichentuch. Metaphorik zum Thema Arbeit in Gedichten des Vormärz (Chamisso, Hood/Freiligrath, Heine)". In: *Limbus* 2, 2009, S. 51–70.

Fliedl, Konstanze: *Arthur Schnitzler.* Reclam: Stuttgart 2005.

Fliedl, Konstanze: „Verspätungen. Schnitzlers *Therese* als Anti-Trivial-roman". In: *Jahrbuch der Deutschen Schillergesellschaft* 33, 1989, S. 323–347.

Flynn, Carol H.: *The Body in Swift and Defoe.* Cambridge University Press: Cambridge u.a. 1990.

Foucault, Michel: *Sexualität und Wahrheit.* Bd. 1: *Der Wille zum Wissen.* Übers. v. Raulff, Ulrich / Seitter, Walter. Suhrkamp: Frankfurt a.M. 1977.

Fowler, Bridget / Wilson, Fiona: „Women Architects and Their Discontents". In: *Sociology* 38, 2004, S. 101–119.

Freedman, Rita: *Die Opfer der Venus. Vom Zwang schön zu sein.* Kreuz: Zürich 1989.

Frei, Bruno: *Jüdisches Elend in Wien. Bilder und Daten.* Richard Löwit: Wien / Berlin 1920.

Freidson, Eliot: *Professionalism Reborn. Theory, Prophecy and Policy.* University of Chicago Press: Chicago 1994.

Frevert, Ute: „Trust as Work". In: Kocka, Jürgen (Hrsg.): *Work in a Modern Society. The German Historical Experience in Comparative Perspective.* Berghahn Books: New York / Oxford 2010, S. 93–108.

Frevert, Ute: *„Mann und Weib, und Weib und Mann". Geschlechter-Differenzen in der Moderne.* Beck: München 1995.

Frevert, Ute: *Frauen-Geschichte. Zwischen Bürgerlicher Verbesserung und Neuer Weiblichkeit.* Suhrkamp: Frankfurt a.M. 1986.

Frevert, Ute: „Vom Klavier zur Schreibmaschine – Weiblicher Arbeitsmarkt und Rollenzuweisungen am Beispiel der weiblichen Angestellten in der Weimarer Republik". In: Kuhn, Anette / Schneider, Gerhard (Hrsg.): *Frauen in der Geschichte.* Bd. 1. Patmos: Düsseldorf 1982, S. 82–112.

Fürth, Henriette: *Die Hausfrau. Eine Monographie.* Albert Langen: München 1914.

Geitner, Ursula (Hrsg.): *Schauspielerinnen. Der theatralische Eintritt der Frau in die Moderne.* Haux: Bielefeld 1988.

Gernalzick, Nadja: *Kredit und Kultur. Ökonomie und Geldbegriff bei Jacques Derrida und in der amerikanischen Literaturtheorie der Postmoderne.* Winter: Heidelberg 2000.

Gerschlager, Caroline: *Konturen der Entgrenzung. Die Ökonomie des Neuen im Denken von Thomas Hobbes, Francis Bacon und Joseph Alois Schumpeter.* Metropolis: Marburg 1996.

Gestrich, Andreas / Krause, Jens-Uwe / Mitterauer, Michael: *Geschichte der Familie.* Alfred Kröner: Stuttgart 2003.

Gille, Klaus F.: „Der Berg und die Seele. Überlegungen zu Tiecks *Runenberg*". In: *Neophilologus* 77 (1), 1993, S. 611–623.

Gilman, Sander: *The Jew's Body*. Routledge: London 1991.

Gleber, Anke: „Die Frau als Flaneur und die *Sinfonie der Großstadt*". In: Ankum, Katharina von (Hrsg.): *Frauen in der Großstadt. Herausforderung der Moderne?* Edition Ebersbach: Dortmund 1999, S. 59–88.

Gmür, Markus: „Was ist ein ‚idealer Manager' und was ist eine ‚ideale Managerin'? Geschlechtsrollenstereotypisierungen und ihre Bedeutung für die Eignungsbeurteilung von Männern und Frauen in Führungspositionen". In: *Zeitschrift für Personalforschung* 18 (4), 2004, S. 396–417.

Godel, Rainer: „Phasenweise Zuwendung. Stadtideale in Brigitte Reimanns Roman *Franziska Linkerhand*". In: *Monatshefte* 99 (4), 2007, S. 485–500.

Gold, Helmut: *Erkenntnisse unter Tage. Bergbaumotive in der Literatur der Romantik*. VS Verlag für Sozialwissenschaften: Opladen 1990.

Graft-Johnson, Ann de / Manley, Sandra / Greed, Clara: „Diversity or the lack of it in the architectural profession". In: *Construction Management and Economics* 23 (10), 2005, S. 1035–1043.

Griffin, Susan: *Die Tugenden der Kurtisanen. Mächtige Frauen mit eigener Moral. Von Madame de Pompadour bis Lola Montez*. Hugendubel: Kreuzlingen / München 2002.

Gross, Hans: *Kriminalpsychologie*. 2. Aufl. Vogel: Leipzig 1905.

Groß, Melanie / Winker, Gabriele (Hrsg.): *Queer-/Feministische Kritiken neoliberaler Verhältnisse*. Unrast Verlag: 2007.

Gumbrecht, Hans Ulrich: „Epiphanien". In: Küpper, Joachim / Menke, Christoph (Hrsg.): *Dimensionen ästhetischer Erfahrung*. Suhrkamp: Frankfurt a.M. 2003, S. 203–222.

Gutek, Barbara: „Sexuality in the Workplace: Key Issues in Social Research and Organizational Practice". In: Hearn, Jeff et al. (Hrsg.): *The Sexuality of Organization*. Sage Publications: London 1989, S. 170–189.

Haidinger, Bettina / Knittler, Käthe: *Feministische Ökonomie. Intro. Eine Einführung*. Mandelbaum Kritik & Utopie: Wien 2014.

Hain, Simone: „Schauplatz Hoyerswerda. Porträt einer existenziell bedrohten Stadt". In: Bauer-Volke, Kristina / Dietzsch, Ina (Hrsg.): *„Labor Ostdeutschland". Kulturelle Praxis im gesellschaftlichen Wandel*. Kulturstiftung des Bundes: Berlin 2003, S. 229–246.

Hajek, Friederike: „Theodore Dreiser: *Sister Carrie*. Reklame und Begehren". In: Höhne, Horst (Hrsg.): *Literatur- und Gesellschaftsentwicklung der USA im Spannungsfeld der Epochenproblematik des 20. Jahrhunderts*. Universität Rostock: Potsdam 1988, S. 71–80.

Hakim, Catherine: *Erotisches Kapital. Das Geheimnis erfolgreicher Menschen*. Campus: Frankfurt a.M. / New York 2011.

Hampele, Anne: „‚Arbeite mit, plane mit, regiere mit' – Zur politischen Partizipation von Frauen in der DDR". In: Voigt, Dieter (Hrsg.): *Qualifikationsprozesse und Arbeitssituation von Frauen in der Bundesrepublik Deutschland und in der DDR*. Duncker & Humblot: Berlin 1989, S. 281–320.

Hapke, Laura: *Tales of the Working Girl: Wage-Earning Women in American Literature, 1890–1925*. Twayne Publishers: New York et al. 1992.

Hapke, Laura: „Dreiser and the Tradition of the American Working Girl". In: *Dreiser Studies* 22 (2), 1991, S. 2–19.

Hardach-Pinke, Irene: *Die Gouvernante. Geschichte eines Frauenberufs*. Campus: Frankfurt a.M. et al. 1993.

Harrigan, Renny: „Novellistic Representation of *die Berufstätige* during the Weimar Republic". In: *Women in German Yearbook* 4, 1988, S. 97–124.

Hausen, Karin: „Work in Gender, Gender in Work: The German Case in Comparative Perspective". In: Kocka, Jürgen (Hrsg.): *Work in a Modern Society. The German Historical Experience in Comparative Perspective*. Berghahn Books: New York / Oxford 2010, S. 73–91.

Hausen, Karin: „Die Polarisierung der ‚Geschlechtscharaktere' – Eine Spiegelung der Dissoziation von Erwerbs- und Familienleben". In: Conze, Werner (Hrsg.): *Sozialgeschichte der Familie in der Neuzeit Europas*. Klett: Stuttgart 1978, S. 363–393.

Hauser, Kornelia: *Patriarchat als Sozialismus. Soziologische Studien zur DDR-Literatur von Frauen*. Argument: Berlin 1994.

Healey, Christina L.: „‚A Perfect Retreat indeed': Speculation, Surveillance, and Space in Defoe's *Roxana*". In: *Eighteenth-Century Fiction* 21 (4), 2009, S. 493–512.

Heathcote, Owen: „Negative Equity? The Representation of Prostitution and the Prostitution of Representation in Balzac". In: *Forum of Modern Language Studies* 11 (3), 2004, S. 279–290.

Heimburger, Susanne: *Kapitalistischer Geist und literarische Kritik. Arbeitswelten in deutschsprachigen Gegenwartstexten.* Edition Text und Kritik: München 2010.

Heintz, Bettina / Nadai, Eva: „Geschlecht und Kontext. De-Institutionalisierungsprozesse und geschlechtliche Differenzierung". In: *Zeitschrift für Soziologie* 2 (2), 1998, S. 75–93.

Heitmann, Klaus: *Fortuna und Virtus. Eine Studie zu Petrarcas Lebensweisheit.* Böhlau: Köln / Graz 1958.

Helduser, Urte: „Autorschaft und Prostitution in der Moderne". In: Brüns, Elke (Hrsg.): *Ökonomien der Armut. Soziale Verhältnisse in der Literatur.* Fink: München 2008, S. 157–171.

Helduser, Urte: „Sachlich, seicht, sentimental. Gefühlsdiskurs und Populärkultur in Irmgard Keuns Romanen *Gilgi, eine von uns* und *Das kunstseidene Mädchen*". In: Arend, Stefanie / Martin, Ariane (Hrsg.): *Irmgard Keun 1905/2005. Deutungen und Dokumente.* Aisthesis: Bielefeld 2005, S. 13–27.

Helgesen, Sally: *Frauen führen anders. Vorteile eines neuen Führungsstils.* 3. Aufl. Campus: Frankfurt a.M. / New York 1992.

Helleis, Anna: *Faszination Schauspielerin. Von der Antike bis Hollywood.* Braumüller: Wien 2006.

Hering, Sabine: „Differenz oder Vielfalt? Frauen und Männer in der Geschichte der Sozialen Arbeit". In: Zander, Margherita / Hartwig, Luise / Jansen, Irmgard (Hrsg.): *Geschlecht Nebensache? Zur Aktualität einer Gender-Perspektive in der Sozialen Arbeit.* VS Verlag für Sozialwissenschaften: Wiesbaden 2006, S. 18–32.

Hering, Sabine: „Gertrud Bäumer (1873–1954)". In: Eggemann, Maike / Id. (Hrsg.): *Wegbereiterinnen der modernen Sozialarbeit. Texte und Biographien zur Entwicklung der Wohlfahrtspflege.* Beltz: Weinheim / Basel 1999, S. 183–203.

Hering, Sabine / Waaldijk, Berteke (Hrsg.): *Die Geschichte der Sozialen Arbeit in Europa (1900–1960). Wichtige Poinierinnen und ihr Einfluss auf die Entwicklung internationaler Organisationen.* Leske + Budrich: Opladen 2002.

Hilzinger, Sonja: „*Als ganzer Mensch zu leben…*" *Emanzipatorische Tendenzen in der neueren Frauen-Literatur der DDR.* Lang: Frankfurt a.M. et al. 1985.

Hinz, Berthold: „Venus – Luxuria – Frau Welt. Vom Wunschbild zum Albtraum zur Allegorie". In: *Münchner Jahrbuch der bildenden Kunst* 54 (3), 2003, Sonderdruck, S. 83–104.

Hinz, Melanie: *Das Theater der Prostitution. Über die Ökonomie des Begehrens im Theater um 1900 und der Gegenwart*. Bielefeld 2014.

Hnilica, Irmtraud: *Im Zauberkreis der großen Waage. Die Romantisierung des bürgerlichen Kaufmanns in Gustav Freytags „Soll und Haben"*. Synchron: Heidelberg 2012.

Hochschild, Arlie Russell: „Globale Betreuungsketten und emotionaler Mehrwert". In: Hutton, Will / Giddens, Anthony (Hrsg.): *Die Zukunft des globalen Kapitalismus*. Campus: Frankfurt a.M. / New York 2001, S. 157–176.

Hochschild, Arlie Russell: *Das gekaufte Herz. Zur Kommerzialisierung der Gefühle*. Campus: Frankfurt a.M. / New York 1990.

Höhn, Reinhard, unter Mitarbeit v. Böhme, Gisela: *Die Sekretärin und der Chef. Die Sekretärin in der Führungsordnung eines modernen Unternehmens*. Verlag für Wissenschaft, Wirtschaft und Technik: Bad Harzburg 1972.

Hörisch, Jochen: *Kopf oder Zahl. Die Poesie des Geldes*. Suhrkamp: Frankfurt a.M. 1996.

Hofmann, Roswitha: „Organisationen verändern Geschlechterverhältnisse?! Queer-theoretische Perspektiven für eine geschlechtergerechte Entwicklung von Organisationen". In: Funder, Maria (Hrsg.): *Gender Cage – Revisited. Handbuch zur Organisations- und Geschlechterforschung*. Nomos: Baden-Baden 2014, S. 387–410.

Horst, Sandra von der: *Das Unternehmerbild in der deutschen Gegenwartsliteratur. Eine Analyse anhand der Romane „Der schwarze Grat" von Burkhard Spinnen und „Wenn wir sterben" von Ernst-Wilhelm Händler*. Vdm Verlag Dr. Müller: Saarbrücken 2008.

Hüttl, Adolf: *Goethes wirtschafts- und finanzpolitische Tätigkeit. Ein wenig bekannter Teil seines Lebens*. 2. Aufl. Dr. Kovač: Hamburg 1998.

Hughes, Everett C.: *On Work, Race, and the Sociological Imagination*. Edited and with an Introduction by Coser, Lewis A. University of Chicago Press: Chicago 1994.

Hundt, Irina: „‚Sich mit warmem Herzen an der Zeit und ihren Interessen betheiligen'. Bettina von Arnim, der Fall Schlöffel und der Roman *Schloß und Fabrik* von Louise Otto". In: *Louise-Otto-Peters-Jahrbuch* 1, 2004, S. 163–170.

Illouz, Eva: „Emotionen, Imagination und Konsum: Eine neue Forschungsaufgabe". In: Drügh, Heinz / Metz, Christian / Weyand, Björn (Hrsg.): *Warenästhetik. Neue Perspektiven auf Konsum, Kultur und Kunst.* Suhrkamp: Berlin 2011, S. 47–91.

Illouz, Eva: *Der Konsum der Romantik. Liebe und die kulturellen Widersprüche des Kapitalismus.* Campus: Frankfurt a.M. 2003.

Jacobs, Jane: *Tod und Leben großer amerikanischer Städte.* Ullstein: Gütersloh 1963.

Jahraus, Oliver: „Held(innen) der deutschen Klassik". In: Selbmann, Rolf (Hrsg.): *Deutsche Klassik. Epoche – Autoren – Werke.* Wissenschaftliche Buchgesellschaft: Darmstadt 2005, S. 208–230.

Jameson, Fredric: *The Political Unconscious. Narrative as a Socially Symbolic Act.* Cornell University Press: Ithaca 1981.

Janz, Rolf-Peter: „Zum sozialen Gehalt der *Lehrjahre*". In: Arntzen, Helmut et al. (Hrsg.): *Literaturwissenschaft und Geschichtsphilosophie.* Festschrift für Wilhelm Emrich. De Gruyter: Berlin / New York 1975, S. 320–340.

Jaspers, Karl: *Heimweh und Verbrechen.* Mit Essays v. Bronfen, Elisabeth / Pozsár, Christine. Belleville: Berlin / Heidelberg 1995, S. 27–171.

Johnson, Patricia E.: *Hidden Hands. Working-Class Women and Victorian Social-Problem Fiction.* Ohio University Press: Athens 2001.

Jost, Vera: *Fliegen oder Fallen. Prostitution als Thema in Literatur von Frauen im 20. Jahrhundert.* Ulrike Helmer: Königsstein/Ts. 2002.

Kaiser, Gerhard: *Ist der Mensch zu retten? Vision und Kritik der Moderne in Goethes „Faust".* Rombach: Freiburg i. Brsg. 1994.

Kapoor, Sucheta: „Transgressing Limits: Reading Emma Bovary as a Disguised Prostitute". In: *Journal of the Department of English / University of Calcutta* 33 (1–2), 2006, S. 192–215.

Kaube, Jürgen: „Organisation als Erzählung. Einige soziologische Motive bei Ernst-Wilhelm Händler". In: Hagestedt, Lutz / Unseld, Joachim (Hrsg.): *Literatur als Passion. Zum Werk von Ernst-Wilhelm Händler.* Frankfurter Verlagsanstalt: Frankfurt a.M. 2006, S. 118–135.

Kernjak, Katja: *Der Prostitutionsdiskurs in Österreichischer Prosa der 1920er Jahre.* Alpen-Adria-Universität Klagenfurt 2010 (Diplomarbeit).

Kessel, Martina / Conrad, Christoph (Hrsg.): *Kultur & Geschichte. Neue Einblicke in eine alte Beziehung.* Reclam: Stuttgart 1998.

Kirchgässner, Gebhard: *Homo Oeconomicus. Das ökonomische Modell individuellen Verhaltens und seine Anwendung in den Wirtschafts- und Sozialwissenschaften.* 2., ergänzte und erweiterte Aufl. Mohr Siebeck: Tübingen 2000.

Kirchner, Gottfried: *Fortuna in Dichtung und Emblematik des Barock. Tradition und Bedeutungswandel eines Motivs.* Metzler: Stuttgart 1970.

Kittler, Friedrich A.: *Grammophon, Film, Typewriter.* Brinkmann und Bose: Berlin 1986.

Kiwit, Wolfram: *„Sehnsucht nach meinem Roman". Arthur Schnitzler als Romancier.* Winkler: Bochum 1991.

Kleinert, Annemarie: „Ein Modejournal des 19. Jahrhunderts und seine Leserin: *La Corbeille* und *Madame Bovary".* In: *Romanische Forschungen. Vierteljahrsschrift für romanische Sprachen und Literaturen* 90, 1978, S. 458–477.

Knipp, Wolfgang: *Zum Verhältnis von Individuum und Gesellschaft in ausgewählten Romanen der DDR-Literatur. Anmerkungen zum sozialistischen Menschenbild.* Pahl-Rugenstein: Köln 1980, S. 492–493.

Kocka, Jürgen: „Work as a Problem in European History". In: Id. (Hrsg.): *Work in a Modern Society. The German Historical Experience in Comparative Perspective.* Berghahn Books: New York / Oxford 2010, S. 1–15.

König, Gudrun M.: *Konsumkultur. Inszenierte Warenwelt um 1900.* Böhlau: Wien et al. 2009.

König, Wolfgang: *Geschichte der Konsumgesellschaft.* Franz Steiner: Stuttgart 2000.

Königs, Simone: *„Wer keinen Erfolg hat, soll gefälligst den Mund halten". Wirtschaftswissenschaftliche Theorien in Ernst-Wilhelm Händlers Roman „Wenn wir sterben".* Trier 2011 (Magisterarbeit).

Kohl, Karl-Heinz: *Die Macht der Dinge. Geschichte und Theorie sakraler Objekte.* Beck: München 2003.

Kord, Susanne: *Ein Blick hinter die Kulissen. Deutschsprachige Dramatikerinnen im 18. und 19. Jahrhundert.* Metzler: Stuttgart 1992.

Koster, Serge: „Heine, Balzac und Nucingen". In: Kaplansky, Naomi / Moatti, Elisabeth / Shedletzky, Itta (Hrsg.): *Heinrich Heine in Jerusalem*. Hoffmann und Campe: Hamburg 2006, S. 122–137.

Kowalik, Jill Anne: „Die Formation weiblicher Identität in *Wilhelm Meisters Lehrjahren*". In: Kniesche, Thomas / Rickels, Laurence (Hrsg.): *Die Kindheit überleben*. Festschrift zu Ehren von Ursula Mahlendorf. Königshausen & Neumann: Würzburg 2004, S. 92–108.

Kratz, Karl-Heinz: „Ernst Willkomms *Weisse Sclaven*. Ein sozialer Roman zwischen Jungem Deutschland und Frühnaturalismus". In: *Colloquia Germanica* 16, 1983, S. 177–200.

Krenzlin, Leonore: „Wege: Soziale Umschulung und neuer Lebensstil. Der ,Bitterfelder Weg' und ein Blick auf Brigitte Reimann". In: Bircken, Margrid / Hampel, Heide (Hrsg.): *Als habe ich zwei Leben. Beiträge zu einer wissenschaftlichen Konferenz über Leben und Werk der Schriftstellerin Brigitte Reimann*. Federchen: Neubrandenburg 1998, S. 121–132.

Kreuzer, Helmut: *Die Boheme. Analyse und Dokumentation der intellektuellen Subkultur vom 19. Jahrhundert bis zur Gegenwart*. Metzler: Stuttgart 1968.

Krondorfer, Birge / Mostböck, Carina (Hrsg.): *Frauen und Ökonomie, oder: Geld essen Kritik auf. Kritische Versuche feministischer Zumutungen*. Promedia: Wien 2000.

Kuczynski, Jürgen: *Geschichte der Lage der Arbeiter in Deutschland von 1789 bis 1849*. Akademie: Berlin 1961.

Künzel, Christine: *„Ich bin eine schmutzige Satirikerin"*. *Zum Werk Gisela Elsners (1937–1992)*. Helmer: Sulzbach i.T. 2012.

Künzel, Christine: „,Die Kunst der Schauspielerin ist sublimierte Geschlechtlichkeit': Anmerkungen zum Geschlecht der Schauspielkunst". In: Gaby Pailer / Franziska Schößler (Hrsg.): *GeschlechterSpielRäume. Dramatik, Theater, Performance und Gender*. Rodopi: Amsterdam / New York 2011, S. 241–254.

Künzel, Christine: „Einmal im Abseits, immer im Abseits? Anmerkungen zum Verschwinden der Autorin Gisela Elsner". In: Id. (Hrsg.): *Die letzte Kommunistin. Texte zu Gisela Elsner*. KVV Konkret: Hamburg 2009, S. 7–20.

Künzel, Christine (Hrsg.): *Die letzte Kommunistin. Texte zu Gisela Elsner*. KVV Konkret: Hamburg 2009.

Künzel, Christine: „Eine schreibende Kleopatra. Autorschaft und Maskerade bei Gisela Elsner". In: Id. / Schönert, Jörg (Hrsg.): *Autorinszenierungen. Autorschaft und literarisches Werk im Kontext der Medien.* Königshausen & Neumann: Würzburg 1997, S. 177–190.

Kuhn, Bärbel: *Haus Frauen Arbeit 1915–1965. Erinnerungen aus fünfzig Jahren Haushaltsgeschichte.* Röhrig: St. Ingbert 1994.

Ladendorf, Ingrid: *Tradition und Revolution. Die Frauengestalten in „Wilhelm Meisters Lehrjahren" und ihr Verhältnis zu Originalromanen des 18. Jahrhunderts.* Peter Lang: Frankfurt a.M. et al. 1989.

Lambert, Ellen Zetzel: *The Face of Love. Feminism and the Beauty Question.* Beacon Press: Boston1995.

Lamberty, Christiane: *Reklame in Deutschland 1890–1914. Wahrnehmung, Professionalisierung und Kritik der Wirtschaftswerbung.* Duncker & Humblot: Berlin 2000.

Land, Rainer: „Schumpeter und der New Deal". In: *Berliner Debatte Initial* 20 (4), 2009, S. 49–61.

Lange, Carsten: *Architekturen der Psyche. Raumdarstellung in der Literatur der Romantik.* Königshausen & Neumann: Würzburg 2007.

Laqueur, Thomas: *Auf den Leib geschrieben. Die Inszenierung der Geschlechter von der Antike bis Freud.* Übers. v. Bussmann, H. Jochen. Campus: Frankfurt a.M. / New York 1992.

Larson, Magali Sarfatti: *The Rise of the Professionalism. A Sociological Analysis.* University of California Press: Berkeley et al. 1977.

Lathers, Marie: *Bodies of Art. French Literary Realism and the Artist's Model.* University of Nebraska Press: Lincoln / London 2001.

Lauretis, Teresa de: *Die andere Szene. Psychoanalyse und lesbische Sexualität.* Übers. v. Wördemann, Karin. Suhrkamp: Frankfurt a.M. 1996.

Lauterbach, Burkhart: „Leben zwischen Sein und Schein – Symbolische Distinktionspraxis in der historischen Angestelltenkultur". In: Brednich, Rolf Wilhelm / Schmitt, Heinz (Hrsg.): *Symbole. Zur Bedeutung der Zeichen in der Kultur.* Waxmann: Münster 1997, S. 68–79.

Le Bail, Stéphanie: „*Au Bonheur des Dames*: le magasin féminin d'un magasin imaginaire". In: *Les cahiers naturalistes* 45, 1999, S. 195–197.

Leichter, Käthe: „Die Frauenarbeit der Gegenwart (1930)". In: Brinker-Gabler, Gisela (Hrsg.): *Frauenarbeit und Beruf*. Fischer: Frankfurt a.M. 1979, S. 339–345.

Lemke, Meike et al. (Hrsg.): *Genus Oeconomicum. Ökonomie – Macht – Geschlechterverhältnisse*. UVK Verlagsgesellschaft: Konstanz 2006.

Lewis, Charles: „Desire and Indifference in *Sister Carrie*. Neoclassical Economic Anticipations". In: *Dreiser Studies* 29 (1–2), 1998, S. 18–33.

Liebig, Brigitte: „Zum ‚Cultural Turn' in der feministischen Organisationsforschung. Geschlecht im Licht theoretischer Perspektiven der Organisationskulturforschung". In: Funder, Maria (Hrsg.): *Gender Cage – Revisited. Handbuch zur Organisations- und Geschlechterforschung*. Nomos: Baden-Baden 2014, S. 271–293.

Lillyman, William J.: „Ludwig Tieck's *Der Runenberg*: The Dimensions of Reality". In: *Monatshefte* 62 (3), 1970, S. 231–244.

Linder, Joachim: „‚Nur der Erwerb ist lustbetont, nicht der Besitz'. Die Arbeitswelt der Unternehmer und Unternehmerinnen in Firmenschriften des 19. und frühen 20. Jahrhunderts". In: Segeberg, Harro (Hrsg.): *Vom Wert der Arbeit. Zur literarischen Konstitution des Wertkomplexes ‚Arbeit' in der deutschen Literatur (1770–1930)*. Niemeyer: Tübingen 1991, S. 233–286.

Lindhoff, Lena: *Einführung in die feministische Literaturtheorie*. Metzler: Stuttgart 1995.

Lo, Kyung Eun: *Envisioning Female Spectatorship. Visuality, Gender, and Consumerism in Eighteenth-Century Britain*. Michigan State University 2010 (Dissertation).

Lorenz, Renate / Kuster, Brigitta: *Sexuell arbeiten. Eine queere Perspektive auf Arbeit und prekäres Leben*. b_books: Berlin 2007.

Lottmann, André: *Arbeitsverhältnisse. Der arbeitende Mensch in Goethes Wilhelm Meister-Romanen und in der Geschichte der Politischen Ökonomie*. Königshausen & Neumann: Würzburg 2011.

Low, David S.: „*Therese. Chronik eines Frauenlebens*. Reflections on Schnitzler's *Other Novel*". In: *Modern Austrian Literature* 25 (3–4), 1992, S. 199–213.

Ludwig, Johanna: „‚Ich martere mich selbst mit diesen Problemen...': Die Zensurgeschichte und zeitgenössische Bewertung des Romans *Schloß und Fabrik*". In: Schöck-Quinteros, Eva et al. (Hrsg.): *Bürgerliche Gesell-*

schaft – Idee und Wirklichkeit. Festschrift für Manfred Hahn. Trafo: Berlin 2004, S. 179–200.

Ludwig, Johanna / Rothenburg, Hannelore (Hrsg.): „*Mit den Muth'gen will ich's halten*". *Zur 150jährigen aufregenden Geschichte des Romans „Schloß und Fabrik" von Louise Otto-Peters.* Mit der 1994 wiederaufgefundenen vollständigen Zensurakte. Sax: Beucha 1996.

Lüer, Edwin: *Aurum und Aurora. Ludwig Tiecks „Runenberg" und Jakob Böhme.* Winter: Heidelberg 1997.

Macaree, David: *Daniel Defoe's Political Writings and Literary Devices.* The Edwin Mellen Press: Toronto 1991.

Madörin, Mascha: „Care Ökonomie – eine Herausforderung für die Wirtschaftswissenschaften". In: Bauhardt, Christine / Çağlar, Gülay (Hrsg.): *Gender and Economics: Feministische Kritik der politischen Ökonomie.* VS Verlag: München 2010, S. 81–104.

Mahl, Bernd: *Goethes ökonomisches Wissen. Grundlagen zum Verständnis der ökonomischen Passagen im dichterischen Gesamtwerk und in den ‚Amtlichen Schriften'.* Lang: Frankfurt a.M. 1982.

Marcuse, Herbert: *Der eindimensionale Mensch. Studien zur Ideologie der fortgeschrittenen Industriegesellschaft.* 6. Aufl. Suhrkamp: Frankfurt a.M. 2008.

Markov, Nina: „Class, Culture, and Capital in *Sister Carrie*". In: *Dreiser Studies* 36 (1), 2005, S. 3–27.

Marquardt, Franka: „,Race', ,class' und ,gender' in Theodor Fontanes *Mathilde Möhring*". In: *DVjs* 86 (2), 2012, S. 310–327.

Marshall, David: *The Figure of Theatre. Shaftesbury, Defoe, Adam Smith, and George Eliot.* Columbia University Press: New York 1986.

Martin, Ariane: „Gegenläufige Typisierungen. Sekretärinnen in Romanen von Irmgard Keun und Alice Berend". In: Freytag, Julia / Tacke, Alexandra (Hrsg.): *Bubiköpfe & Blaustrümpfe in den 1920er Jahren.* Böhlau: Köln et al. 2011, S. 21–34.

Martus, Steffen: „Philo-Logik. Zur kulturwissenschaftlichen Begründung von Literaturwissenschaft". In: Wirth, Uwe (Hrsg.): *Logiken und Praktiken der Kulturforschung.* Kadmos: Berlin 2008, S. 125–147.

Marx, Karl: „Das Kapital. Kritik der politischen Ökonomie". Bd. 1. In: *Marx-Engels-Werke.* Bd. 23. Dietz: Berlin 1973.

Mataja, Victor: *Die Reklame. Eine Untersuchung über Ankündigungswesen und Werbetätigkeit im Geschäftsleben.* Leipzig 1910.

Matlock, Jann: *Scenes of Seduction. Prostitution, Hysteria, and Reading Difference in Nineteenth-Century France.* Columbia University Press: New York 1994.

McCracken, Grant: *Culture and Consumption. New Approaches to the Symbolic Character of Consumer Goods and Activities.* Indiana University Press: Bloomington / Indianapolis 1990.

McDowell, Linda: „Body Work. Die Darstellung von Geschlecht und Heterosexualität am Arbeitsplatz". In: Boudry, Pauline / Kuster, Brigitta / Lorenz, Renate (Hrsg.): *Reproduktionskonten fälschen! Heterosexualität, Arbeit und Zuhause.* b_books: Berlin 1999, S. 178–207.

Mecklenburg, Norbert: „‚Die Gesellschaft der verwilderten Steine'. Interpretationsprobleme von Ludwig Tiecks Erzählung *Der Runenberg*". In: *Der Deutschunterricht* 34 (6), 1982, S. 62–76.

Meier, Franziska: „Orient in Paris – Zu Balzacs Roman *Le Peau de Chagrin* von 1830". In: Bernsen, Michael / Neumann, Martin (Hrsg.): *Die französische Literatur des 19. Jahrhunderts und der Orientalismus.* Niemeyer: Tübingen 2006, S. 81–92.

Menninghaus, Winfried: *Das Versprechen der Schönheit.* Suhrkamp: Frankfurt a.M. 2003.

Mey, Dorothea: *Die Liebe und das Geld. Zum Mythos und zur Lebenswirklichkeit von Hausfrauen und Kurtisanen in der Mitte des 19. Jahrhunderts in Frankreich.* Beltz: Weinheim / Basel 1987.

Michalitsch, Gabriele: „Jenseits des homo oeconomicus? Geschlechtergrenzen der neoklassischen Ökonomik". In: Krondorfer, Birge / Mostböck, Carina (Hrsg.): *Frauen und Ökonomie, oder: Geld essen Kritik auf. Kritische Versuche feministischer Zumutungen.* Promedia: Wien 2000, S. 91–104.

Miller, Daniel: *A Theory of Shopping.* Polity Press: Cambridge 1998.

Mills, C. Wright: *White Collar. The American Middle Classes.* Oxford University Press: New York et al. 1951.

Mittmann, Elizabeth: „Venus in Hoyerswerda? Weiblichkeit als Herausforderung in den Texten von Brigitte Reimann". In: Bircken, Margrid / Hampel, Heide (Hrsg.): *Als habe ich zwei Leben. Beiträge zu einer wissenschaftlichen Konferenz über Leben und Werk der Schriftstellerin Brigitte Reimann*. Federchen: Neubrandenburg 1998, S. 113–120.

Möhrmann, Renate (Hrsg.): *Die Schauspielerin. Zur Kulturgeschichte der weiblichen Bühnenkunst*. Insel: Frankfurt a.M. 1989.

Morgan, Gareth: *Bilder der Organisation*. Übers. v. Wacher, Inge Olivia. Klett-Cotta: Stuttgart 1997.

Moritz, Karl Philipp: „Einheit – Mehrheit – Menschliche Kraft". In: Id.: *Schriften zur Ästhetik und Poetik*. Kritische Ausgabe. Hrsg. v. Schrimpf, Hans Joachim. Niemeyer: Tübingen 1962, S. 28–31.

Morris-Keitel, Helen G.: „Not ‚until Earth Is Paradise': Louise Otto's Refracted Feminine Ideal". In: *Women in German Yearbook* 12, 1996, S. 87–99.

Moss Kanter, Rosabeth: *Men and Women of the Corporation*. Basic Books: New York 1977.

Müller, Kurt: „Identität und Rolle in Theodore Dreisers *Sister Carrie*". In: *Literaturwissenschaftliches Jahrbuch im Auftrage der Görres-Gesellschaft* 22, 1981, S. 209–239.

Mueller, Rüdiger H.: *Sex, Love and Prostitution in Turn-of-the-Century German-Language Drama. A. Schnitzler's „Reigen", F. Wedekind's „Die Büchse der Pandora: Eine Monstretragoedie", and L. Thoma's „Moral" and „Magdalena"*. Lang: Frankfurt a.M. et al. 2006.

Müller, Ursula G.T.: *Dem Feminismus eine politische Heimat – der Linken die Hälfte der Welt. Die Politische Verortung des Feminismus*. Springer: Wiesbaden 2012.

Müller, Ursula: „Zwischen Licht und Grauzone: Frauen in Führungspositionen". In: *Arbeit* 8 (2), 1999, S. 137–161.

Müller-Staats, Dagmar: *Klagen über Dienstboten. Eine Untersuchung zum Verhältnis von Herrschaften und Dienstboten mit besonderer Berücksichtigung Hamburgs im 19. Jahrhundert*. Hamburg 1983 (Dissertation).

Münz, Walter: „Ludwig Tieck: Der blonde Eckbert / Der Runenberg". In: *Interpretationen. Erzählungen und Novellen des 19. Jahrhunderts*. Bd. 1. Reclam: Stuttgart 1988, S. 9–60.

Muller, Françoise: „Neue Sachlichkeit und Arbeitswelt". In: *Germanica. Études germaniques* 9, 1991, S. 55–70.

Muzio, Daniel / Kirkpatrick, Ian / Kipping, Matthias: „Professions, Organizations and the State: Applying the Sociology of the Professions to the Case of Management Consultancy". In: *Current Sociology* 59 (6), 2011, S. 805–824.

Neuberger, Oswald: *Führen und führen lassen: Ansätze, Ergebnisse und Kritik der Führungsforschung*. UTB: Stuttgart 2002.

Nickel, Hildegard Maria: „Zur sozialen Lage von Frauen in der DDR". In: Gensior, Sabine / Maier, Friederike / Winter, Gabriele (Hrsg.): *Soziale Lage und Arbeit von Frauen in der DDR*. Universität-Gesamthochschule Paderborn: Paderborn 1990, S. 3–15

Niekerk, Carl: *Bildungskrisen. Die Frage nach dem Subjekt in Goethes „Unterhaltungen deutscher Ausgewanderten"*. Stauffenburg: Tübingen 1995.

Niess, Robert J.: „Zola's *Au Bonheur des Dames*: The Making of a Symbol". In: Tetel, Marcel (Hrsg.): *Symbolism and Modern Literature: Studies in Honour of Wallace Fowlie*. Duke University Press: Durham 1978, S. 130–150.

Nitsch, Wolfram: „Rechner und Seher: Balzacs Spieler im Horizont der Romantik". In: Kleinschmidt, Erich (Hrsg.): *Die Lesbarkeit der Romantik. Material, Medium, Diskurs*. De Gruyter: Berlin 2009, S. 55–81.

Noordegraaf, Mirko: „Remaking Professionals? How Associations and Professional Education Connect Professionalism and Organizations". In: *Current Sociology* 59 (4), 2011, S. 465–488.

Notz, Gisela: „*Schloß und Fabrik*. Zur Sicht der jungen Louise Otto auf die Probleme ihrer Zeit". In: *Louise-Otto-Peters-Jahrbuch* 1, 2004, S. 152–162.

Ohlendieck, Lutz: „Die Anatomie des Glashauses: Ein Beitrag zum Verständnis des Glass-Ceiling-Phänomens". In: Pasero, Ursula (Hrsg.): *Gender – from Costs to Benefits*. Westdeutscher Verlag: Wiesbaden 2003, S. 183–193.

Okin, Susan Moller: „Patriarchy and Married Women's Property in England. Questions on Some Current Views". In: *Eighteenth-Century Studies* 17 (2), 1983–1984, S. 121–138.

O'Neil, Deborah A. / Hopkins, Margaret M. / Bilimoria, Diana: „Women's Careers at the Start of the 21st Century: Patterns and Paradoxes". In: *Journal of Business Ethics* 80, 2008, S. 727–743.

Pache, Walter: *Profit and Delight. Didaktik und Fiktion als Problem des Erzählens. Dargestellt am Beispiel des Romanwerks von Daniel Defoe.* Winter: Heidelberg 1980.

Palenga-Möllenbeck, Ewa: „Globale Versorgungsketten: Geschlecht, Migration und Care-Arbeit". In: Aulenbacher, Brigitte / Dammayr, Maria (Hrsg.): *Für sich und andere sorgen. Krise und Zukunft von Care in der modernen Gesellschaft.* Beltz Juventa: Weinheim 2014, S. 138–148.

Pelz, Annegret: „City Girls im Büro. Schreibkräfte mit Bubikopf". In: Freytag, Julia / Tacke, Alexandra (Hrsg.): *Bubiköpfe & Blaustrümpfe in den 1920er Jahren.* Böhlau: Köln et al. 2011, S. 35–53.

Penz, Otto: *Schönheit als Praxis. Über klassen- und geschlechtsspezifische Körperlichkeit.* Campus: Frankfurt a.M. / New York 2010.

Perlmann, Michaela L.: *Arthur Schnitzler.* Metzler: Stuttgart 1987.

Petrey, Sandy: „The Language of Realism, the Language of False Consciousness. A Reading of *Sister Carrie*". In: *Novel* 10, 1977, S. 101–113.

Petzold, Dieter: *Daniel Defoe: „Robinson Crusoe".* Fink: München 1982.

Piper, William B.: „*Moll Flanders* as a Structure of Topics". In: *SEL* 9 (3), 1996, S. 489–502.

Pirker, Theo: *Büro und Maschine. Zur Geschichte und Soziologie der Mechanisierung der Büroarbeit, der Maschinisierung des Büros und der Büroautomation.* Kyklos: Basel / Tübingen 1962.

Polt-Heinzl, Evelyne: „Alltagsrituale unter dem Mikroskop oder Wie Gisela Elsner aus dem Nähkästchen plaudern läßt". In: Künzel, Christine (Hrsg.): *Die letzte Kommunistin. Texte zu Gisela Elsner.* KVV Konkret: Hamburg 2009, S. 47–61.

Pott, Sandra: „Wirtschaft in Literatur. Ökonomische Subjekte im Wirtschaftsroman der Gegenwart". In: *KulturPoetik* 4 (2), 2004, S. 202–217.

Priddat, Birger: „Moral als Kontext von Gütern. Choice and Semantics". In: Koslowski, Peter / Id. (Hrsg.): *Ethik des Konsums.* Fink: München 2006, S. 9–22.

PROKLA-Redaktion: „Frauen in der Ökonomie". In: *PROKLA. Zeitschrift für kritische Sozialwissenschaft* 23 (4), 1993, S. 522–528.

Pross, Helge: *Die Wirklichkeit der Hausfrau. Die erste repräsentative Untersuchung über nichterwerbstätige Ehefrauen: Wie leben sie? Wie denken sie? Wie sehen sie sich selbst?* Rowohlt: Reinbek bei Hamburg 1975.

Pullen, Kirsten: *Actresses and Whores. On Stage and in Society.* Cambridge University Press: Cambridge et al. 2005.

Radbruch, Gustav: „Goethe: Wilhelm Meisters sozialistische Sendung". In: Id.: *Gestalten und Gedanken. Zehn Studien.* Koehler: Stuttgart 1954, S. 84–111.

Rarisch, Ilsedore: *Das Unternehmerbild in der deutschen Erzählliteratur der ersten Hälfte des 19. Jahrhunderts. Ein Beitrag zur Rezeption der frühen Industrialisierung in der belletristischen Literatur.* Colloquium: Berlin 1977.

Rasch, Wolfdietrich: *Die literarische Décadence um 1900.* Beck: München 1986.

Rastetter, Daniela: *Zum Lächeln verpflichtet. Emotionsarbeit im Dienstleistungsbereich.* Campus: Frankfurt a.M. / New York 2008.

Reidegeld, Eckart: *Staatliche Sozialpolitik in Deutschland. Historische Entwicklung und theoretische Analyse von den Ursprüngen bis 1918.* VS Verlag für Sozialwissenschaften: Opladen 1996.

Reynaud, Patricia: „Economics as Lure in *Madame Bovary*". In: DiGaetani, John Louis (Hrsg.): *Money. Lure, Lore and Literature.* Greenwood Press: Westport, Connecticut 1994, S. 163–174.

Richter, Jessica: „Den Dienst als offizielles Erwerbsverhältnis (re-)konstruieren. Hauswirtschaftliche und landwirtschaftliche Dienstbot/innen in Österreich (1918–1938)". In: Colin, Nicole / Schößler, Franziska (Hrsg.): *Das nennen Sie Arbeit? Der Produktivitätsdiskurs und seine Ausschlüsse.* Synchron: Heidelberg 2013, S. 189–214.

Ridgeway, Cecilia L.: „Interaktion und die Hartnäckigkeit der Geschlechter-Ungleichheit in der Arbeitswelt". In: Heintz, Bettina (Hrsg.): *Geschlechtersoziologie.* VS Verlag für Sozialwissenschaften: Wiesbaden 2001, S. 250–275.

Riggs, Larry W.: „Emma Bovary and the Culture of Consumption". In: *Language Quarterly. A Journal devoted to the Study of Linguistics and less-commonly taught languages* 21 (1–2), 1982, S. 13–16.

Roberts, Elizabeth: *A Woman's Place. An Oral History of Working-Class Women 1890–1940.* Blackwell: Oxford et al. 1984.

Roesler, Rudolf: „Vorwort. Das Taylor-System – Eine Budgetierung der menschlichen Kraft". In: Taylor, Frederick Winslow: *Die Grundsätze der wissenschaftlichen Betriebsführung.* Reproduktion der 1. Aufl. von 1913. Salzwasser: Paderborn 2011, S. 7–14.

Rogers, Katherine: „The Feminism of Daniel Defoe". In: Fritz, Paul / Morton, Richard (Hrsg.): *Women in the 18th Century and Other Essays.* Samuel Stevens Hakkert: Toronto / Sarasota 1976, S. 3–24.

Rosenthal, Laura J.: *Infamous Commerce. Prostitution in Eighteenth-Century British Literature and Culture.* Cornell University Press: Ithaca / London 2006.

Rothschild, Joan / Rosner, Victoria: „Feminism and Design". In: Rothschild, Joan (Hrsg.): *Design and Feminism. Re-Visioning Spaces, Places, and Everyday Things.* Rutgers University Press: New Brunswick et al. 1999, S. 7–33.

Saint, Andrew: *The Image of the Architect.* Yale University Press: New Haven / London 1983.

Saletta, Ester: *Die Imagination des Weiblichen. Schnitzlers „Fräulein Else"* *in der österreichischen Literatur der Zwischenkriegszeit.* Böhlau: Wien et al. 2006.

Saller, Reinhard: *Schöne Ökonomie. Die poetische Reflexion der Ökonomie* *in frühromantischer Literatur.* Königshausen & Neumann: Würzburg 2007.

Samuels, Maurice: „Metaphors of Modernity: Prostitutes, Bankers, and other Jews in Balzac's *Splendeurs et Misères des Courtisanes".* In: *Romanic Review* 97 (2), 2006, S. 169–184.

Scheuermann, Mona: *Her Bread to Earn. Women, Money, and Society from* *Defoe to Austen.* The University Press of Kentucky: Kentucky 1993.

Schläfer, Ute: „Die späteren Tragödien". In: Schabert, Ina (Hrsg.): *Shakespeare-Handbuch. Die Zeit. Der Mensch. Das Werk. Die Nachwelt.* Unter Mitarbeit zahlreicher Fachwissenschaftler. Mit einem Geleitwort v. Clemen, Wolfgang. 3. Aufl. Kröner: Stuttgart 1992, S. 594–640.

Schmider, Christine: „„Être la matière'. Gustave Flauberts Poetik des Materiellen". In: Strässle, Thomas / Torra-Mattenklott, Caroline (Hrsg.): *Poetiken der Materie. Stoffe und ihre Qualitäten in Literatur, Kunst und Philosophie.* Rombach: Freiburg i. Brsg. 2005, S. 55–73.

Schmidt, Dietmar: *Geschlecht unter Kontrolle. Prostitution und moderne* *Literatur.* Rombach: Freiburg i. Brsg. 1998.

Schmidt, Rudi: „Zur Geschichte der Angestellten und der Angestelltensoziologie". In: Haipeter, Thomas (Hrsg.): *Angestellte Revisited. Arbeit, Interessen und Herausforderungen für Interessenvertretungen*. Springer VS: Wiesbaden 2016, S. 35–65.

Schmolke-Hasselmann, Beate: „Manon – Marguerite – Nana, oder: Was liest die literarische Kurtisane? Zur Gattungs- und Rezeptionsgeschichte des Kurtisanenromans". In: *Romanistische Zeitschrift für Literaturgeschichte. Cahiers d'Histoire des Litteratures Romanes* 8 (1–4), 1984, S. 533–546.

Schöpfer, Gerald: *Sozialer Schutz im 16.–18. Jahrhundert. Ein Beitrag zur Geschichte der Personenversicherung und der landwirtschaftlichen Versicherung*. Leykam: Graz 1976.

Schößler, Franziska: „Luxusdinge: Antisemitismus und Antikapitalismus in Heinrich Manns Roman *Im Schlaraffenland*". In: Eming, Jutta et al. (Hrsg.): *Fremde – Luxus – Räume. Konzeptionen von Luxus in Vormoderne und Moderne*. Frank & Timme: Berlin 2015, S. 189–207.

Schößler, Franziska: „Blutzauber, Magie und Spekulation. Die ‚unproduktiven' Wirtschaftspraktiken im ‚jüdischen' Kaufhaus". In: Colin, Nicole / Id. (Hrsg.): *Das nennen Sie Arbeit? Der Produktivitätsdiskurs und seine Ausschlüsse*. Synchron: Heidelberg 2013, S. 67–87.

Schößler, Franziska: „Frühsozialistische Kapitalismuskritik und die (literarische) Ausbeutung von Weiblichkeit. Zu Ernst Willkomm und Louise Otto". In: *Forum Vormärz Forschung. Jahrbuch* 19, 2013, S. 57–75.

Schößler, Franziska: *Börsenfieber und Kaufrausch: Ökonomie, Judentum und Weiblichkeit bei Theodor Fontane, Heinrich Mann, Thomas Mann, Arthur Schnitzler und Émile Zola*. Aisthesis: Bielefeld 2009.

Schößler, Franziska: „Die Konsumentin im Kaufhaus. Weiblichkeit und Tausch in Émile Zolas Roman *Au Bonheur des Dames*". In: Mein, Georg / Id. (Hrsg.): *Tauschprozesse. Kulturwissenschaftliche Verhandlungen des Ökonomischen*. Transcript: Bielefeld 2005, S. 245–273.

Schößler, Franziska: *Goethes „Lehr"- und „Wanderjahre". Eine Kulturgeschichte der Moderne*. Francke: Tübingen 2002.

Schößler, Franziska / Haunschild, Axel: „Genderspezifische Arbeitsbedingungen am deutschen Repertoiretheater. Eine empirische Studie". In: Pailer, Gaby / Schößler, Franziska (Hrsg.): *GeschlechterSpielRäume*.

Dramatik, Theater, Performance und Gender. Rodopi: Amsterdam / New York 2011, S. 255–269.

Schröder, Wilhelm Heinz: *Arbeitergeschichte und Arbeiterbewegung.* Campus: Frankfurt a.M. / New York 1978.

Schroeter, Manfred (Hrsg.): *Der Mythos von Orient und Occident. Eine Metaphysik der alten Welt. Aus den Werken von J.J. Bachofen.* Beck: München 1926.

Schüttpelz, Erhard: „„fast ein Handbuch zu finden'. Zum ‚double bind' der Hermeneutik Heinrich Bosses und Friedrich Kittlers um 1980". In: Schönert, Jörg (Hrsg.): *Literaturwissenschaft und Wissenschaftsforschung.* Metzler: Stuttgart / Weimar 2001, S. 101–119.

Schumpeter, Joseph Alois: *Beiträge zur Sozialökonomik.* Hrsg., übers. u. eingel. v. Böhm, Stephan. Böhlau: Wien et al. 1987.

Sczesny, Sabine: „Führungskompetenz: Selbst- und Fremdwahrnehmung weiblicher und männlicher Führungskräfte". In: *Zeitschrift für Sozialpsychologie* 34 (3), 2003, S. 133–145.

Segeberg, Harro (Hrsg.): *Vom Wert der Arbeit. Zur literarischen Konstitution des Wertkomplexes ‚Arbeit' in der deutschen Literatur (1770–1930).* Niemeyer: Tübingen 1991.

Seyfert, Robert: *Das Leben der Institutionen. Zu einer Allgemeinen Theorie der Institutionalisierung.* Velbrück: Weilerswist 2011.

Sherman, Sandra: *Finance and Fictionality in the Early Eighteenth Century. Accounting for Defoe.* Cambridge University Press: Cambridge 1996.

Sherman, Sandra: „Lady Credit No Lady; or, The Case of Defoe's ‚Coy Mistress', Truly Stat'd". In: *Texas Studies in Literature and Language* 37 (2), 1995, S. 185–214.

Siegert, Bernhard / Vogl, Joseph (Hrsg.): *Europa. Kultur der Sekretäre.* Diaphanes: Zürich / Berlin 2003.

Siegfried Kracauer: *Die Angestellten. Aus dem neuesten Deutschland.* Suhrkamp: Frankfurt a.M. 1971.

Simmel, Georg: „Die Großstädte und das Geistesleben". In: Id.: *Gesamtausgabe.* Bd. 7: *Aufsätze und Abhandlungen 1901–1908.* Bd. 1. Hrsg. v. Kramme, Rüdiger / Rammstedt, Angela / Rammstedt, Otthein. Suhrkamp: Frankfurt a.M. 1995, S. 116–131.

Simmel, Georg: „Philosophie des Geldes". In: Id.: *Gesamtausgabe*. Bd. 6.: *Philosophie des Geldes*. Hrsg. v. Frisby, David P. / Köhnke, Klaus Christian. Suhrkamp: Frankfurt a.M. 1989, S. 7–718.

Smith, Adam: *Der Wohlstand der Nationen. Eine Untersuchung seiner Natur und seiner Ursachen*. Übers., hrsg. u. eingel. v. Recktenwald, Horst Claus. 6. Aufl. Deutscher Taschenbuch Verlag: München 1993.

Smith-Prei, Carrie Mirelle: „Satirizing the Private as Political. 1968 and Postmillennial Family Narratives". In: *Women in German Yearbook* 25, 2009, S. 76–99.

Soden, Kristine von: „Auf dem Weg in die Tempel der Wissenschaft. Zur Durchsetzung des Frauenstudiums im Wilhelminischen Deutschland". In: Gerhard, Ute (Hrsg.): *Frauen in der Geschichte des Rechts. Von der Frühen Neuzeit bis zur Gegenwart*. Beck: München 1997, S. 617–632.

Sombart, Werner: *Liebe, Luxus und Kapitalismus. Über die Entstehung der modernen Welt aus dem Geist der Verschwendung*. Wagenbach: Berlin 1983.

Sombart, Werner: *Der moderne Kapitalismus.* Bd. 2.1: *Das europäische Wirtschaftsleben im Zeitalter des Frühkapitalismus*. Duncker & Humblot: Berlin 1969.

Sombart, Werner: *Der Bourgeois. Zur Geistesgeschichte des modernen Wirtschaftsmenschen*. Duncker & Humblot: München / Leipzig 1920.

Spivak, Gayatri Chakravorty: „Theory in the Margin: Coetzee's *Foe* Reading Defoe's *Crusoe/Roxana*". In: *English in Africa* 17 (2), 1990, S. 1–23.

Staves, Susan: *Married Women's Separate Property in England, 1660–1833*. Harvard University Press: Cambridge, Mass. / London 1990.

Stiegler, Barbara: „Weder Verantwortung noch Selbständigkeit – das Beispiel Frauenarbeit in Schreibdiensten und Sekretariat". In: Winter, Regine (Hrsg.): *Frauen verdienen mehr. Zur Neubewertung von Frauenarbeit im Tarifsystem*. Edition Sigma: Berlin 1994, S. 197–211.

Stiglitz, Joseph E.: *Volkswirtschaftslehre*. Oldenbourg: München 1999.

Stöber, Thomas: *Vitalistische Energetik und literarische Transgression im französischen Realismus-Naturalismus. Stendhal, Balzac, Flaubert, Zola*. Narr: Tübingen 2006.

Straub, Kristina: *Domestic Affairs. Intimacy, Eroticism, and Violence between Servants and Masters in Eighteenth-Century Britain*. The Johns Hopkins University Press: Baltimore 2009.

Stümpel, Rolf: *Vom Sekretär zur Sekretärin. Eine Ausstellung zur Geschichte der Schreibmaschine und ihrer Bedeutung für den Beruf der Frau im Büro.* Gutenberg-Museum: Mainz 1985.

Styhre, Alexander: „The Overworked Site Manager: Gendered Ideologies in the Construction Industry". In: *Construction Management and Economics* 29 (9), 2011, S. 943–955.

Süssenbach, Christina (Hrsg.): *Frauen in der Ökonomie.* Institut für Weltwirtschaft: Kiel 1999.

Suhr, Susanne: „Die weiblichen Angestellten". In: Brinker-Gabler, Gisela (Hrsg.): *Frauenarbeit und Beruf.* Fischer: Frankfurt a.M. 1979, S. 328–339.

Swope, Curtis: „Dwelling in GDR Literature". In: *The German Quarterly* 86 (2), 2013, S. 160–179.

Taverne, Ed: „‚Eine Stadt ohne Zäune'. Die Neustadt von Hoyerswerda. Eine architektur-historische Betrachtung zu *Franziska Linkerhand* (1974/1998), einem Roman von Brigitte Reimann". In: *Neue Hoyerswerdaer Geschichtshefte* 8, 2005, S. 8–22.

Teubner, Ulrike: „Beruf: Vom Frauenberuf zur Geschlechterkonstruktion im Berufssystem". In: Becker, Ruth / Kortendiek, Beate (Hrsg.): *Handbuch Frauen- und Geschlechterforschung. Theorie, Methoden, Empirie.* 3., erweiterte und durchgesehene Auflage. VS Verlag für Sozialwissenschaften: Wiesbaden 2010, S. 499–506.

Tischleder, Bärbel: „The Deep Surface of Lily Bart. Visual Economies and Commodity Culture in Wharton and Dreiser". In: *Amerikastudien* 54, 2009, S. 59–78.

Traninger, Anita: „*Un tilbury bleu.* Warenwelt, Wirklichkeit und Tagtraum in *Madame Bovary*". In: *Zeitschrift für Französische Sprache und Literatur* 119, 2009, S. 33–56.

Uerlings, Herbert: „Die Bedeutung des Bergbaus für den *Heinrich von Ofterdingen*". In: Sent, Eleonore (Hrsg.): *Bergbau und Dichtung – Friedrich von Hadenberg (Novalis) zum 200. Todestag.* Hain: Weimar / Jena 2003, S. 25–55.

Uerlings, Herbert: „Novalis in Freiberg: Die Romantisierung des Bergbaus – Mit einem Blick auf Tiecks *Runenberg* und E.T.A. Hoffmanns *Bergwerke zu Falun*". In: *Aurora* 56, 1996, S. 57–77.

Ullrich, Wolfgang: *Habenwollen. Wie funktioniert die Konsumkultur?* Fischer: Frankfurt a.M. 2006.

Unger, Thorsten: „Arbeit, Arbeitslosigkeit und Arbeitsverweigerung in der proletarischen Literatur der Weimarer Republik am Beispiel von Rudolf Braunes *Der Kampf auf der Kille* und ausgewählter Arbeiterlyrik". In: Kraft, Dagmar (Hrsg.): *Arbeit – Kultur – Identität. Zur Transformation von Arbeitslandschaften in der Literatur.* Klartext: Essen 2007, S. 37–54.

Unger, Thorsten: *Diskontinuitäten im Erwerbsleben. Vergleichende Untersuchungen zu Arbeit und Erwerbslosigkeit in der Literatur der Weimarer Republik.* Niemeyer: Tübingen 2004.

Veblen, Thorstein: *Theorie der feinen Leute. Eine ökonomische Untersuchung der Institutionen.* Kiepenheuer & Witsch: Köln 1958.

Vinken, Barbara: *Flaubert. Durchkreuzte Moderne.* Fischer: Frankfurt a.M. 2009.

Vinken, Barbara: *Die deutsche Mutter. Der lange Schatten eines Mythos.* Piper: München 2001.

Vogl, Joseph: „Romantische Oekonomie. Regierung und Regulation um 1800". In: François, Etienne et al. (Hrsg.): *Marianne – Germania. Deutschfranzösischer Kulturtransfer im europäischen Kontext 1789–1914.* Leipziger Universitätsverlag: Leipzig 1998, S. 471–488.

Vogl, Joseph: „Geschichte, Wissen, Oekonomie". In: Neumann, Gerhart (Hrsg.): *Poststrukturalismus. Herausforderungen an die Literaturwissenschaft.* Metzler: Stuttgart / Weimar 1997, S. 462–480.

Voglmayr, Irmtraud: „Frauen in der Freizeit- und Erlebnisgesellschaft". In: Krondorfer, Birge / Mostböck, Carina (Hrsg.): *Frauen und Ökonomie, oder: Geld essen Kritik auf. Kritische Versuche feministischer Zumutungen.* Promedia: Wien 2000, S. 193–203.

Voß, Günter G. / Pongratz, Hans J.: „Der Arbeitskraftunternehmer. Eine neue Grundform der Ware Arbeitskraft?" In: *Kölner Zeitschrift für Soziologie und Sozialpsychologie* 50, 1998, S. 131–158.

Voß, Günter G. / Weiß, Cornelia: „Selbstgenderung und Genderarbeit. Zur Subjektivierung von Geschlecht in Zeiten entgrenzter Arbeit". In: Frey, Michael et al. (Hrsg.): *Perspektiven auf Arbeit und Geschlecht: Transformationen, Reflexionen, Interventionen.* Hampp: München 2010, S. 135–164.

Voß, Günter G. / Weiß, Cornelia: „Ist der Arbeitskraftunternehmer weiblich?" In: Lohr, Karin / Nickel, Hildegard Maria (Hrsg.): *Subjektivierung von Arbeit. Riskante Chancen*. Westfälisches Dampfboot: Münster 2009, S. 65–91.

Vredeveld, Harry: „Ludwig Tieck's *Der Runenberg*. An Archetypal Interpretation". In: *Germanic Review* 49 (3), 1974, S. 200–214.

Walker, Lynne: „Women Architects". In: Attfield, Judy / Kirkham, Pat (Hrsg.): *A View from the Interieur: Feminism, Women and Design*. The Woman's Press: London 1989, S. 90–108.

Warhurst, Chris / Nickson, Dennis: „‚Who's Got the Look?' Emotional, Aesthetic and Sexualized Labour in Interactive Services". In: *Gender, Work and Organization* 16 (3), 2009, S. 385–404.

Warhurst, Chris / Nickson, Dennis: „Employee Experience of Aesthetic Labour in Retail and Hospitality". In: *Work, Employment & Society* 21, 2007, S. 103–120.

Warning, Rainer: „Chaos und Kosmos. Kontingenzbewältigung in der *Comédie humaine*". In: Id.: *Die Phantasie der Realisten*. Fink: München 1999, S. 35–76.

Watt, Ian: *The Rise of the Novel. Studies in Defoe, Richardson and Fielding*. Penguin Books: London 1974.

Weber, Max: *Die protestantische Ethik und der Geist des Kapitalismus*. Vollständige Ausgabe. Hrsg. u. eingel. v. Kaesler, Dirk. Beck: München 2004.

Weber, Max: „Wissenschaft als Beruf". In: Id.: *Gesamtausgabe*. Abteilung 1: *Schriften und Reden*. Bd. 17: *Wissenschaft als Beruf, 1917/1919. Politik als Beruf, 1919*. Hrsg. v. Mommsen, Wolfgang J. / Schluchter, Wolfgang. J. C. B. Mohr: Tübingen 1992, S. 71–111.

Weder, Christine: „Im Reich von König Sex. Vom Zwang zur Freiheit in Theorie und Literatur um 1968". In: Bergengruen, Maximilian / Borgards, Roland (Hrsg.): *Bann der Gewalt. Studien zur Literatur- und Wissensgeschichte*. Wallstein: Göttingen 2009, S. 543–582.

Weder, Christine: *Erschriebene Dinge. Fetisch, Amulett, Talisman um 1800*. Rombach: Freiburg i. Brsg. 2007.

Weiskopf, Richard: „Gouvernementabilität: Die Produktion des regierbaren Menschen in post-disziplinären Regionen". In: *Zeitschrift für Personalforschung* 19, 2005, S. 289–311.

Wendt, Wolf Rainer: *Geschichte der Sozialen Arbeit*. Bd. 1: *Die Gesellschaft vor der sozialen Frage*. 5. Aufl. Lucius & Lucius: Stuttgart 2008.

Weyrather, Irmgard: *Die Frau am Fließband. Das Bild der Fabrikarbeiterin in der Sozialforschung 1870–1985*. Campus: Frankfurt a.m. / New York 2003.

Wierling, Dorothee: *Mädchen für alles. Arbeitsalltag und Lebensgeschichte städtischer Dienstmädchen um die Jahrhundertwende*. Dietz: Berlin / Bonn 1987.

Williams, Tony: „Gender Stereotypes in *Madame Bovary*". In: *Forum For Modern Language Studies* 18, 1992, S. 130–139.

Willim, Petra: *So frei geboren wie ein Mann? Frauengestalten im Werk Goethes*. Ulrike Helmer: Königstein/Ts. 1997.

Wirth, Linda: *Breaking Through the Glass Ceiling: Women in Management*. International Labour Office: Genf 2001.

Witz, Anne: *Professions and Patriarchy*. Routledge: London 1992.

Wollrad, Eske: „*White trash* – das rassifizierte ‚Prekariat' im postkolonialen Deutschland". In: Altenhain, Claudio et al. (Hrsg.): *Von „Neuer Unterschicht" und Prekariat. Gesellschaftliche Verhältnisse und Kategorien im Umbruch. Kritische Perspektiven auf aktuelle Debatten*. Transcript: Bielefeld 2008, S. 35–47.

Woltersdorff, Volker: „Queer und Hartz IV? Arbeit, Ökonomie, Sexualität und Geschlecht im Neoliberalismus". In: Degele, Nina (Hrsg.): *Gender / Queer Studies. Eine Einführung*. Fink: Paderborn 2008, S. 181–193.

Wunderer, Rolf: *Führung und Zusammenarbeit. Eine unternehmerische Führungslehre*. Luchterhand: Köln 2009.

Wunderer, Rolf / Dick, Petra: „Frauen im Management. Besonderheiten und personalpolitische Folgerungen – eine empirische Studie". In: Id. (Hrsg.): *Frauen im Management. Kompetenzen, Führungsstile, Fördermodelle*. Luchterhand: Neuwied et al. 1997, S. 5–208.

Ziolkowski, Theodore: *German Romanticism and Its Institutions*. Princeton University Press: Princeton 1990.

Internetquellen

Acker, Joan: „Hierachies, jobs, bodies. A Theory of Gendered Organizations". In: *Gender & Society* 4 (2), 1990, S. 139–158, retrieved 28.12.2016, from http://www.csun.edu/~snk1966/J.%20Acker%20 Hierarchies,%20Jobs,%20Bodies%20--%20A%20Theory%20of%20 Gendered%20Organizations.pdf.

Becker-Schmidt, Regine: „Zur doppelten Vergesellschaftung von Frauen. Soziologische Grundlegung, empirische Rekonstruktion", retrieved 19.10.2016, from http://www.fu-berlin.de/sites/gpo/soz_eth/Geschlecht_ als_Kategorie/Die_doppelte_Vergesellschaftung_von_Frauen/index.html.

Brinkmann, Ulrich et al.: *Prekäre Arbeit. Ursachen, Ausmaß, soziale Folgen und subjektive Verarbeitungsformen unsicherer Beschäftigungsverhältnisse.* Friedrich-Ebert-Stiftung: Bonn 2006, retrieved 12.9.2016, from http://library.fes.de/pdf-files/asfo/03514.pdf.

Clark, Justine: *Six Myths about Women.* Parlour: o.O. 2014, retrieved 17.10.2016, from http://archiparlour.org/six-myths-about-women-and-architecture.

Connell, Robert W.: „Change among the Gatekeepers: Men, Masculinities, and Gender Equality in the Global Arena". In: *Signs. Journal of Women in Culture and Society* 30 (3), 2005, S. 1801–1825, retrieved 12.9.2016, from http://xyonline.net/sites/default/files/Connell,%20Change%20 among.pdf.

European Commission (Hrsg.): *Women on boards – Factsheet 1. The economic arguments,* retrieved 17.10.2016, from http://ec.europa.eu/justice/ gender-equality/files/womenonboards/factsheet-general-1_en.pdf.

Fietze, Simon / Holst, Elke / Tobsch, Verena: *Persönlichkeit und Karriere – She's got what it takes.* SOEPpapers on Multidisciplinary Panel Data Research. Deutsches Institut für Wirtschaftsforschung: Berlin 2009, retrieved 17.10.2016, from https://www.diw.de/documents/publikatio nen/73/diw_01.c.340880.de/diw_sp0220.pdf.

Hausmann, Ann-Christin / Kleinert, Corinna: „Berufliche Segregation auf dem Arbeitsmarkt. Männer- und Frauendomänen kaum verändert". In: Institut für Arbeitsmarkt- und Berufsforschung: *IAB-Kurzbericht. Aktuelle Analysen aus dem Institut für Arbeitsmarkt- und Berufsforschung* 9, 2014, S. 1–8, retrieved 19.2.2017, from: http://doku.iab.de/ kurzber/2014/kb0914.pdf.

Holst, Elke / Wiemer, Anita: *Zur Unterrepräsentanz von Frauen in Spitzengremien der Wirtschaft. Ursachen und Handlungsansätze.* Discussion Papers 1001. Deutsches Institut für Wirtschaftsforschung: Berlin 2010, retrieved 17.10.2016, from https://www.diw.de/documents/publikatio nen/73/diw_01.c.356535.de/dp1001.pdf.

Mädler, Peggy / Schemel, Bianca: *Sie lebt für ihre Arbeit. Die schöne Arbeit. Gehen Sie an die Arbeit. Die Inszenierung von Arbeit und Geschlecht in Dramatik und Spielfilm der DDR.* Humboldt Universität zu Berlin 2011 (Dissertation), retrieved 17.10.2016, from https://www.deutsche-digitale-bibliothek.de/item/QB5FYY7NIEPNSVT5QUMFWOWDT45 CXNDA.

Roan, Amanda / Clark, Justine / Matthewson, Gill: „Understanding Women's Under-Representation in Architectural Careers: Re-Thinking Professional Registration, Occupational Closure and Marginalisation". Paper presented at the 30th EGOS Colloquium „Reimagining, Rethinking, Reshaping: Organizational Scholarship in Unsettled Times". Rotterdam, The Netherlands, 2014, retrieved 17.10.2016, from http://www.egosnet. org/jart/prj3/egos/main.jart?rel=de&reserve-mode=active&content-id= 1392376036788&subtheme_id=1360074776066&show_prog=yes.

Schütt, Julian: „„Ich habe einen Masterplan im Kopf'. Das meistgefeierte deutsche Buch des Jahres schrieb ein Unternehmer: Ernst-Wilhelm Händler". In: *Die Weltwoche* 19.12.2002, retrieved 17.10.2016, from http://www.weltwoche.ch/weiche/hinweisgesperrt.html?hidID=529289.

Weeks, Kathie: „In der Arbeit gegen die Arbeit LEBEN. Affektive Arbeit, feministische Kritik und postfordistische Politik". In: *Grundrisse. Zeitschrift für linke Theorie & Debatte* 37, 2011, S. 13–27, retrieved 17.10.2016, from http://www.grundrisse.net/PDF/grundrisse_37.pdf.

Literatur – Kultur – Ökonomie
Literature – Culture – Economy

Herausgegeben von
Christine Künzel, Axel Haunschild, Birger P. Priddat,
Thomas Rommel, Franziska Schößler und Yvette Sánchez

Band   1   Franziska Schößler: Femina Oeconomica: Arbeit, Konsum und Geschlecht in der Literatur.
Von Goethe bis Händler. 2017.

www.peterlang.com